普通高校经济管理类应用型本科系列规划教材

管理学概论

（第2版）

主　编／卓翔芝
　　　　赵　恒
副主编／朱丽丽

中国科学技术大学出版社

内 容 简 介

本书作为管理类、经济类专业本科生的管理学基础教材，以计划、组织、领导、控制等四大管理职能为主线，设置了管理与管理者、管理思想与理论、管理环境、管理道德与社会责任、计划、战略管理 、决策、组织、人力资源管理、领导、激励、沟通、控制、管理创新等 14 章内容。本书充分考虑了应用型本科院校经济管理类专业的特点和教学要求，在保留管理学主要传统内容的基础上，尽可能地吸纳近年来管理领域发展起来的新理论、新方法，以引导学生探索本学科的前沿理论。每章设置了导入案例、课堂讨论、资料链接、思考案例等内容，通过案例分析及讨论的形式，加强学生理论联系实际、独立分析问题和解决问题能力的培养和训练。

本书可供高校经济管理类专业学生学习使用，同时也可供企业管理人员及相关研究人员参考使用。

图书在版编目(CIP)数据

管理学概论/卓翔芝，赵恒主编. —2 版. —合肥：中国科学技术大学出版社，2017. 8(2020. 1 重印)

ISBN 978-7-312-04286-7

Ⅰ. 管… Ⅱ. ①卓… ②赵… Ⅲ. 管理学—高等学校—教材 Ⅳ. C93

中国版本图书馆 CIP 数据核字(2017)第 168912 号

出版 中国科学技术大学出版社
安徽省合肥市金寨路 96 号，230026
http://press. ustc. edu. cn
https://zgkxjsdxcbs. tmall. com
印刷 合肥市宏基印刷有限公司
发行 中国科学技术大学出版社
经销 全国新华书店
开本 787 mm×1092 mm 1/16
印张 20
字数 512 千
版次 2014 年 9 月第 1 版 2017 年 8 月第 2 版
印次 2020 年 1 月第 3 次印刷
定价 40. 00 元

总　　序

随着中国特色社会主义市场经济体系的不断完善,社会对经济管理类专业人才的需求不断增长,经济管理类学科在诸多学科门类中的地位日益突出,经济管理类专业教育教学得到了快速发展。特别是近几年,我国普通高等学校经济学类和管理学类本科专业人才培养规模越来越大,相关专业布点也越来越多。据安徽省教育厅统计数据,截至2013年6月,安徽省42所本科院校(含31所普通本科高校、11所独立学院)中,36所院校设置了共104个经济学类专业,42所院校设置了266个管理学类专业。2013年,安徽省本科院校的经济管理类专业招生总数为3.3万人左右,约占全省本科年总招生量的四分之一。

专业布点逐年增多,招生规模不断扩大,以及社会对人才需求的变化,都给经济管理类专业建设与人才培养提出了新的挑战。经济管理类专业如何在培养方案、课程设计、教学模式以及师资队伍建设等方面体现与时俱进的特点,使人才培养更好地满足经济社会发展对专业人才的需要,成为各校专业负责人必须深入思考的问题。

为了优化我省高等院校经济管理类教育资源的配置,提升办学效益与竞争力,2010年,经合肥工业大学、安徽大学、安徽农业大学、合肥学院等校经济管理院系负责人提议并讨论,决定以安徽省各高校经济管理类教学院系为成员单位,发起成立安徽省高校经管学科联盟。在安徽省教育厅(高教处)的领导下,经管学科联盟希望打破各院校间的壁垒,利用各成员单位在教学、科研、师资、设备等方面的优势,实现资源共享、优势互补,优化办学条件,拓宽办学途径,提高办学水平,在教学、科研和社会服务等活动上进行合作,促进人才培养质量、科研水平和办学效益的共同提高,探索适应市场经济发展要求的经管学科办学新模式。

经管学科联盟自成立以来,每年都会召开联盟年会及专项会议,内容涉及经管专业人才培养、教学管理、学术交流、校企合作等。在实际工作中,联盟成员单位也开展了共用实验室、合作开展教学研究、共同承担科研项目、协助修订专业培养方案,以及互聘师资参与本科生和研究生的培养等活动。联盟开展的活动得到了全省各相关高校和广大师生的积极响应,也受到省教育厅主要领导的好评和社会的认同,其影响已经走出安徽,引起了兄弟省份有关院校的关注。

经管学科联盟成立之初,就有多家图书出版单位参与联盟的各项活动。出版社的参与给参会教师带来了最新的经济管理类图书及学术著作,丰富了会议的内容,同时也为联盟高校共同开发特色教材提供了帮助。中国科学技术大学出版社作为最早的参与者之一,与经管学科联盟保持着密切的联系,并达成了部分合作。出版社编辑经过大量调研,提出了针对普通本科高校、应用创新型经济管理类教材的编写设想。出版社编辑与联盟负责人及部分教授经过多次会议讨论，最终确定了“安徽省高校经管学科‘十二五’规划教材”的编写体系及评审机制。

出版社和联盟共同组织成立了系列规划教材的编写委员会和审定委员会。编写委员会主要由联盟高校部分经济管理院系负责人组成，负责教材种类的遴选、教材体例的安排、编写规范的设定，并组织相关专业教师进行教材编写；审定委员会由联盟高校的经济管理类学科负责人及学术专家组成，负责系列规划教材的内容审核和编写质量把关，对于达到出版要求的，给予出版建议；对于未达要求的，给出修改指导意见。

本系列教材的编写定位于高素质创新型人才和高技能应用型人才的培养，在具体的编写工作中，体现以下特点：

(1) 教材编写注重反映最新教学成果，满足新形势下的教学需求，力争把本系列教材打造成引领专业发展潮流、具有长久生命力的教材。

(2) 教材的内容选取注重实用性和实践性。结合学生的知识基础、心理特征和认知规律，充分考虑学生的接受能力，同时贯彻科学的思维方法，以利于培养学生的自学和创新能力。

(3) 注重校企合作，加强实践实训类教材的编写。在知识的选择上注重企业岗位的需求，在案例的选择上注重来源于企业，实训教材可与职业技能证书考试的相关知识配套。

(4) 加强与纸质教材相关教学资源形态的开发。如配套的课程资源库、网络教学内容、教学课件、教学模拟软件等资源。

该系列规划教材的出版，既是安徽省高校经管学科联盟成立以来探索与企业(出版社)合作、共同发展的见证，也是安徽省高校经济管理类学科发展进步的成果体现。在此，我要感谢系列规划教材的各位编写者和评审专家，感谢中国科学技术大学出版社的领导与编辑，感谢他们在本系列规划教材编写与出版过程中的付出与贡献。他们的工作对于促进安徽省高校经济管理学科的发展，为国家培养更多更优秀的经济管理类人才具有重要价值。

李忠龙
教育部财政学类专业教学指导委员会委员
安徽省高校经管学科联盟理事会理事长
安徽大学经济学院院长，教授，博士生导师
2013年8月

前　言

本书是为管理类、经济类专业本科生编写的一本管理学基础教材。

现有的管理学教材已经有很多版本了，但管理实践中遇到的管理问题与教材中的理论相去甚远，管理者们经常遇到的问题在现有的教材中很少得到关注。学生们学习的内容与实践的差距着实让我们这些从事管理学教学的老师感到焦虑。我们编写这本教材的初衷就是要缩短这个差距，帮助学生在学习理论的同时，能够对管理实践中出现的一些问题有正确的思考模式，包括思考方法、思考方式、思考角度；能够帮助学生对管理者实际所从事的管理工作有更加实际的了解。

本书在体系设计和内容安排上，兼顾该学科的系统性与整体性的同时，更多地考虑了与管理实践的结合及学习者的要求。本书内容有以下特点：

第一，学科前沿性。近年来国内外管理学前沿问题研究的成果在本书中充分体现。比如全球化环境下的管理、管理的道德和社会责任、管理创新等。

第二，结构系统性。以计划、组织、领导、控制等四大管理职能为主线，编排了14章内容，详细分析了管理职能的主要内容，便于读者清晰掌握本课程的知识体系。

第三，知识应用性。围绕应用型专业人才培养模式改革，注重实践能力培养，语言通俗简明，表述深入浅出，使学生在理解的基础上循序渐进，在丰富的案例学习中加强对理论知识的理解和应用。

第四，案例趣味性。为唤起读者的学习兴趣，书中穿插约60个既适合学生阅读又契合管理理论概念的趣味性案例及管理材料，每章均编写了导入案例，在书中设置了课堂讨论、思考案例及思考题。

全书共14章，卓翔芝、赵恒担任主编，负责对全书各章节稿件审阅、修改和统稿；朱丽丽担任副主编。参与全书编写的人员有卓翔芝、赵恒、刘咏梅、赵静、戴蓓蓓、刘永珍、朱丽丽、牛贵宏、李红、雷思友、袁媛、罗靓、朱海涛、王文政等老师。

管理学作为经济管理类的学科基础课程，其基本理论和实践仍在不断完善。由于编者受水平和时间所限，书中难免存在错误，恳请同行及读者批评指正。

感谢安徽省高校经管学科联盟对本书的支持，感谢司有和教授对本书的审稿和建议，感谢中国科学技术大学出版社的领导和编辑为本书的出版所做的辛苦工作。本书的编写参考了国内外大量相关教材、论著和各类网络资料，有些资料未能在书末的主要参考文献中一一列出，在此向相关作者致以衷心的感谢。

编　者

2017年4月

目　　录

第一章　管理与管理者

明确管理活动的必要性;树立管理意识;定义管理与管理者;掌握管理的本质及属性;讨论要成为一名有效的管理者所必需的技能。

"三个和尚"引发的思考

很久以前,山上有个寺庙,庙里来了个和尚,他将庙打扫干净后,住在了里面,但是庙里没有水,于是和尚每天自己下山挑水喝,这个时候和尚是有水喝的,自给自足。后来,又来了一个和尚,这时两个和尚老是指望对方挑水,总是相互推脱,于是商量着,每次都两人一起下山,抬水喝。再后来,又来了一个和尚,这时,三个和尚谁也不乐意单独下去挑水,同时,任何两个和尚也不愿意去抬水,留另一个休息,最后三个和尚都没有水喝……

在这样的情况下,相关组织派来了两个管理人员,一个任寺庙的方丈,一个任住持,有了这两个管理人员的监督和引导,其他三个和尚开始轮流挑水喝。但是因为一个人挑水,五个人喝,常常就会出现挑少了,不够喝的现象,于是在方丈和住持的提议下新设了一个部门——计划部门,每天登记大家喝水的量,进行统计,然后将任务交给三个和尚中的一个去完成。到后来,方丈和住持发现这三个和尚工作积极性不一致,而且有偷懒现象,于是又决定成立一个考核部门——绩效考核部,专门对三个和尚挑水的质量和数量进行考核……于是,我们看到冷清的寺庙变得越来越热闹,由无人到1个人到3个人到5个人到n多个人。

事实上,组织这样的"壮大"方式是很多企业的发展路径。一位老总准备要精简公司人员,公司目前有3 000人,他说他下一步想在公司减少200名职能(含管理)人员,这样一年至少就能节省1 000万元。他仔细核算了一下,减少这200名职能人员,公司的产量、销量基本上不会受到什么大的影响。可见这家公司有多么的"臃肿",我们可以想象,这200人为了对得起自己的"工资",让老板不会觉得白养着他,所以他们得找很多事来做,很多人还要显得很繁忙的样子,久而久之,公司就会变得很忙,而从根本上来讲,其实没有产生什么价值。

事实上,不只这家公司,在很多企业中,其组织机构扩充常常是领导者想到什么问题,第一反应就是要设置一个对应的部门,由专人来负责管理。曾经有过一家40多人的公司,其总经理想单独请1个人负责人事工作,因为现在公司人员比较多了……其实他只要在现有人员里找1～2个人来负责人事工作就可以了。

规模越大的企业，问题就越多，当然这和企业的规模有一定的关系，但还有一个重要的原因就是我们自己总在不停地给自己制造新的问题，或有意或无意。有些人为了掩盖一个问题，常常会制造很多新问题出来，然后就开始着手解决“新”的问题，“新”的问题还没解决好，又来了其他“新”的问题，于是一直在解决“新”问题，最后常常是忘掉了最初要解决的问题。

讨论：你怎么看案例中的现象？管理是为了什么？

第一节　管理的含义

一、管理的定义

管理活动是人类社会生产生活中最重要的一项活动。自从有了人类活动，就有了管理。一个人要有管理，如鲁滨逊在孤岛上，要管理好自己的一日三餐，要管理好自己的安全，要规划好自己的未来，每天要为未来离开孤岛而工作。两个人共同活动也需要管理，要协调目标，要协调分工，要协调收益，要协调关系。可以说，大到国家、军队，小到企业、医院、学校、家庭等等，凡是有目的的活动都离不开管理。当然，管理学中所要讨论的管理，主要是针对组织活动。所以，管理是一切有组织的活动必不可少的组成部分，无论组织规模的大小，无论组织的哪个层级，无论组织地处何地，管理是绝对必要的。管理者都在从事着计划、组织、沟通、激励、控制等工作，但不同组织、不同管理层次的管理者的工作内容和工作重点有所不同。

管理是每个组织的必要活动，管理也是每个人的事情。从直接服务于客户的一线员工，到组织的高层管理者，无一例外。日常沉重的竞争压力要求公司快速做出决策，并且授予那些与客户最接近的一线员工更多的管理职能和权力。此外，从互联网上也能够接触到大量的信息，这种压力使每个人都需要培养管理技巧——除了管理者，还包括个人和团队。至少，现在的员工除了要处理与组织内外部的客户关系，以及与公司同事、下级和管理者的人际关系，还要对信息进行管理。员工能否成功地管理他们所负责的人际关系和信息，是决定他们成败的关键因素。

既然管理是每个组织的必要活动，管理又是每个人的事情，那么，我们如何认识管理呢？

实际上，关于什么是管理，人们并没有取得一致的认识。长期以来，许多中外学者从不同角度，对管理给出了不同的解释。综合国内外学者的观点，我们给管理一个较通俗的定义：管理就是管理者在特定的情境下，通过实施计划、组织、领导、控制来对其所能获取的资源进行协调和配置，既有效率又有效果地实现组织的目标的过程。

这个定义，可以从以下几个方面来理解：

(1) 管理的目的是有效地实现组织的目标。所有的管理行为，都是为实现目标服务的。组织中的管理活动不是为了管理而管理，而是为了实现组织的目标而进行管理。实现组织的目标既是管理的出发点，也是管理的落脚点。离开组织的目标来讨论管理是没有任何意义的。

(2) 管理就是“协调和配置”，来协调和配置各种资源，如人、财、物、信息、时间等。其中人是最重要的资源，是管理的主要对象，所有的资源与活动都是以人为中心的。作为管理者，不管他们多么有天赋，也不可能亲自做每一件事情，要想成为有效的管理者，除了自己的技巧和能量之外，还需要借用别人的技巧和能量。如果你不想和别人或者通过别人来开展工作，那么你就不可能成为一名管理者。管理，最重要的是人的管理。

(3) 管理活动追求的是效率和效果。追求效率是管理活动极其重要的组成部分，它是指输入与输出的关系。对于给定的输入，如果你能获得更多的输出，你就提高了效率。类似地，对于较少的输入，能够获得同样的输出，你同样也提高了效率。因为管理者经营的输入资源是稀缺的，所以我们必须关心这些资源的有效利用。因此，管理就是要使资源成本最小化。然而，仅仅有效率是不够的，管理还必须使活动实现预定的目标，即追求活动的效果。管理活动既要追求效率，又要追求效果。当管理者实现了组织的目标，我们就说他们是有效果的。效果意味着“做正确的事”，效率意味着“正确地做事”。有效的管理就是要“正确地去做正确的事”。

(4) 管理由计划、组织、领导和控制等一系列相互关联、连续进行的活动所构成。要实现组织的目标，就必须实施计划、组织、领导和控制等管理行为与过程。因此，计划、组织、领导和控制是一切管理者在管理实践中都要履行的管理职能。

二、管理职能

人们在进行管理活动中，发现不同的管理者往往采用程序具有某些类似、内容具有某些共性的管理行为，比如都要进行计划、组织、控制等工作，人们对这些管理行为加以系统性归纳，逐渐形成了“管理职能”这个被普遍认同的概念。

管理职能就是管理者为了有效地实现组织的目标所必须实施的程序或过程。关于管理应该具有哪些职能，法国管理学家亨利·法约尔(Henri Fayol)认为有计划、组织、人员配备、指导和控制等五大职能，美国管理学家哈罗德·孔茨(Harold Koontz)把管理职能分为计划、组织、领导和控制。目前管理学界普遍接受的观点是：管理职能包括计划、组织、领导和控制等四大职能。

(一) 计划职能

计划(Planning)职能是指管理者明确组织的目标，并对实现目标的途径及行动方案作出选择及具体安排的活动过程。其主要内容涉及：分析组织内外环境、确定组织目标、制定组织发展战略、提出实现组织既定目标和战略的策略与作业计划、规定组织的决策程序等。任何组织的管理活动都是从计划出发的，因此，计划是管理活动的起点。

(二) 组织职能

组织(Organizing)职能是指管理者根据既定目标，对组织中的各种要素及人们之间的相互关系进行合理安排的过程。其主要内容包括：设计组织结构、划分部门、分配权力、明确责任、配置资源、构建有效的信息沟通网络等。

(三) 领导职能

领导(Leading)职能是指管理者为了实现组织目标而对被管理者施加影响的过程。为了最大限度地发挥组织中人的能动性，管理者必须运用各种适当的方法，对组织成员施加影响。一方面要调动组织成员的潜能，使之在实现组织目标过程中发挥应有的作用；另一方面要促进组织成员之间的团结协作，使组织中的所有活动和努力统一、和谐。其具体途径包括：激励下属，对他们的活动进行指导，选择最有效的沟通渠道解决组织成员之间以及组织与其他组织之间的冲突等。

（四）控制职能

在执行计划的过程中，组织的活动总会遇到各种环境的变化及其影响，这些变化和影响可能会导致人们的活动、行为与组织的要求、期望不一致，易出现偏差。为了保证组织工作能够按照既定的计划进行，管理者必须对组织绩效进行监控，并将实际工作绩效与预先设定的标准进行比较。如果超出了一定限度的偏差，则需及时采取纠偏措施，以保证组织工作在正确的轨道上运行，确保组织目标的实现。管理者运用事先确定的标准，衡量实际工作绩效，寻找偏差及其产生的原因，并采取措施予以纠偏的过程，就是执行管理的控制职能（Controlling）的过程。简言之，控制就是保证组织的一切活动符合预先制订的计划。

管理职能一般是根据管理过程的内在逻辑，划分为几个相对独立的部分。这样的划分为庞大的管理知识和理论的分类、整理提供了一个便利的框架。管理的各种概念、原理、理论和方法按照管理的职能组成了一个有机的知识体系。应当指出，划分管理的职能，并不意味着这些管理职能之间是互不相关、截然不同的。现实的管理活动并不是严格按照计划、组织、领导和控制这样的顺序来进行的，组织中的各项管理活动在时间上彼此重叠，在空间上相互交融，很少有管理者在一个给定的时间内只从事某一特定的管理职能，他们往往同时进行着若干种不同的活动。

【资料链接 1-1】　　哈罗德·孔茨

哈罗德·孔茨（Harold Koontz，1908～1984）是美国管理学家，也是管理过程学派的主要代表人物之一，主要代表著作有：《管理学原理》《管理理论丛林》《再论管理理论丛林》等。他强调管理的概念、理论、原理和方法，认为管理工作是一种艺术，它的各项职能可以分成五类，即计划、组织、人事、指挥和控制，组织的协调是五种职能有效应用的结果。

三、管理的性质

（一）管理的两重性

管理的两重性是指管理具有两种属性，即所具有的合理组织生产力的自然属性和为一定生产关系服务的社会属性。这是马克思主义关于管理问题的基本观点。

1. 管理的自然属性

在管理过程中，为有效地实现组织的目标，而对人、财、物等资源进行合理的配置，以实现对生产力的科学组织。马克思在《资本论》中指出："凡是直接生产过程具有社会结合过程的形态，而不是表现为独立生产者的孤立劳动的地方，都必然会产生监督劳动和指挥劳动。"这种组织生产力的管理功能，是由生产社会化引起的，是有效地组织共同劳动所必需的，因此具有同生产力、社会化大生产相联系的固有属性。它只由生产力决定，与生产关系、社会制度无关。在历史的发展过程中，不随社会形态的变化而变化，具有历史长期性。

管理的自然属性要求管理者要按照社会化生产的客观规律来合理地组织生产，采用科学的方法，不断地提高管理水平。管理的自然属性告诉我们，不同的社会、不同的组织之间的管理工作，可以相互借鉴和学习。因此，认识管理的自然属性，有助于我们抛开社会制度、社会意识形态的制约，最大限度地吸收和借鉴先进的管理经验及现代的管理方法与管理技术。

2. 管理的社会属性

管理的社会属性是指管理反映一定的社会关系，它与一定的社会关系和社会制度相联系，为生产资料占有者的利益服务。在管理的过程中，为维护生产资料所有者的利益，需要调整人们之间的利益分配，协调人与人之间的关系，体现生产资料所有者指挥劳动、监督劳动的意志。因此，管理具有的这种与生产关系、社会制度相联系的属性为管理的社会属性。

管理的社会属性告诉我们，任何一种管理方法、管理技术的出现，总是带有时代的烙印，都是与时代的生产力水平和社会历史背景相适应的，没有一个普遍适用于古今中外的管理模式。因此，在学习和运用某些管理理论、管理方法和管理技术时，必须要结合自身的实际情况，因地制宜，才能取得预期的效果。

（二）管理的科学性和艺术性

1. 管理的科学性

管理的科学性是指管理作为一个活动过程，其间存在着一系列基本客观规律。人们经过无数次的失败和成功，通过从实践中收集、归纳、检测数据，提出假设，验证假设，从中抽象总结出一系列反映管理活动过程中客观规律的管理理论和一般方法。人们利用这些理论和方法来指导自己的管理实践，又以管理活动的结果来衡量管理过程中所使用的理论和方法是否正确，是否行之有效，从而使管理的科学理论和方法在实践中得到不断的验证和丰富。因此，管理是一门科学，它以反映管理客观规律的管理理论和方法为指导，有一套分析问题、解决问题的科学的方法论。

2. 管理的艺术性

管理的艺术性就是强调其实践性，没有实践则无所谓艺术。这就是说，管理者仅凭停留在书本上的管理理论，或背诵原理和公式来进行管理活动是不能保证其成功的。管理人员必须在管理实践中发挥积极性、主动性和创造性，因地制宜地将管理知识与具体管理活动相结合，才能进行有效的管理。所以，管理的艺术性，就是强调管理活动除了要掌握一定的理论和方法外，还要有灵活运用这些知识和技能的技巧与诀窍。

从管理的科学性与艺术性可知，卓有成效的管理艺术是以对它所依据的管理理论的理解为基础的。因此，二者之间不是互相排斥，而是互相补充的。如前所述，靠“背诵原理”来进行管理活动，将必然是脱离或忽视现实情况的无效活动；而没有掌握管理理论和基本知识的主管人员，在进行管理时必然是靠碰运气，靠直觉或过去的经验办事，很难找到对管理问题的可行的、令人满意的解决办法。所以，管理的专业训练不可能培训出“成品”的主管人员，但却能为通过实践进一步培训主管人员形成一个良好的开端，为培养出色的主管人员在理论知识方面打下坚实的基础。当然，仅凭理论也不足以保证管理的成功，人们还必须懂得如何在实践中运用它们，这一点非常重要。管理需要科学性和艺术性的有机结合。可见，管理既是一门科学，又是一门艺术。

【资料链接 1-2】 发奖金的艺术

一个蒸蒸日上的公司,当年盈余竟大幅度下滑。马上就要过年了,往年的年终奖金最少加发两个月工资,有的时候发得更多,这次可不行,算来算去,只能多发一个月的工资作为奖金。按常规做法,把实话告诉大家,很可能导致士气下滑。董事长灵机一动。没过两天,公司传来小道消息,由于经营不佳,年底要裁员,顿时人心惶惶。又过两天,总经理在一个适当的场合发表议论:"再怎么艰苦,公司也决不愿意牺牲同甘共苦的同事,只是年终奖可能无力发放了。"总经理的一席话使员工们放下心了,只要不裁员,没有奖金就没有吧。人人都做了过个穷年的打算。除夕将至,董事长宣布:"有年终奖金,整整一个月工资,马上发下去,让大家过个好年。"整个公司大楼爆发出一片欢呼声。

与其因最好的期盼,造成最大的失望,不如用最坏的打算,引来意外的惊喜。同样是发一个月的奖金,常规做法可能会打击士气,换一种做法竟激励了士气,这就是管理的艺术。许多管理方法和技巧都是一门艺术。

第二节 管理者的含义

一、管理者的定义

管理的重点是管理者通过协调他人的活动,以既有效率又有效果地实现组织目标的。他人的活动不外乎有两个方面:一是管理活动,即协调他人活动的活动;另一个是业务活动,即由管理活动进行协调的他人活动。从事业务活动的人,我们称之为作业人员,而从事管理活动的人,我们则称之为管理者。

管理者在组织活动中表现出与其他组织成员不一样的一些特征,具体来说,主要表现在以下几个方面:

(1) 管理者从事的是协调组织中被管理者活动的活动。这些活动主要有计划、组织、领导、决策、控制等,这些活动又是管理职能的应用过程。

(2) 管理者对组织目标的实现起间接贡献作用。管理者是通过一定的管理职能的应用来协调被管理者的活动,使被管理者的活动能更加有效地进行,使组织的各种资源更加合理、有效地配置和利用,从而更好地实现组织目标。

(3) 在组织中,管理者的行为受双重人格身份的影响和作用。作为组织的管理者,在履行各种管理职能时,一方面要根据组织的目标要求来规范自己的行为;另一方面又受管理者本身的知识和能力、个性与偏好、个人目标和利益追求等个人因素的影响。

(4) 管理者从事管理活动时的出发点是组织整体利益的追求和各方面关系的平衡。管理者不同于一般组织成员,管理者的管理活动关系到组织整体的活动。这种管理活动更加关注组织的整体利益和各方面的关系,而管理者本身在从事管理活动时更能够使组织整体利益和个人利益达到高度的统一,更能够平衡各方面的关系。

二、管理者的分类

在一个组织中,每个管理者在组织中处于不同的地位,起着不同的作用,拥有不同的权限，承担着不同的责任。从管理学的角度，可以把他们划分为以下3类。

（一）按管理层次划分

1. 高层管理者

高层管理者是指一个组织中最高领导层的组成人员。他们对外代表组织，对内拥有最高职位和最高职权，并对组织的总体目标负责。他们侧重组织的长远发展计划、战略目标和重大政策的制定，拥有人事、资金等资源的控制权，以决策为主要职能，故也称为决策层。例如，一个工商企业的总经理就属于高层管理者。

2. 中层管理者

中层管理者是指一个组织中中层机构的负责人员。他们是高层管理者的决策执行者，负责制定具体的计划、政策，行使高层管理者授权下的指挥权，并向高层管理者报告工作，也称为执行层。例如，工厂的生产处长、商场的商品部主任就属于中层管理者。

3. 基层管理者

基层管理者是指在生产经营第一线的管理人员。他们负责将组织的决策在基层落实，制订作业计划，负责现场指挥与现场监督，也称为作业层。例如，生产车间的工段长、班组长就属于基层管理者。

（二）按管理工作的性质与领域划分

1. 综合管理者

综合管理者是指负责整个组织或部门的全部管理工作的管理人员。他们是一个组织或部门的主管，对整个组织或部门的目标实现负有全部的责任；他们拥有这个组织或部门所必需的权力，有权指挥和支配该组织或部门的全部资源与职能活动，而不是只对单一资源或职能负责。例如，工厂的厂长、车间主任都是综合管理者；而工厂的计财处长则不是综合管理者，因其只负责财务这种单一职能的管理。

2. 职能管理者

职能管理者是指在组织内只负责某种职能的管理人员。这类管理者只对组织中某一职能或专业领域的工作目标负责，只在本职能或专业领域内行使职权、指导工作。职能管理者大多数是具有某种专业或技术专长的人。例如，一个工厂的总工程师、设备处长等。就一般工商企业而言，职能管理者主要包括以下类别：计划管理、生产管理、技术管理、市场营销管理、物资设备管理、财务管理、行政管理、人事管理、后勤管理、安全保卫管理等。

（三）按职权关系的性质划分

1. 直线管理人员

直线管理人员是指有权对下级进行直接指挥的管理者。他们与下级之间存在着领导隶属关系，是一种命令与服从的职权关系。直线管理人员的主要职能是决策和指挥。直线管理人员主要是指组织等级链中的各级主管，即综合管理者。例如，企业中的总经理→部门经理→班组长，他们是典型的直线管理人员，主要是由他们组成组织管理的等级链。

2. 参谋人员

参谋人员是指对上级提供咨询、建议，对下级进行专业指导的管理者。他们与上级的关系是一种参谋、顾问与主管领导的关系，与下级是一种非领导隶属的专业指导关系。他们的主要职能是咨询、建议和指导。对企业而言，参谋人员通常是指各级职能管理者，如计财处长、总工程师、公关部经理等。他们既向最高领导提供咨询、建议，又对整个企业各部门及人员进行其所负责的专业领域内的业务指导。

三、管理者的技能结构

管理者在自己的岗位上要履行管理职责、扮演管理角色，使自己的管理工作能够达到一定的标准和要求，就必须具备特定的技能。那么管理者需要哪些类型的技能呢？美国的管理学家罗伯特·卡茨(Robert L. Katy)认为，无论哪一层次的管理者，都必须具备三项基本技能，即技术技能、人际技能和概念技能。不同层次的管理者对这三种管理技能的要求不同，具体如图1.1所示。

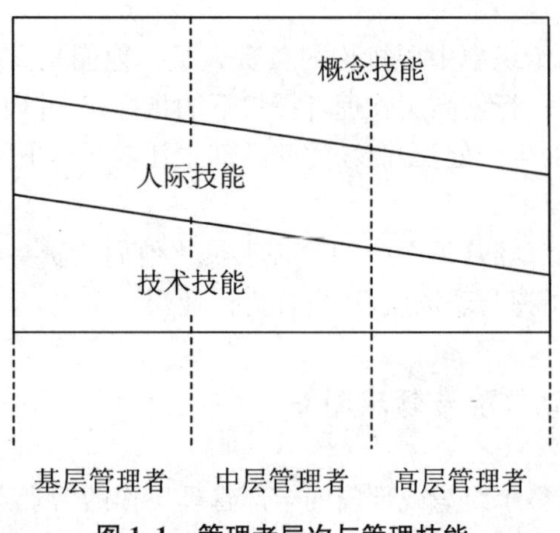

图1.1 管理者层次与管理技能

(一) 技术技能

技术技能又称为业务技能，是指对某一特殊活动(特别是包含方法、过程、程序或技术的活动)的理解和熟练掌握。它包括专门知识、在专业范围内的分析能力以及灵活地运用该专业的工具和技巧的能力。例如财务工作管理者对财务和会计信息的掌握，车间主任对生产业务的精通等都属于技术技能。技术技能对基层管理者来说是最重要的，因为他们直接与一线的员工打交道，直接接触到具体的技术问题，需要为员工提供技术指导和帮助。技术技能对高层管理者的重要性要相对小一些，因为他们较少直接接触日常具体工作。但是，也有许多企业的高层管理者往往因为他们具有相当的专业技术知识而深受下属的尊敬。获得技术技能较为容易，通常可以通过专业深造和学习达到这一要求。

(二) 人际技能

人际技能是指与他人协作的能力，具体表现为与他人融洽相处，时常激励别人，并能有效地与他人沟通。首先，管理者必须学会与下属沟通，并能够影响下属的行为；其次，管理者还需要与上级及同级人员打交道，与组织外部的利益相关者打交道。人际技能对每一层次的管理者都同样重要，因为各层次的管理者都必须与周围的相关人群进行有效的沟通，相互配合，共同实现组织的目标。

(三) 概念技能

概念技能是指管理者纵观全局、系统分析的能力。也就是说，管理者能把组织看成一个整体，能看到组织的各个部门与整个组织的关系，并能洞察组织与环境相互影响的复杂性。概念技能对组织的最高层来说是最重要的技能，一个最高层管理者可能在技术技能和人际技能上有所欠缺，但只要他的下级在这些方面较强，他仍能成为一个有效的管理者。但是，如果他的概念技能不强，将会危及整个组织的成功。

设想自己是一家企业的总经理，你日常需要做哪些工作？分别对应着什么样的管理技能要求？

四、管理者的角色

作为一名合格的管理者，必须要能很好地履行计划、组织、领导和控制等管理职能。为了有效履行这些职能，管理者必须要明确自己扮演哪些角色。也就是说，管理者通过扮演不同的角色来履行管理者职能。加拿大学者亨利·明兹伯格（Henry Mintzberg）通过研究认为，管理者分别在人际关系、信息、决策等三个方面扮演着10种角色。

（一）人际关系角色

明兹伯格所确定的第一类角色是人际关系角色。管理者扮演人际关系角色的目的是与组织其他成员及利益相关者协作、互动，并为员工和组织整体提供导向和监督管理。管理者所扮演的三种人际角色是挂名首脑、领导者、联络人。

1. 挂名首脑

管理者作为所在单位的"头头"，必须要行使一些具有利益性质的职责，履行法律、社会性的例行义务。例如，作为公司的代表出现在社区的聚会上或者参加各种类似聚会活动、迎接来访者、宴请重要客户、签署文件、主持公司庆典等等，在这些时候，管理者就是在扮演挂名首脑的角色。

2. 领导者

由于管理者对所在组织的绩效负有重要责任，他们必须在工作团队中扮演领导者角色。对这种角色而言，管理者的主要任务是雇佣、培训、激励和惩戒员工。例如，带头参加集体活动为员工树立榜样，对下属发布指令、做出人事决定等。

3. 联络人

管理者的联络人角色意味着他要对组织内外个人和群体的行为进行联系与协调。在组织的内部，管理者要协调不同部门的活动以期步调一致；在组织的外部，管理者要与供应商、顾客及当地社区建立联系，以获得稀缺的资源。

（二）信息角色

管理者扮演的信息角色包括三种，即监听者、传播者和发言人。

1. 监听者

作为监听者，管理者要寻求和获取特定的信息，并持续关注组织内外环境的变化，以获取对组织有用的信息。例如，阅读报刊、与他人谈话、通过个人关系网考查或者与下属直接接触等方式获取信息。根据这些信息，管理者可以识别组织面临的潜在机会或威胁，从而有利于作出正确的决策。

2. 传播者

传播者角色就是指管理者把他所掌握的信息传播出去：把外部的信息传播给内部的成员，把内部的信息从一位下属传播给另一位下属。例如举行碰头会、用QQ或者电子邮件等传递信息。作为传播者，管理者往往把他认为的重要信息传递给组织成员，因此，管理者有时也会有意隐藏某些特定信息，保证员工掌握必要的信息，以便更有效地实现组织的目标。

3. 发言人

管理者被要求代表其工作单位或组织举行会议及讲话时，他有责任对外界发布有关组织公开的信息。如通过工作报告向董事会与股东说明公司的财务状况和战略方向，通过新闻发布会、演讲等方式向消费者和社会大众说明组织在切实履行社会义务等。

（三）决策角色

1. 企业家

把握住经营机会，识别和利用市场机遇，领导变革与创新。作为企业家，管理者必须积极探寻组织和竞争环境中的机会，制定战略与持续改善的方案，督导决策的执行进程，不断开发新的项目。换句话说，管理者要充当企业变革的发起者和设计者。这在一定程度上要求管理者具有良好的人际沟通能力，善于通过与他人沟通来获取信息，帮助决策，同时能与他人就新思想、新发展等观点进行交流。

2. 混乱驾驭者

当组织面临或陷入重大或意外危机时，管理者负责开展危机公关，采取补救措施；或建立相应预警系统，防患于未然，消除混乱出现的可能性。这包括召开处理故障和危机的战略会议，以及定期的检查会议等。因此，管理者要具备娴熟的会议沟通技巧。

3. 资源配置者

分配组织的各种资源，如时间、财力、人力、信息和物质资源等，决定组织如何发挥作用。其实就是负责所有的组织决策，包括预算编制、安排员工的工作。在执行资源分配时，管理者在很大程度上需要使用书面沟通形式，如批示、指令、授权书、委任状等。

4. 谈判者

在主要的谈判中作为组织的代表，协调下属与组织其他管理者之间、组织外部的竞争者之间的关系。这项角色包括代表资方与劳方进行合同谈判，或为采购设备、购买专利、引进生产线等与供应商洽谈。这要求管理者掌握谈判的沟通技巧。

【资料链接 1-3】　　总经理必须做的事

一、总经理每天必须做的事

1. 总结自己一天的任务完成情况；
2. 考虑明天应该做的主要工作；
3. 了解至少一个片区销售拓展情况或进行相应的指导；
4. 考虑公司的一个不足之处，并想出准备改善的方法与步骤；
5. 记住公司一名员工的名字和特点；
6. 每天必须看的报表（产品进销存、银行存款等）；
7. 考虑自己一天工作失误的地方；
8. 自己一天工作完成的质量与效率是否还能提高；
9. 应该批复的文件；
10. 看一张有用的报纸。

二、总经理每周必须做的事

1. 召开一次中层干部的例会；
2. 与一个主要职能部门进行一次座谈；

3. 与一个你认为现在或将来是公司业务骨干的人交流或沟通一次；
4. 向你的老板汇报一次工作；
5. 对各个片区的销售进展进行一次总结；
6. 召开一次与质量有关的办公会议；
7. 纠正公司内部一个细节上的不正确做法；
8. 检查上周纠正措施的落实情况；
9. 进行一次自我总结(非正式的)；
10. 熟悉生产的一个环节；
11. 整理自己的文件和书柜；
12. 与一个非公司的朋友沟通；
13. 了解相应的财务指标的变化；
14. 与一个重要客户联络；
15. 看每周必须看的报表；
16. 与一个销售商联系；
17. 看一本杂志；
18. 表扬一名你的业务骨干。

三、总经理每旬必须做的事

1. 请一名员工吃饭或喝茶(每旬员工不同)；
2. 与财务部沟通一次；
3. 对一个片区的销售进行重点帮助；
4. 拜会一位经销商。

四、总经理每月必须做的事

1. 对各个片区的销售考核一次；
2. 拜会一位重要客户；
3. 自我考核一次；
4. 月财务报表；
5. 月生产情况；
6. 月总体销售情况；
7. 下月销售计划；
8. 下月销售政策；
9. 下月销售价格；
10. 月质量改进情况；
11. 读一本书；
12. 了解职工的生活情况；
13. 安排一次培训；
14. 检查投诉处理情况；
15. 根据成本核算,制订下月计划；
16. 考核经销商一次；
17. 对你的主要竞争对手考核一次；

18. 考察一个在管理方面有特长，但与本公司没有关系的企业；
19. 有针对性地就一个管理财务指标做深入分析并提出建设性意见；
20. 与老板沟通一次。

五、总经理每季度必须做的事

1. 季度项目的考核；
2. 组织一次体育比赛或活动；
3. 人事考核；
4. 应收账款的处理；
5. 库存的盘点；
6. 搜集全厂员工的建议；
7. 对劳动效率进行一次考核或比赛；
8. 表扬一批人员。

六、总经理每半年必须做的事

1. 半年工作总结；
2. 适当奖励一批人员；
3. 对政策的有效性和执行情况考评一次。

七、总经理每年必须做的事

1. 年终总结；
2. 兑现给销售人员的承诺；
3. 兑现给经销商的承诺；
4. 兑现给自己的承诺；
5. 下年度的工作安排；
6. 厂庆活动；
7. 年度报表；
8. 推出一种新产品；
9. 召开一次职工大会；
10. 回家一次。

资料来源：胡宝林. 细节决定成败[M]. 北京：华文出版社，2010.

第三节　管理与组织

虽然说个人、家庭、组织、社会都需要管理，但管理学作为一门学科，主要研究一般组织活动的内在规律性，探讨如何通过有效的管理使组织目标有效地实现。对于不同类型的组织来说，由于其构成的要素不同，组织的特点不同，组织目标有效实现的管理方法、管理手段也不同。因此，我们要对什么是组织、组织有哪些类型、不同类型的组织面临的管理问题是什么等问题要有清楚的认识。

一、什么是组织

组织是随着人类社会的出现而出现的，美国学者切斯特·巴纳德(Chester I. Barnard)强调个人参加协作活动的重要性，认为由于生理的、物质的、社会的限制，人们为了个人和集体的共同目标，必须要进行合作，于是形成的群体便是组织。

关于组织，我们可以从两个方面来理解：一个是作为一般意义上的组织，即实体的组织，是人们进行合作活动的必要条件，一般泛指各种各样的社会组织，包括企业、学校、医院、政府、党派和政治团体等；另一个是管理学意义上的作为过程的组织，它是管理的一项职能，是人和人之间、人和物之间资源配置的活动过程，目的是通过建立适合组织成员相互合作、发挥各自才能的良好环境，消除由于工作或者职责所引起的各种冲突，使组织成员能在各自的岗位上为组织目标的实现做出应有的贡献。前者可以说是从名词的角度理解的组织(本节主要介绍)，而后者是从动词的角度所理解的组织(将在本书第八章具体介绍)。

作为一般意义上的组织，是对完成特定使命的人的系统性的安排。组织是一群人的集合，为了完成共同的使命和目标，组织成员按照一定的方式相互合作结成有机整体，从而形成单独的个人力量简单加总所不能比拟的整体力量。

在这个定义中，我们要注意以下几点：

(1) 组织是人们为了实现某一个共同的目标而有意识地形成的。当人们认识到单独的个人不可能实现某个目标而需要多人进行协作时，就会产生组织。因此可以说，组织是人们实现某种目标的手段。例如，人们为了管理社会，就设立了政府组织；为了大规模的生产，就有了工厂组织；为了治病救人，就设立了医院组织等。

(2) 组织是通过分工和协作来提高效率的。没有分工与合作就不能称为组织，分工与合作关系是由组织目标限定的，只有把分工与合作结合起来，才能提高效率。

(3) 组织要有不同层次的权利与责任安排。组织分工赋予各部门及个人相应的权利，以便于实现目标。但同时必须明确各部门或个人的责任，只要权利而不负责任，可能会导致滥用职权，同样会影响组织目标的实现。所以，职权和责任是实现组织目标的必要保证。

二、组织的类型与管理

从不同的角度划分，就有不同类型的组织。人们所追求的目标不同，所形成的组织也相应不同。按照组织活动的受惠者不同，可以把组织分为以下几种类型：

1. 经济型组织

这是一种通过经济活动和经济交往而使参与组织的成员得到经济收益的组织。在这种组织中，组织的所有者是最重要的受益者，而组织中的其他成员也因组织的存在而获得相应的收益。比如企业组织，企业所有者获得其资本收益、风险收益、管理收益、劳动收益等等，而企业的其他成员也通过对组织的贡献而获得工资、奖金或者其他方面的报酬。对于这样的组织来说，所有者的利益不能被剥夺，否则组织就不能长久地生存下去。在这种类型的组织中，所面临的主要问题是如何最大限度地降低经营成本和提高生产效率。

2. 互利型组织

这种类型的组织最大的特点就是组织成员为了实现其成员的利益而将资源组织起来，组织中所有成员地位平等，成员也因其自愿参加组织的活动而获得利益。如各种类型的俱乐部、党派、宗教团体等。对于这种类型的组织来说，面临的一个主要管理问题是如何在组织的活动中维持民主的秩序，如何保证所有成员权益上的平等。如果这些问题解决不好，会极大地影响成员参加组织的热情，进而会影响组织的生存和发展。

3. 服务型组织

这是一种为满足社会公众服务的需要而产生的组织，比如学校、医院、各种福利机构等，这种组织是为社会中某些相关的公众服务的。对这种类型的组织来说，面临的管理问题是如何为公众提供良好的服务，也就是如何提高服务的质量问题。因为在这些类型的组织中，组织的成员有可能会因其个人利益而忽视甚至损害公众利益。比如医院的使命是治病救人，但有些医院为了局部的利益，不愿收治暂时经济困难的病人而耽误病情，甚至导致病人死亡。

4. 公益型组织

这种类型的组织是为了广大社会公众或者说是为整个社会服务的，比如警察局、消防队、军队、政府机构等。在这种组织中，受益者是整个社会的所有公众。这种类型的组织面临的主要管理问题是如何有效地使用好公共资源，并接受社会和公众的民主监督，纠正组织的官僚作风，为整个社会提供卓越的服务。

三、组织的系统观与管理

组织是为了完成共同的使命和目标，组织成员按照一定的方式相互合作而结成有机整体。这个有机整体是一个系统，具体而言，是存在于环境中的，由个人、群体、正式结构、非正式结构、职权、责任、整体、部分、资源、目标等相互依赖的多种要素组成的一个复杂的适应性系统。

所谓系统是指由相互联系、相互作用、相互依赖和相互制约的若干要素或部分组成的具有特定功能的有机整体。有两种基本的系统，即封闭系统和开放系统。封闭系统不与环境发生相互作用，不受环境的影响；开放系统与它所处的环境发生相互作用。

组织是一个开放系统，组织与它所处的环境不断发生相互作用，它从环境中获取资源（物质、能量、信息等），并将获取的资源转化为输出（物质、能量、信息等），为环境所吸收。任何一个组织要保持持续的生存，就必须不断地从外界环境中获取内部活动所需的各种要素和能量，并将内部活动的产出输出到外界环境中去。

组织是非平衡的开放系统。非平衡体现在它与环境之间存在的各种交换上。它从外部环境中摄取物质、能量和信息，并向外部环境输出特定的产品或服务。从环境中摄取物质、能量和信息的过程也就是从系统外部获取“负熵”的过程。“负熵”的获取意味着系统的有序性增加。若不能从环境中获取足够的维持生存和发展所需的“负熵”，组织就会趋于无序，甚至消亡。

值得强调的是，组织系统的组成部分本身也是系统，称为组织的子系统，如企业的供应系统、财务系统、人力资源系统、生产系统、研发系统等。这些子系统也同样是非平衡的开放系统，也不断地与其外部环境进行着物质、能量和信息的交换。其组成要素之间也是相互联系、相互作用、相互依赖和相互制约的。

组织的系统观对于组织的管理有三方面的启示。首先，组织是由相互联系、相互作用、相互依赖和相互制约的若干要素或部分组成的，管理者的工作就是要协调组织中的各种要素或部分的活动，以确保所有相互依存的要素或部分能够在一起有效地工作，进而实现组织的目标。其次，要认识组织的某一部分采取的决策和行动会影响到组织的其他部分。例如物流中的包装问题，在产品销售市场和销售价格皆不变的前提下，假定其他成本因素也不变，那么包装方面每少花一分钱，这一分钱就必然转到收益上来，包装越省，利润则越高。但是，一旦商品进入流通之后，如果简省的包装降低了产品的防护效果，造成了大量损失，就会造成储存、装卸、运输功能要素的工作劣化和效益大减。因此在决策时要协调各要素之间的矛盾，把它们有机地结合起来，以追求和实现整体效益。最后，管理者必须要认识和理解外部各种因素的影响。如果一个组织忽视了政府的法规、行业的发展趋势、供应商的关系及其他利益相关者，那么它是不能长久生存的。

本章小结

1. 管理活动是人类社会生产生活中最重要的一项活动。管理是每个组织的必要活动，管理也是每个人的事情。

2. 管理就是管理者在特定的情境下，通过实施计划、组织、领导、控制来对其所能获取的资源进行协调和配置，以既有效率又有效果地实现组织的目标的过程。

3. 管理的目的是有效地实现组织的目标。管理活动追求的是效率和效果，是效率与效果的统一。

4. 管理职能包括计划、组织、领导和控制四大职能。

5. 管理学是人类在长期的管理实践活动中探索和总结基本客观规律与一般方法的一门综合性科学，在管理理论的指导下，它既是一门科学，又是一门艺术。管理学吸收了社会科学和自然科学的知识，形成了具有特色的知识体系。从不同的社会制度角度看，管理学具有与生产力相联系的自然属性和与生产关系相联系的社会属性。

6. 在一定组织中，管理者从事的是协调组织中被管理者活动的活动，对组织目标的实现起间接贡献作用，在组织中管理者的行为受双重人格身份的影响和作用，从事管理活动时的出发点是组织整体利益的追求和各方面关系的平衡。按照管理者在组织结构中所处的位置，可分为高层管理者、中层管理者和基层管理者；按管理工作的性质与领域可分为综合管理者和职能管理者；按职权关系的性质可分为直线管理人员和参谋人员。

7. 管理者在自己的岗位上要履行管理职责、扮演管理角色，使自己的管理工作能够达到一定的标准和要求，就必须具备三项基本技能，即技术技能、人际技能和概念技能。不同层次的管理者对不同管理技能的要求不同。

8. 管理者在管理活动中扮演的角色，合并起来主要是充当人际关系方面的角色、信息传递角色和决策角色。

9. 作为一门学科，管理学主要研究的是对组织的管理。组织是对完成特定使命的人的系统性的安排；是一群人的集合，为了完成共同的使命和目标，组织成员按照一定的方式相互合作结成有机整体，这个有机整体是一个系统。具体而言，组织是存在于环境中的，由包括个人、群体、正式结构、非正式结构、职权、责任、整体、部分、资源、目标等相互依赖的多种要素组成的一个复杂的适应性系统。

◆思考题

1. 什么是管理？如何理解管理的含义？

2. 简述管理的效率和效果的含义。

3. 管理包括哪些职能？

4. 为什么说管理既是一门科学又是一门艺术？

5. 管理者有哪些技能要求？它们与管理者所处的层次有何关系？

6. 简述组织的含义与特征。

7. 为什么说“组织是一个系统”？

8. 明兹伯格提出的管理者角色有哪些？

任正非印象:实用主义的管理思想家

谈到华为的成功时,任正非说华为还是“少年”。在和公司的“蓝血十杰”合影时,他高兴得举起双臂,活力十足。

在中国最知名、最成功的企业家中,任正非是与公众和媒体打交道最少的一位,外界对他的了解大多通过他的文章、内部讲话、内部邮件,以及“道听途说”。不过真的见了媒体,70岁的他随心所欲不逾矩,说“大家难得见面,感兴趣的都可以问,管够”。将近两个小时,26个问题,从国家到华为,到他自己,媒体的评价是“有诚意”,不讲“外交辞令”。

20世纪80年代涌现的一批创业者大多淡出舞台,任正非是为数不多仍然闪耀的一个。这是因为,在20多年的曲折与诱惑中,任正非保持定力,坚持有所为有所不为。

任正非是位实用主义者,公司的一切行为目标都对准为客户创造价值,以及“多打粮食”,为公司带来利润。因此,华为不会为管理而管理、为技术而技术、为创新而创新,不唯上,唯客户、唯市场。

因为务实,2013年华为智能手机销售超过预期,对此任正非仍要泼一点冷水,说“利润才是第一位的”。任正非坚持聚焦,反对繁杂,坚持做“管道”,不做内容,坚决不搞多元化;任正非坚持华为5至10年内不上市,他说资本进来后一定带来多元化,受限于股东,企业一定会屈从短期利益。

任正非有次路过迪拜深受震撼,迪拜一滴石油都没有,当地酋长把青少年送到欧美国家,提高文化素质,同时制定先进的制度,吸引世界投资。“华为和迪拜一样没有什么资源,全要靠自己,和迪拜精神是一样的。”任正非1984年从军队转业,1987年白手起家创办华为公司,直到20世纪90年代初华为制造出第一台交换机,才走向电信设备商的道路。

“资源是会枯竭的,只有文化生生不息。”任正非对华为文化的评述是:华为文化没有超越中华五千年的基础文化。古之“童叟无欺”,就是今天的“为客户服务”。华为的“兄弟连”对客户7×24小时随时响应的做派,发扬的也正是“吃苦在前,冲锋在前”的精神。

但华为今天的成功并非仅是“加班文化”“床垫文化”。2000年,任正非请来IBM咨询团队,帮助华为进行管理项目变革,先后花费数十亿美元,为华为打下西方式管理的底子。“我们距离美国公司的管理水平仍有很大差距,仍然要学习。”无论是撰文,还是接受采访,任正非时时提到学习文化,不仅学习美国,也要学习日本和欧洲。任正非本人则酷爱阅读,并与世界各地的人交流。

任正非在公司的股权只占到百分之一点多。“我不是靠股权来控制公司,而是讲话。”任正非比较重要的文章有十来篇,从《华为的冬天》到《华为的红旗到底能打多久》,再到近年的《华为会怎么失败？华为会怎么垮掉？》,还有公布的内部讲话,是华为员工和外界领略华为理念的最好读物，他被誉为管理思想家，但也“常被内部反对，并不坚持按自己的办，协商着来”。

不过，从当初华为在巨头间艰难求生存，到今天巨头纷纷滑落，华为面临的问题从求生存到求发展，到渴望未来10年～20年的技术革命时，华为能成为“弄潮儿”。如今的任正非平和、自信。任正非专门写过一篇关于“开放、妥协与灰度”的文章，从更高层面思考公司管理：灰度，就是摒弃黑与白的简单的思维模式；妥协，意味着暂时达不到目标时，就绕道达成目标。对于选人，也不求全责备，社会宽容了，新的“乔布斯、比尔·盖茨”就会出现。

但不变的还是他对华为保持的那一份冷静。“爱立信的管理人员是1万人，我们是3万人，所以还要继续提升管理，节省出2万人上战场服务客户，就可以创造30亿美金的收入。”任正非和华为仍然在路上。

资料来源：根据中国新闻网相关报道整理，http://finance.chinanews.com/it/2014/06-17/6289382.shtml.

思考：

1. 作为企业家，任正非为什么会受到称赞？

2. 任正非有什么样的管理技能？他是否也会缺乏一些技能？如果是，他具体缺乏哪些技能？

第二章 管理思想与理论

了解中外早期的管理思想；了解古典管理理论的代表人物及其主要贡献；掌握古典管理理论的主要特征；理解古典管理理论的局限性；阐述霍桑试验对管理理论的贡献；比较行为科学理论与古典管理理论；了解现代管理科学的新发展。

丁渭的“一箭三雕”

在宋真宗祥符年间，因皇城失火，宏伟的昭君宫殿被烧毁，大臣丁渭受命全权负责宫殿的修复。这在当时，工程浩大，不仅要进行完整的施工设计，还要解决诸多的困难：清墟的垃圾无处堆放，烧砖烧瓦无处取土，大型木材石料难以运输等。丁渭提出了一个巧妙的“一箭三雕”方案：先在宫殿前的街道挖沟，取出的泥土烧砖制瓦；再把京城附近的汴水引入沟渠中，形成一条运河，用船把各地的木材石料等建筑材料运至宫前；最后沟渠撤水，把清墟的碎砖烂瓦和建筑垃圾就地填埋，修复了原来的街道。这个蕴含着运筹学思想的方案合理、高效地同时解决了三个问题，是古代管理实践的典型范例。还有长城、京杭大运河、都江堰等伟大工程，都是中国古代管理实践的典范。

讨论：

1. 我国古代许多重大工程项目的管理蕴含哪些管理思想？
2. 如果运用现代的管理理论与技术，是否能做得更好？

第一节 早期的管理实践与思想

人类社会的发展历史就是生产力发展的历史。人类管理思想的演进始终和人对自然的认识水平、工具的使用水平以及生产方式的组织水平伴结在一起的，这三个方面中任何一个方面的巨大进步都会使得管理思想得到重要发展，同时管理思想的每次发展又会极大地促进生产力的发展，使之成为人类社会发展的基本动力之一。

一、早期的管理实践

中国在两千多年的封建社会中，一直采取的是中央集权的国家管理制度，财政赋税的管理、官吏的选拔与管理、人口田亩管理、市场与工商业管理、漕运驿递管理、文书与档案管理等方面，历朝历代都有新的发展，出现了许多杰出的管理人才，他们在军事、政治、财政、文化教育与外交等领域，显示了卓越的管理才能，积累了宝贵的管理经验。

战国时期著名的“商鞅变法”是通过变法提高国家管理水平的一个范例。“文景之治”使国家出现了政治安定、经济繁荣的局面。万里长城的修建，充分反映了当时测量、规划设计、建筑和工程管理等方面的高超水平，体现了工程指挥者所具有的高度管理智慧。都江堰等大型水利工程，将防洪、排灌、航运综合规划，显示了我国古代工程建设与组织管理的高超水平。丁渭主持的“一举三得”皇宫修建工程堪称运用系统管理、统筹规划的典范。还有许多令人赞叹的管理实践都体现了中国古人高超的管理智慧。

在国外，人类的管理实践也几乎同样与人类的历史一样久远。素以世界奇迹著称的埃及金字塔的建造以其宏伟的建筑规模足以证明早期人类的管理能力和组织能力。现代著名的管理学家彼得·德鲁克(Peter F. Drucker)认为，那些负责修建埃及金字塔的人是历史上最优秀的管理者。古罗马帝国之所以兴盛，在很大程度上应归功于卓越的组织才能，他们采取了较为分权的组织管理形式，从一个小城市发展成为一个世界帝国，并延续了几个世纪的统治。罗马的天主教会早在第一次工业革命以前就成功地解决了大规模活动的组织问题，它按地理区域划分组织，并在此基础上采用高效的职能分工，在各级组织中配备参谋人员，既有利于使专业人员和下级参与制定决策的过程，又不破坏指挥的统一。管理学家哈罗德·孔茨认为罗马天主教的组织是西方文化历史上最为有效的一种正式组织。15世纪，在世界最大的几个兵工厂之一的威尼斯兵工厂就采用了流水作业，建立了早期的成本会计制度，并进行了管理分工，其工厂的管事、指挥、领班和技术顾问全权管理生产，而市议会通过一个委员会来干预工厂的计划、采购、财务事宜。

综观人类早期的管理实践可以看出，管理与行政基本融为一体。因此，任何一项工程，任何一项管理活动，无不以国家或政府的名义展开，管理实践也只有在和行政融合过程中才有表现的机会。人类早期的管理实践是一种经验管理，管理实践的成功与否主要取决于管理者或决策者的素质高低。管理者的个人知识、能力和经验越丰富，越有可能进行卓有成效的管理活动，否则，管理就可能缺乏成效，甚至失败。因此，管理实践是和个人经验分不开的，是一种典型的经验管理。

二、中国古代管理思想

（一）德治——孔子的儒家管理思想

孔子(公元前551年～公元前479年)，名丘，字仲尼，春秋末期鲁国陬邑(今山东曲阜市东南)人。他是我国古代著名的思想家、教育家，儒家学派创始人。孔子的思想及学说对后世产生了极其深远的影响。孔子的思想体系以德治为核心。

通过什么管理方式使被管理者达到组织的期望目标，是管理者们现在还在研究和实践的问题。孔子是独亲德治、排斥法制的。孔子在《为政》中说：“为政以德，譬似北辰，居其所，而众星共之。”该句意思是：管理者在管理组织时如果以德来治理，他就会像北极星一样位于组织的中心，成员都会自觉地围绕他而行动。

德治管理的主要手段是伦理道德规范，即组织中人们共同生活及行为的准则和规范，用以指导个人的行为以及人与人之间的关系。这是一种没有成文的、约定成俗的规范，是无形的约束，依靠组织舆论监督、个体内心的荣誉感和羞耻感完成监督和管理的过程，有着较低的管理监督的成本。

孔子管理思想的人性假设前提是“人之初，性本善，性相近，习相远。”他认为人出生的时候其本性是善良的，大家差别都不大，只是由于后天的学习和实践，使人的本性有了较大的差别。

在孔子的管理思想中，管理是围绕“人”这个中心展开的，民本是其核心，贯穿其思想的始终。管理的本意是什么？是以管理制度为“本”进行管理？还是以技术技能不断创新为“本”进行管理？还是以设备的高效率运行为“本”进行管理？还是以人为出发点又以人为终点的以人“本”进行管理？西方古典理论认为管理的本意是制度和技术，泰勒的科学管理就是“物本”管理，“物本”管理是围绕着以物为中心来管理展开的，人是物的附属品。孔子则认为管理的本意是“民”，是“人”，是组织中的“群体”。

德治管理思想特别强调领导者的表率作用，百姓是否服从统治，取决于管理者本人的感召力。“政者正也”，“其身正，不令而行；其身不正，虽令不从。”管理的方法是言传身教，但身教最主要，率先垂范、以身作则是领导者成功的要素。榜样的力量是无穷的，上行必然下效。实现正己的途径是修己，修己是正己的前提。“若安天下，必须先正其身，未有身正而影曲，上治而下乱者。”

（二）法治——韩非子的法家管理思想

韩非子(约公元前 280 年～公元前 233 年)，战国末期韩国的贵族公子，著有《韩非子》五十五篇，是中国古代法家思想的集大成者。法家排斥礼(德)治，认为“法”是管理的最有效途径，而把它作为管理的最高原则，并且认为舍法不能进行管理。

“为治者，不务德而务法。”韩非子的管理思想是以“性恶论”的人性假设条件为基础的，因而在管理中强调“利”和“欲”的作用，而在追求利益的时候人们必然要失去礼法、丢失常性，在追求满足个人欲望的时候，人们会违背礼仪和伦常，任何人都是依据利己的“计算之心”来行事。要改变人们的不良习性，最好的办法是采用刑法，“德生于刑”，韩非子认为应该充分利用人的“畏恐”心理，使人行为端正，懂得事理，这样才能很好地进行管理。采用多刑和重赏的方法，改变人们的习性，于是就能够达到“国无奸”和“兵无敌”的状态。

韩非子非常重视制度的作用，而不重视人的因素；重视法理而不重视人情，从法治走向了法制，法制在管理上的具体体现就是制度管理。

韩非子说，“世异则事异”“古今异俗，新故异备。”从古至今事情那是不断变化的，习俗风气在变化，现在的管理与过去的管理也应该有所差别。韩非子根据这个原则，对他当时所处的社会与尧禹治天下的社会作了对比，进而发现他所处的社会，百姓之间起了争夺，剩余产品的出现促使了人群的分化，仁义的管理已经不适用了，只有以法治国才能使国家稳定、富强。对于任何一个企业而言，当外部环境与内部条件有重大变化的时候，管理也要有相应的变革。不能照抄照搬过去的老一套，而要分析现状、打破常规，因地制宜地采用新方法，管理也要与时俱进。

（三）无为而治——老子的道家管理思想

老子(约公元前 571 年～公元前 471 年)，楚国苦县厉乡曲仁里人，是我国古代伟大的哲学家和思想家，道家学派创始人。其代表作为《老子》，又称《道德经》，一般认为是春秋时期的著作。《老子》是道家学派最著名的经典文献。《老子》对中国传统文化的影响非常深远，是一部讲哲理的书，又涉及广泛的管理领域。它在中国历史上成为儒学的重要补充，共同构成了中国传统文化的主干。

“道”的本义是指人们所循行的“道路”。处理事务就像是穿行于一片事件的丛林，遵循怎样的方式在运行可以比喻地说沿着怎样的“道路”在“行走”。所以，“道”又借指一个国家、一个企业、一个人甚至整个宇宙系统等运行之“所遵循”，引申为人们行为处事所遵循的行为规范、行为准则、处事方法，或一般系统的组织范式、运行的程序规则，以及各种存在物的运动规律等。这是中国古代思想中“道”的通常含义，也是老子道论中“道”的基础含义。

“道法自然”，道的基本特性就是自然，管理也是一个客观发展的自然过程，要按照事物的“道”，也就是要按照事物客观发展的自然法则进行管理。《老子》开篇提出“道可道，非常‘道’；名可名，非常‘名’。”就是指在管理过程中存在的内在客观规律，人们可以不断地认识这些客观规律，但不能掌握其全部，只能接近它，而不能达到它，并且事物是在不断地发展、不断地变化，我们要不断地对其进行再认识。在老子看来，管理的最高手段是“道”，其次才是德，往下依次是仁、义、礼。由于老子认为“道”是“不可道”的，所以德、仁、义、礼仍然是管理中不可缺少的手段。

“无为而治”是老子管理的最高原则与最高境界。“无为”并不是说什么也不做，“无为”就是“有所为”而“有所不为”。哪些事“当为”，哪些“当不为”，按照事物的发展规律去为，在顺应客观规律的前提下充分发挥人的主观能动性；与客观事物发展相违背的“不为”，不要去干扰事物的自然发展，而是要顺其自然，顺自然而为。

老子认为法令只能禁恶而不能劝善，同时法令往往标志着人们行动的最低标准。当然，管理都要通过一定的制度、规章实现，但它们只不过是作为一种约束性的保障因素，是事后的惩罚。制度和纪律要完善，但管理企业却不能把制度和纪律作为主要手段。

“为无为，则无不治”的意思是以“无为”的态度去对待社会人生，一切事情没有不上轨道的。万事万物均有其自身规律，我们只能顺应规律，顺应时代的潮流促其前进，不能违背规律。按照老子的思想和他的认识，最好的管理者，人们不知道有他的存在；其次的管理者，人们亲近他、赞扬他；更次的管理者，人们畏惧他；最差的管理者，人们轻蔑他。管理者诚信不足，才有人们不信任他的事情发生。最好的管理者总是非常悠然，很少发号施令，等到事情都办成了，大家会感到：我们本来就是这样的，这就实现了“无为而治”。

老子认为，在管理领域，狡诈不如法治，法治不如德治，德治不如无为而治。老子在这里对管理的不同方式提出了自己的看法。权术管理不如制度管理，制度管理不如伦理管理，伦理管理不如顺其自然的管理。

（四）兵法经营——孙子的兵家竞争战略思想

孙子即孙武（约公元前545年～公元前470年），齐国乐安人，春秋时期吴国将领。其著作《孙子兵法》是中国也是世界上最古老的军事理论著作，被国外誉为“东方兵学鼻祖”“世界第一兵书”。

《孙子兵法》现存十三篇，即《计》《作战》《谋攻》《军形》《兵势》《虚实》《军事》《九变》《行军》《地形》《九地》《火攻》《用间》。

兵法中的兵法——《孙子兵法》，在中外历史上不仅为战将们所喜爱，也为商战专家们所推崇。虽然商业竞争的最终目的不是去毁灭对手，但商业竞争与军事战争有极多相似之处，管理者们可以从中学到很多有关如何成功经营的思想。

孙子认为，打仗取胜的关键在于“庙算”（庙即廊庙，祠堂；算即筹算），在于运筹帷幄之中，决胜千里之外，强调不打无准备、无把握之战。应用到管理上就是要强调科学决策的重要性，企业要在竞争中立于不败之地，要以智谋取胜，以正确的决策、科学的管理取胜，细致全面的“庙算”，才能做出正确的判断和对策。“凡事预则立，不预则废”，企业竞争要从战略的角度高瞻远瞩地来计划来谋算，多算则胜，少算则不胜，不算则一点胜的可能性也没有。

在战略计划中，孙子还有几个思想颇为重要。

一是杂于利害。《孙子·九变篇》说：“是故智者之虑，必杂于利害。杂于利，而务可信也；杂于害，而患可解也。”企业的每一个决策无绝对的有利和绝对的有害，利与害同时含在每个决策之中，而我们要全面分析利与害的存在，要进行这种利与害的关系比较。如某种决策方案有利的方面多，则该方案就有信心完成；如某种方案不利的方面多，也知道忧患在哪里，就可解决它。战略性决策一般要有多个备选方案，每个备选方案又各有其利弊，决策是在多种方案之间进行选择。我们的工作是趋利避害，要选择那些对企业有利的方案，避开那些对企业不利的方案。

二是合于利而动。《孙子·火攻篇》说：“合于利而动，不合于利而止。”这里是讲战略计划实施时机的选择。它包含着两个方面：一是见到有利情形应立刻采取行动，不可坐失良机；二是对己有利才采取行动，无利或不利则不动。

三是计险察危。《孙子·地形篇》说：“料敌制胜，计险厄远近，上将之道也。”企业在经营的过程中，风险随时可能会出现，危机也可能会伴随着而来。上乘的管理者要有危机感，能识别出风险并对可能出现的风险做出对应措施，“居安思危者生”。

在战略管理中，“兵无常势，水无常形，能因敌变化而取胜者，谓之神。”市场变化无常势，企业竞争是博弈，企业管理无常形。当今市场瞬息万变，企业竞争就是博弈，市场变化了，企业经营管理方式和内容也要随之而变，要随市场变化而变化，要不断地通过创新使企业与市场相适应。“践墨随敌，以决战事”，用兵“举动必践法度而随敌屈伸，因利以决战”，就是说选择竞争战略的方向，制定竞争战略的方针，直至实施战略计划都应随市场和对手变化而变化，随市场和对手行止而行止，不能墨守成规。

在企业的经营中，必然会遇到如何处理企业之间竞争问题。在孙子兵法中，“上兵伐谋，不战而屈人之兵”，既是谋攻的最高原则，也是最高的竞争手段。按照孙子兵法的竞争手段的优选层次，最优的选择是“上兵伐谋”，以计谋取胜；“其次伐交”，外交取胜；“其次伐兵”，武力取胜；“其下攻城”，攻坚取胜。

孙子在《地形篇》中说：“知彼知己，胜乃不殆；知天知地，胜乃不穷。”孙子认为只要了解敌我双方情况和天时地利，取胜是可以预见的，否则是不可能的。现代市场风云变幻，状况与战场一样，并没有固定模式可循，而且竞争十分激烈复杂，若稍有不慎即可失败。因此，企业只有既掌握自己综合实力、优势缺点，又了解众商家情况与市场发展变化，才能运筹帷幄，取得胜利。

三、外国早期的管理思想

外国比较成文的管理思想可以追溯到公元前18世纪后期巴比伦国王汉谟拉比发布的《汉谟拉比法典》，全文285条，其内容几乎无所不包。其中有许多经营管理思想，比如控制信贷、贵金属的存放和付给、货物的经营贸易、最低工资、会计和收据的处理，以及责任承担、生产控制、激励方式等。

古埃及在公元前5000年到公元前525年间建造了大批的金字塔。这些宏伟建筑工程之浩大，技术之复杂，所耗费的劳动力之巨大都会涉及一系列的管理难题。在一些典籍中，我们可以看到古埃及人在修建金字塔中已经认识到计划、组织、控制的必要性，反映了一些萌芽状态的组织制度、管理咨询制度、例外原则及授权原则等管理思想。

在古希腊，当时的思想家们对管理也有许多卓越的见解。大哲学家苏格拉底和亚里士多德曾指出："公务管理和家务管理有共同性"，从而来揭示了管理的普遍性。苏格拉底还在历史上第一次指出了"什么是管理"：管理是区别于技术和经验的一种技能，这和现代关于管理职能的见解相当接近。另一位著名的古希腊哲学家色诺芬在公元前370年根据自己的实践经验写成《家庭管理》一书，这是古希腊流传下来的专门论述经济问题的第一部著作。他首先提出经济管理研究的对象，认为"家庭管理"研究的是优秀的主人如何管理好自己的财产，并提出以财富是否增加作为判断管理水平优劣的标准。他认识到管理的中心任务是加强对人的管理。继色诺芬之后，柏拉图也对劳动分工原理作了阐述。他认为分工的产生是由于人的需要是多方面的，而人的天赋却是单方面的。他指出：如果一个人不做其他任何工作，只做适合其天赋的一种工作，而且在恰当的时机去做，他能做的更多、更好而且更容易。

古罗马人继承和发扬了古希腊的管理思想，设置了一套完整的行政集权体制。当时统治者为了统治庞大的帝国，采取了集权和分权相结合的方式。在罗马帝国建立过程的不同阶段，罗马人建立了相应的管理机构和政治体制。最著名的是戴克利国王在公元284年上台执政后实行的一种"连续授权制"的行政制度。所谓连续授权制度，就是把罗马帝国划分为大区、区、省等行政区域，国王授权给大区首脑，大区首脑又授权给区总督，区总督再授权给省长……当时整个罗马被划分为19个省，分别归13个区领导，13个区又分别被4个大区管辖。古罗马人利用等级制度和委派、授权办法把罗马城扩展为一个横跨亚、欧、非三洲大片土地的、组织效率极高的罗马帝国。

中世纪前后，随着海外贸易的发展，欧洲国家由重农主义向重商主义过渡，相应地出现了一批像阿奎那、马基雅维利和莫尔等人为代表的管理思想家。

阿奎那对一系列经济问题进行了论述，其中包括消费的适可原则，生产上的二因素论（劳动和徒弟）、经济活动的干预主义、公平价格论、货币论、利息论、商业论等，都显示出其宗教伦理思想。这种宗教伦理思想，在某种程度上，也影响了管理思想中的某些关于社会和人的地位的基本理解，并构成了后来管理思想中关于人性的某些基本假设中的伦理学基础。

马基雅维利较早认识到"物质利益"在管理中的重要性，他在对政治体制的研究中认识到人民在国家生活中具有重要作用，在《君主论》中，他全面系统地论述了国家管理、王权存在的四条原则，即群众认可原则、内聚力原则、领导能力原则和危机原则。

托马斯·莫尔是欧洲早期空想社会主义学说的创始人，以《乌托邦》一书而名垂青史。在这本著作中，他指出私有制是一切罪恶的根源，而"只有完全废止私有制度，财富才可以得到平均公正的分配，人类才有福利。"他的乌托邦岛已十分注意生产的布局与生产的组织，城市中人们都从事某一职业，而农场的生产劳动则由人们轮换完成。乌托邦中已有专门从事管理工作的非体力劳动者，比如极少数学者和行政长官。乌托邦中的城市，由若干个以户为单元的工厂作坊组成，每个生产出来的产品交公共仓库保管，以供统一分配，在岛中每人每天只需要劳动6小时，其余的时间从事科学、艺术等活动。在国家管理方式上，莫尔主张用民主的方式选举政府官员，按民主的方式治理国家。在经济管理方式上，莫尔设想整个社会经济是按照一定的统一原则进行管理。

早期的管理阶段，管理思想尚未形成系统的理论，管理主要是凭个人经验。但是，在国家行政管理、生产管理、工资奖励、成本核算、人事管理、领导方式、组织结构等管理思想方面，特别是在劳动组织问题上，对于管理理论的形成和发展都具有重要影响。

第二节 古典管理理论

管理理论的产生，总是受到当时的社会、政治、文化和经济等因素的影响。一方面，管理理论要反映当时经济社会等发展对管理理论的需求；另一方面，管理理论的形成和发展又推动了社会的发展和进步。工业革命以后，西方社会发生了巨大的变化。如何有效利用技术进步的成就来适应不断扩大的企业规模成为人们日渐关注的焦点，促使人们对在大工业条件下管理的探索。正是这种经济社会发展的需求，推动了以泰勒的科学管理、法约尔的一般管理理论和韦伯的组织理论为主要内容的古典管理理论的诞生。

一、泰勒与科学管理理论

弗雷德里克·温斯洛·泰勒(Frederick Winslow Taylor)是美国古典管理学家，科学管理的创始人，被管理界誉为科学管理之父。在米德维尔工厂，他从一名学徒工开始，先后被提拔为车间管理员、技师、小组长、工长、设计室主任和总工程师。在这家工厂的经历使他目睹了因管理当局不懂得用科学方法进行管理，不懂得工作秩序，不懂得劳动节奏和疲劳因素导致的生产率的低下。他也看到由于工人缺乏训练，没有正确地操作方法和使用工具而大大影响劳动生产率。更让他感到严重的是，管理者和工人都认为他们双方的关系是一种不可妥协的对立关系，认为任何一方收益的增加都是以另一方收益减少为代价的，从而双方总是选择对抗而不是合作。为此，泰勒开始探索科学的管理方法和理论。

泰勒从“车床前的工人”开始，重点研究企业内部具体工作的效率。在他的管理生涯中，他不断在工厂实地进行试验，系统地研究和分析工人的操作方法和动作所花费的时间，逐渐形成其管理体系——科学管理。泰勒在他的主要著作《科学管理原理》中阐述了科学管理理论，使人们认识到了管理是一门建立在明确的法规、条文和原则之上的科学。

(一) 泰勒提出了科学管理的四条基本原则

(1) 研究工人工作的每一个组成部分，确立每项工作的科学方法，并以此取代昔日粗糙的经验法则。

(2) 科学地挑选工人，做到人适其事。

(3) 对工人进行科学的教育和培训，以使工人能够按照科学的方法来工作。

(4) 管理人员和工人们之间进行亲密无间的友好合作。

前面三条原则讲的是要建立一种科学的工作方法，并让这种科学的工作方法与工人相结合。如何才能使这种科学的工作方法真正有效地与工人相结合呢？泰勒认为应该使管理部门与工人之间进行亲密无间的友好合作，而不是对抗。泰勒认为：“资方和工人之间的紧密、亲切的协作，是现代科学或者责任管理的精髓。”很好地运用这四条原则，就可以把“蛋糕做大”，这样，不管是资方还是工人，都可以分到比原来更多的“蛋糕”。

(二) 泰勒科学管理理论的基本内容

1. 核心是提高劳动生产率

资方关心的是降低成本，工人关心的是提高工资。泰勒认为科学管理的根本目的是谋求最高劳动生产率，最高的工作效率是雇主和雇员达到共同富裕的基础，要达到最高的工作效率的重要手段是劳资双方相互协作，用科学化、标准化的管理方法代替经验管理。

2. 工作定额原理

为了提高工人劳动生产率的潜力，泰勒通过对工人的动作和时间的研究，制定出所谓标准的作业方法，据此制定出工人“合理的日工作量”。泰勒在实验中的具体做法是：用马表测定工人作业的每道工序、每个动作的时间，并进行分析，去掉多余的和不合理的部分，从而制定出效率更高的“标准操作法”，据此对全体工人进行训练，制定较高的定额。

3. 标准化原理

使工人掌握标准化的操作方法，使用标准化的工具、机器和材料，并使作业环境标准化。泰勒认为，要想用科学知识代替个人经验，必须消除各种不合理的因素，把各种最好的因素结合起来，形成一种最好的标准化方法，从操作方法，到材料、工具、设备和作业环境都要实行标准化管理。

4. 计划职能和执行职能相分离

泰勒认为，应该用科学的工作方法取代经验工作方法，由专门的计划部门承担计划职能，由所有的工人和部分工长承担执行职能。

5. 能力和工作相适应

泰勒认为，为了提高劳动生产率，必须根据工人的能力和天赋把他们分配到相应的工作岗位上，为工作挑选第一流的工人。第一流的工人包括两个方面：一方面是该工人的能力最适合这种工作；另一方面是该工人愿意做这种工作。

6. 差别计件工资制度

泰勒认为，原有的酬劳制度不合理，要在科学地制定劳动定额的基础上采取差别计件工资制度，来提高工人的积极性。差别计件工资制就是按照工人工作质量和出力程度的不同情况分别计算报酬，计件工资率随完成标准的工作定额的程度上下浮动，从而刺激每个工人发挥最大的智慧和积极性，克服工人“磨洋工”的现象。

（三）泰勒的主要贡献

1. 首先采用实验方法研究管理问题，开创实证式管理研究先河

泰勒不是坐在办公室里进行饶有兴趣的逻辑性推论，而是走下工厂，深入车间，做了大量著名的实验，短则一周，长则竟达 26 年，如金属切削实验。这就如同培根和伽利略首先在科学、哲学上引进实验方法，使得近代科学、哲学真正成为一门可以进入真正的科学层面一样，使得管理学由杂谈变成一门真正的严肃、严谨的真科学。而其实证方法，则为管理学研究开辟了一片无限广阔的新天地。

2. 开创单个或局部工作流程的分析，是流程管理学的鼻祖

泰勒的创造性贡献还在于他首先选取整个企业经营管理的现场作业管理中的某一个局部，从小到大地来研究管理。这样一种方法与实证方法相配合，是一种归纳研究方法，即由许多具体案例或实验结果，归纳提升成为整体性结论。对于像管理学等应用性或实践性科学来讲，归纳法比演绎法具有更加突出的重要性。而其对单一或局部工作流程的动作研究和时间研究，合起来即为流程效率研究，更为后世所效法，成为研究和改进管理工作的主要方法。

3. 率先提出经验管理法可以为科学管理法所代替，开拓了管理的视野

泰勒的管理理论之所以被尊称为科学管理理论，原因在于他首次突破了管理研究的经验途径这一局限性视野，首次提出要以效率、效益更高的科学性管理，来取代传统小作坊里师傅个人经验传带或个人自己积累经验的经验型管理。这就告诉我们，经验对于管理虽然是重要的、基础性的，但却远非决定性和唯一性的，任何工作和业务流程，通过科学的检讨，更能够接近并在一定程度上达到完美。从此，人们认识到在管理上引进科学研究方法的重要性和必要性。

4. 率先提出工作标准化思想，是标准化或基准化管理的创始人

泰勒以作业管理为核心的管理理论，其目的是为了达到现实生产条件下最大生产效率，但其研究成果却是以标准化(各个环节和要素的标准化)为表现形式。这是一个很重要的标准量化管理的研究成果，开启了标准化管理的先河。现在的许多标准如ISO、GMP等大量标准化管理体系，其沿用的仍然是泰勒的思想和工作方法。标准化管理已经成为现代管理(不仅仅是生产管理)的一个普遍性核心构成部分。

5. 首次将管理者和被管理者的工作区分开来，管理首次被审视为一门可研究的科学

泰勒在工作和研究中认识到，强调分工和专业化对于提高生产效率是非常重要的，因此，他首先提出了管理者和被管理者的工作其实是不一样的。简单地说，管理者主要在计划，而被管理者主要在执行，另外，管理者还要进行例外管理。把管理从生产中分离出来，是管理专业化、职业化的重要标志，管理因此被公认为是一门需要独立研究的科学。

6. 首次提出管理转变必须考虑人性

在我们今天看来，泰勒的科学管理哲学并不是什么惊天动地的事。但对于泰勒本人和当时时代来说则非比寻常。泰勒自己宣称："科学管理在实质上要求任何一个具体机构或机构中的工人及管理人员进行一场全面的心理革命，没有这样的心理革命，科学管理就不存在。"他说的"不存在"的意思是"不可能被正确理解、接受和很好地顺利实施"。原因在于人们如果不能把思想从小农生产转变到工业化大生产的认识上来，劳资合作以便提高生产效率、提升双方整体福利的新措施就不可能实施。因此，泰勒考虑到了管理转变关系到人性的许多层面，他虽然没有展开深入研究，但他建议企业要考虑到各个层面人们的感受，尤其是强调工人要能够愉快地胜任新方法下的工作并获得更高报酬，这说明了泰勒虽然较多关心提高社会生产总效率问题，但并非对工人很残酷。

当然，科学管理理论也有其局限性。最明显的局限性是认为工人是"经济人"。科学管理重视物质技术因素，忽视人及社会因素。他将工人看成是机器的附属品，是提高劳动生产效率的工具，因此在生产过程中强调严格的服从，他没有看到工人的主观能动性及心理社会因素在生产中的作用，认为人们只看重经济利益，根本没有责任心和进取心。由于对工人的错误认识，必然导致科学管理理论在实践中的局限性。

(四) 泰勒的主要追随者

在泰勒的科学管理理论形成和发展过程中，一大批科学管理理论的追随者对科学管理理论的发展和传播起了积极作用，主要有以下几位：

(1) 卡尔·乔治·巴思(Carl George Barth)，泰勒最早、最亲密的合作者之一。他是个很有造诣的数学家，其研究的许多数学方法和公式，为泰勒的工时研究、动作研究、金属切削实验等提供了理论依据。

(2) 亨利·甘特(Henry L. Gantt)，泰勒的亲密合作者之一。他提出的"甘特图"是当时计划和控制生产的有效工具，并为当今的PERT(计划评审技术)奠定了基础。

(3) 吉尔布雷斯夫妇(Frank B. Gilbreth and Lillian M. Gilbreth)。弗兰克·吉尔布雷斯是个建筑承包商，其夫人莉莲是一位工业心理学家。他们听过泰勒的演讲之后，就把科学管理的这套理论应用到了建筑领域。吉尔布雷斯设计了一套称为"therbligs"(吉尔布雷斯英文字母的倒写)的动作分类体系,将工人的操作动作分解为17个基本动作,从而能够更加精确地分析工人的手的动作。他们用拍影片的方法来记录和分析工人的操作动作,剔除浪费和多余的动作,寻找合理的最佳动作,从而确定了快速准确的工作方法。这些方法的实施大大提高了建筑施工的效率。

二、法约尔与一般管理理论

泰勒的科学管理开创了西方古典管理理论的先河,在其被传播之时,欧洲也出现了一批古典管理的代表人物及理论,其中影响最大的是法约尔及其一般管理理论。

亨利·法约尔(Henri Fayol,1841~1925),法国人,早期曾参与企业的管理工作,并长期担任企业高级领导职务。泰勒的研究是从"车床前的工人"开始,重点内容是企业内部具体工作的效率。法约尔的研究则是从"办公桌前的总经理"出发的,以企业整体作为研究对象。他认为,管理理论是"指有关管理的、得到普遍承认的理论,是经过普遍经验检验并得到论证的一套有关原则、标准、方法、程序等内容的完整体系。"有关管理的理论和方法不仅适用于公私企业,也适用于军政机关和社会团体。这正是其一般管理理论的基石。法约尔的著述很多,1916年出版的《工业管理和一般管理》是其最主要的代表作,标志着一般管理理论的形成,他也因此被誉为"管理过程理论之父"。他最主要的贡献在于3个方面:从经营职能中独立出管理活动;强调教育的必要性;提出管理活动所需的五大职能和14条管理原则。这3个方面也是其一般管理理论的核心。

(一) 从企业经营活动中提炼出管理活动

法约尔区别了经营和管理,认为这是两个不同的概念,管理包括在经营之中。通过对企业全部活动的分析,将管理活动从经营职能中提炼出来,成为经营的第六项职能。法约尔认为企业的全部活动可分为以下6个方面:技术活动(生产、制造、加工);商业活动(购买、销售、交换);财务活动(筹集和最合理地使用资本);安全活动(保护财产和人员);会计活动(财产清点、资产负债表、成本、统计);管理活动(计划、组织、指挥、协调和控制)。不论企业大小,复杂还是简单,这6个方面的活动(或者说基本职能)总是存在的。而且不应该忘记这6种活动之间有非常紧密的关系。比如,若没有原材料、产品的销路,以及资本、安全和预测,技术活动也就不能存在。

1. 技术活动

技术活动无论在数量、变化上都有无可争议的重要性,各种产品(物质的、智力的和精神的)一般都出自技术人员之手,这是一个事实。但是技术职能并不是全部职能中最主要的,即使在大型工业企业里也有这样的情况,即其他某一种活动可以对企业的发展有比技术活动大得多的影响。

2. 商业活动

一个工业企业的繁荣,不仅取决于技术活动,而且往往在相同的程度上也取决于商业活动。如果产品销售不出去,就要破产。懂得买卖与懂得很好地生产同样重要。商业能力除了策略和决策,还包括对市场以及竞争者的力量的深刻了解,包括一种长远的预测,以及在大型企业中日益发展的承包合同的运用。

3. 财务活动

企业没有财务活动则什么事也做不成。人员、厂房、设备、原材料、股票红利、修缮、准备金等等都需要资本,为获得资本和最适当地利用可用的资金,并避免轻率的承担义务,必须有完善的财务管理。许多本来可以繁荣起来的企业由于缺钱而倒闭了。没有流动资金或没有信贷,任何革新、修缮都不可能。成功的一个基本条件就是经常注意企业的财务情况。

4. 安全活动

这项活动的任务是保护财产安全和人员安全,预防偷盗、火灾、水灾,消除罢工、行凶暴行,总之,消除所有可能危害企业发展、甚至危害企业生存的社会动乱。可延伸为老板的耳目,或者是一家个体经营的守夜犬,或者是国家的警察和军队。它是指保证企业安全、为企业人员提供所需的精神安定的一切措施。

5. 会计活动

会计活动包括存货盘点、资产负债表的制作、成本核算、统计等。法约尔认为这是企业的视觉器官,它能使人随时了解企业处于什么状况并向何处发展,可以对企业的经济形势提供真实、清楚而又准确的情况。一个好的会计制度应是简单明了,可以提供企业状况的确切概念,是领导管理企业的一个有力的工具。

6. 管理活动

区别了经营和管理,法约尔进一步得出了普遍意义上的管理定义,他认为管理是普遍的一种单独活动,包括计划、组织、指挥、协调和控制5项职能。

法约尔认为,任何企业中的各级人员不同程度地从事着上面6项经营活动,只是随着企业由小到大、职位由低到高,管理活动的相对重要性不断增加,而其他诸如技术、商业、财务、安全、会计等活动的重要性则会相对下降。

(二) 提出五大管理职能

法约尔将管理活动分为计划、组织、指挥、协调和控制等五大管理职能,并进行了相应的分析和讨论。法约尔指出:"管理,就是实行计划、组织、指挥、协调和控制;计划,就是探索未来、制订行动计划;组织,就是建立企业的物质和社会的双重结构;指挥,就是使其人员发挥作用;协调,就是连接、联合、调和所有的活动及力量;控制,就是注意是否一切都按已制定的规章和下达的命令进行。"

1. 计划

即预测未来和制订行动计划。预测未来是对未来的估计和为未来做准备,而制订行动计划则要指出行动的路线、通过的阶段、使用的手段以及要达到的结果。法约尔认为制订长期计划是非常重要的,这是他对当时管理思想的一个比较大的贡献。

2. 组织

法约尔指出好的计划需要有好的组织。管理的任务在于建立起一种组织,对企业计划执行的分工。组织一个企业就是为企业的经营提供所有必要的原料、设备、资本、人员。组织大体可以分为物质组织和社会组织两大部分。在配备了必要的物质资源以后,人员或社会组织就应该能够完成它的6项基本职能,即进行企业所有的经营活动。

3. 指挥

就是要使组织充分发挥其作用,使企业人员做出最大的贡献。

4. 协调

法约尔说:"协调就是指企业的一切都要和谐地配合,这样做的目的就是使企业的工作能够顺利地进行,并有利于企业获取成功。协调的另一种功能就是使职能的社会组织机构和物资设备机构之间保存一定的比例。这个比例是每个机构高效、保质保量完成任务的保证……总之,协调的目的是为了事情和行为都有一个合适的比例。"

5. 控制

就是检验企业中发生的每一件事是否同所拟订的计划、发出的指示和确定的原则相符合，其目的是发现错误、改正错误和防止重犯错误。为了实现对组织内部全体活动的有效控制，管理部门必须使这种控制能迅速、及时地发挥作用，并伴以恰当的奖惩。法约尔还主张成立一个从业务部门分离出来的独立、公正的检验部门。

（三）倡导管理教育

法约尔认为管理能力可以通过教育来获得，“缺少管理教育”是由于“没有管理理论”，每一个管理者都按照他自己的方法、原则和个人的经验行事，但是谁也不曾设法使那些被人们接受的规则和经验变成普遍的管理理论。

（四）管理的一般原则

为了使管理者能很好地履行各种管理职能，法约尔提出了管理的14项一般原则。

1. 劳动分工原则

法约尔认为，劳动分工属于自然规律。劳动分工不仅适用于技术工作，而且也适用于管理工作。应该通过分工来提高管理工作的效率。但是，法约尔又认为劳动分工要适度，并非分的越细越好。

2. 权力与责任相符原则

有权力的地方，就有责任。责任是权力的孪生物，是权力的当然结果和必要补充。这就是著名的权力与责任相符的原则。法约尔认为，要贯彻权力与责任相符的原则，就应该具备有效的奖励和惩罚制度，即“应该鼓励有益的行动而制止与其相反行动”。实际上，这就是现在我们讲的权、责、利相结合的原则。

3. 纪律原则

法约尔认为纪律是一个企业兴旺发达的关键，没有纪律，任何一个企业都不能兴旺繁荣。要维持纪律，领导人要以身作则，尽可能有明确而又公平的纪律协定，并实行公正的奖惩。

4. 统一指挥原则

统一指挥是一个重要的管理原则，按照这个原则的要求，一个下级人员只能接受一个上级的命令。如果两个领导人同时对同一个人或同一件事行使他们的权力，就会出现混乱。双重领导对于权威、纪律和稳定性是一种威胁。

5. 统一领导原则

统一领导原则是指对于力求达到同一目的的全部活动，只能在一位管理者和一个计划的指导下进行。

6. 个人利益服从整体利益的原则

法约尔认为任何雇员其个人和群体的利益不能超越组织的整体利益。但是，往往“无知、贪婪、自私、懒惰以及人类的一切冲动总是使人为了个人利益而忘掉整体利益”，管理者必须经常监督又要以身作则，才能缓和两者矛盾，促使其一致起来。

7. 人员的报酬原则

法约尔认为，人员的报酬首先要考虑的是维持职工的最低生活消费和企业的基本经营状况，这是确定人员报酬的一个基本出发点。在此基础上，再考虑根据职工的劳动贡献来决定采用适当的报酬方式。对于各种报酬方式，法约尔认为不管采用什么报酬方式，都应该能做到以下几点：① 它能保证报酬公平；② 它能奖励有益的努力和激发热情；③ 它不应导致超过合理限度的过多的报酬。

8. 集中的原则

法约尔指的是组织的权力的集中与分散的问题。影响一个企业是集中还是分散的程度的因素取决于管理者的个性、能力、道德品质、下属的可靠性及企业的条件等。

9. 等级制度与跳板原则

等级制度就是从最高权力机构直到低层管理人员的领导系列。而贯彻等级制度原则就是要在组织中建立这样一个不中断的等级链，这个等级链说明了两个方面的问题：一是它表明了组织中各个环节之间的权力关系，通过这个等级链，组织中的成员就可以明确谁可以对谁下指令，谁应该对谁负责；二是这个等级链表明了组织中信息传递的路线，即在一个正式组织中，信息是按照组织的等级系列来传递的。

贯彻等级制度原则，有利于组织加强统一指挥原则，保证组织内信息联系的畅通。但是，一个组织如果严格地按照等级系列进行信息的沟通，则可能由于信息沟通的路线太长而使得信息联系的时间长，同时容易造成信息在传递的过程中失真。为此法约尔设计了一种"跳板"，利用这种"法约尔跳板"，可以横跨执行权力的路线而直接联系。这种方法便于同级之间的横向沟通，但是在横向沟通前要征求各自上级的意见，并在事后立即向各自的上级汇报，从而维护了统一指挥的原则。

10. 秩序原则

法约尔所指的秩序原则包括物品的秩序原则和人的社会秩序原则。对于物品的秩序原则，他认为，每一件物品都有一个最适合它存放的地方，坚持物品的秩序原则就要使每一件物品都在它应该放的地方。贯彻物品的秩序原则就是要使每件物品都在它应该放的位置上。对于人的社会秩序原则，他认为，每个人都有他的长处和短处，贯彻社会秩序原则就是要确定最适合每个人的能力发挥的工作岗位，然后使每个人都在最能使自己的能力得到发挥的岗位上工作。

11. 公平原则

所谓公平原则就是管理者应当友善和公正地对待下属，从而唤起下属对组织的忠诚。

12. 人员的稳定原则

法约尔认为，要使一个人的能力得到充分的发挥，就要使他在一个工作岗位上相对稳定地工作一段时间，使他能有一段时间来熟悉自己的工作，了解自己的工作环境，并取得别人对自己的信任。人员的不必要流动是管理不良的原因和结果，对工作情绪和效率有害。除必要的流动外，应保证人员的相对稳定性，以利于效率的提高。

13. 首创精神

法约尔认为："想出一个计划并保证其成功是一个聪明人最大的快乐之一，这也是人类活动最有力的刺激物之一。这种发明与执行的可能性就是人们所说的首创精神。建议与执行的自主性也都属于首创精神。"法约尔认为："人的自我实现需求的满足是激励人们的工作热情和工作积极性的最有力的刺激因素。"对于领导者来说，"需要极有分寸地，并要有某种勇气来激发和支持大家的首创精神"。当然，纪律原则、统一指挥原则和统一领导原则等的贯彻，会使得组织中人们的首创精神的发挥受到限制。

14. 人员的团结原则

人们往往由于管理能力的不足，或者由于自私自利，或者由于追求个人的利益等而忘记了组织的团结。为了加强组织的团结，法约尔特别提出在组织中要禁止滥用书面联系。他认为在处理一个业务问题时,当面口述要比书面快,并且简单得多。另外,一些冲突、误会可以在交谈中得到解决。由此得出,每当可能时,应直接联系,这样更迅速、更清楚,并且更融洽。

法约尔提出的管理原则,包含了许多对管理精髓的感悟。这些原则是用来指导理论和实际工作的,是指导行动的灵活信条,而不是一成不变的法则。

法约尔的一般管理理论是西方古典管理思想的重要代表,后来成为管理过程学派(该学派将法约尔尊奉为开山祖师)的理论基础,也是以后各种管理理论和管理实践的重要依据,对管理理论的发展和企业管理的历程均有着深刻的影响。管理之所以能够走进大学讲堂,全赖于法约尔的卓越贡献。一般管理思想的系统性和理论性强,对管理五大职能的分析为管理科学提供了一套科学的理论构架,来源于长期实践经验的管理原则给实际管理人员巨大的帮助,其中某些原则甚至以"公理"的形式为人们接受和使用。因此,继泰勒的科学管理之后,一般管理也被誉为管理史上的第二座丰碑。

三、韦伯与组织理论

马克斯·韦伯(Max Weber,1864～1920)是德国的社会学家,曾担任过政府顾问、报纸编辑、大学教授,对社会学、宗教学、经济学与政治学等都有相当深的造诣。韦伯在管理思想方面的主要贡献是在他的《社会和经济组织的理论》一书中提出了理想行政组织理论,对后世产生了深远的影响。因此,他被人们称为"组织理论之父"。

韦伯认为,组织活动要通过职务或职位而不是通过个人或世袭地位来管理。任何组织都必须以某种形式的权力作为基础,通过权力而产生秩序,消除混乱,权力是实现组织目标的前提。没有某种形式的权力,任何组织都不能达到自己的目标。

组织中存在 3 种类型的权力,即依据传统惯例或世袭得来的传统权力、来源于别人的崇拜与追随从而获得的超凡权力以及基于法律和理性的法定权力。韦伯认为,只有法定权力才能作为行政组织体系的基础,因为它能保持管理的连续性,担任管理职位的人是按照其能力选拔出来的,管理者行使权力具有法律基础,所有的职权都有着明确的规定和严格的划分。

韦伯基于"理性—合法权力"勾画出理想的组织体系,它具有如下特征:

(1) 组织分工。在官僚组织中,要按照实现组织目标的要求进行分工,明确组织中每个职位的权利和义务,人员按照专业化进行分工。

(2) 等级系统。在组织中要建立一个连续不断的指挥链,组织中的各个职位按照等级原则进行法定安排,形成自上而下的等级系统,按照地位的高低规定成员间命令与服从的关系。

(3) 人与工作的关系。组织中成员间的关系完全是以理性准则为指导的对事的关系,只受职位关系而不受个人情感关系的影响。

(4) 正规化的人员选拔与任用。每一个职位根据职位的要求,通过正式的考试和教育训练来实行。

(5) 职业的管理人员。管理岗位的人员有固定的薪金和明文规定的升迁制度,是一种职业管理人员。

(6) 遵守规则和纪律。管理人员必须要严格遵守组织中制定的规则和纪律以及办事的程序。

韦伯认为，这种高度结构化、正式的理想行政组织体系是人们进行强制控制的合理手段，其成员的工作行为也能达到预期的效果，组织目标也能顺利的达成。他认为一套支配行为的特殊规则的存在，是组织概念的本质所在。这种组织在精确性、稳定性、纪律性和可靠性方面都优于其他组织形式。

韦伯这种强调规则、强调能力、强调知识的行政组织理论为社会发展提供了一种高效率、合乎理性的管理体制。现在我们普遍采用的高、中、低三层次管理就是源于他的理论。行政组织化是人类社会不可避免的进程，韦伯的理想行政组织体系自出现以来得到了广泛的应用，它已经成为各类社会组织的主要形式。

第三节　行为科学理论

古典管理理论的杰出代表泰勒、法约尔、韦伯等人在不同方面对管理思想和管理理论的发展做出了卓越的贡献，并对管理实践产生深刻影响，大大提高了效率。但科学管理理论多着重于生产过程、组织控制等方面的研究，较多地强调科学性、精密性和纪律性。从根本上说，科学管理主要是研究人如何机械地适应机器的效率问题，把工人看成是机器的附属物，不是人在使用机器，而是机器在使用人，工人在长时间里进行着机械的动作，必然会激起工人的不满，进而影响到效率。因此，可以说科学管理在着重解决机器工作效率的同时又引起人的工作效率下降。在20世纪20年代前后，一方面工人日益觉醒，工人阶级反对资产阶级剥削压迫的斗争日益高涨，另一方面是经济的发展和周期性经济危机的加剧，使得传统的管理理论和方法已不可能通过有效地控制工人来达到提高生产效率和利润的目的。

在这种背景下，许多学者开始从心理学、生理学、社会学等角度来研究工作中的人的问题。比如人的行为与工作的时间、环境及人的需要、动机、情绪、情感等之间的关系问题，并研究如何按照人的心理发展规律来激发人的积极性和创造性，提高人的工作效率问题，由此就催生了行为科学理论的诞生。

一、行为科学理论的先驱

雨果·孟斯特伯格(Hugo Munsterbeg，1863～1916)，德国人，被称为“工业心理学之父”。他的专业是心理学和医学，1885年在莱比锡大学获哲学博士学位，成为一名心理学家，他又学习医学，在海得堡大学获得医学博士学位，当时年仅27岁。29岁时，被邀请去哈佛大学主持心理学实验室工作，并担任实验心理学教授。之后他把兴趣转向了心理学在工业中的应用(使心理学进入了产业界)。1912年出版了著名的《心理学与工业效率》一书。在这本书中他从心理学角度来研究如何提高人们的工作效率：① 寻求如何使人们的智能同他们所从事的工作最为适应；② 在什么样的心理条件下，才能使每个人达到最高效率；③ 用什么样的方式刺激、诱导工人进行生产，以达到最满意的产量或最高效率。

玛丽·福莱特(Mary Parker Follett，1868～1933)，美国的一位社会工作者，女管理学家。虽然她生活在科学管理时代，但她认为有必要理解组织中行为的作用，并走在行为管理理论的前面，为此，她做了不少开拓性的工作。她相信科学管理方法能应用于人际关系，并相信人们只有通过群体，才能把自身的潜能充分发挥出来。有人把她誉为“科学管理和行为科学之间的桥梁”。

莉莲·吉尔布雷斯(Lillian Moller Gilbreth，1878～1972)，美国心理学家和管理学家，也是美国第一个获得心理学博士的女性，被称为“管理第一夫人”。她注重研究个体行为，并对在管理中如何理解心理学的作用和重要性方面作出了深入的研究。她把管理风格分为3类：① 传统的管理风格：管理者为严格的驱动型，相信统一命令和使用集中权威；② 过渡的管理风格：介于传统的和科学的管理风格之间；③ 科学的管理风格：管理者仔细甄选人员，全面关心工人的福利，使用各种诱因来激励职工，使雇员得到充分的发展。她的这些观点在当时是十分超前的。

二、梅奥与霍桑实验

在20世纪的一二十年代，受泰勒及其科学管理理论的影响，许多管理者和管理学家都认为，在工作的物质环境和工人的劳动效率之间有着明确的因果关系，他们试图通过改善工作条件与环境等外在因素，找到提高劳动生产率的途径。比如，工作场所的通风、温度、湿度、照明等都会影响到工人工作的数量、质量和安全。在这种思想指导下，1924年，美国国家科学院的全国科学研究委员会决定在西方电器公司的霍桑工厂进行实验研究，以找出工作的物质环境与工人的劳动效率之间的精确关系。这项一直持续到1932年的研究就是著名的“霍桑研究”或称“霍桑试验”。梅奥在这项研究基础上提出的人际关系理论是这项研究最重要的成果，也是这项研究之所以著名的最重要的原因。

(一) 实验过程

霍桑工厂位于美国芝加哥西部的工业区中，有25 000多名工人，是西方电器公司一家专门为美国电报电话公司生产和供应电信设备的企业。在厂方的支持下，由管理学家和厂方工作人员共同组成了研究小组。研究是从照明条件开始的。研究者选择了一些从事装配电话继电器这样一种高度重复性工作的女工，将她们分为“对照组”和“实验组”，分别在两个照明度完全相同的房间里做完全相同的工作。在实验中，对照组的照明度和其他工作环境没有什么变化，实验组则将照明度进行各种变化。令人奇怪的是，在实验组里，照明度提高，产量是上升的，可是照明度下降，包括有一次甚至暗到只有0.6烛光，也就是近似月光的程度，产量也是上升的。更令人奇怪的是，在对照组，照明度没有任何变化，产量同样是上升的。困惑之下，研究者转而对工资报酬、工作时间、休息时间等照明以外的其他因素进行同样的实验。如把集体工资制改为个人计件工资制，上午与下午各增加一次5分钟的工间休息并提供茶点，缩短工作日和工作周等，产量是上升的。可是当实验者废除这些优厚条件时，产量依旧上升。在实验期间，继电器的产量从最初的人周均产量2 400个一直增加到3 000个，提高了25%。既然无论在哪种工作条件下，也无论这些工作条件变还是不变，变好还是变坏，产量都是上升的，有研究人员开始怀疑实验本身及其前提条件了，是不是工作的物质环境和工人的劳动效率之间本来就没有明确的因果关系？这样，实验持续到1927年的时候，几乎所有的人都准备放弃了。

这年冬天，梅奥在纽约的哈佛俱乐部给一些经理人做报告。听众中有一个叫乔治·潘诺克的人，是西方电器公司参与霍桑实验的人，把霍桑实验中的怪事告诉了梅奥，并邀请他作为顾问参加这一研究。梅奥立即对霍桑实验的初步成果发生了兴趣，并敏锐地感到解释霍桑怪事的关键因素不是工作物质条件的变化，而是工人们精神心理因素的变化。他认为，作为实验对象的工人由于处在实验室内，实际上就成为了一个不同于一般状态的特殊社会群体，群体中的工人由于受到实验人员越来越多的关心而感到兴奋，并产生出了一种参与实验的感觉。这才是真正影响了工人的因素，与这个因素相比，照明、工资之类都只是偶然性的东西。

这样，以梅奥为核心人物的哈佛研究小组来到霍桑工厂，霍桑试验进入新的阶段。“这是管理历史中一次至关重要的航程的开端。”

1. 对照明实验的重新解释和验证

哈佛研究小组提出5项假设来解释前一段照明实验的结果，并逐一进行检验。

(1) 改进物质条件和工作方法，导致产量增加。这种解释被否定了，因为物质条件和工作方法无论改进，还是恶化，产量都会增加。

(2) 增加工间休息和缩短工作日，导致产量增加。这种解释也被否定了，因为关于工间休息和工作日的特权无论增加，还是取消，产量也都会增加。

(3) 工间休息减轻了工作的单调性，从而改变了工人的工作态度，导致产量增加。这种解释同样被否定了，因为工作态度的改变不一定仅仅是工间休息造成的，也可能是工人感到被重视造成的。

(4) 个人计件工资制刺激工人积极性，导致产量增加。这种解释还是被否定了，因为虽然在一个实验组中，工资制度由集体刺激改为个人刺激时产量增加，再由个人刺激改为集体刺激时产量减少的情况，可是在另外一个没有改变工资制度的实验组中，产量也是持续增加的。

(5) 监督技巧，即人际关系的改善使工人的工作态度得到改进，导致产量增加。这种假设得到实验支持和研究小组的认可。专家们认为，产量的高低，也就是工人积极性的高低，主要的不是取决于传统理论所认为工作的物质条件和工人物质需要的满足，而是取决于工人的心理因素和社会需要的满足，也就是说，工人在实验中感到自己是被选出并被重视的特殊群体，因此产生自豪感，并激发出积极参与的责任感，使产量得到提高，而福利措施和工作条件等已退居为较次要的原因。

2. 访谈计划

在改变照明和福利条件的实验之后，研究者们已经明确意识到，工作环境中的人的因素比物质因素对工人积极性的影响更大，于是又开展了访谈实验。访谈实验开始时是由研究者拟了一份谈话提纲，要求工人就提纲中列出的厂方的规划和政策、工头的态度、工作的条件等发表意见。可是访谈实验开始后，工人表示不想受提纲的限制，而是更想谈一些提纲以外的问题。也就是说，厂方和研究者认为是意义重大的事情并不是工人最关心的事情。于是研究者及时调整了访谈计划，不再规定谈话的内容而让工人随意谈自己关心的事情，每次谈话的平均时间由半小时延长到一小时，研究者不进行任何道德说教和劝说，也不表达自己的情绪和立场，只是详细地记录工人的不满和意见。这项持续了两年多的实验并没有给工人解决任何具体问题，却使产量大幅度提高。专家们认为，这是由于长期以来工人对厂方积累了许多不满而无处发泄，从而影响了积极性，访谈计划恰恰给了工人以发泄的机会。工人的不满情绪发泄后感到心情舒畅，士气提高，产量自然提高了。

3. 非正式群体研究

早在泰勒时代，人们就已经注意到工人中出于某种非正式关系的压力会出现有系统的怠工。哈佛研究小组选择了14名男性工人作为实验组，隔离在单独的房间，让他们从事接线器的装配工作。男工的工作实行集体计件工资制，以小组的总产量为依据对每个工人付酬。研究者设想，在这种制度下，只有全体工人产量都比较高，每个工人才可能得到较高的工资，因此产量高的工人会迫使产量低的工人提高产量。但实验中，研究者发现，工人明显不是追求更高的产量而得到更高的工资，而是故意维持中等的产量并宁肯为此接受中等的工资。工人似乎对什么是一天应该完成的工作量有自己明确的理解，并很善于维持这个产量，而这个产量是低于厂方规定的产量的。在进一步的研究中人们发现，工人的产量之所以能够达到厂方规定的较高的“正式标准”却故意不达到，而只是自动维持在一个中等水平的“非正式标准”上，是因为工人估计到自己实际面临两种危险：如果产量过高，达到了厂方规定的“正式标准”，厂方就会进一步提高“正式标准”从而使大家的工资效率降低；如果产量过低，距厂方规定的“正式标准”太远，就会引起工头的不满，而且也让产量高的工友吃亏。所以，既不能当产量太高的“产量冒尖者”，也不能当产量太低的“产量落后者”，那样都会伤害全班组工友的群体利益。这样，工人们为了维护整个群体的利益，为了不被群体所排斥，不惜牺牲一些个人利益而自发地形成了非正式产量标准。为了维护这个标准，工人还有自己的一套非正式的群体规范，如对那些不按规矩办事和向厂方告密的“告密者”进行嘲笑、讽刺，甚至“给一下子”(在胳臂上相当用力地打一下)。在这些规范下，工人们非常重视相互的关系而不愿受到群体的排斥。有人偶尔产量较高时甚至会把多余的产量瞒下来而只报符合群体规范的产量，然后放慢速度而从隐瞒的产量中取出一部分补充不足之数。

(二) 实验结论

从 1924 年到 1932 年，霍桑实验持续了 9 年。1933 年，梅奥出版了《工业文明中的社会问题》，对实验进行了总结，提出了一系列理论。

1. 社会人理论

以泰勒的科学管理理论为代表的传统管理理论认为，人是为了经济利益而工作的，因此金钱是刺激工人积极性的唯一动力，因此传统管理理论也被称为“经济人”理论。而霍桑实验表明，经济因素只是第二位的东西，社会交往、他人认可、归属某一社会群体等社会心理因素才是决定工人工作积极性的第一位的因素，因此梅奥的管理理论也被称为“人际关系”理论或“社会人”理论。

2. 士气理论

以泰勒的科学管理理论为代表的传统管理理论认为，工作效率取决于科学合理的工作方法和好的工作条件，所以管理者应该关注动作分析、工具设计、改善条件、制度管理等。而霍桑实验表明，士气，也就是工人的满意感等心理需要的满足才是提高工作效率的基础，工作方法、工作条件之类的物理因素只是第二位的东西。

3. 非正式群体理论

以泰勒的科学管理理论为代表的传统管理理论认为，必须建立严格完善的管理体系，尽可能避免工人在工作场合中的非工作性接触，因为其不仅不产生经济效益，而且降低工作效率。而霍桑实验表明，在官方规定的正式工作群体之中还存在着自发产生的非正式群体，非正式群体有着自己的规范和维持规范的方法，对成员的影响远较正式群体大，因此管理者不能只关注正式群体而无视或轻视非正式群体及其作用。

4. 人际关系型领导者理论

以泰勒的科学管理理论为代表的传统管理理论认为，管理者就是规则的制定者和监督执行者。而霍桑实验提出，必须有新型的人际关系型领导者，他们能理解工人各种逻辑的和非逻辑的行为，善于倾听意见和进行交流，并借此来理解工人的感情，培养一种在正式群体的经济需要和非正式群体的社会需要之间维持平衡的能力，使工人愿意为达到组织目标而协作和贡献力量。

总之，霍桑实验表明，人不是“经济人”，而是“社会人”，不是孤立的、只知挣钱的个人，而是处于一定社会关系中的群体成员，个人的物质利益在调动工作积极性上只具有次要的意义，群体间良好的人际关系才是调动工作积极性的决定性因素。因此，梅奥的理论也被称为“人际关系理论”或“社会人理论”。

第四节　现代管理理论

现代管理理论是继科学管理理论、行为科学理论之后，西方管理理论和思想发展的第三阶段，特指第二次世界大战以后出现的一系列学派。与前阶段相比，这一阶段最大的特点就是学派林立，新的管理理论、思想、方法不断涌现。美国著名管理学家哈罗德·孔茨认为当时林林总总共有11个学派：经验主义管理学派、人际关系学派、组织行为学派、社会系统学派、管理科学学派、权变理论学派、决策理论学派、系统管理理论学派、经验主义学派、经理角色学派、经营管理学派。

一、现代管理理论产生的原因

现代管理思想和理论的形成和发展是由以下因素作用而产生的结果：

(1) 20世纪40年代，一方面由于工业生产的机械化、自动化水平不断提高，以及电子计算机进入工业领域，在工业生产集中化、大型化、标准化的基础上，也出现了工业生产多样化、小型化、精密化的趋势。另一方面，工业生产的专业化、联合化不断发展，工业生产对连续性、均衡性的要求提高，市场竞争日趋激烈、变化莫测，即社会化大生产要求管理改变孤立的、单因素的、片面的管理方式，而形成全过程、全因素、全方位、全员式的系统化管理。

(2) 第二次世界大战期间，交战双方提出了许多亟待解决的问题，如运输问题、机场和港口的调度问题、如何对大量的军火进行迅速检查的问题，等等，都涉及管理的方法。

(3) 科学技术发展迅猛，使现代科学技术的新成果层出不穷。

(4) 资本主义生产关系出现了一些新变化，由于工人运动的发展，赤裸裸的剥削方式逐渐被新的、更隐蔽的、更巧妙的剥削方式所掩盖。新的剥削方式着重从人的心理需要、感情方面等着手，形成处理人际关系和人的行为问题的管理。

(5) 管理理论的发展越来越借助于多学科交叉作用，经济学、数学、统计学、社会学、人类学、心理学、法学、计算机科学等各学科的研究成果越来越多地应用于企业管理。

二、现代管理理论的分支

现代管理理论是近代所有管理理论的综合，是一个知识体系，一个学科群，它的基本目标就是要在不断急剧变化的现代社会面前，建立起一个充满创造活力的自适应系统。要使这一系统能够得到持续地高效率地输出，不仅要求要有现代化的管理思想和管理组织，而且还要求有现代化的管理方法和手段来构成现代管理科学。

由于研究角度和所使用的方法不同，管理科学领域形成了许多分支，主要有：

(1) 规划论。用来研究如何运用最合理的方式，有效地利用或调配有限的人力、物力、财力和时间，最大限度地完成各项计划任务，以获得最优的经济效益。

(2) 库存论。用来研究在什么时间、以什么数量、从什么地方供应,来补充材料、设备等库存,既保证企业能有效不间断的运转,又使总费用最少。

(3) 排队论。主要是用来研究在公共服务领域,设置多少服务人员或者设备,既不使顾客或者使用者过长地排队,又不使人员或者设备过久的闲置。

(4) 对策论。又称博弈论,主要是研究在利益相互矛盾的各方竞争性活动中,如何使自己一方获得利益最大化或者期望损失最小化,并求出制胜对方的最优策略。

(5) 搜索论。研究寻找目标的计划与实施过程的理论与方法,目的是以最大的可能或最短的时间找到特定的目标。

(6) 网络分析。是利用网络图对项目进行计划和控制的一种管理技术。

本 章 小 结

1. 生产力的进步使得管理思想得到发展,同时管理思想的每次发展又会极大地促进生产力的发展,使之成为人类社会发展的基本动力之一。

2. 中国古代的管理思想主要有孔子的儒家管理思想、韩非子的法家管理思想、老子的道家管理思想、孙子的兵家竞争战略思想;外国古代的管理思想主要有古巴比伦、古埃及、古希腊、古罗马以及中世纪前后的一些管理思想。

3. 以泰勒的科学管理、法约尔的一般管理理论和韦伯的组织理论为代表的古典管理理论为现代管理理论奠定了基石,对管理实践产生深刻影响,大大提高了效率。但古典管理理论是以"经济人"假设为前提,较多地强调科学性、精密性和纪律性,主要是研究人如何机械地适应机器的效率问题,把工人看成是机器的附属物,不是人在使用机器,而是机器在使用人,工人在长时间里进行着机械的动作,必然会激起工人的不满,进而影响到效率。

4. 以梅奥为代表的人际关系理论抛弃了"以物为中心"的管理思想,开始关注人的因素,树立了"以人为中心"的管理研究,开辟了管理理论的新领域,为管理理论及管理实践的变革提供了新的方向。

5. 第二次世界大战之后,新的管理理论、思想、方法不断涌现。主要有:经验主义管理学派、人际关系学派、组织行为学派、社会系统学派、管理科学学派、权变理论学派、决策理论学派、系统管理理论学派、经验主义学派、经理角色学派、经营管理学派。

◆思考题

1. 中国古代代表性的管理思想有哪些?
2. 西方古代管理思想主要有哪些?
3. 简述泰勒的科学管理思想的基本原则、主要内容及主要贡献。
4. 法约尔的管理职能及管理原则包括哪些?
5. 简述韦伯的行政组织理论。
6. 简述古典管理理论的局限性。
7. 简述霍桑试验及其结论。
8. 比较行为科学理论与古典管理理论。

百年老院的现代管理启蒙

北京同仁医院(以下简称"同仁")是一所以眼科闻名中外的百年老"店",走进医院的行政大楼,其大堂的指示牌上却令人诧异地标明:五楼MBA办公室。目前该医院已经从北大、清华聘请了11位MBA管理人员,另外还有一名学习会计的研究生,而医院的常务副院长毛羽就是一位留美的医院管理MBA人员。

内忧外患迫使同仁下定决心引进职业经理人并实施规模扩张,希望建立一套行政与技术相分离的现代医院管理制度。

根据我国加入世贸组织达成的协议,2003年,我国将正式开放医疗服务业。2002年初,圣新安医院管理公司对国内数十个城市的近30家医院及其数千名医院职工进行了调查访谈并得出结论:目前国内大部分医院还处于极低层次的管理启蒙状态,绝大多数医院并没有营销意识,普遍缺乏现代化经营管理常识。更为严峻的竞争现实是:医院提供的服务不属于那种单纯通过营销可以扩大市场规模的市场——医院不能指望通过市场手段刺激每年病人数量的增长。

同仁显然是同行中的先知先觉者。2002年,医院领导层在职代会上对同仁医院的管理做过"诊断":行政编制过大、员工队伍超编导致流动受限;医务人员的技术价值不能得到体现;管理人员缺乏专业培训,管理方式、手段滞后,经营管理机构力量薄弱。同时他们开出"药方":引入MBA人员,对医院大手笔改造,涉及岗位评价及岗位工资方案、医院成本核算、医院工作流程设计、经营开发等。

目前,国内医院中几乎所有的医院都没有利润的概念,只计算年收入。但在国外,一家管理有方的医院,其利润率可高达20%。这也是外资对国内医疗市场虎视眈眈的重要原因。

同仁要在医院中引入现代市场营销观念,启动品牌战略和人事制度改革。树立"以病人为中心"的服务观念:以病人的需求为标准,简化就医流程,降低医疗成本,改善就医环境;建立长期利润观念,走质量效益型发展的道路;适应环境、发挥优势、实行整合营销;通过扩大对外宣传、开展义诊咨询活动、开设健康课堂等形式,有效扩大潜在的医疗市场。

同仁所引进的MBA人员背景各异,绝大多数都缺乏医科背景,他们能否胜任医院的管理工作?医院职业化管理至少包括了市场营销管理、人力资源管理、财务管理、科研教学管理、全面医疗质量管理、信息策略应用及管理、流程管理等7个方面的内容。这些职能管理与医学知识相关但又非医学专业。

同仁医院将MBA人员"下放"到手术室3个月之后,都悉数调回科室,单独辟出MBA办公室,以课题组的形式,研究医院的经营模式和管理制度。对于医院引入的企业化管理,主要包含医院经营战略、医疗市场服务营销、医院服务管理、医院成本控制、医院人力资源、医疗质量管理、医院信息系统和医院企业文化等多部分内容。其中,医院成本控制研究与医院人力资源研究是当务之急。

几乎所有的国内医院都面临着成本控制的难题,如何堵住医院漏洞,进行成本标准化设计,最后达到成本、质量效益的平衡是未来国内医院成本控制研究的发展方向。另外,现有医院的薪酬制度多为"固定工资+奖金"的模式,而由于现有体制的限制,并不能达到有效的激励效果,医生的价值并没有得到真实的体现,导致严重的回扣与红包问题。如何真正体现员工价值，并使激励制度透明化、标准化成为当前的首要问题。

这一切都刚刚开始。指望几名 MBA 人员就能改变国内医院管理的现状是不可能的。不过，医院管理启蒙毕竟已经开始，这就是未来国内医院管理发展的大趋势。

资料来源：茅以宁. MBA 洗礼同仁医院：百年老院的现代管理启蒙[N]. 21 世纪经济报道，2003-03-19.

思考：

1. 结合案例说明你对管理及管理职能的理解。
2. 你认为 MBA 人员能否胜任医院的管理工作？

第三章 管理环境

理解管理与环境的关系；认识管理的一般环境及具体环境；认识管理所处的内部环境；了解全球化环境对管理者的挑战。

从大数据洞察客户需求

大数据已成为最热门的商业词汇，在百度上搜“大数据”关键词，可获得1亿多个结果。在企业中，我们也发现越来越多的公司开始重视大数据，但真实的情况是很少有公司能从数据中提取有价值的信息，依据数据制定决策的更是凤毛麟角。其背后原因是在大多数公司中，对数据分析的投资是随机和临时性的，缺乏合理的规划和战略。

一直以来，企业都强调“要以客户为中心”，知道这一点很容易，真正做起来则非常难。事实上很多企业的破产、倒闭，最后都可以归结为远离了客户。过去，我们通过前期市场调研、与客户交流沟通、发调查问卷来洞察客户需求。今天，越来越多的企业在使用大数据洞察并分析客户的实际需求，研究发现，其准确性、针对性更高。

全球第二大食品公司卡夫公司澳洲分公司，透过大数据分析工具对10亿条社交网站帖子、50万条论坛讨论内容进行抓取分析，发现大家对于维吉酱讨论的焦点不是口味和包装而是涂抹在烤面包以外的各种吃法。调查人员最终分析出消费者购买的3个关注点：健康、素食主义和食品安全，并发现叶酸对孕妇尤其重要。于是卡夫针对这些信息进行营销，打开了孕妇消费者市场，维吉酱销售额大幅增加，创造了该产品的历史最高纪录。

企业要想要激烈竞争环境下凸现其竞争力，捕捉客户需求必须要精确到个体，依据个体需求来提供定制化服务。大数据为这样的个性化服务提供了洞察力和行动力。

讨论：

1. 管理的今天和昨天有什么不同？
2. 管理有没有地域（文化、性别、年龄……）差别？

世界上不存在适用一切情况的“最好的管理方式”，管理必须要根据组织所处的内部和外部的环境情况的不同而灵活进行，并随着情况的变化而变化。

任何组织都是在一定环境中从事活动的；任何管理也都要在一定的环境中进行，这个环境就是管理环境。管理环境的特点制约和影响着管理活动的内容与进行。管理环境的变化要求管理的内容、手段、方式、方法等也随之调整，以利用机会，趋利避害，更好地实施管理，实现组织的目标。

第一节　管理与环境的关系

一、环境间接影响管理行为

任何组织都存在于一定的环境之中，环境不仅是组织系统建立的客观基础，还是它生存和发展的必要条件。组织具有不断地与外界环境进行物质、能量、信息交换的性质和功能，组织和环境进行的物质的交换不断地改变组织，从而影响到管理行为的改变。环境本身并不会直接影响管理行为，而是通过对组织的影响来间接性地影响管理行为。环境间接影响管理行为具体表现在以下几个方面：

1. 环境对组织生存和发展的决定作用

外部环境是组织存在的前提，没有以社会化大生产为技术前提的商品经济运行，就无组织而言。从组织的工作环境来看，没有消费需求及各种生产要素的市场供给，组织就不可能生存；从一般环境的角度来看，组织与其具体工作环境关系的确立与运行，又是以一定物质生产关系为基础、为核心的各方面社会关系的有机结合、交互作用的结果。我们知道，具体的环境要素直接地决定组织的生存与发展，而具体工作环境又是一般社会外部环境的组成部分。

2. 环境对管理的制约作用

有利的环境条件能够促进组织结构的完善和功能的充分发挥，能够促进管理效率的提高，从而促进整个组织系统的发展，加速管理目标的实现；不利的环境条件则会阻碍管理活动的运行，延缓管理过程，甚至使管理活动完全中止。环境为组织的存在和发展提供了机会与可能，同时，环境的变化也会给组织带来威胁。在某些时候，环境因素的突然变化会导致组织发生重大变化，甚至质的变化。从一定意义上说，组织系统对环境变化的适应能力如何，关系到该系统的生存、稳定和发展，关系到组织目标能否实现。只有对环境有及时的认识、理解，反应能力和较强适应能力的组织并最终取得长远地发展，才能取得成功。管理者要获得成功和胜利，要实现预期的组织目标，就不能不重视对环境的研究。

这里仅以法律环境为例说明外部环境对组织管理的制约。在市场经济条件下，国家调整组织内部、组织与组织之间、组织与消费者及社会各界、组织与政府之间，以及涉外经济活动的利益关系和商务纠纷，主要是通过法律手段和经济手段。这样，组织的生产经营活动就必然面临大量的国内和国际法律环境。国内与组织经营管理直接关联的基本框架，大体上包括关于组织营销与竞争行为的法律；组织社会责任的法律；组织内部关系的法律，等等。此外，还有涉外经济活动的法律规范、国际惯例等。可以说，组织生活在庞大而复杂的法律环境之中。这些法律规范体系以一定的标准衡量组织进入市场运行的资格；衡量组织在市场中动作的合法性，制止和惩罚“犯规动作”。由此可见，法律规范对规范和控制组织行为具有重要制约作用。

3. 环境对管理的影响作用

组织的管理会受到环境的影响，任何事物都会受到其他事物、其他人、其他社会行为的影响，比如习俗观念，甚至迷信都会对组织经营产生重要影响。

二、管理对环境的影响

管理与环境的关系，不仅是管理对环境作出单方面的适应性反应，管理对环境也具有积极的反作用。管理者通过主动地了解环境状况，获得及时、准确的环境信息；通过调整自己的目标，避开对自己不利的环境，选择适合自己发展的环境；在不改变自身的目标和结构的前提下，以自己的力量控制环境的状况和变化，以自己的积极活动创造和开拓新的环境。另外，管理对环境的反作用也有消极的一面，即对环境的破坏。这种消极的反作用又会影响管理的正常活动和发展。管理的环境是相对于组织和组织管理活动而言的，只有相对于组织和组织管理活动的外部物质和条件才具有组织环境的意义。

【资料链接 3-1】　　柳传志的鸡蛋论

针对中国企业与政治的关系，柳传志用“鸡蛋论”作了概括：“企业要发展，周边的环境极为重要。一个鸡蛋孵出小鸡，37.5 ℃到 39 ℃的温度最为适合。那么，40 ℃或 41 ℃的时候，鸡蛋是不是能孵出小鸡来呢？我想生命力顽强的鸡蛋也能孵出小鸡来，但是到了 100 ℃一定不行了。对企业来讲，1978 年以前可能是 100 ℃的温度，什么鸡蛋也孵不出鸡来。而十一届三中全会以后，可能就是 45 ℃的温度，生命力极强的鸡蛋才能孵出来。到 1984 年我们办联想的时候，大概就是 42 ℃的温度。今天的温度大概是 40 ℃左右，也不是最好的温度。因此，生命力顽强的鸡蛋就要研究周边的环境，一方面促使环境更适合，一方面加强自己的生命力，以便能顽强地孵出小鸡来。”

现实生活中，经常可以看到这样一种现象：在外部有利环境的推动下，同一行业中各个组织的业绩都会有较大幅度的提升，但一旦外部环境趋于恶劣，就会发现有的组织仍然保持着较好的业绩，有的组织的业绩则直线下降。为什么？

第二节　管理的外部环境

管理者在进行管理的过程中，必须要面对非常复杂的管理环境。为了便于管理者对管理环境进行识别和预测，一般把影响和制约管理活动的因素分为外部环境和内部环境。

最先提出管理的外部环境并强调其重要性的是管理的权变理论学派。权变理论学派（又被学者称为因地制宜理论或权变管理）认为没有什么一成不变、普遍适用的、“最好的”管理理论和方法，权变管理就是依托环境因素和管理思想及管理技术因素之间的变数关系，来研究的一种最有效的管理方式。该学派是从系统观点来考察问题的，它的理论核心就是通过组织的各子系统内部和各子系统之间的相互联系，以及组织和它所处的环境之间的联系，来确定各种变数的关系类型和结构类型。它强调在管理中要根据组织所处的内外部条件随机应变，针对不同的具体条件寻求不同的最合适的管理模式、方案或方法。

管理的外部环境所包含的因素或力量较多，通常可以划分为一般环境和具体环境。

一、管理的一般环境

一般环境，亦称宏观环境或者社会大环境，指在一个国家或地区范围内的所有组织都要受其影响的各种因素和力量。对一个企业来说，它是企业自身无力控制而只能去适应的环境。当然，在某些情况下，企业也可以施加一定的影响，但影响通常比具体环境小一些。一般环境主要包括政治法律、经济、社会文化、技术、自然等因素。

1. 政治法律因素

政治法律因素是组织管理者制定组织发展战略时应考虑的主要因素。政治法律因素是指一个国家或者地区的政治制度、政治形势、党派斗争、社会秩序、体制、方针政策、法律法规等方面的因素。这些因素常常制约、影响组织的运作行为，对企业来说，尤其是影响企业较长期的投资行为。不同国家有着不同的社会制度，不同的社会制度对组织活动有着不同的限制和要求，其政府的政策方针倾向对组织活动的态度和影响也是不断变化的。

任何组织必须通过对所在国家或地区的政治环境进行研究，来了解所在国家和政府目前允许什么、鼓励什么、禁止什么，从而使组织活动符合社会利益，受到政府的保护和支持。企业可以通过政治环境分析发现产业中将要出现的法律以及政府调控的变化，并可以实现阻止、影响或者修改该法律。有时，在政府有所行动前感觉出发展趋势，并及时采取正确的措施以避免管制。能够正确地处理好企业与政府的关系，现在也被认为是一个稳定而有竞争力的资源优势。

【资料链接 3-2】 **哈默的生财之道**

19 世纪中期，美国一些地方的居民开始寻求以法律手段制裁酒徒。这种呼声渐渐得到了全国范围的呼应，特别是以维护传统家庭为己任的妇女。1919 年美国国会通过“宪法第 18 号修正案”，也就是《全国禁酒令》，规定自次年起正式生效。

美国大族之家的哈默于 1931 年从苏联到美国时，正是富兰克林·罗斯福竞选总统的时候。哈默深入研究了当时美国的国内形势，分析结果认定罗斯福会掌握美国政权，而罗斯福曾经在竞选纲领中提过要废除《全国禁酒令》。

哈默认为，一旦罗斯福新政得势，1920 年实施的禁酒令就会被废除，为了解决全国对啤酒和威士忌的需求，届时市场将需要空前数量的酒桶。哈默在苏联住了多年，十分清楚苏联人有制作酒桶用的白橡木可供出口。于是，他毅然决定向苏联订购几船木板，并在纽约码头附近设立一间临时性的酒桶加工厂，后来，又在新泽西州建造了一个现代化的哈默酒桶厂。当哈默的酒桶从生产线上滚滚而出的时候，正好是罗斯福出掌总统大权和废除禁酒令的时候，人们对啤酒和威士忌酒的需求急剧上升，各酒厂生产量也随之直线上升。哈默的酒桶成为抢手货，获得了可观的盈利。

2. 经济因素

经济因素主要包括国家和地区的经济发展水平、速度，国民经济结构，产业结构，国家的经济法令和经济政策，社会经济发展战略和计划，劳动就业，人民的生活消费结构和消费水平，市场的供求状况以及社会基础设施等。这些因素与政治、法律因素紧密相连，对产业和企业的影响更为直接。罗宾斯认为利率、通货膨胀、可支配收入变动、股市波动以及一般经济周期所处的阶段，是一般环境中能够影响组织管理实践的一些因素。

2008 年，美国次贷危机导致美国金融业崩溃，国内信用等级下降，信贷政策紧缩，流向美国的国际资本大幅减少，建立在国际资本流入基础上的美国需求因此下降。受美国次贷危机的影响，欧洲、日本和其他主要经济体都受到不同程度的冲击。欧美作为我国主要的出口国，其经济下滑导致消费下降，从而减少了对我国商品的需求。这对我国以出口为主、投资拉动的外向型经济影响深远，我国中小企业受到的冲击更加严重，企业经营的外部环境急剧恶化。面对全球金融危机，我国政府为了抗危机、保增长，于2008年年底推出了4万亿经济推动计划，其中近一半投资用于铁路、公路、机场和城乡电网建设，投资方向包括民生工程、农村农业需要、基础设施建设、医疗卫生、文化教育、生态保护、环境保护、自主创新和结构调整等。2009年初，国务院又出台了“十大产业调整振兴计划”，其目标主要是“保需求”和“调供给”，以维持需求稳定，推动产业升级，提高企业国际竞争力。由于经济环境必然会影响企业是扩大还是缩减生产、是否贷款购买设备、是扩充雇员还是裁减员工等基本的企业决策，管理者需要通过审视经济环境的变化来调整企业的运营策略或战略。

【资料链接3-3】　　投资失策

2003年，刘永行的东方希望集团与黄河铝点集团、美国的杰德金属公司和先锋投资公司四家联合出资46亿元，在河南三门峡市上马了105万吨氧化铝项目，但当年底政府采取了防止经济过热的宏观调控政策，氧化铝项目属于调控中的重中之重，该项目不得不中途停工，各方因此蒙受巨大损失。

3. 社会文化因素

社会文化因素主要包括人口统计方面的因素和文化方面的因素。人口统计因素方面包括人口自然增长率、平均寿命、人口的年龄结构、性别结构、受教育程度结构、民族结构、地域结构等。文化因素包括人们的价值观念、工作态度、消费倾向、行为规范、风俗习惯、伦理道德、生活方式等。

管理者必须使其企业经营适应所在社会及文化的变化。正如价值观、风俗和品味在变化一样，管理也必须变化。也就是说，组织所提供的产品或服务，以及他们的内部政策都必须做相应的改变。比如社会文化环境是影响企业营销诸多变量中最复杂、最深刻、最重要的变量。某一特定人类社会在其长期发展历史过程中形成特定的价值观念、行为方式、伦理道德规范、审美观念、宗教信仰及风俗习惯等，必然影响和制约着人们的消费观念、需求欲望及特点、购买行为和生活方式，这就对企业营销管理产生直接影响。

【资料链接3-4】　　对症下药

在20世纪70年代，一艘船经过太平洋时，不小心碰到暗礁，开始下沉，几位来自不同国家的商人正在开会。“去告诉这些人，穿上救生衣跳到水里去，快!”船长命令他的副手说。

几分钟后，船长的副手急急忙忙回来报告：“他们都不愿意往下跳。”

“你来接管这里，我去看看我能做什么。”船长只好亲自去劝说。一会儿，船长回来了，告诉副手，他们都跳下去了。副手觉得船长很了不起，就好奇地问他是怎么让他们跳下去的，船长说：“我只是对英国人说，那是一项体育锻炼；对法国人说，那是一件很潇洒的事情；对德国人说，那是一项命令；对意大利人说，那不是被基督教所禁止的；对苏联人说，那是革命行动。”

“那你是怎么让美国人跳下去的呢?”副手问。

“我对他说,他已经上保险了。”

4. 技术因素

当代社会的科学技术日新月异,新产品、新技术、新创意层出不穷。比如著名的摩尔定律指出:当价格不变时,集成电路上可容纳的电晶体数目,约每隔24个月便会增加一倍(现在普遍流行的说法是“每18个月增加一倍”),性能也将提升一倍;或者说,每一美元所能买到的电脑性能,将每隔18个月翻两倍以上。这一定律揭示了信息技术进步的速度。

不断涌现的新产品、新技术主要从两个方面影响企业的管理:一是产业的更新换代速度空前提高,某种产品的问世可能立即淘汰另一种产品,而导致某些企业破产,与此同时,也会产生一些新的产业和企业;二是新技术的开发和利用,使企业的产量增加、质量性能提高、原材料节约、成本下降,从而赢得竞争优势。正因为如此,许多成功的企业都非常重视研发管理,其中有些企业的研究开发费用占到销售额的10%左右。

5. 自然因素

管理的自然因素是指组织的管理决策必须要有效利用自然条件,并与所处的自然因素和谐共处。比如地理位置、地形地貌、气候条件、大气质量、水资源条件、交通运输条件等。这些因素对组织的正常运转和职工的生活都有很大的影响。比如企业的选址问题,是选择靠近原材料产地,还是靠近消费者,或是选择靠近交通线?选址对气候、水资源有没有特殊要求?等等。选址定下来之后,企业还要有对自然环境加以改善和保护的责任,不应该让它受到污染或者遭到破坏,这都会影响组织的管理决策。

上面谈到5个方面的一般环境因素对管理的影响不是孤立的。这些因素之间有着相互的联系,对不同的组织而言,这些因素对管理的重要性是有所不同的。随着时间维度的推移,同一因素对组织管理的影响也是不断变化的。当然,一般环境对组织管理的影响,还要与组织所处的行业、领域相关联。因此,对具体的组织而言,还要研究组织所处的行业、领域的具体环境,将一般环境与具体环境结合起来进行综合分析,以便作出既有效率又有效果的管理决策。

二、管理的具体环境

管理的具体环境是与组织所处的行业、领域相关的,对组织产生直接影响作用的那部分环境,它是由对组织绩效产生积极或消极影响的关键要素组成。具体环境对每一个组织而言是不同的,并随着条件的变化而变化,最常见的具体环境包括供应商、顾客、现有竞争者、潜在竞争者及替代者等5个因素。

迈克尔·波特提出的分析企业竞争态势的五力模型,为分析企业的竞争态势提供了简明、实用且具有理论基础的强有力的分析工具。五力模型中的这5个因素也是影响企业管理的具体环境因素。这一模型构成了一个规范化、标准化的战略分析框架,如图3.1所示。

1. 现有竞争者之间的竞争

任何企业在制定战略和开展经营活动时,首先必须面对现有竞争者。同行竞争的激烈程度是由竞争各方的核心能力、布局结构和所属产业的发展水平决定的。竞争各方的情况包括企业自身的固定成本和库存成本、产品差异化程度、产业的市场容量和市场增长速率、竞争对手的复杂程度、退出壁垒的高低等等。这些因素通常相互作用,共同决定着竞争的激烈程度。

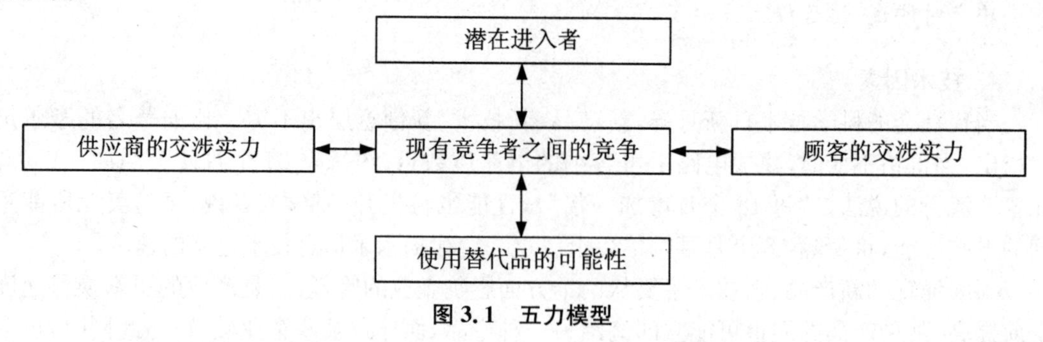

图 3.1　五力模型

2. 潜在进入者

任何一个行业,只要行业平均利润率高于社会平均利润率,就必然会吸引资本流向这一行业。投资必然带来行业的产量增加,价格回落,平均利润率下降,并冲击原来在位企业的市场份额。潜在进入者威胁的大小通常取决于两个因素:一是进入壁垒的高低;二是现有在位企业的"报复"手段。如果这一行业的进入壁垒强大,或者新进入者预期到在位者会进行极恶劣的报复,那么进入威胁就会相对较小。

3. 使用替代品的可能性

替代品指能带给消费者近似的满足度的几种商品间具有能够相互替代的性质,若 A 商品价格上升,则顾客们就会去寻求比 A 商品便宜的,并且能带来相似满足度的 B 商品。例如当火车票价格持续上涨到一定的高度时,人们会转向乘坐飞机;或者,在牛奶价格上涨时略微少购买一些牛奶,这欠缺的一部分需求转以奶粉来代替。如果替代品能够提供比现有产品更高的价值/价格比(性价比),并且买方的转移壁垒很低,即转向采购替代品而不增加采购成本,那么这种替代品就会对现有产品构成极大威胁。

4. 供应商的交涉实力

供应商的交涉实力指供应商能影响或控制买方的能力,强力的供应商可能会严重地降低行业的获利能力,比如说他们可以抬高价格或是减少供货数量。一般而言,供应商的实力与以下几个因素有关:供应商所属行业的集中度、供应商产品的替代性、供应商产品在本企业成本组成中的重要性、供应商进行前向一体化的能力。

5. 顾客的交涉实力

作为生产性的顾客,本企业的产品就是顾客的原材料,而顾客的利润与原材料的采购价格具有非常密切的关系。如果顾客能够以较低的价格采购,在其他条件不变的情况下,其利润率就会上升。顾客的交涉实力一般与以下因素有关:买方是否大批量或集中购买?买方这一业务在其购买额中的份额大小?产品或服务是否具有价格合理的替代品?买方面临的购买转移成本大小?本企业的产品、服务是否是买方在生产经营过程中的一项重要投入?买方是否采取"后向一体化"的威胁?买方行业获利状况?买方对产品是否具有充分信息?等等。

三、外部环境对管理影响的衡量

每个组织都处在一般环境和具体环境的影响之下。美国著名的组织理论家汤姆森(J. D. Thompson)认为,可以从外部环境的变化程度和外部环境的复杂程度这两个方面来衡量外部环境对组织的影响,从而形成了4种不同性质的外部环境类型,如图3.2所示。

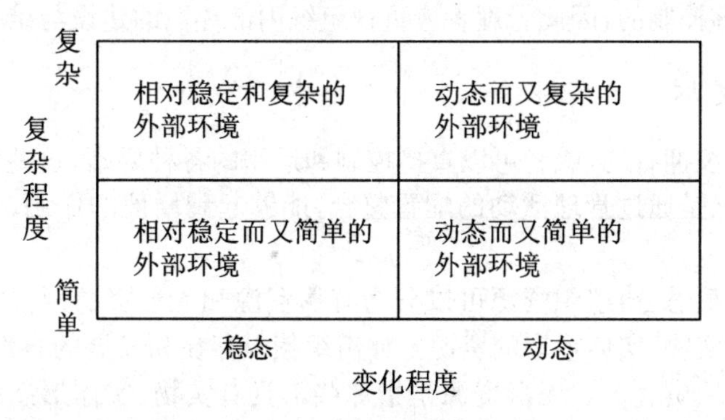

图3.2 外部环境类型

1. 相对稳定和复杂的外部环境

有些组织的外部环境比较复杂,但相对比较稳定。这些组织的一般环境和具体环境的影响因素比较多,但变化的速度比较缓慢,对其了解难度较大。比如对于一所大学来说,不管是一般环境还是具体环境,影响因素都比较多。一所大学就像一个小社会,可以说是处于一个复杂的外部环境之中,但这些环境对于大学的影响来说,可能是比较稳定的,在一定时期内不会有太大的急剧变化。处在这种环境中的组织为了使组织适应环境,一般采取分权的组织结构形式,同时也要加强组织内部各方面的协调与配合。

2. 相对稳定而又简单的环境

有些组织的外部环境比较简单,且相对稳定,比较容易对其了解。这种组织可以通过集中的控制和严格的纪律与规章制度,采用标准化和程序化的方式来使组织正常运转。比如原材料供应商和大批量生产企业中,相关的外部因素较少,技术过程相对比较单一,竞争和市场在较长时期内比较固定,市场和竞争的数量可能有限。如果企业所处的环境简单且稳定,那么,对过去环境影响的分析就有一定的实际意义,因为历史上出现过的规律性事情有可能在未来继续出现。

3. 动态而又复杂的环境

有些组织的外部环境比较复杂,而且会经常处于急剧变化之中。这类环境因素较多,很难进行预测,对其掌握难度较大。比如航空公司在过去几年内出现不少地区性航空公司,同时还面临法规进一步放宽、价格战不断升级、燃料成本上升、顾客需求变化、高铁快速发展、国际局部战争爆发等状况。除此之外,信息技术类公司及电子通信公司也属于这种状况。

4. 动态而又简单的环境

有些组织的外部环境比较简单,影响因素较少,但却经常发生变化,很难预测。比如化妆品、流行服装等企业的外部环境比较简单,但由于人们需求的变化,要求企业必须要有较强的适应能力。

第三节 管理的内部环境

管理的内部环境是指一个组织管理所处的具体的工作环境,主要包括组织资源、组织文化、组织结构。组织的内部管理环境对组织的正常运行发展有重要作用,它同管理的外部环境一样，都是对管理者的一种约束力量；但它又与外部环境不同，由于诸因素存在于组织内部，所以是组织能够控制的，因此管理者应重视组织内部环境的建设与维护。

一、组织资源

组织资源是组织拥有的，或者可以直接控制和运用的各种要素，这些要素既是组织运行和发展所必需的，又是通过管理活动的配置整合，能够起到增值的作用，为组织及其成员带来利益的。

按资源的表现形态分，组织资源可以分为有形资源和无形资源两大类。有形资源通常是指那些具有一定实物、实体形态的资源。如组织赖以存在和发展的自然资源以及建筑物、机器设备、实物产品、资金等。无形资源是指那些不具有实物、实体形态的资源。组织赖以存在和发展的社会人文资源就是无形资源，典型的如信息资源、关系资源、权利资源等。

按照组织资源的内容，我们可以把组织的主要资源分为人力资源、关系资源、信息资源、金融资源、形象资源和物质资源 6 大类。

1. 人力资源

从组织角度来看，人力资源是那些属于组织成员、为组织工作的各种人员的总和。进一步说，人力资源是指组织成员所蕴藏的知识、能力、技能以及他们的协作力和创造力。在组织的各项资源中，人力资源发挥着统领各项资源的主导作用，处于核心地位。这是因为组织的一切活动，首先是人的活动，由人的活动才引发、控制、带动了其他资源的活动。人力资源是一切组织活动的实践者，是组织资源增值的决定性因素，是唯一起创造作用的因素。

2. 关系资源

关系资源是组织与各类公众良好而广泛的联系，组织的关系资源也决定了组织的舆论状态和形象状态，它们构成了组织最重要的无形资源。

3. 信息资源

信息资源是指在组织的存续过程中经过不断加工处理，使之有序化并大量积累后的有用信息的集合。从信息的流向来看，信息资源可以分为“外部内向”和“内部外向”信息资源两种。“外部内向”是指组织所了解、掌握的，对组织有用的各种外部环境信息。“内部外向”信息资源是指组织的历史、传统、社会贡献、核心竞争能力、信用等信息。这些信息为外界所了解，并转化为组织谋求发展的重要条件。现代组织的决策越来越依赖于对信息资源的掌握程度，信息资源是影响决策质量高低的最重要因素。

4. 金融资源

金融资源是指拥有的资本和资金。金融资源最直接地显示了组织的实力，其最大的特点在于它能够方便地转化为其他资源，也就是说它可以被用来购买物质资源和人力资源等。

5. 形象资源

组织形象是社会公众对组织的总看法和总评价。组织形象有其内涵和外显两大方面，良好组织形象应该是内外统一的。

6. 物质资源

物质资源包括组织拥有的土地、建筑物、设施、机器、原材料、产成品、办公用品，等等。一般来讲，物质资源是可以直接用货币单位来计量的。

二、组织文化

组织文化是组织在长期的实践活动中所形成的，并且为组织成员普遍认可和遵循的，具有本组织特色的价值观念、团体意识、工作作风、行为规范和思维方式的总和。对管理者来说，理解组织文化将有助于了解为什么人们会做出某种行为，有助于利用文化实现组织的战略目标。

1. 文化的多元性

现在，文化对观念和行为的影响要比以往任何时候都要大，这是由于管理者碰到的文化多元性问题越来越多。全球化是导致这种文化多元性的关键因素。尽管文化多元性在不同的国家、民族、地区和团体之间已经存在，但经济全球化将这些多元性越来越多地结合到一起。随着公司的全球化及向世界范围扩张，为来自不同文化背景的人员的有效合作提供了越来越多的机会，也越来越需要这样做。全球化的一大结果，就是你更有可能同来自多种文化背景的人一起工作，对于管理者来说，就需面对越来越多元的员工文化，这些文化的差异性对管理者而言既是挑战也是机遇。如果能够正确地面对、很好地引导和利用，就能使组织产生更好的绩效、更强的竞争力；反之，就有可能对个体乃至组织产生负面影响。因此，在这些跨文化环境中，要进行有效的管理，就必须充分理解文化的特性和影响。

2. 文化对行为的影响

对管理者来说，文化之所以重要，是因为文化会对重大行为产生重要影响。比如文化可以影响人们如何看待和描述周围的商业环境，甚至在看待同样的情景时，文化也能影响到个体是将那种情况看做是机遇还是威胁。具体到管理，文化能导致对“正确的”管理行为的不同看法。

有学者在问瑞典和日本的管理者是否认为“对于管理者来说，随时准确地回答下属可能提出的大部分问题是很重要的”时，只有 10％的瑞典管理者认为他们应该准确地回答下属所提出的大部分问题，而有 78％的日本管理者认为他们应该这样做。从这个例子可以看出，文化能够影响组织看待、评价以及应对事件的方式。

由于文化不是个人特征，而是群体共享的一系列假设、价值观和信仰，人们可以通过文化和群体找到认同感，从某种意义上说，在人们的意识里，文化和群体是等同的。研究发现，对文化的认同可以使人们付出额外的努力并做出牺牲，来支持该文化及受其影响的人们。这就意味着，你的下属越是认同你的部门或公司的文化，他们就越可能会努力工作使其获得成功。如果文化可以显著地影响行为，从而影响个体、群体或组织的绩效，那么了解什么是文化，它是如何形成的以及文化如何改变及加强就非常重要。

3. 作为管理工具的文化

在第一章中我们论述了要想成为有效的管理者，除了有自己的技巧和能量之外，还需要借用别人的技巧和能量。如果你不想和别人或者通过别人来开展工作，那么你就不可能成为一名管理者。因此，管理者的工作是利用与他们合作和通过其他人来达到组织的目标。作为管理者，透彻理解员工文化、组织文化，将有助于实现管理职责。因为文化是根植于假设和价值观的，一旦形成，它就会引导人们的行为，而不需要明显的或经常的监督。对于一个组织，建立一定的文化价值观不是件简单的事，然而，一旦建立，它就会对行为产生持续的引导和影响。一个组织的文化可以引导人们做什么以及如何做，而不需要经常监督和指导。这对当今越来越复杂、地域分布越来越广的组织来说尤为重要。很多情况下，管理者无需每时每刻都在现场监督和指导员工。由于文化可以引导行为，对于地域上越来越分散的组织而言，它将成为一个有力的管理工具。

文化对行为具有如此强大的推动力，错误的文化会导致“好人做坏事”，一个积极的文化会引导“坏人做好事”。作为管理者，在使用文化这个管理工具时要十分谨慎。

【资料连接 3-5】 上海大众汽车合营初期的“摩擦”

德国大众汽车是最早与我国汽车业合作的跨国公司。1985 年，大众汽车在我国的第一家合资企业——上海大众汽车有限公司成立。上海大众合营初期，中德双方也经历过“小吵天天有，大吵三六九”的矛盾局面。当年，有一批冲压零部件表面有缺陷，不符合大众公司的质量标准，德国专家毫不犹豫地把崭新的配件扔进报废箱。中方员工事后偷偷地捡回来，打磨后重新利用。德方专家知道以后，用榔头将这些冲压件砸坏再次扔进报废箱。中方老职工心痛不已，双方引发了激烈的争论。但是，在处理这样的矛盾时，双方并没有陷入对抗和对峙状态，而是在强调产品的质量的同时，更加关注“我们之间如何有互补性”，并最终达成共识。现在，严格的质量标准已经成为中德双方的自觉追求。

三、组织结构

组织结构是指为了实现组织的目标，在组织理论指导下，经过组织设计形成的组织内部各个部门、各个层次之间固定的排列方式，即组织内部的构成方式。

组织结构是组织在职、责、权方面的动态结构体系，其本质是为了实现组织目标而采取的一种分工协作体系，组织结构必须随着组织的重大战略调整而调整。一个现代化的、健全的组织结构一般包括决策子系统、指挥子系统、参谋—职能子系统、执行子系统、监督子系统和反馈子系统等。

组织面临的环境、组织的规模、组织的战略目标、组织内信息沟通方式等都会对组织结构产生较大的影响。如果组织面临的环境复杂多变，有较大的不确定性，就要求在划分权力时给中下层管理人员较多的经营决策权和随机处理权，以增强组织对环境变化的适应能力；如果组织面临的环境是稳定的、可把握的，对生产经营影响不太显著，则可以把管理权较多地集中在组织的高层，设计比较稳定的组织结构，实行程序化、规模化管理。组织规模小，管理工作量小，为管理服务的组织结构也相应简单；组织规模大，就需要设置较复杂的管理机构。为实现组织的战略目标，必须设计与实现战略目标相匹配的组织结构。同样，为了提高组织中信息的收集、处理和使用效率，在设计组织结构时必须考虑信息的沟通方式及渠道。

第四节 全球化环境对管理者的挑战

全球经济一体化的发展变化趋势使得众多组织面临着前所未有的激烈竞争，也对管理者提出重新思考在全球性的环境中如何提高组织绩效水平和寻找更好的组织资源利用的要求。全球性组织的出现使得众多组织面临更强大的竞争压力。对处在全球竞争环境下的管理者来说，如果不进行自我调整，就会处于被动的位置。全球化对企业产生的影响是巨大的，不仅使得企业由此面对一个更大范围的市场，从而可以给企业带来许多利益，对企业获得竞争优势提出了新的要求，同时企业组织内部员工的构成发生的改变也对管理者提出了新的挑战。概括地说，全球化环境对管理者带来的挑战主要来自于 4 个方面，即：管理多样化的员工，建立竞争优势，维护道德标准，应用新的信息系统和技术。

一、管理多样化的员工

经济全球化是世界经济发展的重要趋势，经济全球化使得世界范围内的先进管理理念和技术共享成为可能。在全球化环境下，越来越多的跨国公司认识到，日趋多样性的员工队伍构成当它们的经营跨越多个文化时，原有的管理体系不可避免要遇到文化差异带来的影响。原有的管理组织体系会发生一定变化，对管理者技能要求也会有所改变。

员工队伍的日益多元化是伴随着全球化环境下产生的一个新变化。员工多样化是指构成员工构成的多样性，而多样性是指人与人之间由于年龄、性别、种族、民族、宗教信仰等造成的差异。对于管理者来说，认识到多样化的存在并主动适应这种环境变化，会比那些认为“所有人都一样”的管理者工作会更为有效。

在 20 世纪 50 年代，美国制造业的劳动力主要是由白人劳动者构成，他们中很多人来自相同社区或相同城镇，而 21 世纪的今天，员工队伍呈现出多样化趋势，女性、美国黑人、拉丁美洲人和亚裔美国人在员工队伍中的比例逐渐提高。这种员工队伍多样化趋势，对管理者提出了新的挑战。如工作时间安排要更灵活，以适应单亲家庭、双职工家庭和那些分居两地的夫妻，这样可让这部分人的注意力集中到工作上。

员工多样化既可以给企业带来一定的优势，但若管理不当，也可能成为一个重要的问题。员工多样化的潜在的竞争优势表现为：

(1) 对多样化员工进行有效的管理可以减少成本。有效地管理多样化员工能够增加具有多样性的群体的工作满意度，从而减少人员流失和旷工及其相关的成本。

(2) 良好的形象。欢迎并鼓励多种员工的组织能够留住更多的优秀少数民族和多样化员工，并且在进行招聘时候这种良好的声誉能够吸引女性和其他优秀的少数民族员工。

(3) 员工多样化可能为公司带来创造性优势。多样化群体共同应对问题时候可以得到更多更具创造性的解决方法。

越来越多的企业高层管理者意识到在企业内部鼓励多样性的员工构成的重要性。如麦当劳中少数民族员工和管理者所占比例为 36%左右，美国邮政服务公司尽管在 2002 年削减了 3%的员工，但其员工内部构成中有 37%的新员工是有色人种。在经济全球化背景下，员工队伍的多样性要求公司的激励政策和方法适应于多样化的群体，对员工队伍构成的多样性的重视不仅是社会责任问题，而且会牵涉严重的道德问题。有效地管理多元化，将会在招聘中获得更多杰出的员工，从而获取企业竞争优势。

二、建立不同的竞争优势

鼓励组织内的多样化是履行社会职责的一个方面，多样化也给企业带来竞争性优势。竞争优势是一个组织凭借比竞争对手更高的效率和更好的效果生产消费者需要的产品和服务，并因此超越竞争者的能力。竞争的优势来源有效率、质量、创新和顾客的响应度。

1. 提高效率

效率是投入产出之间的比例关系，当组织降低其投入获得同样多的产出，或者在投入不变的情况下获得更多的产出，组织就是有效率的。效率来源于组织采用新的技术，或者是员工技能的提高。为此，组织需要通过培训员工使其适应高度自动化设备的操作需要。当然，组织效率的来源还来自于提供了良好的组织氛围，让员工充分发挥自己的能力。培训是提高员工效率的一项重要措施，日本、德国以制造业精良著称，这两个国家相比美国等其他一些国家更重视对员工培训的投资。

在全球经济一体化背景下，发达国家由于在技术和资金方面更具有比较优势，会倾向于将劳动力密集型的产业向不发达国家转移。墨西哥、马来西亚和其他一些国家工资相对较低，在与这些国家企业竞争中，除非能够阻止工作岗位向低成本国家转移，否则，必须从其他方面获取竞争优势，比如通过提高质量以及品牌建设。

2. 提高质量

来自全球范围内企业之间的竞争，提高了对企业员工技能和素质的更高要求。在20世纪50年代至60年代，通用汽车成为世界上最大、效益最好的公司，其中一个很重要的原因是由于通用公司意识到在面临本田、丰田等外国公司的激烈竞争情况下，必须通过变革，提高质量、降低成本。

缩减公司规模是许多公司采用的作为全球性竞争的回应措施。企业采取缩减规模措施以能对客户做出更快的反应和更有效的运营。目的是基层管理者通过这种方式保证员工的技能能够与时俱进，技能陈旧的员工成为淘汰的对象；但也会带来负面影响，过去员工相信企业会对自己的忠诚和优秀业绩进行奖励，缩减规模会导致员工忠诚度的快速下降，这削减了员工保持较高生产率的能力；同时，这还会使员工之间竞争加剧；同时，由于人员减少，意味着留下的员工的工作量会增加，这导致了员工个人生活与工作之间的冲突，导致员工产生焦虑和压力进而影响工作部门的生产率。

3. 提高速度、增强灵活性和加速创新

在全球化的背景下企业之间的竞争越来越取决于他们的速度、灵活性以及创新的能力。速度指企业能够更快地为市场提供新产品以及提供服务的快捷性，灵活性是指企业对竞争对手以及顾客的特殊需求做出应对的难易程度。快速、灵活的企业，要求其管理者拥有卓越的计划和组织能力，对外部环境有着敏感洞察力，能够迅速调动资源以应对变化的环境。创新是社会进步的动力，也是企业竞争优势的动力来源。创新包括了新产品的开发，也包括服务的改进。一个鼓励创新的企业文化对于那些需要不时应对变化的市场的企业来说尤为重要。

4. 提高顾客响应度

一个企业组织往往是通过提供产品和服务来满足顾客需要，从而获得发展的，培养员工对顾客的积极反应能力对企业非常重要，尤其是服务企业。例如，零售商、银行、医院的成功核心在于以合理的成本为顾客提供优质服务。发达国家在步入后工业社会后服务经济的比重大大加强，也使得提高对顾客的响应度成为企业一定要重视的一个基本问题。通常，向非管理层员工授权会使得决策更为灵活，可以提高顾客响应度。

三、维护不同的道德标准

道德标准一般指的是界定正确和错误行为的准则和原则。道德准则是对组织期望员工遵循的基本价值观和道德观点进行阐述的正式文件。全球化的环境带来了不同的道德标准问题，各国的道德规范和准则有着不同的要求。比如，在组织资源的配置调整过程中，处在各个层次上的管理者都面临着在降低成本的同时提高绩效水平的巨大压力。压力来源既有来自于股东的，也有来自于社会公众的，还有来自于外部顾客以及内部员工要求的。在管理者进行决策时，把哪一方的利益作为最重要的决策要素也反映了不同的道德标准。再比如，一些采购经理可能为了成本而购买劣质的原材料；一些销售经理可能为了获得订单而向政府官员行贿。这些为了个人或群体获得短期收益的不道德行为，在不同的国家受到的惩罚会不一样。

环境问题是企业道德中一个不可忽视的因素。在人类生存环境越来越恶化的今天，环境日益成为全球性市场中取得成功的一个不可忽视的重要因素。企业追求绿色经济、进行绿色管理往往会给企业带来一个良好的声誉，从而建立起竞争优势。企业生产的产品应该是绿色的，依托绿色建立起的品牌，往往成为差异性的重要来源，这是因为越来越多的环境消费者愿意为此接受较高价格。相反，如果企业不重视环境问题，生产出对环境不利的产品，最终会影响企业形象，危害企业利益。

人权问题也是在国际化环境中必须要重视的一个敏感因素，如果企业存在着侵犯人权的情况，那么国际管理者将面临潜在的道德问题。如总部设在美国的多国公司经常被指责剥削不发达国家的劳动力。

四、应对全球范围管理信息化的冲击

全球化的企业环境对管理者的一个重大挑战是如何有效利用信息技术和电子商务。目前多数企业都广泛使用互联网、视频会议等信息系统，通过信息技术建立起公司的竞争优势。信息技术提供了更加丰富、更加有意义的信息，从而改变了管理者扮演角色的方式，也对管理者所扮演角色需要的技能提出新的要求。信息技术和电子商务使得许多从事技术和专业工作的员工可以在家中，也可以在沙滩上，只要打开电脑就可以开展工作。这改变了传统的管理方式。一般来说，电子化企业拥有一些共同的文化特征，如非正式的工作地点、团队精神、快速及时完成项目的巨大压力以及超长的工作时间，因此，这些企业的员工管理会有一些新的要求。比如，网上闲逛会使员工易陷入因特网而无所收获。因此，管理者要思考如何使工作变得更有意思，需要提供正式的休息来克服单调性，还需要制定清晰的指南使得员工们清楚他们应该有什么样的网上行为。

新信息技术使得各层级管理者能够方便、快捷地获得更多、更准确的信息，从而提高了计划、组织、领导和控制的能力。信息技术的运用还改写了沟通的原则，通过“命令链”来进行沟通，不再对传统沟通行为产生约束。员工可以在任何时间、任何地点和任何人进行及时沟通。总的来说，信息技术的使用增强了个人准确、快速地获取信息并根据这些信息进行决策的能力，减少了企业雇佣员工数，保证低成本进行全球竞争的需要。信息技术带来的改变还不止于此，通过利用新信息技术，提高了管理质量。如通过使用功能强大的新型软件程序，扩展了员工的知识和能力，使得向员工授权成为可能；也使得自我管理团队这种组织方式更为普遍，这种由员工自己负责监督自己的活动，监控自己产品和服务质量的正是通过电脑来实现的。基层管理者由过去指挥的职责转变为向员工提供建议和指导，协助团队成员找到更有效完成任务的新方法和新途径。

本 章 小 结

1. 任何组织都存在于一定的环境之中，环境不仅是组织系统建立的客观基础，而且是它生存和发展的必要条件。

2. 管理者在复杂的环境中进行管理，一方面要受到环境的约束，另一方面又会对环境起反作用。

3. 一般把管理的环境分为内部环境与外部环境。管理的内部环境制约着管理者的管理活动，而管理的外部环境也会影响着管理者的决策。

4. 外部环境按其对管理的影响范围和程度分，可分为一般环境和具体环境。一般环境，亦称宏观环境或者社会大环境，对在国家或地区范围内的所有组织都要受其影响的各种因素和力量，组织自身无力控制而只能去适应。一般环境主要包括政治法律、经济、社会文化、技术、自然等因素。管理的具体环境是与组织所处的行业、领域相关的对组织管理产生直接影响作用的那部分环境。它是由对组织绩效产生积极或消极影响的关键要素组成。具体环境包括供应商、顾客、现有竞争者、潜在竞争者及替代者等5个因素。

5. 管理的内部环境是指一个组织管理所处的具体的工作环境，主要包括组织资源、组织文化、组织结构。组织的内部管理环境对组织的正常运行发展有重要作用，它同管理的外部环境一样，都是对管理者的一种约束力量。

6. 全球经济一体化的发展变化趋势是所有组织都要面对的最大的环境，这个趋势使得众多组织面临着前所未有的激烈竞争，也对管理者提出重新思考在全球性的环境中如何提高组织绩效水平和寻找更好的组织资源利用的要求。

◆思考题

1. 环境对管理有哪些影响？
2. 管理对环境有哪些作用？
3. 一般环境包括哪些内容？请举例说明它们对管理的影响。
4. 简述“五力模型”。
5. 管理的内部环境包括哪些方面？如何影响组织的管理？
6. 你认为全球一体化的环境给管理者带来了哪些挑战？

《大英百科全书》如何生存？

被认为是经典参考书的《大英百科全书》(*Encyclopedia Britannica*)诞生于1768年，迄今已有两百多年的历史，十多年前精装版标价每套1 600美元，在我国过时三四年的也要卖几千元人民币。《大英百科全书》是世界上最权威的综合性百科全书，它的一流知名品牌地位是全球公认的。人们在写作中对一些词语的定义和解释，对重要事件的叙述和评论，一般都引用《大英百科全书》的内容。

《大英百科全书》由32册组成，共有33 000页，4.4亿个词。为满足各个层次读者的需求，在产品系列方面，该参考书有完整版、学生版、初级版及简明版等多种版本，为保持内容的全面和完整,每年还出版一本年鉴,若干年发行新版本。该全书的条目均由世界各国著名的专家学者撰写,对主要学科、重要人物事件都有详尽介绍和叙述,其客户是大型图书馆、跨国大公司、专业研究机构及一些有实力的家庭。这些机构和家庭购置的目的主要有两个:一是参考引用,二是文化象征。《大英百科全书》原先的市场定位是高档用户,因此它的质量是绝对保证的,价格也是很高昂的。

随着信息技术的迅猛发展,越来越多的纸质文档被电子文档取代。电子文档具有易组织、易检索、使用便捷、传递迅速等优点,在价格上,电子文档相比于纸质文档也有很大的优势。可以预计,总的趋势是纸质文档被逐步淘汰。经典的《大英百科全书》历来以精美、准确、权威著称,但由于其纸质的性质也不例外地面临着信息技术产物——电子全书的挑战,面临着巨大的环境压力和被淘汰的风险。

百科全书市场一直是一个相对稳定的传统市场,但自20世纪90年代初开始发生变化。1992年微软公司购买了 *Funk&Wagnalls* 的版权,开始进入百科全书市场。微软将 *Funk&Wagnalls* 删节后制作成带有多媒体功能和友好界面的光盘,以49.95美元的价格在超级市场出售,还以优惠的价格出售给电脑制造商,让他们将该光盘作为免费赠品捆绑销售。*Funk&Wagnalls* 是一个二流的百科全书,但对普通消费者来说,已足够。实际上,每一个消费者对百科全书的使用,都只是其中极小的一部分,百科全书的很多内容几乎不会被普通消费者阅读和采用。微软公司发挥其信息技术的优势,进军和占领百科全书的大众市场,也意味着以后向高端市场拓展的趋势。

面对信息技术的挑战,《大英百科全书》很快意识到生存的风险,也开始制定电子出版战略,1994年正式发布了《大英百科全书网络版》*Encyclopedia Britannica Online*,该版本成为互联网上第一部百科全书,可检索词条达到98 000个,以每年2 000美元的订阅费提供网上图书馆服务,但这只能吸引大型图书馆。对小图书馆、企业和家庭来说,微软公司那样简化的光盘版已够用了。因此《大英百科全书》在电子出版市场无竞争优势,销售额大幅下滑。

《大英百科全书》对此景况也有预计,1995年决定进军家庭市场,提供每年订阅费为120美元的在线版本,1996年推出标价为200美元的光盘版本,但市场效果仍无起色,因为这样的价格仍是微软产品价格的4倍。另外,在使用上不如微软同类产品那么流畅,多媒体资料不够丰富,阅读软件也有专门的要求。

1996年早期,瑞士银行家雅格布·萨弗拉收购大英公司后,裁减了110名代理人和300名独立承包商,实施大胆的减价策略。每年的订阅费降至85美元,尝试差异价格的直接邮购销售。但尽管《大英百科全书》被《电脑杂志》评为质量最好的多媒体百科全书,获得多项电子出版物奖项,受到多方好评,但当时也只吸引了11 000名付费订阅者。1998年,大英公司推出由3张光盘构成的《大英百科全书CD98》,其中包含了32卷印刷版的全部内容,还提供了多媒体信息和快速搜索功能,邮购价为125美元。与1 500美元的纸版相比,价格已是极其便宜。

21世纪初,大英百科的版权卖给了美国。但光盘版百科全书市场竞争还在延续,价格仍在下跌,《大英百科全书》能否夺回原有市场,收回成本。更为严峻的问题却是能否再生存下去。

过去的《大英百科全书》是传统的纸质出版企业,属于传统的信息服务业。《大英百科全书》在信息时代面临的问题具有普遍性,许多传统的信息服务业,如专业的或综合的出版社、有一定历史的律师事务所、会计事务所、咨询服务公司等，都带有传统的观念，形成了旧时代的经营模式。这些企业面临着现代信息服务业的挑战，面临着生存与发展的危机。传统的工业企业与信息服务业，在产品的生产和服务上有显著的差别，但在观念上、在经营模式的本质上是有共同之处的，他们面临着类似的挑战问题和生存与发展问题。

资料来源：根据百度文库相关资料整理。

思考：

1.《大英百科全书》现在所处的市场、面对的竞争对手和面向的客户等与过去相比，发生了哪些变化?

2.《大英百科全书》也推行了信息化战略，但为何还是很被动，仍处于竞争的不利地位?

3.《大英百科全书》的处境，对现代企业有何启示?

第四章 管理道德与社会责任

了解管理道德的本质及其影响因素;掌握企业管理道德建设的主要途径;了解社会责任的概念及其主要观点;熟悉企业应该承担的社会责任。

惠普:"电话"断线

如果有一天,你发现自己的隐私正被公司采用非法手段监控,你会怎么办?托马斯·帕金斯选择了离开。帕金斯是惠普公司的董事,4个月前,当他获悉公司对包括自己在内的部分董事的私人电话和邮件进行跟踪时,愤然离职。一个月后,他了解到公司在电话跟踪时居然采用了"pretexting",于是向美国证券交易委员会举报了相关负责人的非法行为。

"pretexting"是一种通过欺诈获得不知情人信息的技术和方法,翻译的术语为"假托",出现于20世纪90年代,多被用于金融欺诈。此事被曝光后,西方企业界震动了,有人在美国国会上甚至将该"电话门"事件与"安然"丑闻事件并列。在2006年9月28日美国国会的听证会上,惠普的CEO赫德再次向"电话门"中的受害者道歉。

在惠普骄傲的企业文化中,"相信、尊重个人,尊重员工"一直是其光荣的宣言,该文化从两位创始人在车库起家时就开始渗透,并被管理专家纳入"惠普之道"的核心文化中。

然而,"电话门"中不惜以非法手段践踏"惠普之道"的不是别人,正是惠普的"最高舵手"——公司董事长帕特丽夏·邓恩。在邓恩看来,过去两年中,惠普董事会中出现了"内鬼","内鬼"一而再、再而三地私自将属于公司机密的消息透露给媒体。这是她所无法忍受的,于是下令调查,并纵容了所找来的两家调查公司使用"假托"技术,窃取了多位惠普董事和9名记者的家庭电话记录。

"电话门"曝光后,在外界强烈批评的压力下,邓恩被惠普董事会罢免了。"这是管理道德的范畴,当短期目标与企业长期坚持的价值观发生冲突时,应该更注重哪方面?"在商业伦理与道德日益重要的今天,这种过错仍无法原谅。商业伦理的两难选择在于,许多答案的"是"与"非"隐含在巨大利益的"取"与"舍"中。

惠普处理"电话门"的策略是有意将事件从惠普公司中孤立出来。在《财富》杂志质疑惠普公司道德的本质时,赫德称:"它只是惠普历史上的一个异数,并不能代表惠普的根本。"这位CEO坚持认为,从根本上讲,惠普是一家非常讲道德的企业,"电话门"事件并不会削弱惠普的价值。

资料来源:根据网络相关资料整理。

讨论:

1. 当短期目标与企业长期坚持的价值观发生冲突时,应如何看待取舍问题?

2. 惠普公司的处理方式是否合理?

为什么要关心管理道德和社会责任呢?这些不应该是哲学家关心的问题吗?从近些年来发生的一些事情你或许能知道原因:2004年阜阳劣质奶粉事件,伤害了众多的婴幼儿;2005年吉林化工厂爆炸,造成松花江下游流域严重污染;2006年黑龙江、山西矿难接连发生,数百名矿工遇难;2008年三鹿奶粉事件,再现问题奶粉伤害婴幼儿。多起企业事故的发生,使企业的管理道德和社会责任经成为当前社会的一个突出话题。这种现象的背后有一个很重要的原因:企业管理道德和社会责任的缺乏,不但会造成企业在公众中的负面形象,还会严重影响企业内部及周边相关利益群体的利益,甚至生命安全。

第一节　管 理 道 德

一、道德和管理道德

(一) 道德的概念

"道德"一语,在汉语中最早可追溯到先秦思想家老子所著的《道德经》一书。老子说:"道生之,德畜之,物形之,势成之。是以万物莫不尊道而贵德。道之尊,德之贵,夫莫之命而常自然。"其中"道"指自然运行与人世共通的真理,而"德"是指人世的德性、品行、王道。在西方古代文化中,"道德"(morality)一词起源于拉丁语的"mores",意为风俗和习惯。

道德是一种社会意识形态,是人们共同生活及其行为的准则与规范。道德往往代表着社会的正面价值取向,起着判断行为正当与否的作用。道德是指以善恶为标准,通过社会舆论、内心信念和传统习惯来评价人的行为,调整人与人之间以及个人与社会之间相互关系的行动规范的总和。道德作用的发挥有待于道德功能的全面实施。道德具有调节、认识、教育、导向等功能,与政治、法律、艺术等意识形态有密切的关系。中华传统文化中,形成了以仁义为基础的道德。

(二) 管理道德的概念

道德一般可分为社会公德、家庭美德、职业道德三类。其中,职业道德是同人们的职业活动紧密联系的符合职业特点所要求的道德准则、道德情操与道德品质的总和,是从事一定职业的人在职业劳动和工作过程中应遵守的与其职业活动相适应的行为规范。职业道德是从业人员在职业活动中应遵守或履行行为标准和要求,以及应承担的道德责任和义务。

管理道德作为一种特殊的职业道德,是从事管理工作的管理者的行为准则与规范的总和,是特殊的职业道德规范,是对管理者提出的道德要求。管理道德对管理者自身而言,可以说是管理者的立身之本、行为之基、发展之源;对企业而言,是对企业进行管理价值导向,是企业健康持续发展所需的一种重要资源,是企业提高经济效益、提升综合竞争力的源泉。可以说管理道德是管理者与企业的精神财富。

二、企业经营中的几种道德观

（一）道德的功利观

所谓功利观（utilitarian view of ethics）是指判断某行为是否道德，主要看其行为所引起的后果如何。如常说的做了事情就要求立刻兑现回报，或者没有个人利益就不愿去承担责任、履行义务。

这种道德观对效率和生产率有促进作用，并符合利润最大化的目标，但它会造成资源配置的扭曲，尤其是在那些受决策影响的人没有参与决策的情况下；同时，它也会导致一些利益相关者的权利受到忽视。

【资料链接 4-1】　商业贿赂触目惊心

自 2013 年 6 月 27 日开始，经历了匿名消息举报，以及长沙、上海多地“飞行检查”式的突击巡查，同年 7 月 11 日，公安部最终对 GSK 公司沸沸扬扬的涉嫌商业贿赂一案给出了官方定性：“公安机关现已查明，作为大型跨国药企，近年来葛兰素史克（中国）投资有限公司在华经营期间，为达到打开药品销售渠道、提高药品售价等目的，利用旅行社等渠道，采取直接行贿或赞助项目等形式，向个别政府部门官员、少数医药行业协会和基金会、医院、医生等大肆行贿。”

不仅如此，公安部还表示，该公司还存在采用虚开增值税专用发票、通过旅行社开具假发票或虚开普通发票套取现金等方式实施违法犯罪活动。该案涉及人员多，持续时间长，涉案数额巨大，犯罪情节恶劣。目前，GSK 部分高管因涉嫌严重经济犯罪已被依法立案侦查。

资料来源：根据新闻报道整理。

（二）道德的权利观

权利观（rights view of ethics）是关于尊重和保护个人自由和特权的观点，包括隐私权、思想自由、言论自由、生命与安全以及法律规定的各种权利，要求企业在决策时要尊重和保护个人基本权利。

这种道德观积极的一面是它保护了个人的自由和隐私；但它也有消极的一面（主要是针对组织而言），即接受这种观点的管理者把对个人权利的保护看得比工作的完成更加重要，从而在组织中会产生对生产率和效率有不利影响的工作氛围。

【资料链接 4-2】　惠普公司的道德监督之法

惠普公司长期对员工业务电话进行监听，对其电子邮件予以监视，通常被认为是明智的商业管理决定。但是，如果过分地热衷于采取这些方式对员工进行监督，那么可能会事与愿违，甚至引官司上身。可以采取一个折中的方法，即在给予员工正常监督的同时对他们进行教育。实行对员工业务上的通信给予监督的做法可能有充分的理由。这些理由包括：考察员工劳动效率、有利于保守公司商业秘密、限制员工不正当的行为。比如：有些老板想了解员工的工作量，或是员工与客户通电话、电子邮件的质量。对员工的行为给予监督必须要在政策允许范围之内，避免由于滥用监督权力而引发法律纠纷。

资料来源：根据网络相关资料整理。

（三）公平理论道德观

公平理论观(theory of justice view of ethics)要求管理者在决策时公平地实施规则，强调管理行为的公正、公平。通过在企业内部建立相对公平的规章制度，使员工努力工作并取得与努力程度相应的报酬。

这种道德观有利于保护那些未被充分代表的或缺乏权力的利益相关者的利益，但不利于培养员工的风险意识和创新精神。

（四）综合社会契约理论观

综合社会契约理论观(integrative social contracts theory)主张把实证（是什么）和规范（应该是什么）这两种方法并入管理道德中，即要求决策者在决策时综合考虑实证和规范两方面的因素。

这种道德观综合了两种"契约"：一种是经济参与人当中的一般社会契约，这种契约规定了做生意的程序；另一种是一个社区中特定数量的人当中的较特定的契约，这种契约规定了哪些行为方式是可接受的。

这种商业道德观与其他三种的区别在于它要求管理者考察各行业和各公司中现有的道德准则，以决定什么是对的、什么是错的。

二、影响管理道德的因素

一个企业管理者的行为合乎道德与否，受到多种因素影响，比如管理者道德发展阶段与个人特征、组织结构、组织文化和管理问题强度等因素关系密切，这些因素决定管理者面临道德困境时，是选择道德行为还是不道德行为。有时，一个缺乏强烈道德感的人，一旦受到规则、政策、工作规定或强加于行为之上的强文化准则的约束，他们产生不道德行为的可能性会降低，而且长期潜移默化之后，还可能产生一种道德认同感，从而改变自己的道德认同观。换言之，一个非常有道德感的人，也可能会被企业中的不道德行为风气影响，从而削弱原有的道德观。因此在企业中建立一个良好的管理道德体系是非常重要和有必要的。

（一）道德发展阶段

道德发展存在3个发展阶段，即前惯例阶段、惯例阶段、规范与原则阶段，每一个阶段包括两个层次（见表4.1）。管理者达到的阶段越高，就越倾向于采取符合道德的行为。

表4.1　管理道德发展阶段

发展阶段	行为方式	特征描述
前惯例阶段	(1) 仅受个人利益的影响； (2) 按怎样对自己有利来制定决策，并按照什么行为方式会导致奖赏或惩罚来确定自己的利益	(1) 严格遵守规则以避免物质惩罚； (2) 仅当符合其直接利益时方遵守规则
惯例阶段	(1) 受他人期望的影响； (2) 遵守法律，对重要人物的期望做出反应，保持对人们的期望的一般感觉	(1) 做周围人期望的事情； (2) 通过履行所赞同的准则的义务来维护传统秩序
规范与原则阶段	(1) 受自己认为什么是正确的个人道德原则的影响； (2) 它们可以与社会准则和法律一致，也可以不一致	(1) 尊重他人权利，支持不相关的价值观和权利； (2) 遵循自己选择的道德原则，即使它们违背了法律

（二）个人特征

具有不同个人特征的管理者在面对决策问题时就会有不同的选择方式，同样也会有不同的管理行为，进而影响着管理结果。这里的个人特征包括管理者的个人价值观、自信心和自控力。

价值观是指一个人对周围的客观事物（包括人、事、物）的意义、重要性的总评价和总看法。每个人的价值观会因其成长环境、教育环境、生活环境和工作环境等多种因素的影响而不同。在同样的管理道德问题面前，每个管理者会根据个人的价值观作出相应的决策。自信心和自控力可以用来度量一个人的信念强度和管理者自我控制、自我决策的能力。自信心和自控力强的人，会深信自己的判断，同时会坚持做自己认为正确的事。他们也会听不同的意见，但不会轻易改变自己的方向和底线。因涉及道德的管理问题一般都有较大争议，因而更会受到相关利益群体和道德风险方面的压力，自信心和自控力弱的人就会变得摇摆不定，不敢轻易作出决策，或屈于外力而改变自己的初衷。

（三）组织结构

组织的结构设计有助于形成并规范管理者的道德行为。设计合理的组织结构可以为管理者提供有力的指导，而不规范的组织结构则会令管理者无所适从，甚至产生不道德的行为。在设计组织结构时要注意以下几个方面：

(1) 要使组织内部机构和职责明晰，要有必要的权力制衡和权力监督，这样可以预防和制止不道德管理行为的产生。

(2) 组织内部要有明确的规章制度，能清晰说明各级管理人员职务的实施规则和应遵守的道德标准。

(3) 组织中上级管理行为的示范作用也非常重要。所谓“上梁不正下梁歪”，如果上级无视企业的规章制度和管理道德，那么下级会上行下效。

(4) 合理设置企业的绩效评估考核体系，防止因考核体系设置不当而引起管理者为完成超量的工作任务而使用不道德的管理行为。

俗话说，堡垒最容易从内部被攻破，危害越大的道德问题，最开始时都是些“小问题”，但如果企业管理者不及时处理这些苗头或者处理方式不合理，就会给企业发展埋下巨大的隐患。我国企业最常见的一类情形就是效仿日美企业设立了考勤与职评制度，结果却流于形式，迟到早退只处罚普通员工，不处罚高层管理者，给领导的职评一律是满分，领导带头公物私用等，这不仅会引起跟风模仿，还有更严重的后果——对企业凝聚力的彻底破坏。所以企业应设立科学的自查体系，如海尔的 OEC 管理法——只抓关键的少数责任人，领导要负80%的责任；日清日高、日事日毕制度；赛马选拔机制，或者委托人力资源公司到企业调研，对症下药，定期安排员工进行拓展训练，通过内省和外省（HR 培训）都可以有效的对不良风气的苗头进行抑制，防微杜渐。

（四）组织文化

组织文化是公司在经营过程中形成的并为成员所共同遵守的价值观念、道德准则等范畴，组织文化的内容和强度也会影响道德行为。组织文化分为强组织文化和弱组织文化。尽管文化无所谓强势或弱势，也不是谁影响谁的问题，但当某种文化处于上风时，就有可能在某一段时间内成为主流。而从企业文化的划分来看，文化有积极文化和消极文化，当积极文化在企业内部站稳脚跟，那消极文化就会不攻自破直至消失。但企业在发展的过程中，也往往容易滋生一些与企业自身不相符甚至是影响企业发展的消极文化。一旦这种消极文化或恶习势力抬头，企业文化的整体形象就会受到攻击、招致破坏，而长时间形成的文化体系也会随之消亡。

企业内的文化最好是压制不利的现象，而提倡其良好的发展优势，对此就应对企业文化有个深入的了解。企业文化是一种文化，而不是流程、制度、计划或方案，也不是老板的文化。它没有强制性，是看不见的、摸不着的，短时间内是无法创立的，也不会即刻就能产生经济效益，但作为企业的行为，我们却可以直接感受到它的存在，感受到它发挥自身的主导作用，以及为企业所带来的持续性的经济效益。

（五）问题强度

影响管理者道德行为的最后一个因素是道德问题本身的强度。问题的强度实际上是道德对于管理者的重要性的程度，斯蒂芬认为，道德问题的强度受以下6个因素的影响：

(1) 问题危害的严重性：某种道德行为的主体受到多大程度的影响（受到多大程度的伤害或得到多大程度的利益）。

(2) 对不良的舆论：多少议论认为这种行为是邪恶的或是善良的。

(3) 危害的可能性：行为发生后对社会产生的危害性或有利的可能性有多大。

(4) 受害程度：行为的发生与所期望的结果之间能持续的时间有多久。

(5) 后果的直接性：你觉得从社会、心理或物质上，你与这种行为的主体有多接近。

(6) 效果集中度：道德行为对有关人员的集中性有多大。

根据以上原则，人们所受到的伤害有多大，认为行为是邪恶的舆论就有多强，行为发生和造成的实际伤害的可能性就有多高：从行为到后果的间隔时间越短，人们与受害者的关系越近，其危害性就越严重，人们对该行为具备的道德性期望也就越强烈。当一个道德问题对管理者很重要时，人们往往期望管理者采取更道德的行为。

课堂讨论

动物道德实验

把5只猴子关在一个笼子里，上头挂一串香蕉，实验人员设计了一个自动装置，一旦探测到有猴子去动香蕉，马上就会向笼子中的所有猴子喷水。

首先，一只猴子发现了香蕉想去拿，当然，结果是每只猴子都被突如其来的凉水浇透。其他猴子也纷纷尝试但莫不如此，几次以后，猴子们达成一个共识：谁也不能去拿香蕉，以避免被水喷到。

然后，实验人员把其中的一只猴子释放，换进去一只新的猴子A。A看到香蕉，马上就想要拿到，结果是弄得大家一身湿。在A第二次去拿的时候，其他四只猴子便一起开始制止，并对A大打出手。以后，A又尝试了几次，但每次都被打得屁滚尿流，此后不再敢打香蕉的主意。当然，这5只猴子就没有再被惩罚。

后来，实验人员又换了一只猴子B，同样，B开始也迫不及待地去拿香蕉，于是一如刚才发生的一样，B试了几次，每次都被打得很惨，只好作罢。这样，一只接一只，所有的旧猴子都换成了新猴子，可谁也不敢去动那根香蕉。但这些新猴子都不晓得不能动香蕉的真正原因，只知道去拿香蕉就会被其他猴子痛扁。

讨论：

1. 猴子中间的道德观念是怎样形成的？
2. 本案例与人类社会组织道德有何类似之处？

第二节　管理道德改善途径

一、选拔道德素质高的员工

由于每个人所处的道德发展阶段、生存环境、所接受的教育程度等原因不同，具有不同的个性特征，形成不同的价值观念和道德准则。因此组织在员工特别是管理人员的招聘过程中，就必须进行道德考察，剔除道德上不符合要求的求职者和候选人。

【资料链接 4-3】　　道 德 考 察

某国一个留学生在德国留学时，每天都要乘地铁，慢慢地他发现德国的地铁没有检票口，他在一次乘车时没有买票，结果没有任何人找他麻烦，他暗自庆幸。于是在后来的日子里，又有几次没有买票，毕业后他以各科全 A 的成绩去德国各大公司求职均被拒绝，他只好降低自己的求职条件，可是仍不被聘用。在一次求职失败后，他愤怒地质问拒聘自己的人事主管自己成绩优异而不被录用的原因，在他一再的质问下，对方只好说出：非常遗憾，由于您的社会信用上记录着您曾乘地铁没有买票，因此我们不能聘用您。

道德考察真正实施起来并非易事，其困难主要来自两个方面：一是在考核标准和考核办法上。因为道德观念本身比较抽象，标准较为模糊，很难形成明确、单一的检测标准，因而无法使被测者在道德上有明晰的数量差别。与此同时，现代的价值观念本来就处于一个多元乃至混乱的状态中，有时善恶是非很难有统一的标准。二是道德考察容易受到其他因素影响而发生误判。调查人和被考察人通常是在一起学习、工作的人。在此过程中，道德考察容易受到人际关系的干扰，从而造成人际关系等同于道德水平，偏离道德本身评判的要求，这种考察方式很难真正对考察对象的道德品质做出客观、实事求是的评价。

二、建立道德准则和决策准则

管理道德建设的过程，就是管理者的管理道德素质形成和不断完善的过程，这需要管理者把对管理道德的认识、情感、意志和信念等与所从事的管理工作、企业的实际情况等结合起来，注重吸收西方道德观中合理的成分，广泛继承中华民族传统道德观的精华，提炼出体现管理特色的管理道德准则。使管理者了解、明确管理道德规范，认清管理道德的标准和行为准则，以利于管理者形成良好的管理道德。

通过提炼管理道德标准，实行管理道德的规范化管理，使管理者自觉地对照管理道德准则时刻检查自己、规范自己行为，将管理道德准则内化成管理道德认识，从而养成良好的管理道德行为习惯，既有利于管理者自身建设与发展，又有利于企业管理水平提高与发展。道德准则是表明一个组织基本价值观和希望员工达成的共同愿景，可以以文件规定的形式存在。企业道德准则要能被具体细分，使得员工明白做什么工作应该遵守怎样的道德规范，以何种态度面对工作。常见的企业道德准则的变量见表 4.2。

表 4.2　常见的企业道德准则的变量

第一类：做可靠的组织公民	第二类：不做任何损害组织的事情	第三类：为顾客着想
① 遵守安全、健康保障规则 ② 表现出礼貌、尊敬、诚实和公平 ③ 禁止生产非法药品和酒精 ④ 管理好个人财务 ⑤ 出勤率高，准时 ⑥ 听从监督人员的指挥 ⑦ 不说粗话 ⑧ 穿工作服 ⑨ 禁止上班携带危险品	① 合法经营 ② 禁止付给非法目的的报酬 ③ 禁止行贿 ④ 避免有损职责的外界活动 ⑤ 保守秘密 ⑥ 遵守所有的反托拉斯和贸易规则 ⑦ 遵守会计规则和管制措施 ⑧ 不以公司财产牟取私利 ⑨ 员工对公司基金负有个人责任 ⑩ 不宣传虚假和误导的信息	① 在产品广告中传递真实的信息 ② 以你的最大能力履行分派的职责 ③ 提供最优质的产品和服务

三、管理者以身作则

要使组织的管理道德准则得到员工的认同与有效的执行，组织的领导者必须做好以下两件事情：

（1）管理者应当以身作则、克己奉公。用敬业奉献的精神和行为去感化员工；用真诚友善的态度取得员工的信任和敬佩。正所谓“己所不欲，勿施于人。”现实中，很多企业管理者通过自身言行和公司氛围的调节建立了企业文化基调，潜移默化地影响员工的心智，即使给较少的报酬，员工仍然能保持较强的职业素养。

（2）管理者可以通过奖惩机制来影响员工的道德行为。现实生活中“关系文化”盛行，有些员工通过不正当手段以及弄虚作假博取管理者信任，导致多数人的积极性被伤害，影响组织发展。因此管理者应该对明显有违企业道德的行为给予公开谴责和必要的行政、经济处罚，让组织中所有人员认清后果，传递正能量，促进风气的好转。

【资料链接 4-4】　　蒙牛企业文化——道德篇

当人们向你点头称道时，你应该想清楚，他们是冲着你的权力、才能、人品，还是什么？（点评：当权者应当随时保持清醒的头脑。）

当你不在台上时，人们对你的看法才是对你业绩最真实的评价。（点评：真正的评价，来自于现实，而不是权力。）

努力发现别人的优点，是获得别人信赖的第一步。（点评：也是沟通的第一步。）

脾气、嘴巴不好，心地再好也不能算是好人。（点评：愿大家加强修养，少说闲话。）

蒙牛公司的用人原则：公开、公正、公平；有德有才破格重用，有德无才培养使用，有才无德限制录用，无德无才坚决不用。

四、确立员工的工作目标

目标是行动预期要实现的结果，工作目标集中体现在组织管理者对员工工作的要求。如果目标对员工的要求不切实际，即使目标是明确的，也会产生道德问题。一些组织的工作目标不合理，在目标体系中只有数量指标而缺乏质量指标，使产品质量得不到保证，最终伤害了客户的利益。这种管理的缺陷表现为目标不完善，实质是职业道德低，为谋求自身利益最大化而无视客户对质量的要求。

五、重视对员工的道德教育

现今有很多组织意识到对员工进行适当的道德教育的重要性，人力资源部门通过培训班、拓展训练等方式来提高员工的道德素质。

道德作为一种意识形态本身就是动态发展的，无论是高尚的道德品质还是低劣的道德品质，都有其形成和发展的过程。如在日本企业界，员工的道德训练始终与企业命运紧密结合的，可以说，企业的发展不仅取决于员工的业务素质，更取决于道德素质。

课堂讨论

当你发现你的老板或整个组织正在从事非道德活动的时候，你怎么办？一方面，揭露不道德和违法行为，会使管理者难堪且动摇了他们的权力，在这样的组织中，揭露内幕可能意味着一个人的工作或全部职业生涯面临危险的境地。另一方面，对组织的忠诚需要你对不道德及违法视而不见吗？对揭发内幕，你的看法如何？假如它威胁到你的职位，你还愿意揭发吗？

六、对绩效进行全面科学的评估

绩效评价全面与否，对道德建设有重要影响，许多组织的奖励没有产生效果，主要是绩效评估的片面性所造成的。仅以经济成果来衡量绩效，轻视工作中道德行为的作用，会导致员工为了奖金而不择手段，损害团队和企业的利益。

因此，组织在对绩效进行评估时，必须把道德因素考虑进去，组织不仅要考察管理者决策带来的经济效益，还要考察其带来的道德后果，避免管理近视症，从社会效益和环境效益等方面进行综合考虑。

七、独立的审计与监督

进行独立的审计与监督是改善管理道德的重要手段。当道德教育不能保证每个人都遵守组织道德准则时，就需要一种独立的社会审计与监察，它是制止和预防这些不良行为产生的有效手段。根据组织的道德准则对管理者进行独立审计，可发现组织的不道德行为；惧于社会审计的威慑力，可以降低不道德行为例如收受贿赂与牟取私人利益的诱惑等发生的可能性。

审计可以是内部审计也可以是外部审计，相较而言，外部审计独立性强，能有效达到预期目的。审计可以是例行的，如财务审计；也可以是随机抽查的，有效的审计应该同时包括这两种形式的审计。

第三节　企业社会责任

一、企业社会责任概述

(一) 企业社会责任发展历史

在19世纪,企业为社会提供所需的产品和服务,遵循自由市场原则,追求利润最大化,即是履行社会责任。20世纪初期,企业更强调产品质量问题,在工会和社会团体的要求下,企业为公共福利、慈善以及科学研究教育提供援助,例如由洛克菲勒基金会捐建的北京协和医院。在20世纪60年代前,企业的社会责任问题很少引起人们的注意,不过那时的社会活动家已开始对企业的单一经济目标提出异议。时至今日,社会责任问题已引起人们的普遍关注。一方面管理者在管理实践中经常会碰到与社会责任有关的决策,如是否为慈善事业出一份力,如何确定产品的价格,怎样处理好和员工的关系,是否以及怎样保护生态环境,如何保证产品的质量和安全等问题;另一方面,人们的健康观念、环保意识和维权意识大大提高,对企业社会责任问题更加关注,并提出新的要求。

(二) 企业社会责任的概念

什么是企业社会责任(corporate social responsibility,CSR)?迄今,对这一概念的定义仍众说纷纭,见仁见智。美国管理学家斯蒂芬·罗宾斯认为,企业社会责任是指超越法律和经济要求的,企业为谋求对社会有利的长远目标所承担的责任。因此可以将企业社会责任定义为:企业在承担法律义务和经济义务之外,还应承担追求对社会有利的长期目标的义务。企业社会责任主要包括社会义务和道德义务两大类,前者是指企业的经济和法律责任,是企业责任的基本要求,而后者是指企业在公益、文化、教育、环境等方面的责任。在传统的理念和认识上,不少人将盈利与社会责任感对立起来。

(三) 社会责任与社会义务、社会反应的区别

为了透彻理解社会责任概念,可以将它和社会义务、社会反应相比较。

社会责任(social responsibility)是指企业在承担法律和经济义务的前提下,所承担的追求对社会有利的长期目标的义务;社会义务(social obligation)是指企业履行的经济义务和法律义务,它是企业参与社会活动的基础;社会反应(social responsiveness)是指企业适应不断变化的社会环境的能力。

社会义务主要是指在遵守法律法规的基础上赚取一定的利润;社会责任主要是追求有利于社会长远目标的社会义务;而社会反应则是指企业适应不断变化的社会环境的能力。与社会义务相比,社会责任和社会反应超出了基本的经济和法律标准。有社会责任的企业受道德力量的驱动,去做对社会有利的事而不去做对社会不利的事。

二、两种社会责任观

对社会责任观的理解,有两种截然不同的观点,分别是古典观和社会经济观。

(1) 古典观(或纯经济观)(classical view)。其代表人物有米尔顿·弗里德曼(M. Friedman),他认为,大多数管理者是职业管理者,他们并不拥有所经营的企业,他们是员工,仅向股东负责,所以其主要责任就是最大限度地满足股东的利益,即获得最大的经济利润。

(2) 社会经济观(socioeconomic view)。持这种观点的人认为,管理者应该关心长期财务收益的最大化,但同时必须承担一些必要的成本,他们必须以不污染、不歧视、不发布欺骗性广告等方式来维护社会利益,他们还必须在增进社会利益方面发挥积极的作用,如参与公益活动和捐赠活动等。

古典观和社会经济观两种社会责任观的具体区别如表 4.3 所示。

表 4.3　两种社会责任观的主要区别

	古典观	社会责任观
利润	一些社会活动白白消耗企业的资源;目标的多元化会冲淡企业的基本目标——提高生产率而减少利润	企业参与社会活动会使自身的社会形象得到提升;同时能与社区、政府的关系更加融洽因而增加利润,特别是增加长期利润
股东利益	不符合股东利益。企业参与社会活动实际上是管理者拿股东的钱为自己捞取名声等方面的好处	符合股东利益。承担社会责任的企业通常被认为其风险低且透明度高,其股票因而受到广大投资者的欢迎
权力	企业承担社会责任会使其本已十分强大的权力更加强大	企业在社会中的地位与所拥有的权力均是有限的,企业必须遵守法律、接受社会舆论的监督
责任	从事社会活动是政治家的责任,企业家不能"越俎代庖"	企业在社会上有一定的权力,根据权责对等的原则,它应承担相应的社会责任
社会基础	公众在社会责任问题上意见不统一,企业承担社会责任缺乏一定的社会基础	企业承担社会责任并不缺乏社会基础,近年来舆论对企业追求社会目标的呼声很高
资源	企业不具备或拥有承担社会责任所需的资源,如企业领导人的视角和能力基本上是经济方面的,不适合处理社会问题	企业拥有承担社会责任所需的资源,如企业拥有财力资源、技术专家和管理才能,可以为那些需要援助的公共工程和慈善事业提供支持

从企业角度来看,企业通过承担社会责任,可以赢得声誉和组织认同,同时也可以更好地体现自己的文化取向和价值观念,为企业发展营造更好的社会氛围,使企业得以保持生命力,保持长期可持续地发展。企业承担社会责任意义表现为:满足公众利益;增加企业利润;承担道德义务;塑造良好的形象;创造良好的环境;阻止政府的进一步管制;责任和权力相称;符合股东利益;拥有资源;预防胜于治疗。

但从另一个角度来说,企业承担社会责任也有一定的消极影响。主要表现为:违反企业利润最大化原则;冲淡企业目标;部分责任的承担不能补偿成本;有可能会造成企业权力过大;企业在承担责任时可能会缺乏技能、缺乏责任、缺乏广泛的公众支持。

【资料连接 4-5】　社会责任会降低经济绩效吗?

企业的社会责任行为会降低企业的经济绩效吗?"传统经济观"与"改良经济观"的看法截然相反,其根本原因在于两者在研究企业社会责任时选择的时期、分析框架不同,不同的方法论导致不同的研究结果。

“传统经济观”在分析企业社会责任与经济绩效之间的关系时，是通过分析企业财务年度报告内容进行的，得出的结论是企业短期财务绩效与社会责任之间存在冲突。根据弗里德曼的观点，如果企业行使社会责任增加了经营成本，则这些成本或是以高价转嫁给消费者，或是通过较低的边际利润由股东负担。在竞争的市场中，如果企业提高价格，就会降低销售额。在完全竞争的市场中，竞争并未假设成本中含有社会责任成本，因此企业提高价格不可能不损失市场，最终导致企业利润下降。

而“改良经济观”研究的是企业长期发展过程中企业社会责任与经济绩效之间的关系，得出的结论是两者之间存在正向的相关关系。实际上，在考察企业的社会责任与经营业绩的相互关系时，应该从更长的时间跨度、更大的空间领域来进行，即不仅要从一个企业长远的生存和发展的角度，而且也要从全社会企业群体这个范畴来研究两者之间的关系。因为社会责任对企业利润的影响无论是积极的还是消极的都要经过时间检验，在短期内不能全部显示出来。国内外的实践都已经表明，企业承担社会责任与企业的经济绩效呈正向相关关系；企业进行良好的社会责任管理，不仅可以获得良好的社会效益，而且可以获得长远的商业利益。如沃尔玛坚持用社会责任标准审核其供应商，做到了世界第一位。

2002 年美国 DePaul 大学的肯提斯·维斯霍尔(Curtis C. Verschoor)教授和伊丽莎白·默非(Elizabeth Murphy)副教授进行了一项专门针对企业社会责任与财务业绩的研究。该研究将《商业伦理》杂志评出的 100 家“最佳企业公民”(基于企业对股东、员工、客户、社区、环境、海外投资者、女性与少数民族这七大利益相关者群体提供服务的定量评估)与“标准普尔(S&P)500 强”中其他企业的财务业绩进行比较。基于 1 年和 3 年的整体回报率、销售增长率和利润增长率，以及净利润率和股东权益报酬率等 8 项统计指标，得出结论：“最佳企业公民”的整体财务状况要远远优于标准普尔 500 强的其他企业，前者的平均得分要比后者的平均值高出 10 个百分点。

资料来源：根据中国人力资源网相关资料整理，http://www.chinahrd.net/article/2012/11-21/29915-1.html.

三、企业社会责任的对象

根据以上分析，企业承担社会责任在短期内会增加营业成本，但从长远来看，会使企业赢得更多的利润和更好的声誉。因此企业应该更加积极地承担社会责任。根据利益相关者理论，企业与员工、顾客、投资者、竞争者、社区、环境等方面构成利益共同体，企业可从与利益相关者的关系方面来承担社会责任。

（一）企业对员工的责任

1. 营造一个安全舒适的工作环境

根据马斯洛的需求层次理论，安全需求是人心理具备的第二层次需求，所以企业应该有义务为员工提供一个安全舒适的办公环境。如高危产品生产企业或矿厂应做好对员工的职业保护，发放劳保补贴，落实安全生产监督机制；位于偏僻地区的企业或外来员工较多的企业，可以建设家属区提供住房，并为单身员工提供单身宿舍，节假日由工会开展丰富的文娱活动，从而增强员工的归属感，有了归属感才能增进团队意识。

2. 定期或不定期地培训员工，提高员工业务能力水平

现代人力资源是把员工作为资源来保护性地开发，企业舍得投入资金和时间为员工提供培训渠道，从而使员工提高专业技能，拓展其职位上升空间，进而增强员工的使命感和企业愿景认同感，为企业创造更多效益。

3. 不歧视员工，尊重员工的人格

人生来平等，不因为职权和收入的差别而去践踏别人权益和侮辱下属员工的人格，上级与下级之间应该是职权领导和业务团队合作关系，当下属受到侮辱人格的批评，可能会产生强烈的挫折感和愤怒情绪，从而严重影响团队合作。

企业应该通过建立相应机制，如工会或者监事会制度，抵制践踏工人权益行为的发生，维护工人的合法权益，以劳动法等法律制度为基石，依法解决劳资纠纷等相关问题。

（二）企业对顾客的责任

顾客是企业产品和服务的最终使用者，顾客忠诚度及数量往往决定着企业的成败得失。企业对顾客的责任主要表现在：尊重顾客，为顾客提供真正需要的、安全的产品货服务，赢得顾客信赖，提高回头客的购买次数；做好售后服务工作，及时解决顾客在使用企业产品或服务时遇到的困难。

（三）企业对投资者的责任

管理者要及时地与股东进行沟通，及时地将企业财务状况报告给股东和社会相关利益者，企业错报或假报财务状况是对股东的欺骗，将依法受到监管机构的惩治。例如美国的安然事件，造成美国证券金融界的信用危机和巨大损失。

（四）企业对竞争者的责任

在市场经济环境下，竞争无处不在，应该倡导良性有序的竞争，而通过不正当手段例如倾销等手段打击对手，不但会扰乱市场秩序，让消费者无所适从，也会损害自身产品的利润。

（五）企业对社区的责任

社区属于企业环境的宏观环境，对企业的影响不可忽视。为此，企业不仅要为所在社区人口提供劳动力就业机会，增加地方财政收入，还要对社区的基础设施建设、公共福利、文化娱乐等方面进行投资和捐赠，回报社区，树立良好社会形象。

（六）企业对环境的责任

企业对环境的责任主要体现在两个方面：

(1) 产品绿色化，绿色健康的产品是未来人们的主要需求。

(2) 保护与治理环境并重企业生产过程中需要消耗各种资源能源，排放“三废”垃圾，因此必须采取有效的治污行动，谁污染谁治理，保持生态环境的健康发展。

课堂讨论

加多宝的企业社会责任之路

在 2010 年 4 月 20 日中央电视台举办的《情系玉树 大爱无疆——抗震救灾大型募捐活动特别节目》中，加多宝集团当晚捐出 1.1 亿元善款，成为该次晚会中捐款金额最高的爱心企业。这是加多宝集团继汶川地震率先捐款 1 亿元后，再次以社会责任为理念的一次光彩义举，加多宝人用自己的实际行动再次为中国民营企业勇于承担社会责任树立了良好表率。

中国内地单笔捐款 1.1 亿元，加多宝高尚的民族情结再次感染了每一位中国人；2008 年汶川地震后加多宝的无私付出，曾让所有参与其中的人都记忆犹新，而今年玉树地震加多宝再次挺身而出，让人们又重温了那一场刻骨铭心的道德纯净之旅。加多宝(中国)饮料有限公司总经理阳爱星郑重表示："加多宝和青海早就结下了不解之缘。集团旗下品牌昆仑山矿泉水就是来自青海昆仑山玉珠峰，此时此刻，我们加多宝集团的每一位员工和灾区人民一样更是感同身受。我们虔诚地祈祷，希望灾区人民能够早日脱离苦海，重建美好家园!"

而事实上，加多宝为中国灾区所作的贡献远不止这场捐款。之前，加多宝集团捐赠了1 000万元，主要用于在西宁至玉树的沿途和玉树地震灾区建立吸氧站，免费为伤病员、工作人员和有需要的人员提供吸氧服务，为一线救援工作提供支持和保障。加上赈灾晚会当晚所捐出的1亿元善款，加多宝累计已为青海灾区捐赠超过1.1亿元善款。而在此前，加多宝集团也曾在我国西南大旱时捐赠了6.1万箱昆仑山矿泉水，总价值超过500万元。

加多宝集团相关负责人在接受采访时表示，加多宝集团作为中国民族企业的一份子，旗下品牌加多宝、昆仑山的迅速发展，离不开广大群众的支持。更重要的是，旗下品牌昆仑山矿泉水的水源地正是来自美丽的青海，因此，对于青海更是有一份深厚的感情，对于灾区人民的苦难感同身受，捐款只是尽了自己的一份责任而已。对于加多宝集团此次捐款总额1.1亿元的壮举，中国扶贫基金会有关负责人表示，加多宝集团作为中国民营企业代表再次捐出了高达亿元的赈灾善款，书写了中国企业慈善事业新篇章。2008年，正是它率先捐出了当时国内有史以来最高的单笔捐款数额，带动了其他企业踊跃认捐，从某种意义上讲，加多宝的慈善壮举对于全行业乃至全社会范围的示范和辐射作用，带动了中国的慈善事业迅猛发展。

作为民族品牌代表的中国企业始终是社会的中流砥柱，它们的社会责任感也从另外一个侧面体现了大国崛起下的精神内核。加多宝人以其特有的方式履行着企业公民所应尽的责任。

资料来源：根据相关新闻报道整理。

讨论：加多宝集团为体现社会责任的大笔捐款，是否能为企业经营带来回报?

本章小结

1. 管理道德作为一种特殊的职业道德，是从事管理工作的管理者的行为准则与规范的总和，是特殊的职业道德规范。道德的功利观是按照结果和后果制定道德决策；道德的权力观寻求尊重和保护个人的基本权利；公正观理论寻求公平和公正地贯彻和加强规则；综合社会契约理论认识到了组织与经验所在社区的道德标准之间隐含的契约。

2. 一个管理者的行为道德与否，是管理者的道德发展阶段、个性特征、组织结构、组织文化和道德问题强度之间复杂的相互作用的结果。

3. 一个综合的道德计划应包括：雇用具有高道德标准的求职者，建立道德准则和决策规则，通过模范来影响大家，描述工作目标和绩效评估机制，提供道德培训，对绩效进行全面科学的评估，实施社会审计。

4. 企业社会责任是企业在承担法律义务和经济义务之外，还应承担追求对社会有利的长期目标的义务。根据古典观，企业的社会责任仅仅是股东财务回报最大化；与之相对立的社会经济观认为，企业应承担更大的社会责任。企业社会责任的对象包括企业对员工的责任、对顾客的责任、对投资者的责任、对竞争者的责任、对社区的责任、对环境的责任。

◆**思考题**

1. 什么是管理道德？管理道德有哪些基本观点？
2. 管理道德对企业发展具有怎样的意义？如何改善企业的管理道德？
3. 管理者可以通过哪些方法改善组织成员的道德行为？
4. 如何理解企业的社会责任？
5. 对于企业来说，社会责任意味着什么？企业应该承担社会责任吗？为什么？
6. 企业的社会责任具体体现在哪些方面？

"360免费安全防护"当选《南方周末》年度十大企业社会责任案例

《南方周末》报社和贵州电视台《论道》栏目在北京联合举办了"第二届中国社会责任年会"，360公司为中国3亿互联网用户免费提供电脑安全服务，被评为《南方周末》2010年度十大企业社会责任案例之一。

评委会认为，评判一个企业是否承担了应有的社会责任，除了合法运营之外，最根本的是看这家企业是否通过创新的方式，大范围、大幅度地提高了消费者的福利。360提供高品质的互联网免费安全服务，彻底消除了用户获得安全服务的价格门槛，降低了互联网的安全成本，增加了消费者的福利。360公司以商业模式创新、技术创新和产品创新，普及了互联网安全，兑现了社会责任的本质意义，使免费、安全成为中国互联网的一项基本人权。

360安全中心发布的《2010上半年中国互联网安全报告》显示，国内平均每天约有263万网民电脑感染木马病毒；每天活跃的钓鱼、欺诈网站数量在10万家以上，网络木马、钓鱼网站给网民和社会带来的直接与间接经济损失超过百亿元。

通过向中国3亿互联网用户提供免费安全产品，360每年为用户节省200亿元，大大降低了社会成本，打击了互联网上的隐蔽黑恶势力，减少了青少年犯罪。同时，360的免费革命激活了原先死气沉沉的互联网安全行业，促进了中国安全行业的竞争，推动了技术进步，遏制了国外安全软件全面占领中国市场的势头。

360致力于以互联网的方式解决安全问题，重新定义了互联网安全。360安全卫士从查杀流氓软件开始，一步一步增加了防御木马、打补丁、系统恢复和清理、清除痕迹等功能，并于2009年10月正式推出免费杀毒软件，并同360安全浏览器、360保险箱等产品一道，组成一个完整的安全防护体系，全面保护用户的上网安全。

从360问世的一开始，公益就成为360自身基因的一部分。2006年7月，360的第一款安全产品360安全卫士问世，这是一款不带任何商业目的安全产品，其目标就是结束流氓软件泛滥、用户电脑遭受侵害骚扰的局面。随后的打补丁、查杀木马、垃圾清理等功能的推出，都不是以销售为目的，而是为了满足用户对上网安全的需求。在360的免费商业模式中，用户利益和用户需求始终是放在第一位的。

对360来说，"用户至上"并不是一句口号。为了推广免费、安全理念，2009年10月，360放弃了在线销售其他品牌杀毒软件所带来的1.5亿收入，推出了永久免费的360杀毒软件；2010年7月，为了不烦扰用户，360将360安全卫士上的文字广告全部撤销，为此放弃了每年5 000万元的收入。"用户利益优先于商业利益，用户利益优先于行业利益"，是360奉行的原则。为了贯彻这个原则，360不仅可以砍掉自己的收入，甚至可以不惜结束与其他厂商的合作关系。在互联网上,不断有人称 360 是一个“六亲不认”的公司,甚至说 360 是“互联网的公敌”。其实,这体现出 360 的“用户利益优先于商业利益,用户利益优先于行业利益”的信条。

同时,360 还积极参与社会事务,在国家、社会需要的时候,力所能及地奉献自己的爱心。2008 年汶川大地震发生之后,360 公司积极组织捐款捐物,董事长周鸿祎个人捐助 100 万元,还组织了 360 救助小分队,第一时间内赶赴现场抗震救灾;2010 年 4 月青海玉树发生大地震,360 公司第一时间内捐赠 2 000 部手机,紧急运往灾区协助进行通讯联系。

正是由于 360 公司在企业社会责任方面发挥的重要作用,“360 免费安全防护”被《南方周末》认为“担负起具有专业能力的企业公民应该承担的社会责任”。与 360 一起入选“2010 年度十大企业社会责任案例”的,还有联想、海尔、康佳、中粮、百事等公司。

资料来源:根据《南方周末》相关报道整理。

思考:

1. 奇虎 360 的社会责任感具体体现在哪些方面?

2. 搜集有关腾讯公司的相关社会责任感的资料,比较奇虎 360 公司与腾讯公司谁的社会责任感更强?谈谈你的感想。

第五章　计　　划

了解计划的定义、作用；掌握计划工作的概念、性质和作用；了解计划的类型、计划的表现形式和计划的编制原理；掌握计划编制的程序；了解甘特图、滚动计划法和网络计划技术法。

东方电力公司

玛格丽特·奎因是东方电力公司总经理。这家公司是美国东部的大型电力公用事业企业之一。这位总经理长期以来相信有效地编制公司计划对成功(者)来说是绝对必要的。她花了十几年的时间，一直想方设法让公司的计划方案编制起来，但是没有取得很大成效。在这段时间里，她先后指派了3位副总经理掌管编制计划，虽然每位副总经理似乎都努力工作，但她注意到，个别部门负责人继续自行其是，他们就发生的问题各自作出决策。因此，他们对做"救火"式的有效工作而自鸣得意。

然而，公司似乎仍在漂泊不定，而部门负责人的各自决策相互之间总是不一致。主管调整事务的高级管理人员老是催促州委员会准许把电价提高，但无很大进展，因为委员会觉得，费用虽然上涨，但是不合理。负责公共关系的领导不断地向公众呼吁，要理解电力公用事业问题。但是，各社区的用电户觉得，电力公司赚的钱够多了，因此，公司应该解决自身问题，而不应提高电价。负责电力供应的副总经理受到很多社区的压力，要他扩大电路，把所有输电线路埋入地下，避免出现不雅观的电线杆和线路，同时向顾客提供更好的服务。他觉得顾客是第一位的，而费用则是第二位的。

应奎因女士要求，一位咨询顾问来公司检查情况。他发现，公司并没有真正地把计划做好，副总经理编制计划，而他的职员正在努力地进行研究和做预测，并把研究和预测情况提交给总经理。由于所有部门的头头把这些工作看做是对他们日常业务没有必要的工作，因此，他们对此兴趣不大。

讨论：

1. 如果你是顾问，你建议将采取什么步骤来使公司有效地制订计划？
2. 关于未来的计划期限长短，你将给公司提出什么样的忠告？
3. 你将怎样向总经理提出建议，使你推荐的事情付诸实施？

第一节　计划与计划工作概述

一、计划的概念

计划是管理的首要职能。它是在预见未来的基础上对组织活动的目标和实现目标的途径做出筹划和安排,以保证组织活动有条不紊地进行。

那么什么是计划?计划有广义与狭义、动态与静态之分。从广义讲计划就是对未来所要从事的事业的谋划、规划和打算。这里包含两层意思:从动态角度看,计划是指为实现决策目标而预先进行的行动安排,即制订计划工作的过程,包括:在时间和空间两个维度上进一步分解任务和目标,选择任务和目标实现方式,进度规划,行动结果的检查与控制等,通常被称为计划工作。从静态角度看,计划是指用文字和指标等形式表达的组织以及组织内不同部门和不同成员在未来一定时期内关于行动方向、内容和方式安排的管理文件,即在制订计划工作中所形成的各种管理性文件。从狭义上讲,计划则是指未来渴望达到或实现的具体目标。

不同的学者对计划定义有不同的表述,但基本意思一致,根据对计划的理解,可把计划定义为:计划就是组织根据环境的需要和自身的特点,经过深思熟虑后,确定组织在一定时期内的目标,并通过计划的编制、执行和监督来协调、组织各种资源,以顺利达到预期目标的过程。

【资料链接 5-1】　　**勾 践 灭 吴**

孙子曰:兵者,国之大事,死生之地,存亡之道,不可不察也。

历史上,战争是国家的大事,除了关系到人民生死、国家存亡,还涉及政治、经济、文化、法制等社会各个方面,所以,运筹谋划是决定战争胜负的首要因素和前提条件。

春秋末年,越王攻灭吴国之战,就全面体现了谋划的重要性。公元前 494 年,越国进攻吴国而战败,越王勾践在危急关头,决定委屈求和保存国土,以谋东山再起。他根据本国国情和吴国情况,制定了一系列国家复兴、转败为胜的战略,即“破吴七计”。勾践卑言慎行,忍辱负重,一方面收买吴国重臣,麻痹夫差,另一方面实行内政改革,发展生产,恢复国家元气,赢得了百姓的拥戴。同时,他利用外交活动,实行离间计,挑拨夫差与伍子胥之间的关系。最后,他知人善用,抓住时机,终于完成了长达 13 年的灭吴计划。

二、计划工作的概念

计划工作是组织为实现预期目标所进行各项活动作出决策的周密思考和准备工作。计划工作是行动的前提,它迫使管理人员通盘思考问题,事先做好系统的思考,因而有利于更好地协调工作;它树立明确的工作标准,便于事后控制且有利于目标、战略和政策的有效落实,因而对突发事件有所准备,使参与工作的管理人员明确彼此的责任。

计划工作有广义和狭义之分。广义的计划工作是指制订计划、执行计划和检查计划执行情况 3 个紧密衔接的工作过程。狭义的计划工作则是指制订计划,它是指根据环境的需要和组织自身的实际情况，通过科学的预测，确定在未来一定时期内组织所要达到的目标以及实现目标的方法。它是提高组织各个层次管理人员工作效率的根本保证，能够帮助我们实现预期的目标。

计划工作是一种需要运用智力和发挥创造力的过程，它要求高瞻远瞩地制订目标和战略，严密地规划和部署，把决策建立在反复权衡的基础之上。可以通俗扼要地将计划工作的内容和任务概括为6个方面，即被描述为“5W1H”：

(1) 目标：What(What to do)——做什么？要明确计划工作的具体任务和要求，明确每一个时期的中心任务和工作重点。

(2) 原因：Why(Why to do)——为什么做？明确计划工作的宗旨、目标和战略，并论证可行性。实践表明，计划工作人员对组织和企业的宗旨、目标和战略了解得越清楚，就越有助于他们在计划工作中发挥主动性和创造性。正如通常所说的“要我做”和“我要做”的结果是大不一样的，其道理就在于此。

(3) 人员：Who(Who to do)——谁去做？计划不仅要明确规定目标、任务、地点和进度，还应规定由哪个主管部门负责。

(4) 时间：When(When to do)——何时做？规定计划中各项工作的开始和完成的进度，以便进行有效的控制和对能力及资源进行平衡。

(5) 地点：Where(Where to do)——何地做？规定计划的实施地点或场所，了解计划实施的环境条件和限制，以便合理安排计划实施的空间组织和布局。

(6) 手段：How(How to do)——怎样做？制订实现计划的措施及相应的政策和规则，对资源进行合理分配和集中使用，对人力、生产力进行平衡，对各种派生计划进行综合平衡等。

实际上，一个完整的计划还应包括控制标准和考核指标的制定，也就是告诉实施计划的部门或人员，做成什么样、达到什么标准才算是完成了计划。

三、计划工作的性质

计划工作具有承上启下的作用，一方面，计划工作是决策的逻辑延续，为决策所选择的目标活动提供了组织保证；另一方面，计划工作又是组织、领导、控制和创新等管理活动的基础，是组织内不同部门、不同成员行动的依据。

(一) 目的性

在组织中，每一个计划及其派生计划的制订最终目标都是为了促使组织总体目标和各个阶段目标的实现。计划工作的一个主要方面就是通过制订计划，使企业的每个员工都能够明确和理解组织的目标。未来的不确定性和环境的变化要求组织的一般成员了解组织的目标和实现目标的行动安排，而且更要求组织的主要领导人员明确组织的目标和实现目标的行动路径。计划工作的目的就是使所有的行动保持同一方向，促使组织目标实现。因此，计划工作具有强烈的目的性，它以行动为载体，引导着组织的经营运转。

任何组织任何时候都必须具有生存的价值、存在的使命。决策活动为组织确立了存在的使命和目标并且进行了实现方式的选择。计划工作就是对决策工作在时间和空间两个维度上进一步进行实现方式的选择。所谓在时间维度上进一步展开和细化，是指计划工作把决策所确立的组织目标及其行动方式分解为不同时间段(如长期、中期、短期等)的目标及其行动安排；所谓在空间维度上进一步展开和细化，是指计划工作把决策所确立的组织目标及其行动方式分解为组织内不同层次(如高层、中层、基层等)、不同部门(如生产、人事、销售、财务等部门)、不同成员的目标及其行动安排。组织正是为通过有意识的合作,来完成群体的目标而生存的。因此,组织的各种计划及其各项计划工作都必须有助于完成组织的目标。

(二)首位性

计划相对于组织的其他管理职能处于领先地位,它的影响贯穿于管理工作的全过程,是控制工作的先导,它保证企业经营管理活动的方向,又为控制工作提供了标准。

从管理过程的角度来看,计划工作先于其他管理职能。如果说决策工作确立了组织生存的使命和目标,描述了组织的未来,那么计划工作是一座桥梁,它把组织所处的此岸和要去的彼岸连接起来,给组织提供了通向未来目标的明确道路,给组织、领导和控制等一系列管理工作提供了基础。未来的不确定性和环境的变化使行动有如大海航行,如果时刻保持正确的航向,那么就必须明白自己所处的位置,明确自己行动的目标,这不仅要求组织的一般成员了解组织的目标,而且更要求组织的主要领导人员明确组织的目标和实现目标的行动路径(而不至于因为日常琐事和一连串的转弯而迷失方向)。计划工作的目的就是使所有的行动保持同一方向,促使组织目标实现。

首先,计划工作的主要任务就是为组织活动确定目标,组织、人事、领导和控制等管理活动,只能在确定目标之后才能进行,因此计划工作理应放在其他工作之前。其次,在某些场合,计划工作可能是付诸实施的唯一管理职能。比如计划工作的结果可能仅得出一个决策,也就无需进行随后的组织工作、领导和控制工作等。再次,计划工作影响和贯穿于组织、人员配备、领导和控制工作中,如图 5.1 所示。

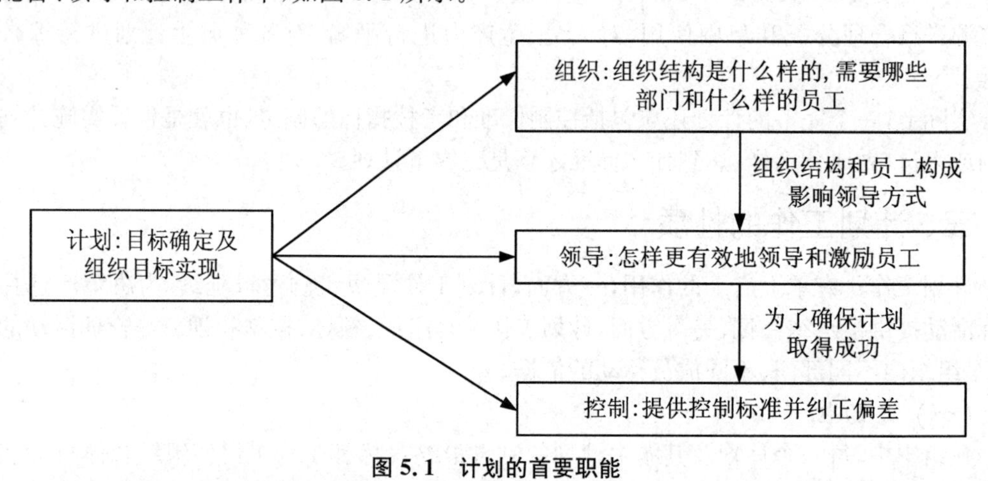

图 5.1 计划的首要职能

(三)普遍性与秩序性

计划工作的普遍性表现在计划工作应涉及组织管理区域内的每一个层级,从高层管理人员到基层管理人员都需根据自己的工作内容和职责范围制订计划。

计划工作的普遍性主要体现在如下几个方面:首先,计划工作涉及组织的每个管理层次、每个管理人员;其次,计划工作存在于任何组织内,不分规模的大小。因此,计划工作是组织内各级管理人员的一个基本职能,具有普遍性。所有管理人员,从最高管理人员到第一线的基层管理人员都要订计划,做计划工作。虽然计划工作的特点和广度会因为管理人员所处的部门、层级的不同而有所不同,但是计划工作是全体管理人员的一项职能。

当然,计划工作的普遍性中蕴含着一定的秩序,这种秩序随着不同组织的性质不同而有所不同。最主要的秩序表现为计划工作的纵向层次性和横向协调性。虽然所有管理人员都订计划，做计划工作，但第一线的基层管理人员的计划工作，不同于高层管理人员制订的战略计划。在高层管理人员计划组织总方向时，各级管理人员必须随后据此拟定他们的计划，从而保证实现组织的总目标。另外，实现组织的总目标不可能仅通过某一类型活动（比如仅有销售活动）就可以完成，而需要多种多样的活动相互协作和互相补充才可以完成。在高层管理计划组织总方向时，各层级的管理人员必须随后制订相互协作计划。

（四）效率性与经济性

计划工作的效率是以实现组织总目标和一定时期内目标所得到的利益，扣除为制订和执行计划所需要的费用和其他预计不到的后果之后的总额来测定的。

计划工作不仅要有效地确保实现目标（有效果），还要从众多的方案中选择最优的资源配置方案，以求得合理利用资源和提高效率，也就是说计划工作要讲究效率。这里所讲的效率，不仅包括用人们通常理解的时间或资金等成本来衡量，而且还包括用组织成员和集体的动机与满意程度来衡量，是全方位的。

可以用计划对组织目标的贡献来衡量一个计划的效率。贡献是指扣除在制订和实施这个计划时所需要的费用和其他因素后，所得到的剩余。在计划所要完成的目标确定情况下，同样可以用制订和实施计划的成本及其他连带成本（如计划实施带来的损失、计划执行的风险等）来衡量效率。如果计划能得到最大的剩余，或计划以合理的代价实现目标，这样的计划是有效率的。应特别注意的是，在衡量代价时，不仅要用时间、金钱或者生产等来衡量，而且还要用个人和集体的满意程度来衡量。

实现目标有许多途径，我们必须从中选择尽可能好的方法，以最低的费用取得预期的成果，保持较高的效率，避免不必要的损失。计划工作强调协调、强调节约，其中大多数安排都经过经济和技术的可行性分析，可以使付出的代价尽可能合理。

（五）创造性

计划工作总是针对需要解决的新问题和可能发生的新变化、新机会而做出提前安排或打算的，因而它是一个创造性的管理过程。面对出现的新问题和新机会，管理人员可能需要提出适应组织实际情况的一些新思路、新方法。所以说计划工作是一项创造性的管理工作。

四、计划工作的作用

计划工作的作用可归纳为以下几点：

（一）管理者协调的依据

计划工作能使组织置身于复杂多变和充满不确定性因素的环境中而始终将其主要的注意力集中在一定的目标上，使组织所有人员的行动保持同一方向；管理者可以根据计划工作来协调各自的活动，使组织的各项工作得到落实，从而保证组织目标的实现。

（二）管理者实施控制的标准

计划工作建立了目标与标准。管理者在计划实施过程中必须按照计划规定的时间和要求指标，去对照检查实际结果与计划指标之间是否一致。如果实际情况与计划目标存在偏差，管理者就必须采取措施消除偏差，从而保证能够按时、按质、按量地完成计划，没有计划工作做对照，控制就没有参照标准，控制就无从谈起。

（三）降低未来不确定性的手段

在当今信息时代，社会复杂多变，未来的不确定因素增多，社会在变革，技术在进步，观念在更新，一切都处于变化之中。而计划是面向未来的，计划的前瞻性使组织能够较早地预见未来的变化，早做准备，掌握主动，从而降低甚至消除不确定性，把风险降低到最低程度。因此，在编制计划过程中，就必须预测各种变化因素对组织的影响，并根据对未来的预测与推断制订出符合组织未来发展的计划。

（四）提高组织工作效率

在计划编制过程中，要把组织各部门或个人的工作负荷与资源占用进行综合平衡，综合平衡可以消除未来活动中的许多重复、等待、冲突等各种无效活动所带来的浪费。综合平衡可提高资源的有效配置，使组织计划安排更为合理，从而提高组织的工作效率。

（五）激励组织员工士气的武器

计划指标水平要高于平均指标水平，允许少数人完不成计划，多数人通过努力才能完成计划，少数人可超过计划。计划指标要具有挑战性，才使计划指标具有激励作用。例如，有研究发现，当人们在接近完成任务的时候会出现一种"终末激发"效应，即在人们已经出现疲劳的情况下，当人们看到计划将要完成时会受到一种激励，使人们的工作效率又重新上升，并一直会坚持到完成计划任务。

第二节　计 划 类 型

一、计划的分类

计划是将决策实施所需完成的活动任务进行时间和空间上的分解，以便将其具体地落实到组织中的不同部门和个人。因此，计划的分类可以根据时间和空间两个不同的标准。除了时间和空间两个标准外，我们还可以根据计划的明确性程度和计划的程序化程度对计划进行分类。把计划分为战略性计划和战术性计划是管理活动中常见的。这一分类是根据综合性标准综合了时间和空间两类标准，考虑到计划涉及的时间长短、职能范围的广狭程度。计划分类见表 5.1。

表 5.1　计划分类表

分类标准	类　型	分类标准	类　型
时间长短	长期计划 中期计划 短期计划	明确性程度	指导性计划 具体性计划
职能空间	业务计划 财务计划 人事计划	重复性	程序性计划 非程序性计划
范围广度	战略性计划 战术性计划	计划对象	综合计划 部门计划 项目计划

（一）长期计划、中期计划和短期计划

按计划期的时间长短将计划分为长期计划、中期计划和短期计划。长期通常指 5 年以上，短期一般指 1 年以内，中期则介于两者之间。管理人员通常都采用长期、中期和短期来描述计划。

长期计划描述了组织在较长时期(通常为5年以上)的发展方向和方针,规定了组织的各个部门在较长时期内从事某种活动应达到的目标和要求,绘制了组织长期发展的蓝图。长期计划回答两个方面的问题:一是组织的长远目标和发展方向是什么?二是怎样达到本组织的长远目标?如企业长远经营目标、经营方针和经营策略等,一般包括企业产品发展方向、企业发展规模、科研方向和技术水平、主要的技术经济指标等内容。

中期计划是根据长期计划提出的目标和内容,是结合计划期内的具体条件变化进行编制的,期限一般在1～5年。中期计划来自长期计划,比长期计划具体、详细,衔接长期计划和短期计划,起协调长期计划和短期计划之间关系的作用,具体说明各年应达到的目标和应开展的工作。

短期计划比中期计划更为具体和详尽,它主要说明计划期内必须达到的目标及具体的工作要求,要求能够直接指导各项活动的开展。企业中的年度利润计划、销售计划、生产计划等都是短期计划。短期计划具体地规定了组织的各个部门从目前到未来较短的时期阶段,特别是最近的时段中,应该从事何种活动,从事该种活动应达到何种要求,因而为各组织成员在近期内的行动提供了依据。

在一个组织中,长期计划与短期计划的关系应是"长计划,短安排",即为了实现长期计划中提出的各项目标,必须制订相应的一系列中、短期计划并加以落实,而中、短期计划的制订又必须围绕长期计划中的各项目标展开。

【资料链接5-2】　　建立华歌尔的50年计划

在第二次世界大战后,冢本幸从缅甸战区回到了日本,开始从事销售女性内衣的事业,由于生意不错,他决定从销售转入制造。

在1949年的冬天,他的工厂盖好了,但是一件内衣也卖不出去,因为没有结婚的他根本不知道,当时的日本女性在冬天是很少穿洋装的,因而也不会穿西洋式内衣。

他面临破产的窘境,但是他没有因此而气馁,反而坐下来拟定了5个十年阶段性的发展计划。他说:"有朝一日,我要用华歌尔将全世界的女性包装起来!我要成为世界的华歌尔。"冢本幸就是华歌尔的创办人,今天来检验他当时的计划,都一一实现了。

(二)业务计划、财务计划和人事计划

从职能空间分类,可以将计划分为业务计划、财务计划及人事计划。组织是通过从事一定业务活动而立身于社会的,业务计划是组织的主要计划。我们通常用"人财物,供产销"6个字来描述一个企业所需的要素和企业的主要活动。业务计划的内容涉及"物、供、产、销",财物计划的内容涉及"财",人事计划的内容涉及"人"。

作为经济组织,企业业务计划包括产品开发、物资采购、仓储后勤、生产作业以及销售促销等内容。长期业务计划主要涉及业务活动的具体安排。比如,长期产品计划主要涉及产品新品种的开发,短期产品计划则主要与现有品种的结构改进、功能完善有关;长期生产计划安排了企业生产规模的扩张及实施步骤,短期生产计划则主要涉及不同车间、班组的季、月、旬乃至周的作业进度安排;长期营销计划关系到推销方式或销售渠道的选择与建立,而短期营销计划则涉及现有营销手段或网络的充分利用。

财务计划与人事计划是为业务计划服务的,也是围绕着业务计划而展开的。财务计划

研究如何从资本的提供和利用上促进业务活动的有效进行，人事计划则分析如何为业务规模的维持或扩大提供人力资源的保证。比如，长期财务计划要决定，为了满足业务规模发展从而资本增大的需要，如何建立新的融资渠道或选择不同的融资方式，而短期财务计划则研究如何保证资本的供应或如何监督这些资本的利用效率；长期人事计划要研究如何保证组织的发展，提高成员的素质，准备必要的干部力量；短期人事计划则要研究如何将具备不同素质特点的组织成员安排在不同的岗位上，使他们的能力和积极性得到充分发挥。

（三）战略计划和战术计划

根据计划涉及时间长短及其范围广度可以将计划分为战略计划和行动计划。战略计划是指应用于整体组织的，为组织未来较长时期（通常为 5 年以上）设立总体目标和寻求组织在环境中的地位的计划。战略计划是由高层管理者负责制订的计划，它体现了组织在未来一段时间内总的战略构想和总的发展目标，以及实施的途径。战略计划具有长远性、全局性和指导性，它决定了在相当长的时间内组织资源的活动方向，涉及组织的方方面面，并将在较长的时间内发挥其指导作用。

行动计划是指规定总体目标如何实现的细节的计划，其需要解决的是组织的具体部门或职能在未来各个较短时期内的行动方案。行动计划是在战略计划所规定的方向、方针、政策框架内，确保战略目标的落实和实现，确保资源的取得与有效运用的具体计划；它主要描述如何实现组织的整体目标。不同计划类型相对应的组织管理层级的关系如图 5.2 所示。施政计划按年度拟定，明确各年度的具体目标和达到各种目标的确切时间；作业计划则在施政计划下确定计划期内更为具体的目标，确定工作流程、确定人选、分派任务和资源、确定权力与责任等。

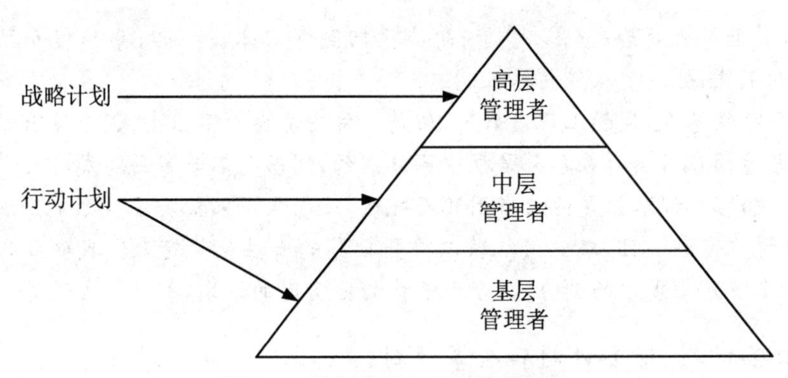

图 5.2　计划类型与组织管理层级

战略计划显著的两个特点是长期性和整体性。长期性是指战略性计划涉及未来较长时期；整体性是指战略性计划是基于组织整体而制订的，强调组织整体的协调。战略计划侧重于确定组织宗旨、目标，行动计划侧重于明确落实战略的各种措施和方法；战略计划的目的是提高利益，行动计划的目的是提高效率；战略计划涉及整个组织，行动计划则局限于特定的部门或活动。战略计划是行动计划的依据，行动计划是在行动计划指导下制订的，是战略计划的具体落实。从作用和影响上来看，战略计划的实施是组织活动能力的形成与创造过程，行动计划的实施则是对已经形成的能力的应用。

（四）具体性计划与指导性计划

根据计划内容的明确性程度可将计划分成具体性计划和指导性计划。具体性计划是由上级下达的具有行政约束力的计划，它规定了计划执行单位必须执行的各项任务，其规定的各项指标没有讨价还价的余地。具体性计划具有明确规定的目标，不存在模棱两可。比如，企业销售部经理打算使企业销售额在未来6个月中增长15%，他也许会制订明确的程序、预算方案以及日程进度表，这便是具体性计划。

指导性计划只规定一般的方针和行动原则，给予行动者较大自由处置权，它指出重点，但不把行动者限定在具体的目标上或特定的行动方案上。比如一个增加销售额的具体计划可能规定未来6个月内销售额要增加15%，而指导性计划则可能只规定未来6个月内销售额要增加12%～16%。相对于指导性计划而言，具体性计划虽然更易于执行、考核及其控制，但是它缺少灵活性，它要求的明确性和可预见性条件往往很难得到满足。由于指导性计划规定了一般性的指导原则，从而使其在多变的环境中具有较好的可操控性。指导性计划的灵活性和可控性优点恰恰是具体性计划的局限性之所在。两种计划的对比如图5.3所示。

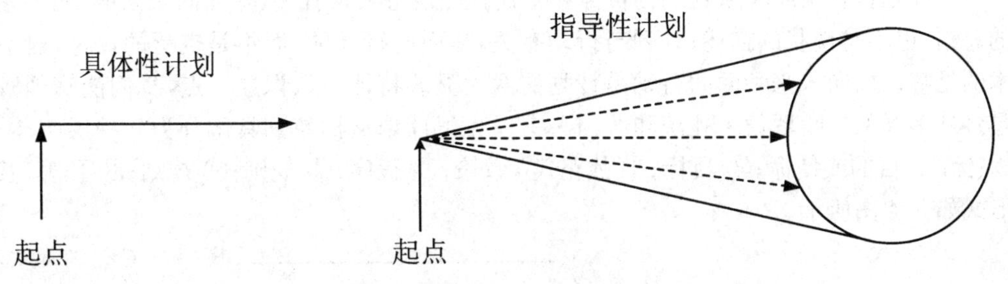

图5.3　具体计划与指导性计划

（五）程序性计划与非程序性计划

按计划的重复性可将计划分为程序性计划与非程序性计划。西蒙认为，组织的活动可分为两类：

(1) 例行活动，指一些重复出现的工作，如订货、材料的出入库等。有关这类活动的决策是经常反复的，而且具有一定的结构，因此可以建立一定的决策程序。每当出现这类工作或者问题时，就利用已定的程序来解决，而不需要重新研究。这类决策叫程序化决策，与此对应的计划是程序性计划。包括政策、标准方法和常规作业程序，所有这些都是用来解决常发性问题的。

(2) 非例行活动，指不重复出现的工作，比如新产品的开发、生产规模的扩大、品种结构的调整、工资制度的改变等等。处理这类问题没有一成不变的方法和程序，因为这类问题在过去尚未发生过，或因为其确切的性质和结构捉摸不定或极其复杂，再或因为其十分重要而需用个别方法加以处理。解决这类问题的决策叫做非程序性决策，与此对应的计划就是非程序性计划。

W·H·纽曼指出，"管理部门在指导完成既定目标的活动上基本用的是两种计划：常规计划和专用计划。"常规计划包括政策、标准方法和常规作业程序，所有这些都是准备用来处理常发性问题的。每当一种具体常见的问题发生时，常规计划就能提供一种现成的行动指导。专用计划包括为独特的情况专门设计的方案、进程表和一些特殊的方法等，它用来处理一次性的而非重复性的问题。

（六）综合计划、部门计划和项目计划

计划还可按计划对象分为综合计划、部门计划和项目计划。

综合计划是指具有多个目标和多方面内容的计划，关联整个组织或组织中的许多方面，一般年度预算计划是综合计划。如企业的年度生产经营计划（包括生产、销售、采购、人员、资源等）。

部门计划是局限于某一特定部门或职能的计划，其内容较为单一，局限于某一特定的部门或某一特定的职能，一般是综合计划的子计划，是为了达到组织的目标而制订的分计划。如企业营销部门制订的年度营销计划就是根据总生产计划制订的分计划，再如销售部门的年度销售计划，生产部门的生产计划等。

项目计划是针对组织的特定活动所作的计划，如某项产品的开发计划、职工俱乐部建设计划等。

二、计划的表现形式

一个计划包含组织将来行动的目标和方式。计划与未来有关，是面向未来的，而不是过去的总结，也不是现状的描述；计划与行动有关，是面向行动的，而不是空泛的议论，也不是学术的见解。面向未来和面向行动是计划的两大显著特征。认识这一点，我们能够理解计划是多种多样的。哈罗德·孔茨和海因·韦里克把计划从抽象到具体分为 9 种层次体系：① 宗旨；② 目的或使命；③ 目标；④ 战略；⑤ 政策；⑥ 程序；⑦ 规则；⑧ 规划；⑨ 预算，其表现形式如 5.4 图所示。

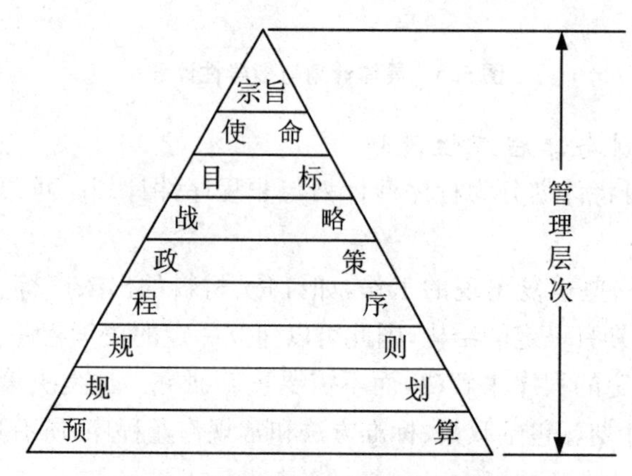

图 5.4　管理层次与计划的表现形式

（一）组织的宗旨

一个组织的宗旨可以看成一个组织的最基本目标，是组织生存发展的外部环境赋予的基本职能。一个组织的宗旨无非有两类：要么寻求贡献于组织以外的自然社会；要么是贡献于组织内部成员的生存和发展。这两类宗旨是彼此相连、相辅相成的。

（二）组织的目的或使命

它指明一定的组织机构在社会上应起的作用、所处的地位，是管理人员选择的实施组织宗旨的途径。它决定组织的性质，决定此组织区别于彼组织的标志。各种有组织的活动，如果要使它有意义的话，至少应该有自己的目的或使命。比如，大学的使命是教书育人和科学研究，研究院所的使命是科学研究，医院的使命是治病救人，法院的使命是解释和执行法律，企业的目的是生产和分配产品与服务。一些组织的使命陈述见表 5.2。

表 5.2 企业使命陈述示例

公 司	使 命 陈 述
沃尔玛	给普通百姓提供机会，使他们能与富人一样买到同样的东西
微软	致力于提供使工作、学习、生活更加方便、丰富的个人电脑软件
迪士尼	使人们过得快乐
耐克	体验竞争、获胜和击败对手的感觉
联想	为客户利益而努力创新
万科	建筑无限生活

（三）组织的目标

组织的目的或使命往往太抽象、太原则化，它需要进一步具体为组织一定时期的目标和各部门的目标。组织的使命支配着组织各个时期的目标和各部门的目标，并且组织各个时期的目标和各个部门的目标是围绕组织存在的使命所制定的，并为完成组织使命而努力的。虽然教书育人和科学研究是一所大学的使命，但一所大学在完成自己使命时会进一步具体化为不同时期的目标和各院系的目标，比如最近 3 年培养了多少人才，发表了多少论文等。

（四）组织的战略

战略是为了达到组织总目标而采取的行动和利用资源的总计划，其目的是通过一系列的主要目标和政策去觉察和传达组织的愿景。战略并不打算确切地概述这家组织怎样去完成它的目标，其实这些是无数主要的和次要的支持性计划的任务。

（五）组织的政策

政策是指导或沟通决策思想的全面的陈述书或理解书。但不是所有政策都是陈述书，政策也常常会从主观人员的行动中含蓄地反映出来。比如，主管人员处理某问题的习惯方式往往会被下属作为处理该类问题的模式，这也许是一种含蓄的、潜在的政策。政策帮助事先决定问题处理的方法，这减少了对某些例行事件处理的成本。政策支持了分权，同时也支持上级主管对该项分权的控制。政策允许对某些事情有酌情处理的自由，一方面我们切不可把政策当作规则，另一方面我们又必须把这种自由限制在一定的范围内。自由处理的权限大小一方面取决于政策自身，另一方面取决于主管人员的管理艺术。

（六）组织的程序

程序是制订处理未来活动的一种必需方法的计划。它详细列出必须完成某类活动的切实方式，并按时间顺序对必要的活动进行排列。它与战略不同，它是活动指南，而非思想指南。它与政策不同，它没有给行动者自由处理的权力。由于理论研究的考虑，我们把政策和程序分开来，实践工作中，程序往往表现为组织的规章制度。比如，一家制造业企业的处理订单程序、财务部门批准给客户信用的程序、会计部门记载往来业务的程序等，这些都表现为企业的规章制度，也即政策。组织中每个部门都有程序，并且在基层，程序变得更加具体化且数量更多。

（七）组织的规则

规则是一种最简单的计划，它规定了某种情况下采取或不能采取某种具体行动。例如“办公室内不允许抽烟”“上下班不能迟到早退”“购置大宗物资设备必须进行招标”等。人们常把规则和程序相混淆,因为两者都直接指导行动本身,就其性质而言,规则和程序均旨在约束思想。但规则不同于程序,规则只是对具体情况下的单个行动的规定而不涉及程序所包含的时间序列,程序可看作是一系列的规则按照一定的时间序列组合。比如,“禁止吸烟”是一条规则,但和程序没有任何联系。但是,一种规定顾客服务的程序可能表现为一些规则,比如在接到顾客需要服务的信息后,30 分钟内必须给予顾客答复。

规则也不同于政策。政策的目的是要指导行动,并给执行人员留有酌情处理的余地;而规则虽然也起指导行动的作用,但是在运用规则时,执行人员没有自行处理之权。

(八) 组织的规划

规划是为了实施既定方针所必需的目标、政策、程序、规则、任务分配、采取的步骤、要使用的资源以及完成既定行动方针所需的其他因素。它的作用是根据组织总目标或各部门目标来确定组织或组织各部门的分阶段目标,其重点在于划分目标实现的进度。规划有大有小,时间有长有短,大的如国家未来 15～20 年的远景规划,国家或地区“十三五”发展规划,学校的“十三五”发展规划。规划一般是一份综合性的但也是粗线条的、纲领性的计划。

(九) 组织的预算

预算是一种“数字化”的计划,是一份用数字表示预期结果的报表。一般来说,财务预算是组织最重要的预算,因为组织的各项经营活动几乎都可以用数字化、货币化的方式在财务预算表上体现出来。预算作为一种计划,勾勒出未来一段时期的现金流量、费用、收入、资本支出等的具体安排。另外,预算还是一种主要控制手段,是计划和控制工作的连接点。预算也是为规划服务的,但其本身可能是一项规划。

第三节 计划的编制

一、计划编制的原理

计划作为一种基本的管理职能活动,也有自己的规律,自然也应有自己的原理。

(一) 限定因素原理

所谓限定因素是指妨碍组织目标实现的因素,也就是说,在其他因素不变的情况下,仅仅改变这些因素,就可以影响组织目标的实现程度。限定因素原理可以表述如下:主管人员越是能够了解对达到组织目标起主要限制作用的因素,就越能够有针对性、有效地拟定各种行动方案。限定因素原理有时又被形象地称作“木桶原理”,其含义是木桶能盛多少水,取决于桶壁上最短的那块木板条。限定因素原理表明,主管人员在制订计划时,必须全力找出影响计划目标实现的主要限定因素或战略因素,有针对性地采取得力措施。

(二) 许诺原理

在计划工作中选择合理的期限应当有某些规律可循。许诺原理可以表述为:任何一项计划都是对完成各项工作所做出的许诺,因而,许诺越大,实现许诺的时间就越长,实现许诺的可能性就越小。这个原理涉及计划期限的问题。一般来说,经济上的考虑影响到计划期限的选择。由于计划工作和它所依据的预测工作是有一定代价的,所以,如果在经济上不合算的话,就不应当把计划期限定得太长。当然短期计划也有风险,那么合理的计划期限如何确定呢？关于合理的计划期限的确定问题体现在“许诺原理”上，即合理计划工作要确定一个未来的时期，这个时期的长短取决于实现决策中所许诺的任务所必需的时间。

按照许诺原理，计划必须有期限要求，事实上，对于大多数情况来说，完成期限往往是对计划的最严厉的要求。此外，必须合理地确定计划期限，并且不应随意缩短计划期限。再有，每项计划的许诺不能太多，因为许诺越多，则计划时间越长。如果主管人员实现许诺所需的时间长度比它可能正确预见的未来期限还要长，而且他不能获得足够的资源，使计划具有足够的灵活性，那么他就应当断然地减少许诺，或者将他所许诺的期限缩短。

（三）灵活性原理

计划必须具有灵活性，即当出现意外情况时，有能力改变方向而不必花太大的代价。灵活性原理可以表述为：计划中体现的灵活性越大，由于未来意外事件引起损失的危险性就越小。必须指出，灵活性原理就是制订计划时要留有余地，至于执行计划，则一般不应有灵活性。

对主管人员来说，灵活性原理是计划工作中最重要的原理，在承担的任务重且目标计划期限长的情况下，灵活性原理便显出它的作用。当然，灵活性是有一定限度的，它的限制条件是：

(1) 不能总是以推迟决策的时间来确保计划的灵活性。因为未来的不肯定性是很难完全预料的，如果我们一味等待收集更多的信息，尽量地将未来可能发生的问题考虑周全，当断不断，就会坐失良机，招致失败。

(2) 使计划具有灵活性是要付出代价的，甚至由此而得到的好处可能补偿不了它的费用支出，这就不符合计划的效率性。

(3) 有些情况往往根本无法使计划具有灵活性。即存在这种情况，某个派生计划的灵活性，可能导致全盘计划的改动甚至有落空的危险。

为了确保计划本身具有灵活性，在制订计划时，应量力而行，不留缺口，但是要留有余地。本身具有灵活性的计划又称为“弹性计划”，即能适应变化的计划。

（四）改变航道原理

计划制订出来以后，计划工作者就要管理计划，促使计划的实施，而不能被计划所管理，不能被计划框住。必要时可以根据当时的实际情况做必要的检查和修订。

因为未来情况随时都可能发生变化，制订出来的计划就不能一成不变。尽管我们在制订计划时预见了未来可能发生的情况，并制订出相应的应变措施，但正如前面所提到的，一来不可能面面俱到，二来情况是在不断变化，三是计划往往赶不上变化，总有一些问题是不可能预见到的，所以要定期检查计划。如果情况已经发生变化，就要调整计划或重新制订计划。就像航海家一样，必须经常核对航线，一旦遇到障碍就可绕道而行。故改变航道原理可以表述为：计划的总目标不变，但实现目标的进程（即航道）可以因情况的变化随时改变。这个原理与灵活性原理不同，灵活性原理是使计划本身具有适应性，而改变航道原理是使计划执行过程具有应变能力，为此，计划工作者就必须经常地检查计划，重新调整、修订计划，以此达到预期的目标。

二、计划编制的程序

虽然计划的类型和表现形式多种多样，但科学地编制计划所遵循的步骤都具有普遍性。即使在编制一些简单计划的时候，也应按照完整思路去构想整个计划过程，具体如图 5.5

所示。

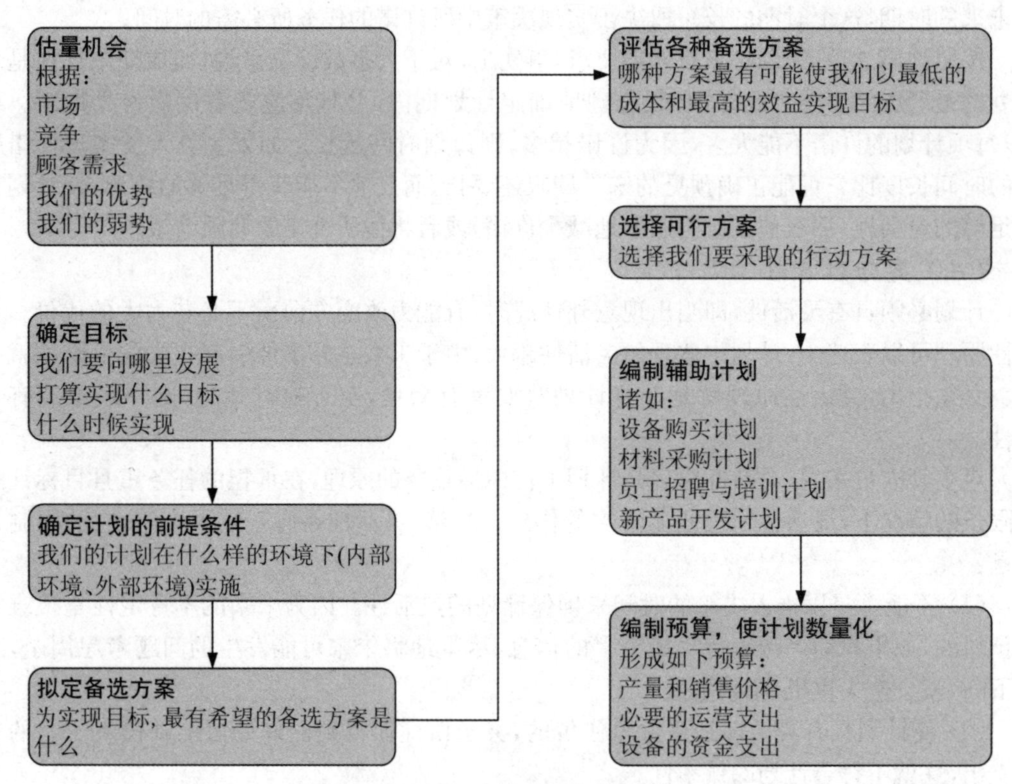

图 5.5　计划编制的程序

（一）估量机会

估量机会是在实际的计划工作开始之前就着手进行的,是对将来可能出现的机会加以估计,并在全面清楚地了解这些机会的基础上,进行初步的探讨。

首先是认清现在。认识现在的目的在于寻求合理、有效的通向成功的路径,也即实现目标的途径。认清现在需要有开放的精神,将组织、部门置于更大的系统中,而且要有动态的精神,考察环境、对手与组织自身随时间的变化与相互间的动态反应。对外部环境、竞争对手和组织自身的实力进行比较研究,不仅要研究环境给组织带来的机会与威胁、与竞争对手相比的组织自身的实力与不足,还要研究环境、对手及其自身随时间变化的变化。

其次是研究过去。研究过去不仅是从过去发生的事件中得到启示和借鉴,更重要的是探讨过去通向现在的一些规律。从过去发生的事件中探求事物发展的一般规律,其基本方法有两种:一为演绎法,二为归纳法。演绎法是将某一大前提应用到个别情况,并从中引出结论;归纳法是从个别情况发现结论,并推论出具有普遍原则意义的大前提。现代理性主义的思考和分析方式基本上可分为以上两种,即要么从已知的大前提出发加以立论,要么有步骤地把个别情况集中起来,再从中发现规律。根据所掌握的材料情况,研究过去可以采用个案分析、时间序列分析等形式。

最后是估量机会。组织的管理者要充分认识到自身的优势、劣势,分析面临的机会和威胁,要做到心中有数,知己知彼,才能真正摆正自己的位置,明确组织希望去解决什么问题,为什么要解决这些问题,我们要期望得到什么,等等。在估量机会的基础上,确定可行性目标。

【资料链接 5-3】　　　　“扎伊尔发生了叛乱”

1973年3月的一天早晨，日本东京三菱公司信息分析人员松山起床后，一边洗漱，一边听着早间电视新闻。突然一条简讯吸引了他，他赶忙走到屏幕前，但这条简讯已经播完了。于是他赶紧吃完早餐，一边嘀咕着“扎伊尔发生了叛乱”，一边急匆匆驾车直奔公司。一到公司，松山拿着刚在路上买的一份早报直奔公司总裁办公室。总裁笑嘻嘻地说：“扎伊尔与我们相隔万里，它发生叛乱能与公司有什么关系？”

松山气喘吁吁地说：“不！有关系！同扎伊尔相邻的是赞比亚，那是世界上最重要的产铜基地。如果扎伊尔的叛军一旦向赞比亚移动，进而切断交通，就必然影响世界市场上铜的数量和价格……”

总裁没等松山把话讲完，激动地站了起来说：“有道理！”立即拨通了三菱公司驻赞比亚首都卢萨卡分公司的长途电话，命令他们密切注视扎伊尔叛军的动向。

不久，叛军果然向赞比亚铜矿地区移动，而这时世界各新闻机构和商界都还没有反应，市场上铜价也没有波动，于是三菱公司趁此机会买进大批铜材。随着扎伊尔局势的变化，世界市场上铜价猛涨。当每吨铜价涨了60多英镑时，三菱公司将所购之铜材抛出，轻易地赚了一大笔钱。

（二）确定目标

计划工作的目标是指组织在一定时期内所要达到的效果。目标是存在的依据，是组织的灵魂，是组织期望达到的最终结果。一项计划首先必须明确目标，如战略计划侧重于组织目标的制订，而行动计划针对的则是组织目标体系中的某一方面的具体目标。

确定目标是决策工作的主要任务。制订计划的第一步必须认清我们将要走向何方。目标是指期望的成果。目标为组织整体、各部门和各成员指明了方向，它描绘了组织未来的状况，并且作为标准可用来衡量实际的绩效。计划工作主要任务是将决策所确立的目标进行分解，以便落实到各个部门、各个活动环节，并将长期目标分解为各个阶段的目标。企业的目标指明主要计划的方向，而主要计划又根据反映企业目标的方式，规定各个重要部门的目标。而主要部门的目标又依次控制下属各部门的目标，如此等等，沿着这样的一条线依次类推。从而形成了组织的目标结构，包括目标的时间结构和空间结构。目标结构描述了组织中各层次目标间的协作关系。如表5.3所示是组织不同层次的目标。

表5.3　组织不同层次的目标

组织层级	组织目标
公司管理层	获得10%或更高的利润
生产部门	未来将产量提高5%
营销部门	保持目前12%的市场份额
领　班	以后6个月内将本部门的次品率降低5%
销售人员	1年内将销售量从10%提高到15%

计划中目标的表述应遵循以下原则：

（1）具体、可检验。制订计划是为了执行、实施，目标要尽可能具体，即目标内容具体、结果具体、标准具体。空洞的目标不仅无法指导行为，而且无法进行检验。为了保证计划的可检验性，计划指标要尽可能定量化。

（2）简明扼要，易懂易记。为了使执行者能理解提出的目标，并在实施过程中牢记目标，目标的表述要尽可能简短，易懂易记。

（三）确定计划的前提条件

确定前提条件，就是要对组织未来的内外部环境和所具备的条件进行分析和预测，弄清计划执行过程中可能存在的有利条件和不利条件。确定计划的前提条件主要靠预测，但未来预期环境的内容多种多样，错综复杂，影响的因素很多，这些因素分为可控、部分可控和不可控3种。一般来说，不可控因素越多，预测工作的难度就越大，对管理者的素质要求就越高。

预测并有效地确定计划前提条件的重要性不仅在于对前提条件认识越清楚、越深刻，计划工作就越有效，而且在于组织成员越彻底地理解和同意使用一致的计划前提条件，企业计划工作就越加协调。由于将来是极其复杂的，要把一个计划的将来环境的每个细节都做出假设，不仅不切合实际甚至无利可图，因而是不必要的。因此前提条件仅仅限于那些对计划来说是关键性的，或具有重要意义的假设条件，也就是说，限于那些最影响计划贯彻实施的假设条件。预测在确定前提方面很重要。最常见的对重要前提条件预测的方法是德尔菲法。

（四）拟定备选方案

拟定备选方案要求拟定尽可能多的计划。可供选择的行动计划数量越多，备选计划的相对满意程度就越高，行动就越有效。因此，在可行的行动计划拟定阶段，要发扬民主，广泛发动群众，充分利用组织内外的专家，通过他们献计献策，产生尽可能多的行动计划。在寻求可供选择的行动计划阶段需要"巧主意"，需要创新性。尽管没有两个人的脑力活动完全一样，但科学研究表明创新过程一般包括浸润（对一问题由表及里的全面了解）、审思（仔细考虑这一问题）、潜化（放松和停止有意识的研究，让下意识来起作用）、突现（突现绝妙的、也许有点古怪的答案）、调节（澄清、组织和再修正这一答案）。具体的方式有头脑风暴法、提喻法等。

在计划的前提条件明确以后，就要着手去寻找实现目标的方案和途径。完成某一项任务总会有很多方法，即每一项行动都有异途存在，这就是"异途原理"。方案不是越多越好，我们要做的工作是将许多备选方案的数量逐步地减少，对一些最有希望的方案进行分析。

（五）评估各种备选方案

评估备选方案就是要根据计划目标和前提来权衡各种因素，比较各个方案的优点和缺点，对各个方案进行评价。各种备选方案一般都各有其优缺点，这就要求管理者根据组织的目标并做到定性分析和定量分析相结合，才能选择一个最合适的方案。

评估备选方案，要注意考虑以下几点：

（1）认真考虑每一个计划的制约因素和隐患。

（2）要用总体的效益观点来衡量计划。

（3）既要考虑到每一个计划的许多有形的可以用数量表示出来的因素，又要考虑到许多无形的不能用数量表示出来的因素。

（4）要动态地考察计划的效果，不仅要考虑计划执行所带来的利益，还要考虑计划执行所带来的损失，特别注意那些潜在的、间接的损失。评价方法分为定性和定量两类。

(5) 按一定的原则选择出一个或几个较优计划。

(六) 选择可行方案

选择可行方案就是选择行为过程,最终正式通过方案。选择方案是计划工作最关键的一步,也是抉择的实质性阶段。可以先确定一个较满意的方案为计划方案,而把其他几个方案作为备选方案。这样可以加大计划工作的弹性,一旦计划实施的条件有变化,管理者也能够从容应对,迅速适应变化的环境。完成了拟定可行性方案后,选择可选方案主要就是将所选择的计划用文字形式正式地表达出来,作为一项管理文件,要清楚地确定和描述 5W1H 的内容。

(七) 编制辅助计划

辅助计划就是总计划下的分计划。其作用是支持总计划的贯彻落实。一个基本计划总是需要若干个辅助计划来支持,只有在完成辅助计划的基础上,才可能完成基本计划。

基本计划需要辅助计划的支持。比如,一家公司年初制订了"当年销售额比上年增长15%"的销售计划,这一计划发出了许多信号,如采购计划、生产计划、用工计划、财务计划、促销计划等。再如当一家公司决定开拓一项新的业务时,这个决策是要制订很多辅助计划的信号,比如雇佣和培训各种人员的计划、筹集资金计划、广告计划等等。

(八) 编制预算,使计划数量化

计划工作的最后一步就是编制预算,使计划数字化,即将选定的方案用数字更加具体地表现出来。在做出决策和确定计划后,赋予计划含义的最后一步就是把计划转变成预算,使计划数字化。编制预算,一方面是为了计划的指标体系更加明确,另一方面是企业更易于对计划执行进行控制。定性的计划,往往在可比性、可控性和进行奖惩方面比较困难,而定量的计划则具有较硬的约束。通过编制预算,对组织各类计划进行汇总和综合平衡,控制计划的完成进度,才能保证计划目标的实现。

三、计划的编制方法

编制计划的方法多种多样,而编制计划方法的不同直接影响计划工作效率的高低和质量的好坏。这里简要介绍几种计划编制的方法。

(一) 甘特图

甘特图(Gantt Chart)是亨利·L·甘特于1910年开发的,是用条状图表示作业计划及进度的最基本的工具。条状图的左侧纵轴表示活动或是项目,横轴表示时间,线条表示期间计划活动和实际完成情况。这一工具简明直观,清晰表明任务计划从什么时候开始,以及实际进度和计划要求的偏差。通过对比,管理人员很容易评估计划任务的进展情况,并实施有效控制。图5.6是绘制的某图书出版项目的甘特图。其中,时间以月为单位表示在图的横轴,出版活动在左侧按顺序从上到下罗列出来,其中白色线框表示计划活动的顺序,阴影线框表示项目的实际进度。甘特图作为一种控制工具,帮助管理者发现实际进度偏离计划的情况。在本图中,除了打印长条校样以外,其他活动都是按计划完成的。

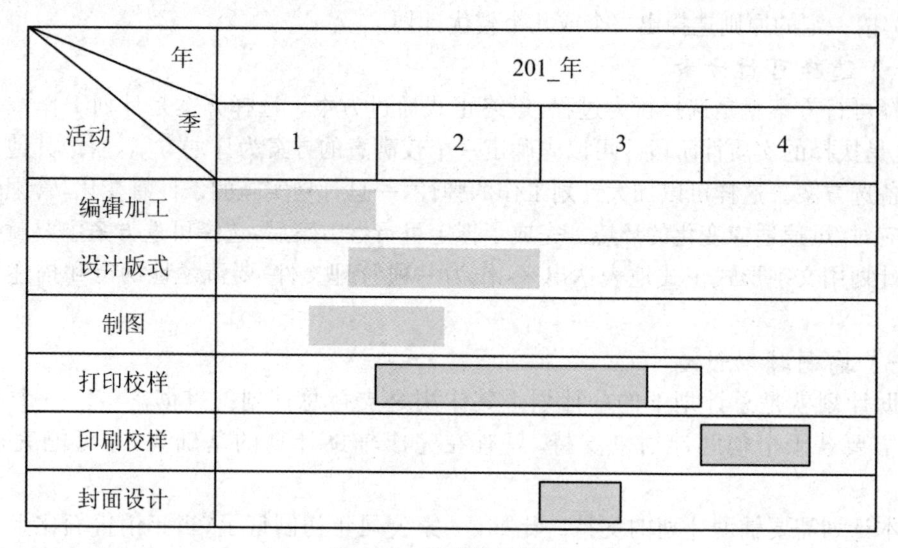

图 5.6　简化的甘特图

（二）滚动计划法

1. 滚动计划法的基本思想

计划期限越长，影响计划执行的不确定因素越多，计划实现的可能性越小，如果不考虑客观环境的变化，仍然执行原有计划，就会影响计划目标的实现，带来巨大的损失。滚动计划法就是根据计划的执行情况和环境变化情况，不断编制或修订未来的计划，并逐期向前推移，使短期计划、中期计划有机地结合起来，避免不确定性影响因素可能带来的不良后果。滚动计划法是现代计划的一种重要方法，是一种编制长期计划的较好方法。滚动计划法适用于任何类型的计划。

2. 滚动计划法的特点

（1）近细远粗，近详远略。近期计划细致、具体，远期计划较为粗糙，执行远期计划时，再由粗变细。这也是由计划期限性决定的。

（2）计划的可行性。滚动计划法把计划执行期分为几个阶段，不断修订计划，相对来说缩短了计划期限，加大了计划的指导作用，提高了计划执行的质量，使计划更具有现实性和可行性。

（3）增加计划的弹性，提高组织的应变能力。每执行完一期计划，管理者可以根据近期计划执行情况和管理环境的变化，分析短期计划中存在的问题并找出原因，在下一期计划编制时加以克服，使计划更加符合社会变化的需要，从而提高组织的应变能力。

（4）计划的连续性。滚动计划法是在原有计划的基础上进行修订，不断向前滚动，这样就协调了不同计划执行阶段间的关系，保证了计划的前后衔接，使计划既具有阶段性又具有连续性。

3. 滚动计划编制的方法

滚动计划法最早起源于苏联，其具体做法是把计划执行期分为几个阶段，按照近详远略的原则，详细编制第一个计划。第一个计划结束时，根据该计划的执行情况和内、外部有关因素的变化情况，对原计划进行适当的修正，使计划向前滚动一个阶段。继而按同样原则，定期修订编制下一个滚动期的详细计划，促使计划逐期滚动，如图 5.7 所示。

编制滚动计划的关键在于科学地确定计划修正因素，即要搞清未来时期企业内外部条

件变化的情况。因为只有如此,才能使新编制的计划符合实际情况,适应不断变化的内外部环境。计划修正因素主要有以下几项内容:

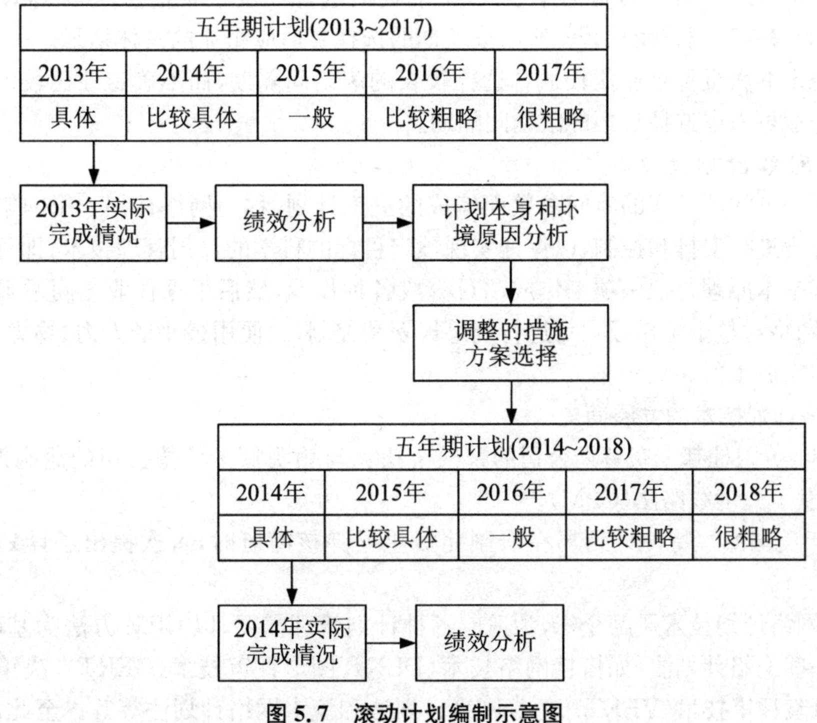

图 5.7　滚动计划编制示意图

(1) 计划与实际的差异分析。将第一个执行期的实际结果和原订计划进行对比分析,找出两者的差距,分析出现差距的原因,以此作为调整计划的依据。

(2) 客观环境变化。这种客观环境包括企业内部条件和外部条件。企业内部条件包括劳动力构成、技术、生产水平和自动化程度等在企业内部发生的变化情况;外部条件包括市场情况、政治法律环境、经济发展水平及政策、自然资源环境、科学技术发展趋势等企业周围的境况,它由多种因素构成,且又是不断发生变化的,因此,企业必须重视调查收集和研究分析来自外部环境的各种信息,并据此编制计划,使计划更具有适应性。

(3) 企业经营方针的调整。经营方针是指为实现经营目标,根据企业的经营思想,所确定的企业总体或某项重要经营活动所应遵循的原则。它是针对某一时期生产经营活动所要解决的主要问题提出来的。由于企业外部环境和内部条件在不断发生变化,因而不同企业或同一企业在不同时期,其经营方针是不相同的。这就要求企业必须根据变化了的情况,调整其经营方针,以使外部环境、内部条件和经营目标三者实现动态平衡。

4. 对滚动计划法的评价

作为一种动态计划方法,滚动计划法具有长短结合、近细远粗、逐期滚动的特点,对计划的制订具有普遍适用性。其优点也十分明显:

(1) 计划更加实际,并且使战略性计划的实施也更加切合实际。由于滚动计划相对缩短了计划时期,降低了未来的不确定性,能有效提高计划的指导性及质量。

(2) 滚动计划方法使长期计划和中期计划与短期计划相互衔接,并使各期计划基本保持一致。

(3) 滚动计划方法加强了计划的弹性,提高了组织的应变能力,这对于环境剧烈变化的时代来说尤为重要。

但是滚动计划法内容编制工作量大,滚动期的选择尺度很难把控,如果滚动期间隔过短,则计划的编制和调整较频繁。所以滚动期的选择要适应企业的具体情形。一般情况下,生产比较稳定的大批量企业比较适合选择较长的滚动间隔期,而不确定性比较大的单件小批量生产企业可考虑选择较短的滚动间隔期。

(三) 网络计划技术

在网络图上加注工作的时间参数而编成的进度计划,称为网络计划。用网络计划对任务的工作进度进行安排和控制,以保证实现预定目标的科学的计划管理技术,即称为网络计划技术。其基本原理是把一项工作或项目分成各种作业,然后根据作业之间逻辑顺序进行排列,通过网络对整个工作或项目进行统筹规划和控制,以便用最小的人力、物力、财力和用最短的时间完成工作。

1. 网络计划技术的发展简史

1956 年,美国杜邦·奈莫斯公司的摩根·沃克与赖明顿·兰德公司的詹姆斯·E·凯利合作,开发了关键线路法(CPM)。

1958 年美国海军特种计划局在研制北极星导弹核潜艇时,首次提出了计划评审技术(PERT)。

随后,网络计划技术风靡全球,为适应各种计划管理需要,以 CPM 方法为基础,又研制出了其他一些网络计划法,如搭接网络技术(DLN)、图形评审技术(GERT)、决策网络计划法(DN)、风险评审技术(VERT)、仿真网络计划法和流水网络计划法等等。至此,网络计划技术作为一种现代计划管理方法,被广泛应用于工业、农业、建筑业、国防和科学研究各个领域。

我国是从 20 世纪 60 年代开始运用网络计划的,著名数学家华罗庚教授结合我国实际情况,在吸收国外网络计划技术理论的基础上,将 CPM、PERT 等方法统一定名为统筹法。网络计划技术现在在我国已广泛应用于国民经济各个领域的计划管理中。

2. 网络计划技术的基本内容

(1) 网络图。网络图是指网络计划技术的图解模型,反映整个工程任务的分解和合成。分解,是指对工程任务的划分;合成,是指解决各项工作的协作与配合。分解和合成是解决各项工作之间按逻辑关系的有机组成。绘制网络图是网络计划技术的基础工作,如图 5.8 所示。

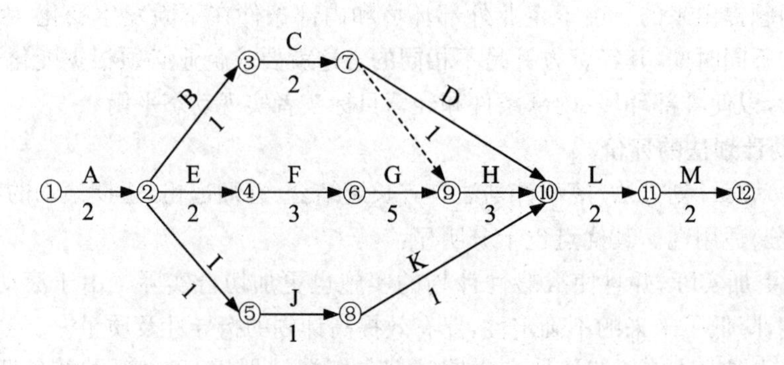

图 5.8 网络计划图

作业:“→”表示作业,也称为活动或工序,它是指在工程项目中需要消耗资源并在一定时间内完成的独立作业项目。

事项:“○”表示事项,也称节点或时点,它是指一项作业开始或结束的瞬间。

路线:网络图中由始点事项出发,沿箭线方向前进,连续不断地到达终点事项为止的一条通道。如:①→②→③→⑦→⑩→⑪→⑫。

(2) 时间参数。在实现整个工程任务过程中,包括人、事、物的运动状态。这种运动状态都是通过转化为时间函数来反映的。反映人、事、物运动状态的时间参数包括:各项工作的作业时间、开工与完工的时间、工作之间的衔接时间、完成任务的机动时间及工程范围和总工期等。

(3) 关键路线。一个网络图中往往有多条路线,每条路线的时间长短各有区别,其中,用时最久的路线被称为关键路线。在关键路线上的作业称为关键作业,这些作业完成的快慢直接影响着整个计划的工期。在计划执行过程中关键作业是管理的重点,在时间和费用方面则要严格控制。

(4) 网络优化。网络优化是指根据关键路线法,通过利用时差,不断改善网络计划的初始方案,在满足一定的约束条件下,寻求管理目标达到最优化的计划方案。网络优化是网络计划技术的主要内容之一,也是较其他计划方法优越的主要方面。

3. 网络计划图的绘制原则

(1) 有向性,无回路。即各项活动顺序排列,箭头从左到右,不能反向。另外,网络图中不允许出现循环线路。

(2) 节点编号。网络图中的节点要统一进行编号,以便于识别和计算,编号顺序由小到大,从左到右,不能重复。

(3) 两点一线。即相邻两个节点之间只允许画一条箭线。如果在两个相邻节点之间有几个作业需要平行进行,则必须引入虚箭线,如图 5.9 所示。

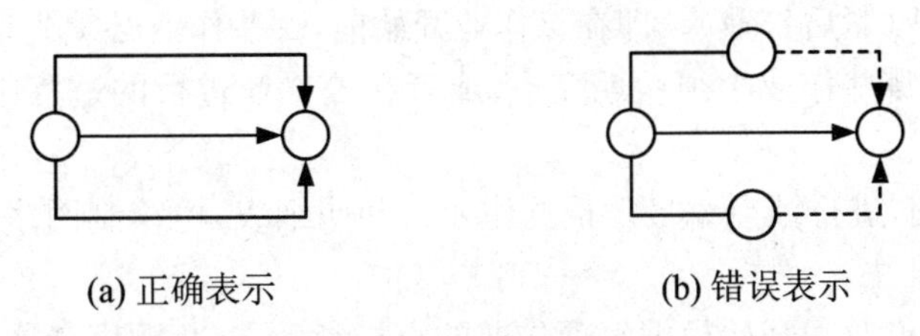

(a) 正确表示　　(b) 错误表示

图 5.9　平行作业表示

(4) 箭线首尾都必须有节点,不能从一条箭线的中间引出另一条箭条。

(5) 整个网络图只能有一个起点事项和一个终点事项,不能出现没有先行作业或没有后续作业的中间事项。

(6) 明确工序之间的逻辑关系。只有在指向某一事项的各条箭线的工作全部完成之后,从该事项引出的后续事项才能开始。

4. 网络计划技术的步骤

网络计划技术的步骤如图 5.10 所示。

(1) 确定目标。确定目标是指决定将网络计划技术应用于哪一个工程项目,并提出对工程项目和有关技术经济指标的具体要求。依据企业现有的管理基础,掌握各方面的信息和情况,利用网络计划技术为实现工程项目,寻求最合适的方案。

(2) 分解工程项目,列出作业明细表。一个工程项目是由许多作业组成的,在绘制网络图前就要将工程项目分解成各项作业。作业项目划分的粗细程度视工程内容以及不同单位要求而定,通常情况下,作业所包含的内容多,范围大,可分粗些,反之则分细些。作业项目分得细,网络图的结点和箭线就多。对于上层领导机关,网络图可绘制得粗些,主要是通观全局、分析矛盾、掌握关键、协调工作、进行决策;对于基层单位,网络图就要绘制得细些,以便具体组织和指导工作。

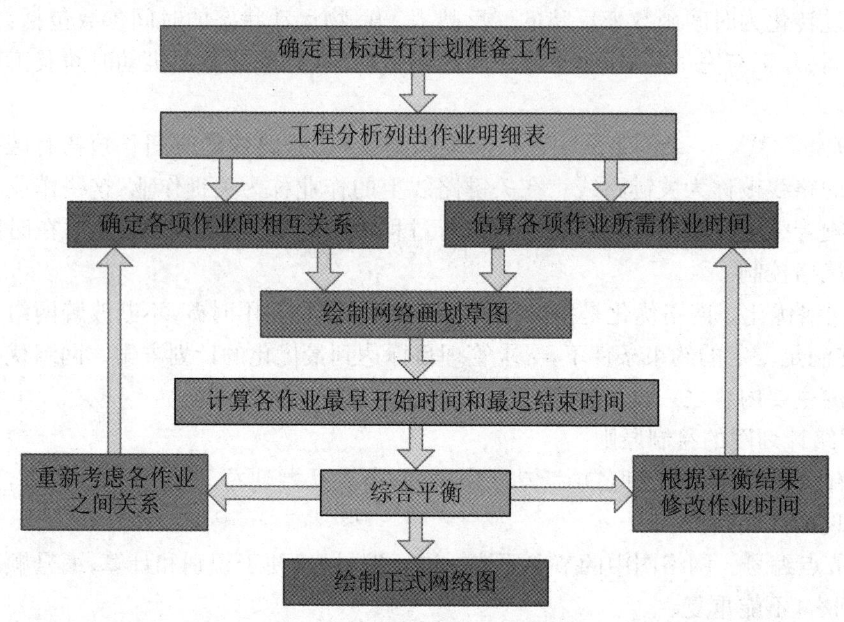

图 5.10 网络计划技术的步骤

在工程项目分解成作业的基础上,还要进行作业分析,以便明确先行作业(紧前作业)、平行作业和后续作业(紧后作业)。即在该作业开始前,哪些作业必须先期完成,哪些作业可以同时平行地进行,哪些作业必须后期完成,或者在该作业进行的过程中,哪些作业可以与之平行交叉地进行。

(3) 绘制网络图,进行结点编号。根据作业时间明细表,可绘制网络图。网络图的绘制方法有顺推法和逆推法。

顺推法:即从始点时间开始根据每项作业的直接紧后作业,顺序依次绘出各项作业的箭线,直至终点事件为止。

逆推法:即从终点事件开始,根据每项作业的紧前作业逆箭头前进方向逐一绘出各项作业的箭线,直至始点事件为止。

(4) 计算网络时间,确定关键路线。根据网络图和各项活动的作业时间,就可以计算出全部网络时间和时差,并确定关键路线。具体计算网络时间并不太难,但比较烦琐。在实际工作中影响计划的因素很多,要耗费很多的人力和时间。因此,只有采用电子计算机才能对计划进行局部或全部调整,这也为推广应用网络计划技术提出了新内容和新要求。

(5) 进行网络计划方案的优化。找出关键路线,也就初步确定了完成整个计划任务所需要的工期。这个总工期,是否符合合同或计划规定的时间要求,是否与计划期的劳动力、物资供应、成本费用等计划指标相适应,需要进一步综合平衡,通过优化,择取最优方案。然后正式绘制网络图,编制各种进度表,以及工程预算等各种计划文件。

（6）网络计划的贯彻执行。编制网络计划仅仅是计划工作的开始。计划工作不仅要正确地编制计划，更重要的是组织计划的实施。网络计划的贯彻执行，要发动群众讨论计划，加强生产管理工作，采取切实有效的措施，保证计划任务的完成。在应用电子计算机的情况下，可以利用计算机对网络计划的执行进行监督、控制和调整，只要将网络计划及执行情况输入计算机，它就能自动运算、调整，并输出结果，以指导生产。

5. 网络计划技术法的评价

（1）网络计划技术具有的优点：① 能全面而明确地反映出各项工作之间的相互依赖、相互制约的关系和时间顺序。② 指出了完成任务的关键环节和路线，使得管理人员不仅可以统筹安排，还可以重点管理。③ 通过优化合理配置人力、物力、财力等资源，从而降低成本，减少时间，提高工作效率。④ 可事先评价达到目标的可能性。⑤ 可在若干可行方案中找出最优方案。⑥ 便于控制和调整。⑦ 易于操作，适用于各行各业和各种任务。

（2）网络计划技术具有的缺点：流水作业的情况很难在计划上反映出来。

本 章 小 结

1. 计划就是组织根据环境的需要和自身的特点，经过深思熟虑后，确定组织在一定时期内的目标，并通过计划的编制、执行和监督来协调、组织各种资源以顺利达到预期目标的过程。计划工作是组织为实现预期目标所进行各项活动作出决策的周密思考和准备工作。

2. 计划工作的性质有目的性、首位性、普遍性和秩序性、效率性与经济性、创造性。

3. 计划的类型按不同分类标准可分为：长期计划、中期计划和短期计划；业务计划、财务计划、人事计划；战略计划、行动计划；指导性计划、具体性计划；程序性计划、非程序性计划；综合计划、部门计划、项目计划。

4. 计划的表现形式：组织的宗旨；组织的目的和使命；组织的目标；组织的战略；组织的政策；组织的程序；组织的规则；组织的规划；组织的预算。

5. 计划编制的原理：限定因素原理；许诺原理；灵活性原理；改变航道原理。

6. 计划编制的程序：估量机会；确定目标；确定计划的前提条件；拟定备选方案；评估各种备选方案；选择可行方案；编制辅助计划；编制预算，使计划数字化。

7. 常用的计划方法有甘特图、滚动计划法、网络计划技术法。

◆思考题

1. 什么是计划？什么是计划工作？
2. 计划工作的性质有哪些？
3. 计划工作应遵循哪些原则？
4. 简述计划的类型。
5. 计划的编制需要经过哪几个步骤？
6. 简述制订计划的方法。

中南油脂公司

1998年初夏，深圳蛇口诞生了国内最大的一家食用油脂加工企业——中南油脂公司

(以下简称中南)。该公司由6家中外企业共同投资组建,其中中国内地2家,中国香港3家,另一家为马来西亚公司。前两家及后4家的出资比例分别为20%与80%。中南油脂公司拥有1 450名员工,其中管理人员40人(11名为外籍),总经理来自新加坡。

中南主要生产经营各类高、中档的植物油脂。公司设有两座油脂精炼加工厂,设备从德国进口,加工精炼从马来西亚、菲律宾、南美、加拿大和欧洲进口的优质毛油,年生产能力40万吨。此外,公司拥有总储量5万吨的油罐区。

中南在成立之初提出了"创建中国一流企业"的目标。1990～1994年,中南取得了理想的业绩发展,营业收入增长了1倍多。由收益留存积累的资本使得中南的资产总额每年均有10%以上的增长,与同行业比较,中南的规模与业绩均处于明显的领先地位。开业以来,中南每年均跻身全国食品制造业十强,并在油脂加工中独占鳌头。1994年更是创下了历史最高水平,不仅是当年唯一一家在"全国十大外商投资高营业额企业""全国十大外商投资高出口创汇企业""全国十大外商投资高人均利税企业"三项评比中榜上有名者,同时还入选了当年工业企业全国500强,中南还是食品行业中首家获国际国内ISO 9002质量保证体系双重认证的企业。

中南能够取得今日的市场地位与其实力是密切相关的。

从生产技术与设备来说,中南全面采用了自动化生产技术,从德国引进了20世纪80年代末国际先进水平的自动化生产线。全封闭的连续生产技术可保证加工能力随不同种类油脂等级的要求,在600～1 200吨/24小时范围调整,产品理化指标优于国家规定,规格达国际先进水平。以水分杂质指标为例,其精炼油不超过0.1%。由于炼耗低于国内外中小油厂1%～2%,每年可多得成品油8 000吨,设备节能效果也十分显著。另外,中南的制桶生产线也为从德国引进的全自动流水线,制桶成品率99.95%,成品桶外观质量、漆膜附着力均属国内一流,使得中南的产品在外观包装上占据极大优势。

中南依靠强劲的广告宣传,以及热心公益的形象(如向希望工程捐款100万元),为自己建立了良好的社会声誉,获得了极高的知名度。

这种知名度,以及送货上门、包退包换、认真处理投诉等销售服务措施,又使得中南得到了中间商和消费者的普遍认同。中南的小包装精油产品,在市场的覆盖率是最高的。

中南的经营活动,享受了比较全面的特区政策,包括税收、土地使用、外汇管理、银行信贷、劳动用工、人员出入境管理等方面。比如,全面的税收减免,全部外币关汇的保留,为解决外汇收支平衡可出口非本企业生产的产品,以及外籍员工多次有效的出入境签证等。由于中南是深圳市的先进技术企业,还能享受有关的优惠待遇。

存在优势的同时,中南也有经营上面临的问题。中南地处深圳蛇口港区,与香港、澳门地区隔水相望,天然的深水港及现代化的装卸设备,对于出口自然十分便利,但要创建全国性品牌,产品进入各个省市地区,运输问题则十分关键。目前,港区有铁路网伸进,并与庞大的公路干线网络相连,产品虽能较方便地运送到全国各地,但运输成本仍然较高。这也是目前中南优质的散装精制油很少供应国内市场的原因,因之很难与既占据地理优势又享受国家补贴的国有企业竞争。中南的小包装食用油,在价格上也并非处于有利位置。照目前的趋势,小包装食用油市场面临价格竞争的问题,因为小包装食用油市场已经过于密集,而又有70%的用户认为目前价格偏高。原材料的供应也不稳定。外商投资企业一般没有计划指标的原料供应,加之市场又不够成熟,时常找不到可靠的供应来源。国外虽有一定的原材料渠道,但成本偏高。另外,国内对原材料的运输也层层设卡,不仅加大了采购成本,甚至导致生产的被迫中断。

市场竞争日益激烈。与中南真正形成竞争交锋的是一批与中南有相似背景的外商投资企业。庞大的中国市场吸引了众多的跨国公司前来投资建厂，先后建立了一批油脂加工生产、转口贸易基地。最具竞争力的是丰顺和日兴两家。它们的共同特点是：实力雄厚，资金充裕，有国际财团做后盾支持，规模较大，年生产能力达50万吨；具有以大型化、机械化、自动化为特点的设备，从日本、欧美等地引进，达到20世纪80年代先进水平，产品质量好、品种多。

1990年，当中南开业进入市场时，强大的竞争对手很少。但市场发展很快。1991年，中南首家推出小包装食用油后，4年间，市场一下子涌出50多个竞争品牌，并以新进入的高起点的强者姿态加入竞争，像日兴食品，虽然只进入市场一年，但增势逼人，它们将“一个大城市一个工厂”作为在中国的投资目标。日兴色拉油以及丰顺油脂的唛宝、红心两个品牌均是中南强劲的挑战者。

尽管政府的粮油贸易政策逐步松动，但各地仍制定了不少“土政策”，希望通过条条框框来控制市场供应与流通渠道，极力保护地方的利益。

最后，随着中国市场经济的进一步成熟，中南也面临着获得“国民待遇”的问题，原先享有的诸多优势政策可能消失，建在其上的优势可能会丧失，甚至逆转。

资料来源：王方华，芮明杰. 现代企业管理案例选[M]. 上海：复旦大学出版社，1997.

思考：对于中南油脂公司这样一家历史并不悠久，又无国际财团支持的新兴企业，为了巩固自己已有的竞争优势，保持稳定的发展，应怎样设计一个有效的长期计划呢？

第六章 战略管理

了解战略及战略管理的内涵；掌握 SWOT 分析法并能熟练应用；熟悉企业战略的层次与类型；了解战略管理的基本过程。

宜家出走，马甸变脸

宜家在马甸 15 000 平方米的店面，创造出每年 5.4 亿元的销售额。这个世界 500 强将在明年年初搬离马甸，引起了媒体和社会的广泛关注——既关心宜家的前景，也关心马甸的发展趋势。马甸曾经被北京市商务委员会规划为北京市十大商业中心之一。马甸经历过两次辉煌，一次是在亚运会期间，马甸是亚运会商品集散地，那时民众和社会对马甸作为商业中心有了初步认识；第二次是在马甸被大规模开发以后，特别是宜家进驻以后，实现了马甸商业上真正的繁荣。

据了解，宜家在选址上有两点必备的条件：第一，必须处于交通要道。马甸地区有四通八达的交通，马甸立交桥交通流量巨大。第二，宜家在世界各国的发展，物业都是自己的，不采取租用的办法。宜家初进北京，在马甸破例采取了租赁的方式来开店，也证明了马甸的商业价值。

宜家出走可能基于 3 个原因：一是 15 000 平方米的营业面积已不能满足经营需求；二是宜家失去了在马甸的定价权，成本为王的经营理念使宜家难以接受马甸区域日益成熟带来的租金上涨的成本压力；三是马甸由纯商业向商业与商务结合的大势，已使宜家失去了小资定位的环境土壤。商业和商务应该是互为表里，相辅相成的，不同的业态，对商务的支持也各不相同。从这个角度来说，宜家“出走”也许意味着这个区域的商业或商务价值的新陈代谢。

宜家搬走不一定是坏事，通过马甸商业的重新整合和洗牌，让市场来检验马甸区域真正的商务和商业价值。

资料来源：根据北青网相关新闻报道改编，www. ynet. com，2006-01-15.

讨论：根据宜家在选址上的两个条件，讨论什么是战略？如何正确认识战略与战略管理？

第一节　战略管理的过程

随着经济全球化进程的加速和信息技术的广泛应用,企业面临着日益激烈的市场竞争。企业产品的生命周期越来越短,顾客需求的多样化与不确定性增加,行业竞争对手不断拓展企业的边界以谋求创新价值,供应商的联合加大了企业的进货成本,功能更好的替代品不断出现,等等,这些都要求企业必须制定符合企业自身实际的发展战略,具有敏捷应对市场变化的能力,在不断降低成本的同时,为顾客提供质量更高、更能满足顾客个性化需求的产品和服务。

一、战略及战略管理的含义

(一) 战略的含义

"战略"一词原来是军事术语,本意是对战争全局的谋划和指导。"战略"的英文是 strategy,在《简明不列颠百科全书》中的解释是:在战争中利用军事手段达到战争目的的科学和艺术。"战略"一词被应用到企业管理理论之中,始见于美国近代组织理论的奠基人巴纳德于 1938 年出版的《经理人员的职能》一书。巴纳德提出从企业的各种要素中产生"战略"要素的构想。

对一个企业来说,战略是为了实现企业的总目标所要采取的行动方针和资源使用方向的一种总体规划。战略是一个总方向,它涉及企业向哪里发展的问题。战略还具有对抗的含义,它总是针对竞争对手的优势和劣势及其正在和可能采取的行动而制定的。对于一个企业来说,内部的薄弱环节或某些方面管理不善的问题通常可以容忍,至少暂时可以容忍;相反,如果企业相对于他的竞争对手地位恶化,则将危及企业的生存。事实上,一旦企业的盈利率被他的竞争对手所控制,那么企业就不可能再有较好的管理。所以,把以直接改变企业相对于竞争对手的实力为目的的规划活动称之为"制定战略",这将有助于我们更确切地把握战略的含义和作用。

从企业未来发展的角度来看,战略表现为一种计划(Plan),而从企业过去发展历程的角度来看,战略则表现为一种模式(Pattern)。如果从产业层次来看,战略表现为一种定位(Position),而从企业层次来看,战略则表现为一种观念(Perspective)。此外,战略也表现为企业在竞争中采用的一种计谋(Ploy)。这是关于企业战略比较全面的看法,即著名的"5P 模型"。

(二) 战略管理的含义

什么是战略管理(Strategic Management)?不同的学者有不同的观点。从表面上理解,战略管理是指对企业战略的管理,包括战略制定、战略形成与战略实施。

战略管理可以理解为对一个企业或组织在一定时期的全局的、长远的发展方向、目标、任务和政策,以及为调配资源做出的决策和管理艺术;包括公司在完成具体目标时对不确定因素做出的一系列判断,公司在环境检测活动的基础上制定战略。

战略管理还可以理解为企业确定其使命,根据组织外部环境和内部条件设定企业的战略目标,为保证目标的正确落实和实现进度谋划,并依靠企业内部能力将这种谋划和决策付诸实施,以及在实施过程中进行控制的一个动态管理过程。战略管理是一个不确定的过程,因为公司对于危险和机遇的区别有不同的理解。

战略管理大师迈克尔·波特认为，一项有效的战略管理必须具备5项关键点：独特的价值取向、为客户精心设计的价值链、清晰的取舍、互动性和持久性。

综观学者和企业家的不同见解，战略管理可以归纳为两种类型，即广义的战略管理和狭义的战略管理。广义的战略管理是指运用战略对整个企业进行管理，其代表人物是安索夫。狭义的战略管理是指对战略管理的制定、实施、控制和修正进行的管理，其代表人物是斯坦纳。目前，居主流地位的是狭义的战略管理。

狭义的战略管理包括以下含义：战略管理是决定企业长期问题的一系列重大管理决策和行动，包括企业战略的制定、实施、评价和控制；战略管理是企业制定长期战略和贯彻这种战略的活动；战略管理是企业处理自身与环境关系过程中实现其愿景的管理过程。

二、战略管理的特征

由战略管理的概念可以看出，战略管理有以下特点：

（一）系统性

从战略管理内容看可以包括三大阶段，即战略设计、战略实施和战略评估。战略设计是指提出一个机构业务的主体任务，确认一个机构的外界机会和威胁，确定机构内部的强项和弱势，建立一个长远目标，形成可供选择的几种战略和可操作的战略方针。战略设计问题包括决定一个机构什么样的业务要拓展，什么样的业务将放弃，如何有效地利用现有的资源，是否扩大业务或多种经营，是否进入国际市场，是否要兼并企业或举办合资企业，以及如何避免被竞争对手吞并等。

战略实施是战略管理的第二个阶段，通常称为战略管理的行动阶段。战略实施要求机构建立一个年度目标，制定相应的政策，激励员工并有效调配资源，以保证建立的战略能够实施。战略实施包括制定出战略支撑文化，创造一个有效的机构组织，调整市场，准备预算，开发和利用信息支持系统并调动每一位员工参与战略实施的积极性。

战略评估是战略管理的最后一个阶段。评估战略规划，是在战略实施过程中不断修改变化着的目标，因为外部和内部环境的因素通常是要改变的。评估工作包括回顾和评价外部和内部的因素，作为战略方针选择的基础，判断战略实施的成绩和争取正确的行动解决实施过程中所出现的未曾预料的各种问题。评估的重要性从根本上讲是“成功的今天并不代表明天会继续成功”，成功的背后同样会存在各种各样的问题，经验表明，自我满足的机构必然会走向灭亡。

战略管理的三个阶段，相辅相成，融为一体，战略设计是战略实施的基础，战略实施又是战略评估的依据，而战略评估反过来又为战略设计和实施提供经验和教训。三个阶段的系统设计和衔接，可以保证取得整体效益和最佳结果。

（二）科学性

从战略设计阶段来讲，由于每一个机构的资源有限，战略家提供何种战略将更适合于某一个企业或机构，并达到最佳效益，这就要从科学准确的角度，提出一个企业或机构的专门产品市场占有率和开发研究技术的可能性与可行性，以及确定长期的竞争优势。经验表明，较高的决策成功率建立在科学的基础上，成功或失败的决策，关系到一个企业或机构的兴衰。

从战略评估的阶段讲，如何科学地、客观地判断战略实施过程的成绩和不足，这对一个企业或机构今后发展目标的确定关系重大。随着“信息高速公路”的不断发展，战略管理的决策更加依赖于信息来源的准确性。分析过程的科学和准确，对战略实施关系重大，如果设计的目标没有建立在较科学的基础上,这样的目标注定是不能够实现的。

(三)艺术性

管理专家认为,战略实施是战略管理过程中最困难的阶段,战略实施要求员工有严明的纪律,有承担义务的牺牲精神。成功的战略实施与经营管理者调动人员积极性的能力密切相关,这种能力关键在于管理者们的艺术性,而不在于他们的科学性,即艺术作用大于科学作用。战略设计非常好,由于人际关系协调不周全或不理想,这样的战略管理等于没有战略。战略实施涉及机构中的高层领导、中层管理者和员工,每个管理者应直接回答这样一些问题:“我们在实施机构战略中的任务是什么?”“如何为机构、为企业做好本职工作?”战略实施是鼓励整个机构的中层管理者和员工以工作为荣,并倡导他们团结一致和为目标而奋斗的精神。

(四)相对稳定性

战略二字其本身的含义是超前一段时间而指出目标,在时间上有一定超前性。在实际管理活动中,战略需要稳定性,不能朝令夕改,否则会使事业的发展、企业的经营和国家管理发生混乱,从而给企业、机构或国家带来不必要的损失。稳定性的另外一个表现是:战略决策投入了相当多的资金和人力,他们的工作具有指导意义。客观上讲,这种稳定应是相对的,因为战略管理过程是建立在机构能够连续监控内部和外部的动态和趋势的基础上。战略调整应加强对社会环境问题变化的研究,从生存的角度看,所有的机构或企业必须有能力快速地适应和确定各方面的变化。

三、战略管理过程

战略管理是对一个企业的未来发展方向制定决策和实施这些决策的动态管理过程。一个规范性的、全面的战略管理过程可大体分解为 3 个阶段:战略分析阶段、战略选择及评价阶段、战略实施及控制阶段,如图 6.1 所示。

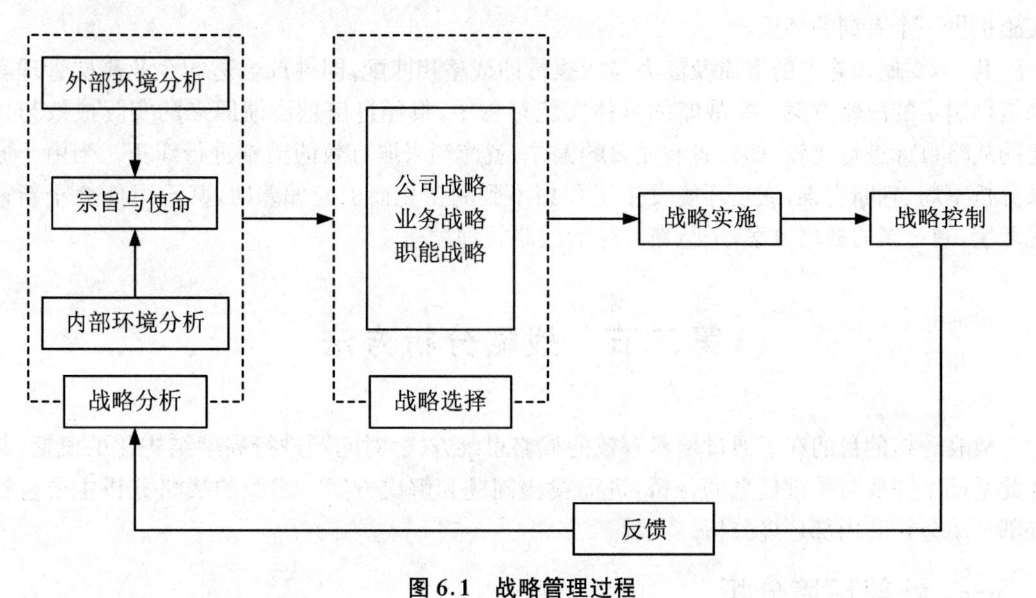

图 6.1 战略管理过程

(一)战略分析

对企业的战略环境进行分析、评价,并预测这些环境未来发展的趋势,以及这些趋势可能对企业造成的影响及影响方向。战略分析包括企业外部环境分析和企业内部环境或条件分析两部分。

企业外部环境一般包括下列因素或力量:政府—法律因素、经济因素、技术因素、社会因素以及企业所处行业中的竞争状况。分析企业面临的外部环境是为了适时地寻找和发现有利于企业发展的机会,以及对企业来说所存在的威胁,做到"知彼",以便在制定和选择战略中能够利用外部条件所提供的机会而避开对企业的威胁因素。

企业的内部环境即是企业本身所具备的条件,也就是企业所具备的素质。它包括生产经营活动的各个方面,如生产、技术、市场营销、财务、研究与开发、员工情况、管理能力等。对企业内部环境分析可以发现企业所具备的优势或弱点,以便在制定和实施战略时能扬长避短、发挥优势,有效地利用企业自身的各种资源。

(二) 战略选择及评价

战略选择及评价过程的实质是战略决策过程——对战略进行探索、制定以及选择。一个跨行业经营的企业的战略选择应当解决两个基本的战略问题。

一是企业的经营范围或战略经营领域,即规定企业从事生产经营活动的行业,明确企业的性质和所从事的事业,确定企业以什么样的产品或服务来满足哪一类顾客的需求。

二是企业在某一特定经营领域的竞争优势,即要确定企业提供的产品或服务,要在什么基础上取得超过竞争对手的优势。

(三) 战略实施及控制

企业的战略方案确定后,必须通过具体化的实际行动,才能实现战略及战略目标。一般来说可在三个方面来推进一个战略的实施:

其一,制定职能策略,如生产策略、研究与开发策略、市场营销策略、财务策略等。在这些职能策略中要能够体现出策略推出步骤、采取的措施、项目以及大体的时间安排等。

其二,对企业的组织机构进行构建,以使构造出的机构能够适应所采取的战略,为战略实施提供一个有利的环境。

其三,要使领导者的素质及能力与所执行的战略相匹配,即挑选合适的企业高层管理者来贯彻制定的战略方案。在战略的具体实施过程中,将经过信息反馈回来的实际成效与预定的战略目标进行比较,如二者有显著的偏差,就应当采取有效的措施进行纠正。当由于原来分析不周、判断有误,或是环境发生了预想不到的变化而引起偏差时,甚至可能会重新审视环境,制定新的战略方案,进行新一轮的战略管理过程。

第二节 战略分析方法

战略分析的目的在于通过培养有效的战略思维方式,对问题进行高度结构化的概括,并在此基础上完成对关键信息的分析,进而找出问题和解决方案。组织的战略分析主要包括外部环境分析和内部环境分析。

一、外部环境分析

按照环境对组织的影响层次不同,外部环境分析包括宏观环境分析和行业环境分析。无论产业如何分布,所有组织都会受到宏观环境的影响。而组织进行宏观环境分析的目的在于积极识别当下及未来存在的能够使组织获益的机会或是组织应该规避的威胁，从而使管理者及时采用适当的战略，促使组织获益或是回避威胁。其中，PEST 分析法是战略咨询顾问用来帮助企业检阅其外部宏观环境的一种方法，在对宏观环境因素作分析时，不同行业和企业根据自身特点和经营需要，分析的具体内容会有差异，但一般都应对政治(Politics)、经济(Economy)、社会(Society)和技术(Technology)这四大类影响企业的主要外部环境因素进行分析。

行业环境分析的内容包括行业竞争结构和行业内部战略群体等行业因素。所谓行业是指向某一顾客群提供同一种产品或者相互替代的一类产品的企业群。行业竞争分析的目的是通过了解行业基本竞争情况及潜在的发展机会，一方面帮助企业建立行业观念，在明确行业状况和可能走势的基础上确定本企业的竞争战略；另一方面帮助准备进入该行业的企业做出正确的投资决策。根据美国学者迈克尔·波特的五力模型(见图 3.1)，一个行业内部的竞争状态取决于 5 种基本竞争作用力，这些作用力汇集起来决定着该行业的最终利润潜力，并且最终利润潜力也会随着这种合力的变化而发生根本性的改变。

一般来说，出现下述情况将意味着行业中现有企业之间竞争的加剧，这就是：行业进入障碍较低，势均力敌的竞争对手较多，竞争参与者范围广泛；市场趋于成熟，产品需求增长缓慢；竞争者企图采用降价等手段促销；竞争者提供几乎相同的产品或服务，用户转换成本很低；一个战略行动如果取得成功，其收入相当可观；行业外部实力强大的公司在接收了行业中实力薄弱企业后，发起进攻性行动，结果使得刚被接收的企业成为市场的主要竞争者；退出障碍较高，即退出竞争要比继续参与竞争代价更高。在这里，退出障碍主要受经济、战略、感情以及社会政治关系等方面考虑的影响，具体包括：资产的专用性、退出的固定费用、战略上的相互牵制、情绪上的难以接受、政府和社会的各种限制等。

行业中的每一个企业或多或少都必须应付以上各种力量构成的威胁，而且客户必须面对行业中的每一个竞争者的举动，除非认为正面交锋有必要而且有益处，例如要求得到很大的市场份额，否则客户可以通过设置进入壁垒，包括差异化和转换成本来保护自己。当一个客户确定了其优势和劣势时(参见 SWOT 分析)，客户必须进行定位，以便因势利导，而不是被预料到的环境因素变化所损害，如产品生命周期、行业增长速度等，然后保护自己并做好准备，以有效地对其他企业的举动做出反应。

【资料链接 6-1】 我国某中成药企业的宏观环境分析

政策与法律环境分析的因素：比如，我国正在建立医(院)、药(房)分离制度和非处方药(OTC)的管理制度；新型的社会保障体系将取代传统的公费医疗制度；我国加入 WTO 以后，中成药产品的出口前景将发生变化。

经济环境分析的因素：比如，城乡居民收入持续上升，居民的保健意识不断提高；我国的资本市场不断发育、成长，企业的融资渠道和融资方式趋向多样化。

社会环境分析的因素：比如，国民教育水平逐步提高，越来越多的人愿以科学的眼光看待药品和保健品；人口结构呈现老龄化，老年人的保健和治疗问题受到重视。

技术环境分析的因素：比如，各种新型的萃取技术可能在制药领域得到广泛的应用；生物医学技术的发展可能形成一些互补性或是互为替代的产品。

二、内部环境分析

内部环境分析的目的在于识别组织的资源和能力，了解组织的竞争优势及存在缺陷，以构建组织战略成功实施的核心能力。这是组织最高管理层的首要任务之一。

（一）SWOT 分析法

SWOT 分析法，又称为态势分析法或优劣势分析法，20 世纪 80 年代初由美国旧金山大学的管理学教授韦里克提出。SWOT 分析法是基于内外部竞争环境和竞争条件下的态势分析，用来确定企业自身的竞争优势（Strength）、竞争劣势（Weakness）、机会（Opportunity）和威胁（Threat），通过调查列举出来，并依照矩阵形式排列，然后用系统分析的思想，从而将公司的战略与公司内部资源、外部环境有机地结合起来。

SWOT 分析法常常被用于制定集团发展战略和分析竞争对手情况，在战略分析中，它是最常用的方法之一。进行 SWOT 分析时，主要有以下几个方面的内容。

1. 构造 SWOT 矩阵

SWOT 分析有 4 种不同类型的组合：优势—机会（SO）组合，劣势—机会（WO）组合，优势—威胁（ST）组合，劣势—威胁（WT）组合，如表 6.1 所示。

图 6.1 SWOT 分析模型

内部分析 / 外部分析	优势 S	劣势 W
机会 O	SO 战略 发挥优势，利用机会	WO 战略 客服劣势，利用机会
威胁 T	ST 战略 利用优势，回避威胁	WT 战略 减少劣势，回避威胁

（1）SO 战略。优势—机会战略是一种发挥企业内部优势与利用外部机会的战略，是一种理想的战略模式。当企业具有特定方面的优势，而外部环境又为发挥这种优势提供有利机会时，可以采取该战略。例如良好的产品市场前景、供应商规模扩大和竞争对手有财务危机等外部条件，配以企业市场份额提高等内在优势，可成为企业收购竞争对手、扩大生产规模的有利条件。

（2）WO 战略。劣势—机会战略是利用外部机会来弥补内部弱点，使企业改变劣势而获取优势的战略。即使存在外部机会，但由于企业存在一些内部弱点而妨碍其利用机会，可采取措施先克服这些弱点。例如，若企业弱点是原材料供应不足和生产能力不够，从成本角度看，前者会导致开工不足、生产能力闲置、单位成本上升，而加班加点会导致一些附加费用。在产品市场前景被看好的前提下，企业可利用供应商扩大规模、新技术设备降价、竞争对手财务危机等机会，实现纵向整合战略，重构企业价值链，以保证原材料供应，同时可考虑购置生产线来克服生产能力不足及设备老化等缺点。通过克服这些弱点，企业可以进一步利用各种外部机会，降低成本，取得成本优势，最终赢得竞争优势。

（3）ST 战略。优势—威胁战略是指企业利用自身优势，回避或减轻外部威胁所造成的影响。如竞争对手利用新技术大幅度降低成本，给企业很大成本压力；同时材料供应紧张，其价格可能上涨；消费者要求大幅度提高产品质量；企业还要支付高额环保成本；等等。这些都会导致企业成本状况进一步恶化，使之在竞争中处于非常不利的地位，但若企业拥有充足的现金、熟练的技术工人和较强的产品开发能力，便可利用这些优势开发新工艺，简化生产工艺过程，提高原材料利用率，从而降低材料消耗和生产成本。另外，开发新技术产品也是企业可选择的战略。新技术、新材料和新工艺的开发与应用是最具潜力的成本降低措施，同时它可提高产品质量，从而回避外部威胁影响。

(4) WT 战略。劣势弱点—威胁战略是一种旨在减少内部劣势，回避外部环境威胁的防御性技术。当企业存在内忧外患时，往往面临生存危机，降低成本也许成为改变劣势的主要措施。当企业成本状况恶化，原材料供应不足，生产能力不够，无法实现规模效益，且设备老化，使企业在成本方面难以有大作为，这时将迫使企业采取目标聚集战略或差异化战略，以回避成本方面的劣势，并回避成本原因带来的威胁。

2. 分析环境因素

从组织的优势、劣势、机会、威胁方面，将调查得出的各种因素根据轻重缓急或影响程度进行排序，在此过程中，将那些对公司发展有直接的、重要的、大量的、迫切的、久远的影响因素优先排列出来，而将那些间接的、次要的、少许的、不急的、短暂的影响因素排列在后面。

3. 制订行动计划

在完成环境因素分析和 SWOT 矩阵的构造后，便可以制订出相应的行动计划。制订计划的基本思路是：发挥优势因素，克服弱点因素，利用机会因素，化解威胁因素；考虑过去，立足当前，着眼未来。运用系统分析的综合分析方法，将排列与考虑的各种环境因素相互匹配起来加以组合，得出一系列公司未来发展的可选择对策。

请用所学理论对自身进行 SWOT 分析，并谈谈如何才能更好地发挥个人特长。

三、业务组合分析

多业务组织的管理高层进行战略分析时常用的工具是业务组合分析法，其实质是经营结构的合理化构建和组织有限资源的高效配置。通过对组织各业务单元的特性展开分析，重点发展一些效益好的业务，放弃那些占用组织资源但回报不理想的业务单位，以使组织的长期收益维持在较高的水平上。这里主要介绍波士顿矩阵分析法。

波士顿矩阵(BCG Matrix)，又称市场增长率－相对市场份额矩阵、波士顿咨询集团法、四象限分析法、产品系列结构管理法等，由美国著名的管理学家、波士顿咨询公司创始人布鲁斯·亨德森于 1970 年首创。

(一) 模型简介

波士顿矩阵认为一般决定产品结构的基本因素有两个：市场引力与企业实力。市场引力包括企业销售量(额)增长率、目标市场容量、竞争对手强弱及利润高低等。其中最主要的是反映市场引力的综合指标——销售增长率，这是决定企业产品结构是否合理的外在因素。企业实力包括市场占有率，技术、设备、资金利用能力等，其中市场占有率是决定企业产品结构的内在要素，直接显示出企业竞争实力。销售增长率与市场占有率既相互影响，又互为条件：市场引力大，市场占有高，可以显示产品发展的良好前景，企业也具备相应的适应能力，实力较强；如果仅市场引力大，而没有相应的高市场占有率，则说明企业尚无足够实力，则该种产品也无法顺利发展。相反，企业实力强，而市场引力小的产品也预示了该产品的市场前景不佳。

通过以上两个因素的相互作用，会出现4种不同性质的产品类型，形成不同的产品发展前景：① 销售增长率和市场占有率"双高"的产品群(明星类产品)；② 销售增长率和市场占有率"双低"的产品群(瘦狗类产品)；③ 销售增长率高、市场占有率低的产品群(问题类产品)；④ 销售增长率低、市场占有率高的产品群(现金牛类产品)。

(二) 基本步骤

1. 划分经营领域

波士顿矩阵选择企业各种产品的销售增长率和市场占有率作为划分经营领域划分标准。销售增长率可以用本企业的产品销售额或销售量增长率。时间可以是1年或是3年以至更长。市场占有率可以用相对市场占有率或绝对市场占有率，但是要用最新资料。基本计算公式为

本企业某种产品绝对市场占有率＝该产品本企业销售量/该产品市场销售总量

本企业某种产品相对市场占有率＝该产品本企业市场占有率/该产品市场占有份额最大者(或特定的竞争对手)的市场占有率

2. 绘制四象限图

以10%的销售增长率和20%的市场占有率为高低标准分界线，将坐标图划分为四个象限。然后把企业全部产品按其销售增长率和市场占有率的大小，在坐标图上标出其相应位置(圆心)。定位后，按每种产品当年销售额的多少，绘成面积不等的圆圈，顺序标上不同的数字代号以示区别。定位的结果将产品划分为四种类型。

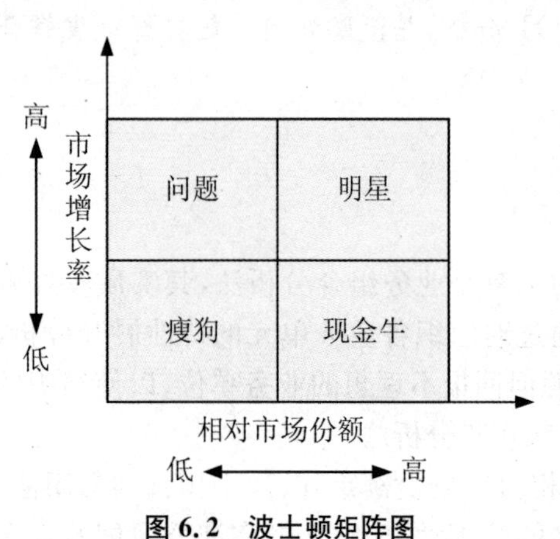

图6.2 波士顿矩阵图

3. 优化资源配置

如图6.2所示，波士顿矩阵对于企业产品所处的四个象限具有不同的定义和相应的战略对策。

(1) 明星产品(Stars)。它是指处于高增长率、高市场占有率象限内的产品群，这类产品可能成为企业的现金牛产品，需要加大投资以支持其迅速发展。采用的发展战略是：积极扩大经济规模和利用市场机会，以长远利益为目标，提高市场占有率，加强竞争地位。发展战略以及明星产品的管理与组织最好采用事业部形式，由对生产技术和销售两方面都很内行的经营者负责。

(2) 现金牛产品(Cash Cow)，又称厚利产品。它是指处于低增长率、高市场占有率象限内的产品群，已进入成熟期，是成熟市场中的领导者，它是企业现金的来源。其财务特点是销售量大、产品利润率高、负债比率低，可以为企业提供资金，而且由于增长率低，也无需增大投资。因而可以为企业回收资金，支持其他产品，尤其是明星产品投资的后盾。对于这一象限内的销售增长率仍有所增长的产品，应进一步进行市场细分，维持现存市场增长率或延缓其下降速度。对于现金牛产品，适合用事业部制进行管理，其经营者最好是市场营销型人物。

(3) 问题产品(Question Marks)。它是处于高增长率、低市场占有率象限内的产品群。前者说明市场机会大，前景好，而后者则说明在市场营销上存在问题。其财务特点是利润率较低，所需资金不足，负债比率高。例如在产品生命周期中处于引进期、因种种原因未能开

拓市场局面的新产品即属此类问题的产品，对问题产品应采取选择性投资战略。因此，对问题产品的改进与扶持方案一般均列入企业长期计划中。对问题产品的管理组织，最好是采取智囊团或项目组织等形式，选拔有规划能力、敢于冒风险、有才干的人负责。

(4) 瘦狗产品(Dogs)，也称衰退类产品。它是处在低增长率、低市场占有率象限内的产品群。其财务特点是利润率低、负债比率高，无法为企业带来收益。对这类产品应采用撤退战略：首先应减少批量，逐渐撤退，对那些销售增长率和市场占有率均极低的产品应立即淘汰；其次是将剩余资源向其他产品转移；再次是整顿产品系列，最好将瘦狗产品与其他事业部合并，统一管理。

第三节　战略制定

一、战略制定的原则

战略制定通常有两种理解：狭义上的理解是制定组织各种备选战略方案；广义的理解是包括制定备选方案与选择最佳战略方案。这里强调的是后者，即在若干种可行的备选战略方案中，结合组织内外环境条件的特点和各方面的要求选择最佳方案。制定组织战略应遵循以下原则：

(1) 可行性原则。战略的可行性程度直接关系到战略能否顺利地组织和实施。评价战略的可行性，主要从以下方面着手：组织战略必须是国家的政策法规允许的，而且符合社会道德规范要求，符合本组织实际情况和长期发展目标，不能生搬或套用其他组织的战略方案。

(2) 重点性原则。组织应将它的各种资源集中于它要寻求战略突破、获取竞争优势的某一职能方面。一个范围广泛、面面俱到的战略，自身就蕴藏着巨大的风险，对其竞争对手形成不了威胁。战略制定必须突出重点，组织发展是一个多阶段的循序渐进的过程，战略制定应充分考虑这种阶段特征，围绕核心，突出重点。

(3) 抗风险性原则。机遇和风险并存，由于组织环境的复杂性、动态性以及不确定性难以避免，组织战略应尽可能减少风险，避免可能造成的损失。虽然有些风险是事先能够预料到的，但是有些风险是事物发展过程中突然出现的。组织在战略制定过程中，预先要对可能遇到的或突发的风险进行充分预测和仔细分析评估。

(4) 创新性原则。组织战略要面对新情况，采取新措施，取得新突破，解决新问题，力求有独特的战术、独特的产品、独特的服务手段。

(5) 适度灵活性原则。制定组织战略不要过分追求形式、追求新奇或过分夸张，一定要讲求实效。另外，由于组织的外部环境在不断地变化，战略的实施要把握时机并随机应变，及时调整策略和部署。

(6) 配套性原则。组织战略要与各种策略技巧相互配套，有机结合，以谋求实施过程中的最大效果。

二、战略的层次及各层次的制定内容

(一) 战略的层次

一般来说，一个现代化企业的企业战略可以划分为公司层战略、竞争(事业部)层战略和职能层战略3个层次，如图6.3所示。

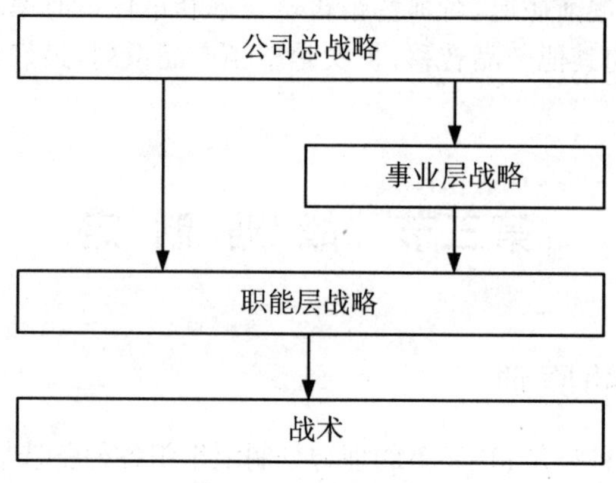

图6.3 战略层次

1. 公司层战略

如果公司拥有一种以上的业务就需要一种公司层战略(Corporate-level Strategy)，其关心的问题是：公司的事业(业务)是什么？公司应拥有什么样的事业(业务)组合？其战略行为一般涉及拓展新的业务，如事业单元、产品系列(product lines)的增加(或剥离)，以及在新的领域与其他企业组建合资企业等等。公司层战略应当决定每一种事业在组织中的地位。

2. 事业层战略

当一个组织从事多种不同事业时，建立战略事业单元(Strategic Business Unit)更便于计划和控制。战略事业单元代表一种单一的事业或相关的业务组合，每一个事业单元应当有自己独特的使命和竞争对手。这使得每一个战略事业单元应该有自己独立于公司其他事业单元的战略。

因此，公司的经营可以看作是一种事业组合，每一个事业单元都有其明确定义的产品和细分市场，并具有明确定义的战略。事业组合中的每一个事业单元按照自身能力和竞争的需要开发自己的战略，同时还必须与整体的组织能力和竞争需要保持一致。

事业层战略(Business-level Strategy)关心的问题是：在我们的事业领域里如何进行竞争？事业层战略规定该事业单元提供的产品或服务，以及向哪些顾客提供产品或服务。其战略行为包括广告宣传、研究与开发(研究是指通过发明新技术来创造一种新产品或新工艺，或改进现有产品；发展则是将已有发明推广于生产过程或其他产品)、设备条件的改善以及产品系列拓展、收缩的方向和程度。

公司的各事业单元必须符合作为一个整体的公司的利益，在可接受和控制的风险水平下，使销售、收益和资产结构获得均衡发展。

3. 职能层战略

职能层战略(Functional-level Strategy)回答这样的问题：我们如何支持事业层战略。职能部门如研发、制造、市场营销、人力资源和财务部门，其战略应当与事业层战略保持一致。

公司层战略、事业层战略与职能层战略一起构成了企业战略体系。在一个企业内部,企业战略的各个层次之间是相互联系、相互配合的。企业每一层次的战略都构成下一层次的战略环境,同时,低一级的战略又为上一级战略目标的实现提供保障和支持。所以,一个企业要想实现其总体战略目标,必须把这3层次的战略结合起来。

(二) 公司层战略的制定

战略环境分析使企业认识到自己所面临的机遇与威胁,了解自身的实力与不足以及能为何种顾客进行服务。战略选择的实质是企业选择恰当的战略,从而扬长避短、趋利避害和满足顾客需求。以下结合SWOT分析,列举可供选择的公司层战略。

1. 公司增长战略

当公司拥有宝贵的优势,又面临大量的环境机会时,可以采取增长战略。增长战略是指提高公司的经营层次的战略,包括更高的销售额、更多的员工和市场份额等。增长战略包括一体化成长战略、多元化成长战略、加强型成长战略和外部扩展战略等。

(1) 一体化成长战略。一体化成长战略是指以企业当前业务活动为核心,通过新建、合并或兼并等方式,取得规模经济增长的一种战略,主要包括前向一体化、后向一体化和横向一体化。

前向一体化是指企业获得分销商或零售商(产业链下游企业)的所有权或加强对他们的控制。当企业产品或服务的经销商具有很大的利润空间时,或者是企业面临库存积压和生产下降的局面,企业往往采用前向一体化的战略。

后向一体化是指企业获得供应商(产业链上游企业)的所有权或加强对他们的控制。如果企业的供应商具有很大的利润空间时,企业通过后向一体化战略可以将成本转化为利润。

横向一体化是指企业获得生产同类产品的竞争对手的所有权或加强对他们的控制。如果通过减少竞争对手的方式可以实现规模经济的效果,企业便可以实施横向一体化战略。

(2) 多元化成长战略。多元化成长战略又称多角化战略,是指企业同时经营两种以上基本经济用途不同的产品或服务的一种发展战略。多元化成长战略主要包括同心多元化、横向多元化和混合多元化。

同心多元化是指企业增加新的但与原有业务相关的产品或服务。企业通过开展同心多元化战略,进入技术、生产、职能活动或销售渠道能共享的经营领域,可以实现范围经济所带来的益处而使成本降低。

横向多元化是指企业向现有顾客提供新的、与原本业务不相关的产品或服务。企业增加与原有业务不相关的新的业务,但是与企业的现有顾客有着直接或间接的联系,企业便可能实施横向多元化战略。

混合多元化是指企业增加新的、与原本业务不相关的产品或服务。企业增加与原有业务不相关的新的业务,而且与企业的现有顾客没有直接或间接的联系,企业便可以实施混合多元化战略。

(3) 加强型成长战略。加强型成长战略是指企业在原有生产领域内充分利用产品或市场方面的潜力,求得成长发展的战略。加强型成长战略又称密集性成长战略或专业化成长战略,主要包括市场渗透、市场开发和产品开发等方式。

市场渗透是指企业通过加强市场营销,提高现有产品或服务在现有市场上的份额。市场渗透是在市场对本企业的产品或服务的需求日益增大时最常用的,也是最容易成功的一种加强型战略。

市场开发是指企业将现有产品或服务打入新的区域市场。当老产品在市场上已无进一步渗透余地时，就要设法开辟新市场，以求得企业进一步的成长空间。

产品开发是指企业通过改进或改变产品或服务提高销售。当老产品逐步退出市场时，企业要根据消费者的需求变化及时提供效应更大的新的产品。

(4) 外部扩展战略。外部扩展战略是指企业立足自身的核心资源，开展与行业内相关企业的合作，拓展其核心能力的战略。外部扩展战略主要包括战略联盟、虚拟运作和出售核心产品。

战略联盟指的是由两个或两个以上有着共同战略利益和对等经营实力的企业，为达到共同拥有市场、共同使用资源等战略目标，通过各种协议、契约而结成的优势互补或优势相长、风险共担、生产要素水平式双向或多向流动的一种松散的合作模式。由于产品的特点、行业的性质、竞争的程度、企业的目标和自身优势等因素的差异，企业间采取的战略联盟形式自然也呈现出多样性。普辛克(V・Pucik)教授将战略联盟分为5种：因技术变动而建立的联盟；交叉许可证；合作生产和OEM协议；联合销售或联合分销；共同开发产品项目。

虚拟运作是指企业通过合同、参少量股权、信贷帮助、技术支持等方式与其他企业建立较为稳定的关系，从而将企业价值活动集中于自己优势方面，而非其专长方面外包出去从而增加企业的核心竞争力。

出售核心产品是指企业将价值活动集中于自己少数优势方面，产出产品或服务，并将产品或服务通过市场交易出售给其他生产者进一步生产加工。通过市场运作方式，将核心产品出售给价值链上的其他生产者，专注于自己少数优势方面，以更有效地发挥企业的特质资源优势。

2. 公司稳定战略

当公司拥有宝贵的优势，却面临关键的环境威胁时，或者当公司处于关键的劣势，却面临大量的环境机会时，公司可以采取稳定战略。稳定性战略的特征是很少发生重大变化，这是指在充分分析企业内部和外部环境的基础上，在一定时期内对企业内部资源配置和经营风格并不作出重大调整的战略。稳定战略主要包括无变化战略、暂停战略和谨慎战略等。

(1) 无变化战略。无变化战略是指在现行战略仍行之有效的情况下，无需加以改变的战略。无变化战略主要是基于不希望承担因较大幅度的改变现行战略而导致可能带来的风险来考虑的。

(2) 暂停战略。暂停战略是指对企业过快的发展战略进行调整，以降低其发展速度的战略。实施暂停战略考虑的主要是过快的发展速度可能导致公司的经营超出其可能拥有的规模。

(3) 谨慎战略。谨慎战略是指在企业能力跟不上市场变化情形下追求稳定发展的战略。实施谨慎战略，主要是由于企业的资源总量不足或资源配置模式不合理而又调整不到位。

3. 公司收缩战略

当公司处于关键的劣势，而又面临关键的环境威胁时，公司可以采取收缩战略。收缩战略是指减少经营规模或降低多元化经营范围的战略。收缩战略包括收缩、剥离和清算等战略。

(1) 收缩。收缩是指通过减少成本和资产对企业进行重组，以加强企业基本的独特的竞争能力。当企业需要减少在某一领域的投资或者企图扭转财务状况欠佳的局面以使企业渡过难关时，往往采用收缩战略。

（2）剥离。剥离是指企业出售分部、分公司或任一部分，以使企业摆脱那些不盈利、需要太多资金或与公司其他活动不相宜的业务。当收缩战略失效时，企业往往会采用剥离战略。

（3）清算。清算是指企业为实现其有形资产价值而将公司资产全部或分块出售。清算战略是企业不得已而为之的战略。然而，及早的进行清算，对企业来说可能是一次丢下包袱、轻装上阵的机会。

【资料链接 6-2】　阿里巴巴新时期的多元化战略

一、冲击全球最大 IPO，阿里即将登陆纽交所

2014 年 5 月 7 日，全球范围最大的电子商务公司阿里巴巴集团正式向美国证券交易委员会(SEC)提交了 IPO 招股书，计划在美国上市。作为全球历史上规模最大的 IPO 之一，同时也是全球新经济发展的标志性事件，阿里巴巴上市将得到市场极高的关注度。

向阿里巴巴贡献收入的主要业务包括：国内零售市场（C2C 的淘宝网、B2C 的天猫、本地化生活服务的聚划算），国内批发市场（1688），国际零售市场（全球速卖通），国际批发市场（Alibaba. com），以数据为中心的云计算服务阿里云以及关联公司支付宝（不在上市业务包中）。另外，“菜鸟物流”为阿里巴巴集市业务提供物流整合服务，阿里妈妈为商家提供开放式网络营销平台。经过 15 年的快速发展，阿里已经在 B2B、B2C 和 C2C 领域取得了巨大的成功，在 C2C 方面，阿里巴巴几乎垄断了所有的市场，而在 B2C 方面也占据了几近半壁江山。

二、阿里现有多元化生态圈

阿里巴巴集团网站显示：“大阿里将和所有电子商务的参与者充分分享阿里集团的所有资源——包括所服务的消费者群体、商户、制造产业链，整合信息流、物流、支付、无线以及提供数据分享为中心的云计算服务等，为中国电子商务的发展提供更好、更全面的基础服务。”阿里巴巴的战略着眼于完善整个电商生态圈，在传统 PC 端业务基础上，通过移动端、云计算以及物流领域布局，加快金融流、信息流以及物流等“三流”流动，优化电子商务生态圈。

1. 移动互联：从 PC 端向移动端布局

移动互联网时代到来，传统企业加速融合。3G 网络的不断完善和 4G 加速发展、智能手机和平板电脑等移动终端设备高速普及、云计算和大数据技术发展以及消费者需求增长等因素驱动我们进入移动互联网时代。根据易观智库数据显示，截止 2014 年第一季度，我国移动互联用户规模已达 6.86 亿。同时，基于移动互联网、物联网、云计算技术推动，娱乐、医疗、教育、旅游、交通以及餐饮等传统产业正加速与移动互联网融合，并催生新的商业模式。

2013 年以来，以 BAT（百度、阿里巴巴、腾讯）三巨头为代表的互联网公司通过投资并购等方式加速入口、电商、游戏以及 O2O 等移动端业务布局，以实现用户流量变现。其中，百度围绕搜索业务着重布局移动搜索、应用分发、地图以及移动视频；腾讯则围绕微信用户 ID 体系加速移动端生态圈建设；而阿里巴巴围绕平台入口、移动社交、开发者数据、O2O 以及地图布局。

阿里加速移动端布局,打造移动生态链。阿里巴巴自2013年以来加大资产整合力度,开始从PC端向移动端布局。2013年起阿里巴巴共投资约70亿美金,从快的打车、高德地图、新浪微博自媒体及穷游网等移动互联多个产业方向进行整合,试图包含移动端的各个环节,构建完整的移动端生活产业链。此外,淘宝无线以手机淘宝、淘点点、支付宝钱包为承载平台,着力与广大百货、餐饮、服装、娱乐商家开展试验性合作,拓展O2O业务。

2. 物流:菜鸟网络计划

电子商务高速发展带动我国物流业的快速扩展。近年来我国电子商务实现高速发展。根据中国互联网络信息中心和艾瑞咨询的数据,截止2013年底,我国网络购物用户规模达到3.02亿人,较上年增加5 987万人,增长率为24.7%,使用率从42.9%提升至48.9%。我国网上交易规模达到10.2万亿元,同比增长29.9%。我国电子商务业的迅猛发展,网购消费用户数的激增,带来了物流产业的快速扩张。

物流为阿里电商业务短板,大物流战略迫在眉睫。阿里巴巴原先没有自己的物流平台,主要依靠国内的第三方物流进行配送,而根据艾瑞数据显示,淘宝上的购物已经占到国内快递公司每日送货量的70%以上。但是,第三方物流配送存在两大不足:首先,用第三方物流阿里巴巴无法控制对于客户的体验;其次,大流量基础上必然有较大的利润空间可以挖掘。因此,阿里巴巴急需在国内通过自建合作等模式建立一套完整的仓储物流体系。

2013年5月,阿里巴巴集团、银泰集团联合复星集团、富春控股、顺丰集团、三通一达(申通、圆通、中通、韵达)等宣布,"中国智能物流骨干网"(简称CSN)项目正式启动,合作各方共同组建的"菜鸟网络科技有限公司"正式成立,马云任董事长。2013年9月,阿里巴巴宣布整合菜鸟网络和阿里巴巴物流事业部,加速大物流战略推进,将立体式大物流战略分为"天网"和"地网"两部分。其中,"天网"主要是基于物流宝平台构建的仓储物流服务数据化管理平台,在大数据技术下实现订单、物流跟踪以及数据分析等业务;"地网"是指通过建设中国智能物流骨干网(CSN)搭建全国物流网络。目前,菜鸟物流已经与地方政府达成协议并拿到土地,开始进行实质性运作,主要有3个地点:金华金义都市新区的华东仓储中心、广州萝岗区的华南仓储中心以及位于天津武清区的华北仓储中心。2013年12月,阿里巴巴又动用28.22亿港币投资海尔集团,推动物流供应链体系建设,其中18.57亿港币投给日日顺。2014年6月,阿里巴巴与中国邮政集团签署战略合作。阿里的社会化物流体系逐步完善。

3. 云计算:阿里云构建云服务生态链

全球云计算市场快速发展,加速了电子商务技术升级。2006年,亚马逊首次推出弹性计算云服务,Google正式提出云计算概念。随后谷歌、IBM、亚马逊、微软、阿里巴巴等大型互联网公司均大力发展云计算技术开发并提供云计算技术服务。近几年全球云计算业务实现高速发展,2013年,全球云计算市场规模达1 307亿美元,同比增长18.5%,我国云计算市场规模为121.2亿美元,同比增长58.6%,目前我国云计算市场规模在全球的占比仍然较小。

随着电子商务的迅速发展,网络访问量、用户数量以及订单量均以海量增长,现代电子商务对信息服务、信息检索、信息存储以及信息安全等方面提出更高要求。目前基于云计算的电子商务架构已经成为趋势。在大幅降低电商运营成本的前提下,云计算主要应用于电子商务业务中的海量数据处理、有效资源分配以及物流效率提升等：① 所有数据需要经过清洗、分析、建模、加密、搜索以及制作等一系列环节，运用云计算将更有效处理和存储结构化及非结构化数据；② 运用云计算合理调配非峰值时间电商的闲置软硬件资源；③ 基于云计算与物联网技术的云物流将有助于提升物流环节的运营效率和规模效应，解决电商物流瓶颈。

阿里巴巴于2009年9月成立了云计算中心——阿里云，作为国内云计算龙头之一的阿里云公司迎来发展机遇，未来将成为阿里巴巴集团收入新的增长点。2013年以来，阿里云通过战略合作及收购兼并方式加速云计算业务布局，其中，包括与河南省、宁夏省以及易华录公司等合作布局智慧城市，与飞利浦公司合作布局智慧医疗以及与美的集团合作布局智慧家居等。"去IOE"趋势下，阿里云加速向金融行业渗透。阿里云公布的数据显示，阿里云计划向2 000多家银行、证券、保险、基金等金融机构提供云服务，目前已向阿里云公司采购云计算服务的金融机构已超过100家。目前，阿里云的客户已经涉及消费电子、公共卫生、能源管理、媒体、电子商务、电子政务、移动互联网等众多行业。

资料来源：根据赢商新闻相关报道整理，http://yn. winshang. com/news - 273951. html.

（三）事业层战略的制定

事业层战略决定经营者应该提供什么产品和服务，以及向哪些客户提供产品和服务等。事业层战略主要包括成本领先战略、特色优势战略和目标聚集战略。

1. 成本领先战略

成本领先战略的企业强调以低单位成本价格为用户提供标准化产品，其目标是成为其产业中的低成本生产厂商。实施成本领先战略的企业能够通过大规模高效的运作、技术创新、廉价劳动力或低价取得的供应商的产品来获得竞争优势。

2. 特色优势战略

特色优势战略又称差异化战略，是企业力求使顾客广泛重视的一些方面在产业内独树一帜，它选择许多客户重视的一种或多种特质，并赋予其独特的地位以满足顾客的要求。特色的选择必须有别于竞争对手，并且由此增加的收益要超过追求特色带来的成本。

3. 目标聚集战略

目标聚集战略又称重点集中战略，企业选择产业内一种或一组细分市场，进行量体裁衣，为他们服务而不是为其他细分市场服务。目标聚集战略可以是低成本的，也可以是追求特色优势的，其成功的关键在于细分市场的规模，以及该细分市场能否弥补追求特色优势的附加成本。

以上三种战略的关系如表6.2所示。

表6.2　三种战略的关系

竞争优势 / 目标市场	被顾客察觉的独特性	低成本地位
全产业范围	特色优势战略	成本领先战略
特定细分市场	目标聚集战略	

（四）职能层战略

企业职能战略一般可分为：市场营销战略、财务战略、生产战略、研究与开发战略、人力资源战略等。

1. 市场营销战略

市场营销战略是涉及市场营销活动过程整体（市场调研、预测、分析市场需求、确定目标市场、制定营销战略、实施和控制具体营销战略）的方案或谋划，它决定市场营销的主要活动和主要方向。有效的市场营销战略是企业成功的基础。市场营销战略是一个完整的体系，其基本内容包括：市场细分战略、市场选择战略、市场进入战略、市场营销竞争战略和市场营销组合战略。

2. 财务战略

（1）财务战略及其任务

财务战略就是根据公司战略、竞争战略和其他职能战略的要求，对企业进行筹集、运用、分配资金以取得最大经济效益的方略。财务战略的基本目的，就是最有效地利用企业各种资金，在企业内部、外部各种条件制约下，确保实现企业战略计划所规定的战略目标。财务战略的任务包括：① 以企业战略目标为基础，利用最佳方式筹集企业所需资金，实现资金筹集的合理化。② 根据企业战略计划的要求，有效分配和调度资金，确定合理的资金结构，确保资金调度的合理化和财务结构的健全化。③ 在企业战略经营过程中，采取各种必要措施，利用适当的财务计划和控制方法，配合各个职能部门，充分有效地利用各种资金，加速资金周转，讲求资金运用的效率化，促进企业的成长。④ 制定和实施财务战略计划，确定长期和短期财务目标，在合理筹集，分配和运用资金的同时，力求实现资金收益的最大化。

（2）资金筹集战略

资金筹集战略是关于企业从什么渠道、以什么方式获取企业所需资金，如何以较低代价、较低风险筹集较多资金，支持企业经济发展的战略。

（3）资金运用战略

资金运用战略是决定企业资金投放方向、投放规模，以提高资金运用效果的战略。资金运用是指投入财力以期在未来的时期内获得收益的行为。

3. 生产战略

生产战略就是企业在生产的成本、质量流程等方面建立和发展相对竞争优势的基本途径，它规定了企业在生产制造和采购部门的工作方向，为实现企业总体战略服务。企业生产战略不能仅根据企业内部生产条件来确定，还应考虑市场需求和企业整体战略的要求。

（1）生产战略在企业战略中的地位

生产是将各种投入要素（原材料、零部件、人、机器设备等）结合起来，转化为一定产出的经济活动过程。从生产与企业整体发展方面看，生产战略是企业取得战略成功的关键因素。从生产与其他职能部门关系看，生产战略必须协调与其他职能战略之间的关系。

（2）生产战略的制定过程

在制定生产战略时，必须遵照企业制定的总体战略和市场营销战略，采取以下步骤：

① 分析市场竞争地位，了解竞争者生产产品的特性、技术及采用的战略；

② 评估企业自身的资源、设备、人力、技术及产品战略；

③ 确定企业市场营销战略目标及销售计划；

④ 决定企业应发挥的生产功能，如生产能力、产品数量、质量、投资收益等；

⑤ 考虑产业的经济限制和技术限制。经济限制包括成本结构、产品组合、产业结构、产业政策及其未来发展趋势等；技术限制包括技术水平、技术开发、技术进步、机械化与自动化程度等，使企业了解自身的生产地位和技术突破的可能性；

⑥ 制定生产战略及相关的计划与制度，如品种策略、采购策略、存货策略、生产计划、设备计划、技术计划、生产控制制度等；

⑦ 执行生产战略，控制生产过程，衡量生产业绩和成效，并进行信息反馈，修改或调整生产战略内容。

4. 研究与开发战略

(1) 研究与开发战略的意义

一般来说，研究是指用科学方法，探求未知事物的本质和规律，而开发则是指充分利用现有科学技术成果，把生产、技术或经营方面的某种可能性变为现实的一系列活动。研究与开发是企业科技进步的原动力，强化研究开发工作，对促进企业科技进步，加快产品更新换代，增强市场竞争能力，提高经济效益都有重要的推动作用：有利于企业加快产品更新换代；有利于保持企业竞争优势；有利于企业降低成本，提高经济效益。

(2) 研究与开发战略的类型

研究与开发包括科学技术基础研究和应用研究，以及新产品、新工艺的设计和开发。对于企业来讲，研究与开发涉及市场、技术、产品、生产、组织等各方面，其中主要是技术、产品和生产方面的研究与开发。

(3) 研究与开发战略的选择

研究与开发战略的选择常常受企业总体战略和经营战略的影响。处于不同的环境条件下，企业可采用 3 种不同的研究与开发战略。第一种是在进攻与防守之间进行选择的基本型研究与开发战略；第二种是以新技术作为进入新市场主要手段的渗透型研究与开发战略；第三种是竞争对手和技术自身产生技术威胁时的反应型研究与开发战略。

企业基本型研究与开发战略有 3 种形式：一是为市场扩张和多元化经营而采用的进攻型研究与开发战略；二是为保持和支撑企业现有技术在其主要市场优势地位的防御型研究与开发战略；三是互换型研究与开发战略。

当新技术已经开发出来，或者技术成为实施公司向新市场渗透战略的关键时，企业可以制定渗透型研究与开发战略，以满足各种战略上的需要。渗透战略主要有高档战略、空隙战略、升级战略 3 种表现形式。

在新技术革命时代，各行各业中经常会出现新技术、新工艺，对企业造成新的威胁，某些行业遇到的威胁更为严重。根据新技术威胁的性质和紧迫程度，企业可以选择消极和积极进取的反应型研究与开发战略。

5. 人力资源战略

人力资源战略是指根据企业总体战略的要求，为适应企业生存和发展的需要，对企业人力资源进行开发，提高职工队伍的整体素质，从中发现和培养出一大批优秀人才，进行长远性的谋划和方略。必须以企业总体战略的要求来确定人力资源战略的目标。为实现人力资源战略的目标，企业人力资源战略可分为人力资源开发战略、人才结构优化战略、人才使用战略 3 个方面。人力资源开发战略就是指有效发掘企业和社会上的人力资源，积极地提高员工的智慧和能力，所进行的长远性的谋划和方略。可供选择的人力资源开发战略方案有：

引进人才战略、借用人才战略、招聘人才战略、自主培养人才战略、定向培养人才战略和鼓励自学成才战略。

本章小结

1. 对一个企业来说,战略是为了实现企业的总目标所要采取的行动方针和资源使用方向的一种总体规划 。战略管理是指对一个企业或组织在一定时期的全局的、长远的发展方向、目标、任务和政策,以及资源调配作出的决策和管理艺术。战略管理具有系统性、科学性、艺术性和相对稳定性的特征。

2. 一个规范性的、全面的战略管理过程可大体分解为3个阶段:战略分析阶段、战略选择及评价阶段、战略实施及控制阶段。

3. 战略分析方法主要有PEST分析法、行业环境分析、SWOT分析法和波士顿矩阵4种方法。

4. 按照一定的战略制定原则,企业战略可分为公司层战略、竞争(事业部)层战略和职能层战略管理3个层次。公司层战略包括公司增长战略(一体化、多元化、加强型、外部扩展)、公司稳定战略(无变化、暂停、谨慎)、公司收缩战略(收缩、剥离、清算);事业层战略包括成本领先战略、特色优势战略、目标聚集战略;企业职能战略可分为市场营销战略、人力资源战略、财务战略、生产战略、研究与开发战略、品牌战略等。

◆思考题

1. 什么是战略管理?战略管理的基本特征有哪些?
2. 行业外部分析的主要内容是什么?
3. SWOT分析的基本步骤是什么?
4. 如何根据波士顿矩阵分析进行企业战略选择?
5. 企业战略制定应遵循的基本原则有哪些?如何制定企业战略?

“老牌”企业的竞争

海清啤酒成功地在中国西部一个拥有300万人口的C市收购了一家啤酒厂,不仅在该市取得了95%以上市场占有率的绝对垄断,而且在全省的市场占有率也达到了60%以上,成了该省啤酒业界名副其实的龙头老大。

C市方圆100公里内有一家金杯啤酒公司,3年前也是该省的老大。然而,最近金杯啤酒因经营不善全资卖给了一家境外公司。金杯啤酒在被收购后,立刻花近亿的资金搞技术改革,还请了世界第四大啤酒厂的专家坐镇狠抓质量。但是新老板很清楚,金杯啤酒公司最短的那块板就是营销。为一举获得C市的市场,金杯不惜代价从外企挖了3个营销精英,高薪招聘20多名大学生,花大力气进行培训。

省内啤酒市场的特点是季节性强,主要在春末、夏季及初秋的半年多时间。一年的大战在4、5、6三个月基本决定胜负。作为快速消费品,啤酒的分销网络相对稳定,主要被大的一级批发商控制。金杯啤酒没有选择正面强攻,主要依靠直销作为市场导入的铺货手段,由销售队伍去遍布C市的数以万计的零售终端虎口夺食。金杯啤酒的攻势在春节前的元月份开始了，并且成功地推出了1月18号C市要下雪的悬念广告，还有礼品附送。覆盖率和重复购买率都大大超出预期目标。

但是，金杯在取得第一轮胜利的同时，也遇到了内部的管理问题。该公司过度强调销售，以致把结算流程、财务制度和监控机制都甩在一边。销售团队产生了骄傲轻敌的浮躁心态，甚至上行下效，不捞白不捞。公司让部分城区经理自任经销商，白用公司的运货车，赊公司的货，又做生意赚钱，又当经理拿工资。库房出现了无头账，查无所查，连去哪儿了都不知道。面对竞争，海清啤酒在检讨失利的同时，依然对前景充满信心。他们认为对手在淡季争得的市场份额，如果没有充足的产量作保障，肯定要跌下来；而且海清的分销渠道并没有受到冲击，金杯公司强入零售网点不过是地面阵地的穿插。

你认为海清啤酒应该怎样把对手击退，巩固自己的市场领导地位呢？

思考：

1. 运用SWOT分析法，分析海清啤酒面临的环境。
2. 如何评价金杯啤酒的竞争战略？
3. 海清啤酒应采用什么样的战略？

第七章　决　　策

理解和掌握决策的含义；了解决策的要素和决策的影响因素；掌握决策的过程；了解头脑风暴法、德尔菲法、教育交流法、集体磋商法和电子会议法等几种定性决策方法；掌握确定型决策方法（线性规划法和量本利分析法）；掌握风险型决策方法（决策收益表法和决策树法）；掌握非确定型决策方法（悲观原则、乐观原则、折中原则、最小后悔值原则）等几种定量决策方法。

阿斯旺水坝的灾难

规模在世界上数得着的埃及阿斯旺水坝竣工于20世纪70年代初。从表面上看，这座水坝给埃及人民带来了廉价的电力，控制了水旱灾害，灌溉了农田。然而，该水坝实际上破坏了尼罗河流域的生态平衡，造成了一系列灾难：由于尼罗河的泥沙和有机质沉积到水库底部，使尼罗河两岸的绿洲失去肥源——几亿吨淤泥、土壤日益盐渍化；由于尼罗河河口供沙不足，河口三角洲平原向内陆收缩，使工厂、港口、国防工事有跌入地中海的危险；由于缺乏来自陆地的盐分和有机物，致使沙丁鱼的年捕获量减少18万吨；由于大坝阻隔，使尼罗河下游的活水变成相对静止的"湖泊"，为血吸虫和疟蚊的繁殖提供了条件，致使水库区一带血吸虫病流行。埃及造此大坝所带来的灾难性后果，使人们深深地感叹：一失足成千古恨！

资料来源：王凤彬，李东. 管理学[M]. 北京：中国人民大学出版社，2002.

讨论：埃及建造阿斯旺水坝的决策，给我们提供了什么启示？

第一节　决 策 概 述

一、决策的定义及特点

（一）决策的定义

任何一个组织和管理者的大部分工作都是在做决策，管理的各项职能也都离不开决策，西蒙认为管理就是决策。至于决策的概念，不同的学者有不同的看法。美国学者亨利·艾伯斯认为："决策有狭义和广义之分。狭义地说，进行决策是在几种行为方案中做出选择。

广义地说，决策还包括在做出最后选择之前必须进行的一切活动。”

综合各家观点。我们将决策定义为：决策是管理者为了实现组织目标和解决组织面临的问题，在科学搜集并详细分析相关信息的基础上，提出实现目标和解决问题的各种可行方案，依据评价准则和标准，选定方案并加以实施和控制的过程。对于这一定义，可作如下理解：

(1) 决策的主体是管理者，因为决策是管理的一项职能。管理者既可以单独做出决策，这样的决策被称为个体决策；也可以和其他的管理者共同做出决策，这样的决策被称为群体决策。

(2) 决策必须要有明确的目标。决策前必须要明确所要达到的目标，而且必须将局部目标置于企业的总体目标体系中，如果目标模糊或整个目标体系杂乱无章，就不能做出正确的决策。

(3) 决策要有多个可行方案。在多个可行方案中做出选择是决策活动的中心，如果存在方案是唯一的，就不存在比较选择，也就不存在决策。

(4) 决策选择要有科学的分析判断。企业面临的内外部环境错综复杂，影响各个备选方案的因素很多，每个方案各有其优缺点，决策者就必须搜集全面的信息，利用科学的方法进行分析评价，从多个可行方案中选择一个较为理想合理的方案。

(5) 决策的本质是一个过程，这一过程包括识别问题、分析问题和解决问题的过程。实际上，在决策方案执行过程中的反馈信息又提供了下一步行动的决策。

（二）决策的特点

从上述决策的含义中可以看出，决策是在几种可行方案中做出的选择，虽然选择的方法多种多样，但也有共同的特征，具体可以概括为以下几点：

1. 目标性

任何决策都是为了实现一定的目标而进行的方案选择，目标体现的是组织想要获得的结果。目标明确以后，方案的拟订、比较、选择、实施以及实施效果的检查就有了标准与依据。如果决策的目标是模糊不清或不正确的，那就无法以目标为标准评价方案，也就无从选择方案。

2. 可行性

一个合理的决策是以充分了解和掌握各种信息为前提的，即通过组织外部环境和组织内部条件的调查分析，根据实际需要与可能选择切实可行的方案。缺乏必要的人力、物力、财力，理论上十分完善的方案也只能是空中楼阁。因此，在决策过程中，决策者不仅要考虑采取某种行动的必要性，而且要注意实施条件的限制。

3. 选择性

决策的基本含义是选择。决策是从若干备选的可行方案中进行选择，如果只有一个方案，就无法比较其优劣，亦无选择余地，也就无所谓决策。每个可行方案都要具有下列条件：① 能够实现预期目标；② 各种影响因素都能定性与定量地分析；③ 不可控的因素也大体能估计出其发生的概率。在制定可行方案时，还应满足整体详尽性和相互排斥性的要求。

4. 满意性

所谓满意决策是指在现实条件下，决策者的决策使得目标的实现在总体上已达到预期的效果。决策过程是一个研究复杂的、多变的和多约束条件问题的过程，并且人们对客观事物的认识也是一个不断深化的过程，对于任何目标，都很难找出全部的可行方案。因此，决策者只能得到一个适宜和满意的方案，不可能得到最优的方案。

课堂讨论

该如何分粥？

有7个人组成了一个小团体共同生活，其中每个人都是平凡而平等的，没有什么凶险祸害之心，但不免自私自利。他们想用非暴力的方式，通过制定制度来解决每天的吃饭问题——要分食一锅粥，但并没有称量用具和有刻度的容器。

大家试验了不同的方法，发挥了聪明才智；经多次博弈形成了日益完善的制度。大体说来主要有以下几种：

方法一：拟定一个人负责分粥事宜。很快大家就发现，这个人为自己分的粥最多，于是又换了一个人，总是主持分粥的人碗里的粥最多最好。结论是：权力导致腐败，绝对的权力导致绝对腐败。

方法二：大家轮流主持分粥，每人一天。这样等于承认了个人有为自己多分粥的权力，同时给予了每个人为自己多分的机会。虽然看起来平等了，但是每个人在一周中只有一天吃得饱而且有剩余，其余6天都饥饿难挨。这种方式导致了资源浪费。

方法三：大家选举一个信得过的人主持分粥。开始这品德尚属上乘的人还能基本公平，但不久他就开始为自己和溜须拍马的人多分。不能放任其堕落和风气败坏，还得寻找新思路。

方法四：选举一个分粥委员会和一个监督委员会，形成监督和制约。公平基本上做到了，可是由于监督委员会常提出多种议案，分粥委员会又据理力争，等分粥完毕时，粥早就凉了。

方法五：每个人轮流值日分粥，但是分粥的那个人要最后一个领粥。令人惊奇的是，在这个制度下，7只碗里的粥每次都是一样多，就像用科学仪器量过一样。每个主持分粥的人都认识到，如果7只碗里的粥不相同，他确定无疑将享有那份最少的。

讨论：该如何分粥呢？

5. 过程性

每个决策本身就是包括识别问题、分析问题和解决问题的过程，决策者在决策前要做一系列的工作，针对所要解决的问题应先进行调查、分析和预测，然后确定行动目标，找出可行方案，再进行判断、分析，选出最终方案。当令人满意的行动方案被选出后，决策者还要就其他一些问题（如资金筹集、结构调整和人员安排等）做出决策，以保证该方案的顺利实施。只有当配套决策都做出后，才能认为组织的决策已经完成。

6. 动态性

决策的动态性与过程性有关。决策作为一个过程，没有真正的起点，也没有真正的终点，而是一个不断循环的过程。组织的外部环境处在不断变化中。这要求决策者密切监视并研究外部环境及其变化，从中发现问题或找到机会，及时调整组织的活动，以实现组织与环境的动态平衡。

二、决策的要素

决策活动形形色色，非常复杂，但不论哪一种决策，都有几项共同的构成要素。决策一般由以下6个基本要素构成。

（一）决策主体

决策主体即决策者，是决策系统中体现主观能动性的要素，它既可以是个人，也可以是群体。

（二）决策目标

决策目标是指决策行动所期望达到的成果和价值。决策目标作为组织决策中不容忽视的要素，它往往与决策者的价值判断联系在一起的，这就要求管理者要树立正确的伦理价值观，以指导其决策目标的选择。根据一项决策过程中所选定的决策目标的多寡，决策可分为单目标决策与多目标决策。在单目标决策中，决策行动只力求实现一种目标，因而是相对比较简单的决策。多目标决策，就是决策行动需要力求实现多个目标的决策。

（三）决策准则

决策准则是指决策者选择方案所依据的原则和对待风险的态度或方针。在决策目标确定了以后，决策者在评判决策方案中既定目标要实现到何种程度时，就需要遵循某种预先设定的决策准则。一般而言，决策的抉择有最优化和满意化两种准则。采用最优化决策准则，意味着决策者必须在给定的约束条件下选出一个能产生最优结果的行动方案。但最优化是一种理想化的要求，在现实中只有为数很少的情况才用得上这种最优化决策准则。而在大多数情况下，通常只能采用满意化决策准则。

（四）决策对象

决策对象是人的行为可以对其施加影响的客体系统，是决策的行动指向。大的方面而言如自然、社会和精神领域，小的方面而言如企业内部的人、财、物等。显然决策对象是一个可调控的、具有明显边界的系统。

（五）决策工具

决策工具包括决策系统所必需的决策信息、决策方法和决策手段。

信息是决策的依据，信息的数量和质量直接影响决策水平。这就要求管理者在决策之前，以及决策过程中尽可能地通过多种渠道收集信息。作为决策基本要素的信息可分为内部信息和外部信息。内部信息决定了系统的功能，即决策系统运动、变化及发展的根据。外部信息是决策系统运动、变化与发展的条件。信息的准确、可靠是有效决策的前提条件，这就要求用科学的决策方法与手段对决策前提进行科学的分析、综合和推理，而后得出正确的判断。

（六）决策结果

决策结果一般有两种表现形式：一种是存在于人体内的主观精神——人的意志，它支配着人的未来实践活动；另一种是决策作为一种判断，它不仅存在于人的头脑中，而且还可用语言、文字、图表及计算机软件等来表示。

三、决策理论

（一）古典决策理论

古典决策理论是基于“经济人”假设提出的，主要盛行于20世纪50年代以前。古典决策理论认为，应该从经济的角度来看待决策问题，即决策的目的在于为组织获取最大的经济利益。

古典决策理论的主要内容是：

（1）决策者必须全面掌握有关决策环境的信息情报。

(2) 决策者要充分了解有关备选方案的情况。

(3) 决策者应建立一个合理的层级结构,以确保命令的有效执行。

(4) 决策者进行决策的目的始终在于使本组织获取最大的经济利益。

古典决策理论假设,决策者是完全理性的,决策者在充分了解有关信息情报的情况下,是完全可以做出完成组织目标的最佳决策的。古典决策理论忽视了非经济因素在决策中的作用,这种理论不可能正确指导实际的决策活动,从而逐渐被更为全面的行为决策理论所代替。

(二) 行为决策理论

行为决策理论的发展始于 20 世纪 50 年代,对古典决策理论的"经济人"假设发难的第一人是诺贝尔经济学奖得主赫伯特·A·西蒙,他在《管理行为》一书中指出,理性的和经济的标准都无法确切地说明管理的决策过程,进而提出"有限理性"标准和"满意度"原则。其他学者对决策者行为做了进一步的研究,他们在研究中也发现,影响决策的不仅有经济因素,还有决策者的心理与行为特征,如态度、情感、经验和动机等。

行为决策理论的主要内容是:

(1) 人的理性介于完全理性和非理性之间,即人是有限理性的,这是因为在高度不确定和极其复杂的现实决策环境中,人的知识、想象力和计算力是有限的。

(2) 决策者在识别和发现问题中容易受知觉上的偏差的影响,而在对未来的状况做出判断时,直觉的运用往往多于逻辑分析方法的运用。所谓知觉上的偏差,是指由于认知能力有限,决策者仅把问题的部分信息当做认知对象。

(3) 由于受决策时间和可利用资源的限制,决策者即使充分了解和掌握有关决策环境的信息情报,也只能做到尽量了解各种备选方案的情况,而不可能做到全部了解,决策者选择的理性是相对的。

(4) 在风险型决策中,与对经济利益的考虑相比,决策者对待风险的态度对决策起着更为重要的作用。决策者往往厌恶风险,倾向于接受风险小的方案,尽管风险较大的方案可能带来较为可观的收益。

(5) 决策者在决策中往往只求满意的结果,而不愿费力寻求最佳方案。导致这一现象的原因有多种:决策者不注意发挥自己和别人继续进行研究的积极性,只满足于在现有的可行方案中进行选择;决策者本身缺乏有关能力,在有些情况下,决策者出于某些个人因素的考虑做出自己的选择;评估所有的方案并选择其中的最佳方案需要花费大量的时间和金钱,这可能得不偿失。

行为决策理论抨击了把决策视为定量方法和固定步骤的片面性,主张把决策视为一种文化现象。例如,日裔美籍学者威廉·大内(William Ouchi)在其对美日两国企业在决策方面的差异进行的比较研究中发现,东西方文化的差异是导致这种决策差异的一种不容忽视的原因,从而开创了对决策的跨文化比较研究。

除了西蒙的"有限理性"模式,林德布洛姆的"渐进决策"模式也对"完全理性"模式提出了挑战。林德布洛姆认为决策过程应是一个渐进过程,而不应大起大落(当然,这种渐进过程积累到一定程度也会形成一次变革),否则会危及社会稳定,给组织带来组织结构、心理倾向和习惯等的震荡和资金困难,也使决策者不可能了解和思考全部方案,并弄清每种方案的结果(这是由于时间的紧迫和资源的匮乏)。学者们的观点说明,决策不能只遵守一种固定的程序,而应根据组织外部环境与内部条件的变化进行适时的调整和补充。

（三）回溯决策理论

该理论把思考重点放在决策制定之后，解决决策者如何努力使自己的决策合理化。该理论是在1967年由彼得·索尔伯格提出。他在观察商学院毕业生的择业过程时，发现很多情况下，学生在招聘过程中很早就确定了自己想要的选择(即最早方案)。但是，学生们继续寻找更多备选方案，并很快选定最优的备选方案，即第二备选方案。该方案被称为“证实性备选方案”。接下来，学生们会试图开发一组能够清楚地证明自己的最早选择方案优于证实性备选方案的决策标准。索尔伯格研究发现，最早方案通常只在一个或两个方面优于证实性备选方案。回溯决策理论说明，决策事实上只是为已经作出的直觉决策证明其合理性的一个过程，说明了直觉在决策中的作用。通过这种方式，个人相信他或是她在理性地行动，为某个重要问题制定逻辑的、理性的决策。虽然一些企业通常把他们的决策行为建立在理性分析的基础之上，但是一些研究发现直觉决策在很多组织里不但更快，而且决策结果与系统的理性决策方法一样好，甚至更好。

（四）决策理论的新发展

决策理论在进一步地发展，新发展的决策理论认为，决策贯穿于整个管理过程，决策程序就是整个管理过程。

组织是由决策者及其下属、同事组成的系统。整个决策过程从研究组织的内部条件和外部环境开始，继而确定组织目标，设计可达到该目标的各种可行方案，比较和评估这些方案进而进行方案选择(即做出择优决策)，最后实施决策方案，并进行追踪检查和控制，以确保预定目标的实现。最新的决策理论对决策的过程、决策的原则、程序化决策和非程序化决策、组织机构的建立同决策过程的联系等都作了精辟的论述。

当今的决策者在决策过程中应广泛运用现代化的手段和规范化的程序，应以系统理论、运筹学和电子计算机为工具，并辅之以行为科学的有关理论。这就是说，最新决策理论把古典决策理论和行为决策理论有机地结合起来，它所概括的一套科学行为准则和工作程序，既重视科学的理论、方法和手段的应用，又重视人的积极作用。

四、决策的影响因素

管理者在决策中会受到诸多因素的影响，具体包括以下方面：

（一）一般环境

这里的环境主要指组织外部环境。环境的特点影响着组织的活动选择，对环境的习惯反应模式影响着组织的活动选择。环境的变化会引起新的决策，也会影响决策的内容。一般环境因素，又称宏观环境因素，指可能对组织的活动产生影响，但其影响的相关性却不清楚的各种因素(即不具有专一性、针对性的因素)，一般包括政治、经济、社会和技术等因素。

政治环境包括组织所在地区或国家的政治制度、政治形势、执政党的路线、方针政策和国家法令等因素。

经济环境包括组织所在国家的经济制度、经济结构、物质资源、经济发展水平、国民消费水平等方面因素。

社会环境主要由组织所在国家或地区的人口、家庭文化、教育水平、传统风俗习惯、人们的道德观、价值观等因素构成。通过人口结构(人口数、年龄结构、人口分布)和生活方式(家庭结构、教育水平、价值观念)这两方面表现出来。

技术环境由组织所在国家或地区的技术水平、技术政策、科研潜力和技术发展动向等因素构成。

（二）组织自身的因素

1. 组织文化

组织文化是处于一定经济社会文化背景下的组织，在长期的发展过程中逐步形成和发展起来的日趋稳定的、独特的价值观，以及以此为核心而形成的行为规范、道德准则、群体意识、风俗习惯等。

在保守型组织文化中生存的人们受这种文化的影响倾向于维持现状，他们害怕变化，更害怕失败。对任何带来变化（特别是重大变化）的行动方案会产生抵触情绪，并以实际行动来抵制。在这种文化氛围中，如果决策者想坚持实施一项可能给组织成员带来较大变化的行动方案，就必须首先勇于破除旧的文化，建立一种欢迎变化的文化，而这谈何容易。决策者会在决策之前预见到带来变化的行动方案在实施中将遇到很大阻力，很可能招致失败。在保守型文化中的人们不会轻易容忍失败，因而决策者就会产生顾虑，从而将有关行动方案从自己的视野中剔除出去。其结果是，那些旨在维持现状的行动方案被最终选出并付诸实施，进一步强化了文化的保守性。

而在进取型组织文化中生存的人们欢迎变化，勇于创新，宽容对待失败。在这样的组织中，容易进入决策者视野的是给组织带来变革的行动方案。有时候，他们进行决策的目的就是制造变化。此外，组织文化是否具有伦理精神也会对决策产生影响。具有伦理精神的组织文化会引导决策者采取符合伦理的行动方案，而没有伦理精神的组织文化可能会导致决策者为了达到目的而不择手段。

2. 组织的信息化程度

信息化程度对决策的影响主要体现在其对决策效率的影响上。信息化程度较高的组织拥有较先进的信息技术，可以快速获取质量较高的信息；另外，在这样的组织中，决策者通常掌握着较先进的决策手段。高质量的信息与先进的决策手段便于决策者快速做出较高质量的决策。不仅如此，在高度信息化的组织中，决策者的意图易被人理解，决策者也较容易从他人那里获取反馈，使决策方案能根据组织的实际情况进行调整从而得到很好的实施。因此，在信息时代，组织应致力于加强信息化建设，借此提高决策的效率。

3. 组织对环境的应变模式

通常，对一个组织而言，其对环境的应变是有规律可循的。随着时间的推移，组织对环境的应变方式趋于稳定，形成组织对环境特有的应变模式。这种模式指导着组织今后在面对环境变化时如何思考问题、如何选择行动方案等，特别是在创立该模式的组织最高领导尚未被更换时，其制约作用更大。

（三）过去的决策

在实际管理中，程序化决策、序贯决策占有很大比例，即使是非程序化决策、单项决策也很容易从过去找到类似的例子，再加上心理因素的影响，就使得决策者做出决策时经常要考虑过去的决策，问一问过去是怎么做的。所以，过去的决策或多或少地影响现在的决策。这种影响有利有弊，其好处是有利于实现决策的连贯性和维持组织的稳定，并使现在的决策建立在较高的起点上。如果现在的决策是对过去的延续，决策者在进行现在决策时，就必须要考虑过去的决策。如果决策者以前已经做过许多类似的决策，他就容易形成一种思维定式，这种思维定式将影响他现在的决策。

过去的决策对现在决策的影响弊端是不利于实现组织飞跃式发展，因为决策是针对所要解决的问题而进行的，在特定的环境下而选择最合理的方案。环境是不断变化的，因此当过去的决策不能继续适应时，就要采用新的决策，新的决策则为了解决新的问题应运而生。

（四）决策问题的性质

1. 问题的紧迫性

如果决策涉及的问题对组织来说非常紧迫，急需处理，则这样的决策被称为时间敏感型决策。对于此类决策，快速行动要比如何行动更重要，也就是说，对决策速度的要求高于对决策质量的要求。如战场上军事指挥官的决策多属于此类，组织在发生重大安全事故、面临稍纵即逝的重大机会时以及在生死存亡的紧急关头所面临的决策也属于此类。需要说明的是，时间敏感型决策在组织中不常出现，但每次出现都给组织带来重大影响。相反，如果决策涉及的问题对组织来说不紧迫，组织有足够的时间从容应对，则这样的决策可被称为知识敏感型决策，因为在时间宽裕的情况下对决策质量的要求必然提高，而高质量的决策依赖于决策者掌握足够的知识。组织中的大多数决策均属于此类。对决策者而言，为了争取足够的时间以便做出高质量的决策，需要未雨绸缪，尽可能在问题出现之前就将之列为决策的对象，而不是等问题出现后再匆忙做决策，也就是将时间敏感型决策转化为知识敏感型决策。

2. 问题的重要性

问题的重要性对决策的影响是多方面的。

（1）重要的问题可能引起高层领导的重视，有些重要问题甚至必须由高层领导亲自做决策，从而决策可得到更多力量的支持。

（2）越重要的问题越有可能由群体决策，因为与个体决策相比，在群体决策时，对问题的认识更全面，决策的质量可能更高。

（3）越重要的问题越需要决策者慎重决策，越需要决策者避开各类决策陷阱。

（五）决策者对风险的态度

对待风险态度不同的决策者会影响行动方案的选择。人们对待风险的态度有 3 种类型：风险厌恶型、风险中立型和风险爱好型。风险爱好者乐观看待结果，因此会选择情况最好条件下结果最好的方案；而风险厌恶者则会选择情况最坏的条件下相对结果好的方案。

可以通过举例来说明如何区分这 3 种类型。假如你面临两个方案：一个方案是，不管情况如何变化，你都会在 1 年后得到 100 元收入；另一个方案是，在情况朝好的一面发展时，你将得到 200 元收入，而在情况朝坏的一面发展时，你将得不到收入，情况朝好的一面发展和朝坏的一面发展的可能性各占一半。试问你更愿意选择哪个方案。如果选择第一个方案，那么你将得到 100 元确定性收入；而如果选择第二个方案，那么你将得到期望收入 $200\times0.5+0\times0.5=100$（元）。如果你选择第一个方案，你就属于风险厌恶型；如果你选择第二个方案，你就属于风险爱好型；如果你对选择哪个方案无所谓，你就属于风险中立型。可见，决策者对待风险的不同态度会影响行动方案的选择。

（六）决策主体的因素

包括个人能力、个人价值观、决策群体的关系融洽程度。这些主体因素影响决策过程的顺畅，以及决策结果的科学性和正确性。

1. 个人能力

决策者个人能力对决策的影响主要体现在以下几个方面：

（1）决策者对问题的认识能力越强，越有可能提出切中要害的决策。

(2) 决策者获取信息的能力越强，越有可能加快决策的速度并提高决策的质量。

(3) 决策者的沟通能力越强，他提出的方案越容易获得通过。

(4) 决策者的组织能力越强，方案越容易实施，越容易取得预期的效果。

2. 个人价值观

组织中的任何决策既有事实成分，也有价值成分。对客观事物的描述属于决策中的事实成分，如对组织外部环境的描述、对组织自身问题的描述等都属于事实成分。事实成分是决策的起点，能不能做出正确决策很大程度上取决于事实成分的准确性。对所描述的事物所做的价值判断属于决策中的价值成分。显然，这种判断受个人价值观的影响，决策者有什么样的价值观，就会做出什么样的判断。也就是说，个人价值观通过影响决策中的价值成分来影响决策。

课堂讨论

该由谁骑这头驴?

一位农夫和他的孙子到离村8公里远的城镇去赶集。开始时农夫骑着驴，孙子跟在驴后面走。没走多远，就碰到一位年轻的母亲，她指责农夫虐待他的孙子。农夫不好意思地下了驴，让给孙子骑。走了1公里，他们遇到一位老先生，老先生见年轻人骑着驴，而让老者走路，就骂年轻人不孝顺。孙子马上跳下驴，看着他爷爷。两人决定谁也不骑。这样两人又走了3公里，碰到一位学者，学者见两人走得气喘吁吁的，就笑话他们放着驴不骑，自找苦吃。农夫听学者这么说，就把孙子托上驴，自己也翻身上驴。两人一起骑着驴又走了2公里，碰到了一位外国人，这位外国人见他们两人合骑一头驴，就指责他们虐待牲口!

讨论:该由谁骑这头驴?

3. 决策群体的关系融洽程度

如果决策是由群体做出的，那么群体的特征也会对决策产生影响。我们此处仅考察决策群体的关系融洽程度对决策的影响:首先是影响较好行动方案被通过的可能性。在关系融洽的情况下，大家心往一处想，劲往一处使，话往一处说，事往一处做，较好的方案容易获得通过;而在关系紧张的情况下，最后被通过的方案可能是一种折中方案，未必是较好的方案。其次是影响决策的成本。在关系紧张的情况下，方案可能长时间议而不决，决策方案的实施所遇到的障碍通常也较多。

(七) 市场

1. 市场结构

如果组织面对的是垄断程度较高的市场，则其决策重点通常在于:如何改善生产条件，如何扩大生产规模，如何降低生产成本等。垄断程度高容易使组织形成以生产为导向的经营思想。如果组织面对的是竞争程度较高的市场，则其决策重点通常在于:如何密切关注竞争对手的动向，如何针对竞争对手的行为做出快速反应，如何才能不断向市场推出新产品，如何完善营销网络等。激烈的竞争容易使组织形成以市场为导向的经营思想。

2. 买卖双方在市场的地位

在卖方市场条件下，组织作为卖方，在市场上居于主动、主导地位。组织所做的各种决策的出发点是组织自身的生产条件与生产能力，“我生产什么就向市场提供什么”“我能生产什么就销售什么”。而在买方市场条件下，组织作为买方，在市场上居于被动、被支配的地位。组织所做的各种决策的出发点是市场的需求情况，“市场或用户需要什么我就生产什么""消费者主权""用户就是上帝""顾客永远是对的"等意识被融入决策中。

五、决策在管理学中的地位与作用

决策是管理活动的核心,是管理人员的主要任务。西蒙曾说过,管理就是决策,决策贯穿管理活动的始终。其重要地位可以体现在以下几个方面:

(一)决策贯穿整个管理活动,是管理的基础

决策是管理者在实施管理职能时经常要进行的工作,它具有临时性、动态性特征,管理者的主要意图均需通过决策来实现。比如,在组织职能上,企业需招聘多少人员,工作如何分配,权力如何分配等都是决策;又如,组织的长远目标和短期目标是什么,资源如何配置等也是决策。可以说,决策贯穿于管理过程的始终,一旦有新问题、新情况或新目标,就需要决策。管理过程中,任何管理职能都要求做出选择,而这本身就是决策的过程。组织环境不断变化,也要求管理者不断做出新的决策。

(二)决策是管理者的首要工作,是管理者水平高低的重要衡量标准

决策是一项创造性的思维活动,体现了高度的科学性和艺术性,有效决策取决于3个方面因素:一是管理者具有决策原理、方法等坚实的管理理论知识;二是要有收集、分析、评价信息和选择方案的娴熟技能;三是要有承担风险的勇气和良好心理素质。管理者主要是解决例外问题,例外问题没有规律可言,因此,需要管理者具有特殊才能方可做出正确的决策,加上决策在管理中的重要作用,决策能力便成为衡量管理者水平高低的重要标志。

(三)决策正确与否直接关系到组织的生存与发展

不同层次的管理者都需要做决策,决策正确与否决定了决策的执行结果。错误的决策导致的结果不仅不能够实现组织的目标,还有可能影响组织的生存与发展,尤其是高层管理者的战略决策关系到组织的兴衰存亡。管理者特别是高层管理者的决策要摒弃传统的经验决策论,必须要科学决策。

第二节　决策的类型

一、根据决策问题的性质和重要程度划分

根据决策问题的性质和重要程度将决策划分为战略决策、管理决策和业务决策。

(一)战略决策

战略决策是指组织最高管理层对组织未来的整体发展做出全局性、长远性和方向性的决策。对组织而言,战略决策是最重要的,直接关系到组织未来长远的发展。通俗地讲,战略决策最终要解决组织在未来一段时期活动的内容和方向,即回答"干什么",如组织目标的确定、机构的设置与调整、产品的更新换代等。一般地讲,由于战略性决策所要解决的问题牵涉到的范围较广、内容较复杂、思维较抽象、可借鉴性资料不多,需要管理者有高度的敏感性、抽象思维的能力、创造能力和丰富的经验,因而对管理者的素质要求非常高,所以,这类决策一般由高层管理者做出。

【资料链接 7-1】　洛克维尔公司的战略决策

20世纪90年代,洛克维尔(ROCKWELL)公司作为一家国防工业公司感受到了美国军事费用缩减带来的压力。面对组织外部环境带来的严重威胁,公司的管理者必须寻找新的发展战略以改善公司的境遇。公司在CEO比尔的领导下,采取了一项推动公司从依赖军事工业向民用工业转型的新战略。他们通过收购一些有一定实力的企业,使公司进入工业自动化领域,同时为新收购的企业提供母公司拥有的大量技术和电子领域的支持,使之变得更加强大和富有竞争力。

比尔及公司管理层通过转型发展战略,建立起一个包括军事电子、自动化产品、印刷出版、航天飞机发动机、传真机芯片、塑料、通讯等众多领域的多元化王国。比尔的最终目标就是将洛克维尔公司在军事领域所积累的技术应用于众多新领域的产品开发。

洛克维尔公司的战略决策对进入何种业务领域有着明确的目标。首先,他们只收购明显处于行业领导地位的企业;其次,他们依据长期盈利机会的(长达10年或者以上)概念与技术对每项业务进行评价。

事实证明,洛克维尔公司进入工业自动化领域的战略行动获得了巨大成功。该公司将其新技术引入到收购的企业后,使这些企业获得了工业电子市场30%的市场份额。如今,这些企业的盈利占到公司利润的50%以上。

(二) 管理决策

管理决策又称战术决策,是指组织的中间管理层为实现组织中各环节的高度协调和资源的合理利用而做出的决策。管理决策是在战略思想指导下的具体方法的选择和运用,要解决如何执行战略决策的问题,即解决“怎么干”的问题。如具体方案的选择、资源的分配、绩效的评估、产品的定价、资金的筹措等。一般管理决策涉及的问题比战略决策更具体、更局部化,且多数问题的解决方案可以定量化并有借鉴性资料。这类决策一般常由中层管理者做出。

(三) 业务决策

业务决策又称执行性决策,是指组织中的基层管理者在日常工作中为提高生产效率和工作效率而做出的决策。如一周生产任务的安排、进度安排、车间班组、科室岗位责任的落实等。一般业务决策要解决的问题非常明确且带有较强的程序化,属于常见的问题,决策者通常也非常清楚决策要达到的具体目标是什么、可以利用的资源有哪些、实现的途径有多少、实施的结果是什么。这类决策一般由基层管理者做出。

不同管理层次的决策者花在战略决策、管理决策和业务决策决策上的时间和精力如图7.1所示。不同管理层次的决策者承担的责任、风险及不同决策的影响时间如图7.2所示。

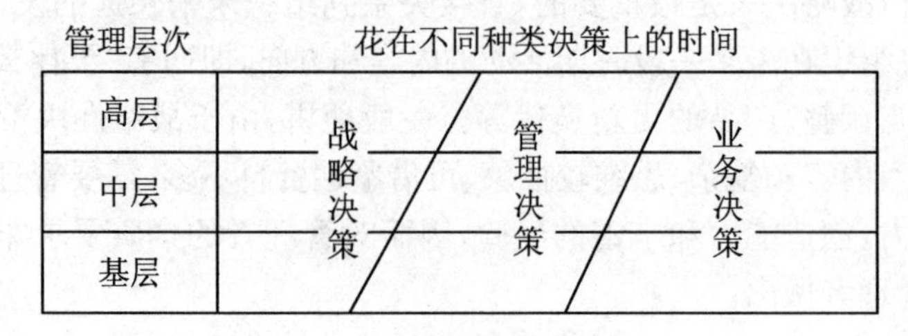

图7.1　决策与管理层次的关系

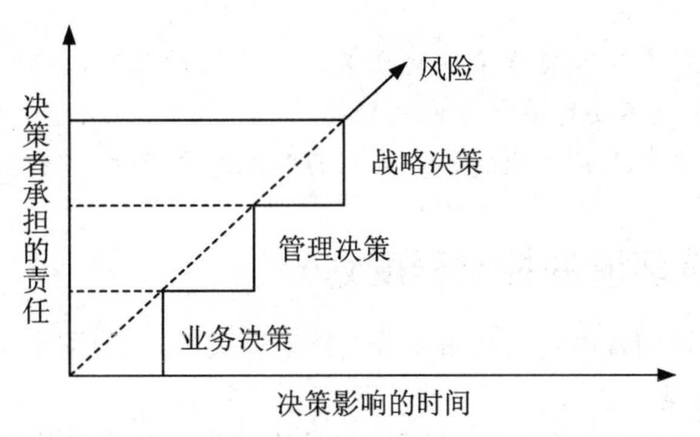

图 7.2　不同决策者的责任、风险及不同决策的影响时间

二、根据决策的主体构成划分

根据决策的主体构成可将决策划分为个人决策和群体决策。

个人决策是指由单个人做出的决策；群体决策是由若干人组成的集体共同做出的决策。群体决策和个人决策各有其优点和缺点：

(1) 相对于个人决策而言，群体决策可以借助更多人的经验与智慧，提供更多更完整的信息，因此可以提出更多的替代方案，特别是当群体的组成成员来自于不同专业、不同学科的专家时，该优点会更加凸显。

(2) 群体决策由于是群体成员共同参与的结果，可增加对解决方案的认同和承诺程度，实施起来更加容易接受。

(3) 群体决策通常较费时，且易增加成本。群体的组成本身需要耗费时间，且群体间为了达成共识，也相当费时，效率较个人决策差。

(4) 群体决策有时会产生责任的含糊。在个人决策中，谁应该对决策的结果负责是非常明确的，但在群体决策中，由于群体成员共同分担决策的责任，往往造成责任的模糊与逃避。

【资料链接 7-2】　　林肯总统决断法案

林肯在他当上美国总统后不久，有一次将 6 个幕僚召集在一起开会。林肯提出了一个重要法案，而幕僚们的看法并不统一，于是 7 个人便热烈地争论起来。林肯在仔细听取其他 6 个人的意见后，仍感到自己是正确的。在最后决策的时候，6 个幕僚一致反对林肯的意见，但林肯仍固执己见，他说："虽然只有我一个人赞成但我仍要宣布，这个法案通过了。"

表面上看，林肯这种忽视多数人意见的做法似乎过于独断专行。其实，林肯已经仔细地了解了其他 6 个人的看法并经过深思熟虑，认定自己的方案最为合理。而其他 6 个人持反对意见，只是一个条件反射，有的人甚至是人云亦云，根本就没有认真考虑过这个方案。既然如此，自然应该力排众议，坚持己见。因为，所谓讨论，无非就是从各种不同的意见中选择出一个最合理的。既然自己是对的，那还有什么犹豫的呢？

在企业，经常会遇到这种情况：新的意见和想法一经提出，必定会有反对者。其中有对新意见不甚了解的人，也有为反对而反对的人。一片反对声中，领导者犹如鹤立鸡群，限于孤立之境。这种时候，领导者不要害怕孤立。对于不了解的人，要怀着热忱，耐心地向他说明道理，使反对者变成赞成者。对于为反对而反对的人，任你怎么说，恐怕他们也不会接受，那么，就干脆不要寄希望于他的赞同。

决断，是不能由多数人来作出的。多数人的意见是要听的；但作出决断的，是一个人。

三、根据决策环境的控制程度划分

根据决策环境的控制程度可将决策划分为确定型决策、风险型决策和不确定型决策。

（一）确定型决策

确定型决策是指在稳定（可控）条件下进行的决策。在确定型决策中，各种可行方案所需的条件是已知的，每个方案只有一个结果，最终选择哪个方案取决于对各个方案结果的直接比较。确定型决策一般使用数学模型，如利用净现值、投资回报率、投资回收期等定量化计算方法来进行。例如，企业拟投资 1 000 万元，投资方案有 3 个，每个方案的经济效果值非常清楚，年投资回报率分别为 15％、12％、10％，在其他条件均不变的情况下，理所当然选择投资回报率为 15％的方案。

（二）风险型决策

风险型决策是指决策者不能预先确定未来的环境条件，但能够知道面临的各种自然状态，且每种自然状态发生的概率和经济效果是可以估算到的，可以通过比较各方案的期望值来进行决策。但未来究竟出现哪一种自然状态，决策者不能肯定，决策时需要冒一定的风险。比如某人炒股票，拟投资购买某只股票，其结果是获利还是亏损，或不盈不亏呢？无法给出结论，因为一旦经济形势发生变化或出现重大事件或政策倾向有所调整，都有可能会引起股市的波动。但炒股票的结果只能是要么赚钱，要么亏损，要么不盈不亏这 3 种自然状态，且可根据历史资料和对未来股票动向大概估算出 3 种可能性出现的概率，再计算出每种状态下的期望值，根据 3 种情况下期望值的结果进行分析选择，确定该只股票是否值得投资。

（三）不确定型决策

不确定型决策是指在不稳定条件下进行的决策。在不确定型决策中，决策者不知道有多少种自然状态，也不知道每种自然状态发生的概率，只能根据决策者的直觉、经验和判断能力来决策，常常根据悲观原则、乐观原则、折中原则和最小后悔值原则等决策原则进行决策。

三、根据决策问题的重复程度划分

根据决策问题的重复程度可将决策划分为程序化决策和非程序化决策。

（一）程序化决策

程序化决策是指那些重复出现的、日常的管理问题，如常见的产品质量缺陷、设备故障等。解决这类问题的方法有先例可循，所以决策者只要碰到此类问题，就可沿用以往的解决方法，因而此类决策又称为例行性决策或常规性决策。

（二）非程序化决策

非程序化决策是指那些偶然发生的、新颖的、没有前例的、无固定模式的问题，如重大的人事变动、大的投资开发项目、新产品开发等。这类问题没有现成的解决问题的办法，需要管理者根据具体情况寻找出解决问题的具体途径。

不同管理层次面对不同数量的程序化决策如图 7.3 所示。

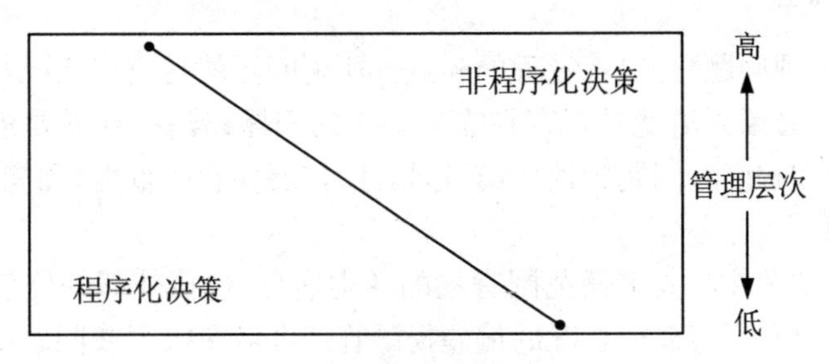

图 7.3　管理层次与决策程序化

四、根据决策影响时间的长短划分

根据决策影响时间的长短可将决策划分为长期决策、中期决策和短期决策。

（一）长期决策

长期决策是指在较长时期内，对组织的发展方向做出的长远性、全局性的重大决策。战略性决策就是长期决策，具有周期长、风险大的特点。如投资方向的选择、人力资源的开发和组织规模的确定等。

（二）中期决策

中期决策是介于长期决策和短期决策之间的决策。

（三）短期决策

短期决策是决策的结果对组织的影响时期较短，是实现长期战略目标而采取的短期策略手段。短期决策一般属于战术决策或业务决策，具有花费少、时间短的特点。如企业日常营销、物资储备以及生产中资源配置等问题的决策都属于短期决策。

第三节　决策的过程

做什么事情都有一个先后顺序，决策也有一个有序的过程。一项决策是不是依照先后步骤、循序渐进的决策程序做出的，是衡量其科学化程度的一个重要标准。一个科学的决策应通过以下几个步骤来完成：① 识别机会或发现问题；② 确定目标；③ 拟定备选方案；④ 评估备选方案；⑤ 选择决策方案。如图 7.4 所示。

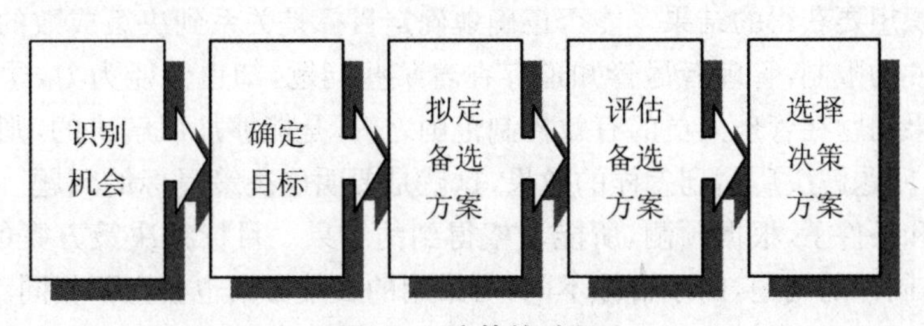

图 7.4　决策的过程

一、识别机会

识别机会(或发现问题)是决策过程的起点。所谓问题就是应有状况与已被认识的现状之间的差距,决策者必须弄清楚是否存在需要解决的问题;若有,则需要进一步了解问题的表现(其时间、空间和程度)、问题的性质(其迫切性、扩展性和严重性)和问题的原因,以便对问题有清楚的认识。

管理者通常密切关注与其责任范围有关的各类信息,包括外部的信息和报告以及组织内的信息。实际状况和所想要的状况的偏差提醒管理者潜在机会或问题的存在。识别机会和问题并不总是简单的,因为要考虑组织中人的行动。有些时候,问题可能根植于个人的过去经验、组织的复杂结构或个人与组织因素的某种混合中。因此,管理者必须特别注意要尽可能精确地评估问题和机会。也有些时候,问题可能简单明了,只要稍加观察就能识别出来。

评估机会和问题的精确程度有赖于信息的精确程度,所以管理者要尽力获取精确的、可信赖的信息。低质量或不精确的信息使时间白白浪费掉,并使管理者无从发现导致某种情况出现的潜在原因。

即使收集到高质量的信息,在解释的过程中,也可能发生理解的扭曲。有时,随着信息持续地被误解或有问题的事件一直未被发现,信息的扭曲程度会加重。大多数重大灾难或事故都有一个较长的潜伏期,在这一时期,有关征兆被错误地理解或不被重视,从而未能及时采取决策行动,导致灾难或事故的发生。即使管理者拥有精确的信息并正确地解释它,处在他们控制之外的因素也会对机会或问题的识别产生影响。但是,管理者只要坚持获取高质量的信息并仔细地解释它,就会提高做出正确决策的可能性。

发现和确定问题必须做好调查研究和分析预测两项工作。调查研究就是从组织面临的环境出发,通过收集大量的信息,对各种限制因素进行分析,通过问题的表面现象,真正确定问题所在以及造成这种差异的原因。分析预测是运用一定的定性方法和定量方法,研究问题的未来发展趋势,预测未来,以便尽早做好行动预案工作。管理者必须要不断收集、分析组织内外环境的信息,寻找适合组织生存与发展的环境,从而准确找到存在的问题和问题产生的原因,并为决策的下一步程序做好准备。

二、确定目标

明确有待解决的问题,从而能够决定组织想要通过解决问题而获得的结果是什么,目标体现的就是组织想要获得的结果。能否正确地确定目标是关系到决策成败的关键。有时由于客观环境条件的限制,管理者尽管知道存在着某些问题,却也无能为力,这时决策过程就到此结束。如果问题在管理人员的有效控制范围之内,是能够加以解决的,则要确定应当解决到什么程度,问题解决后达到怎样的效果,这就是要明确决策目标的问题。决策目标是指在一定的环境和条件下,根据预测,所能希望得到的结果。目标是决策方案的指导,目标的确定十分重要,同样的问题,由于目标不同,可采用的决策方案也会大不相同。

目标体现的是组织想要获得的成果。所想要结果的数量和质量都要明确下来,因为目标的这两个方面都最终指导决策者选择合适的行动路线。目标的衡量方法有很多种,比如我们通常用货币单位来衡量利润或成本目标,用每人每小时的产出数量来衡量生产率目标,用次品率或废品率来衡量质量目标。

根据时间的长短，可以把目标分为长期目标、中期目标和短期目标。长期目标通常用来指导组织的战略决策；中期目标通常用来指导组织的管理决策；短期目标通常用来指导组织的业务决策。无论时间的长短，目标总指导着随后的决策过程。确定目标应符合以下要求：首先，目标要有根据；其次，目标必须具体明确；再次，目标应分清主次关系；最后，要明确实现目标的约束条件。

三、拟定备选方案

为解决问题，实现目标，需要拟定可供选择的行动方案，即拟定备选方案。组织的目标确定以后，决策者就要提出达到目标和解决问题的各种方案。所谓“条条大道通罗马”，任何一个目标的实现都不是只有一种方案，所以，管理者要尽可能地发挥想象力和创造力拟定备选方案以供选择。设计方案要紧紧围绕决策目标，通过个人研究和会议协商相结合的形式，根据已经具备和经过努力可以具备的各种条件，充分发挥想象力和创造性，不拘泥于经验和实际，来拟定各种备选方案。

方案的拟订应遵循下列原则：

(1) 方案的目的应当是明确的、可测验的，不能含糊其辞，泛泛而谈，且尽可能使用简洁的方式表达。

(2) 方案必须是可行的。实现方案的条件必须具备，风险必须估计，否则只能是纸上谈兵。

(3) 所有方案的目标及实现手段必须是合法、合理的，不能同国家法律相抵触，不能违背社会道德。

在提出备选方案时，管理者必须把其试图达到的目标牢记在心，而且要提出尽可能多的方案。管理者常常借助其个人经验、经历等有关情况的把握来提出方案。为了提出更好、更多的方案，需要从多种角度来审视问题，这意味着管理者要善于征询他人的意见。备选方案可以是标准的和明显的，也可以是独特的和富有创造性的。标准方案通常是指组织以前采用过的方案。通过头脑风暴、名义小组技术和德尔菲技术等方式，可以提出富有创造性的方案。

四、评估备选方案

拟订出各种备选方案后，就要根据组织目标的要求，对各种方案进行评估、比较。管理者做决策的时候要注意评价标准的选择、评价方法的选择，通过对所有可行备选方案的评估比较，最后进行排序确定最优方案。为此，管理者起码要具备评价每种方案的价值或相对优势/劣势的能力。在评估过程中，要使用预定的决策标准(如所想要的质量)以及每种方案的预期成本、收益、不确定性和风险。最后对各种方案进行排序。例如，管理者会提出以下问题：该方案会有助于我们质量目标的实现吗？该方案的预期成本是多少？与该方案有关的不确定性和风险有多大？

五、选择决策方案

在决策过程中，管理者通常要做出最后选择。但做出决定仅是决策过程中的一个步骤。尽管选择一个方案看起来很简单，只需要考虑全部可行方案并从中挑选一个能最好解决问题的方案，但实际上，做出选择有时很困难，决策者根据备选方案的排序不一定就能做出最后选择，管理者要想做出一个好的决定，还必须仔细考察全部事实，获取足够的信息，根据组织实际情况而最终选择合理的方案。

【资料链接 7-3】　王华关于晋升问题的决策过程

王华是一位等了 5 年还得不到晋升的中层管理人员。最近，另一个比他晚几年进入该公司的中层管理人员却得到了提拔。这件事使他很不安，他开始搜集该公司有关晋升政策的信息，归纳出自己得不到晋升的可能原因有：(1) 人际关系没搞好，群众对自己意见较大；(2) 直接上司对自己无好感；(3) 自己工作做得太好，以至于直接上司不愿失去这样一位得力助手；(4) 这家公司已没有适合于提拔他去担任的职位了。

参照所掌握的情况，他最后确认，同直接上司的关系没搞好是问题的原因所在，可以肯定，这位上司一定提出过反对他晋升的意见。

怎么办？他提出了解决问题的各种备择方案：(1) 辞职，到其他地方谋职；(2) 在找到另一个工作前继续留在该公司里；(3) 同直接上司及上层管理人员好好讨论一下自己的问题；(4) 告知直接上司和上层管理人员，如近期内仍得不到晋升，他就辞职。

对各方案进行分析后，王华排除了第四个方案，因为进行这种威胁可能会使上司更倾向于解雇他；现在找工作也较困难，万一在其他地方找不到工作，就会陷入很为难的境地。因此王华决定采用与上司交换意见的方案。

为此，王华进行了一番计划，确定了谈话的时间、方式等，并据此与领导进行了交谈。经过谈话，王华得知，事实上他根本不要指望在这里能得到重用。根据反馈，王华制订了一个权变计划，着手在其他地方找工作，在没有找到前仍留在原单位继续工作。

第四节　决 策 方 法

采取正确的决策方法，可以为管理者作出正确的决策提供有力的工具，一般而言，决策方法可分为定性决策法和定量决策法两种。

一、定性决策方法

定性决策方法是在决策过程中充分利用人们的智慧、经验和能力，在系统调查分析的基础上，根据掌握的情报和资料进行决策的方法。定性决策方法主要适用于受社会因素影响大，所含因素错综复杂的综合性的战略决策问题。

(一) 头脑风暴法

头脑风暴法是最常用的创造性决策方法，“头脑风暴”一词原本是用来形容精神病人胡思乱想、胡言乱语的情形。当作为一种决策方法时，其含义是指在决策会议上，人们可以无拘无束、自由奔放地思考问题，无所顾忌地畅所欲言。这一方法是由美国创造工程学家奥斯本于 1939 年首先提出来的。头脑风暴法的主要作用是收集新设想，由一群人通过相互启发以尽可能地形成多种方案的一种方法，小组一般由 5～9 人组成，在讨论过程中，鼓励参加者提出各种建议，想到什么说什么，畅所欲言，以此使各种创新方案不断地被提出来。

头脑风暴法的会议规则是：

(1) 不许批评别人的意见。无论发言多么荒诞离奇、不合理，所有人均不允许发表批评意见。

(2) 多多益善。鼓励参与者海阔天空尽情发挥，想法、方案越多越好。欢迎新的思路，思路越宽越好。建议越多，就越有可能出现好的主意。

(3) 寻求建议的归纳和补充。欢迎别人对已有建议做出改进，提出更加新奇的建议。

在一次这样的会议上，产生的许多设想中只有少数是比较现实的，值得进一步考虑，但与会者参与决策过程，情绪受到激励，从而会产生对解决问题的责任心和兴趣。

主持人在此过程中主要有两项任务：一是不断地对发言者给予表扬和鼓励，从而激励他们说出更多的想法；二是要负责记录所有的方案，最好能通过某种形式展现出来，让所有人都看见。其目的在于创造一种畅所欲言、自由思考的氛围，诱发创造性思维的共振和连锁反应，产生更多的创造性思维。

(二) 德尔菲法

德尔菲法又称专家意见法，在西方应用比较广泛。它是由美国兰德公司的奥拉夫、海尔默等首先发展的一种专家调查法。它是采用集思广益的方式，选取一组专家用不记名的方式通过信函，寄送调查表以及相关的背景资料给专家，征询意见，然后汇总、统计、分析，综合专家意见；再将第二轮调查表再次返回给专家组，就原定的问题继续独立地征询专家们的意见，如此反复，直到专家们对决策方案有一个基本一致的意见为止。

1. 德尔菲法的特点

(1) 专家匿名。专家们互不见面，姓名保密，以使他们各抒己见，畅所欲言，消除会议决策形式彼此相互影响的弊端，收到扬长避短、集思广益的效果。

(2) 寄送与决策相关的材料和调查表。寄送调查表并附寄与决策问题相关的没有任何倾向的背景资料，使专家们比较有依据地就决策问题表述自己的意见。

(3) 统计归纳。每一轮调查表寄回以后都作统计分析工作，汇总统计本轮专家的咨询意见。

(4) 沟通反馈意见。将统计归纳的结果再反馈给专家，每个专家根据反馈的统计结果，慎重地考虑其他专家的意见，然后再提出自己的意见。由于全部过程保密，所以各专家提出的意见都比较客观。对于回答超过规定区间的专家，可以要求他们说明特殊理由，对于这类特殊意见也可反馈给其他专家，予以评价。然后把收回的第二轮征询意见，再进行统计归纳，然后反馈给专家。如此多次反复，一般经过 3～4 轮，就可以取得比较集中一致的意见，使选定的决策方案具有较好的可信度。

2. 德尔菲法的主要步骤

(1) 确定决策的问题、目标、方案。目标明确，内容清晰，调查表及背景资料要列出各种可能的方案及相关因素，尽量采用定量形式表示，供专家的决策参考用的方案，应具体、完整。

(2) 选择一组专家。选择专家时要明确以下几个问题：① 何为专家？多年从事专业工作的科技人员、管理人员、销售人员、熟练工人等等。② 选择什么样的专家？既懂专业，又懂经济、管理、市场的专家；既要熟知该领域的相关知识，同时对决策问题没有什么预先的倾向。在可能条件下，选取知名度较高的专家，选“通才”，选不同学派的代表。③ 怎样选取专家？人太少，决策结果可靠性小，精度低；人太多，意见难以统一，费用高；专家来源广泛，能代表各种不同地区、阶层、职业；专家要有兴趣参加决策工作；从专家库中挑选、指名、推荐、公开征集等。

(3) 设计调查表。明确将要决策的问题、方案。

(4) 提供背景资料。具体包括:① 与决策内容相关的,本系统本地区的各种数据资料,如政策法规、经济、社会、文化、消费情况等。② 与决策内容相关的比较材料,如国外、国内行业资料等。③ 与决策内容相关的关键资料、最新资料,有关评论。要求提供的这些背景资料不带有任何倾向。

(5) 函询调查。发送→收回→统计→制定新的调查表(做出要说明的统计的量:均值,众数,中位数,四分位数等)。

(6) 决策结果分析。定性分析,选取的决策方案是否符合实际,可靠性有多大。

(三) 教育交流法

教育交流法主要用于两种意见明显不同的情况,即某项决策应该还是不应该这类问题。基本步骤是:

(1) 明确归纳问题的要点,提出分歧所在。

(2) 指定一组人去整理和调查问题的有利方面,另一组人去整理和调查问题的不利方面。

(3) 经过一段时间以后,双方讨论各自整理的调查材料,双方交换任务,或指定各方为支持对方的观点而去研究。

(4) 再开讨论会,提出为对方能够接受的意见,或指出问题的共同点,尽量去看别人观点的长处,扩大共同意见以形成最终决策。

这个方法能够减少不同意见的矛盾,促进多人共事,为争论双方增加实事求是的气氛。在实际执行中可能最初的反应是互换立场难以办到,要费工夫引导合作讨论研究的意识。

(四) 集体蹉商法

集体蹉商法用于当决策者具有不同观点时,通过相互协商途径,谋求解决问题的共同意见的方法。

当谈判决策组织中具有不同思想观点的人僵持不下,而双方又不愿意使谈判失败时,便谋求一条途径,作互相让步,较好的结局是合理地合作消除分歧,较差的结局是通过说服达成某种共同的意见。

谈判决策两方有不同的背景,对问题的理解和定义可能不同,然而只要每一方都为对方留下一条能够改变意见的回旋余地,仍有可能找到某种共同的基础。做到这一点的根据是双方都有一部分共同的要求,同时面对事实前提,从根本上说,只有双方都采用合理决策的原则,集体协商谈判才能成功。

(五) 电子会议法

电子会议法也是一种集体决策方法。多达 50 人围坐在一张马蹄形桌子旁,这张桌子除了诸多计算机终端外别无他物,将问题显示给决策参与者,他们把自己的问题打在计算机屏幕上,个人评论和票数统计都投影在会议室的屏幕上。

电子会议法的优点是匿名、诚实和快速。决策者能不透露姓名地打出自己所要表达的任何信息,一敲键盘即显示在屏幕上,使所有人都能看到。它还使人们充分地表达他们的想法而不会受到惩罚,它消除了闲聊和偏题,且不担心打断别人的"说话"。预计未来的群决策可能会广泛使用电子会议法。

二、定量决策方法

(一) 确定型决策方法

确定型决策方法是指在决策的自然状态在一种既定的情况下,即影响决策的因素、条件和发展前景比较清晰明确时,所进行的选择最佳方案的决策。确定型决策方法一般有线性规划法、本量利分析法、投资回收期法、追加投资回收期法等,在此仅介绍前两种。

1. 线性规划法

企业在进行经营决策时将面临其所能利用的资源具有稀缺性(即有限性),因此必须考虑在将有限的人力、物力、资金合理地投入和运用,产出社会所需要的更多使用价值的同时,如何为企业取得最好的经济效益。当资源限制或约束条件表现为线性等式或不等式,目标函数表示为线形函数时,可运用线性规划法进行决策。

【例 7-1】

某企业生产两种产品,每公斤甲产品利润 250 元,每公斤乙产品利润 480 元,有关生产资料如表 7.1 所示,试决策使企业利润最大时两种产品的产量。

表 7.1 甲、乙产品生产所用资料

资源名称	单位产品消耗总量		约束条件
	甲产品	乙产品	
原材料(kg)	60	40	40 000
设备(台时)	30	60	50 000
劳动力(工时)	70	50	60 000

解:设 X_1 为甲产品的生产数量,X_2 为乙产品的生产数量,Z 为企业利润,建立目标函数,使企业利润最大时的目标函数为

$$\mathrm{Max}\, Z = 250X_1 + 480X_2$$

约束条件为

$$60X_1 + 40X_2 \leqslant 40\,000$$
$$30X_1 + 60X_2 \leqslant 50\,000$$
$$70X_1 + 50X_2 \leqslant 60\,000$$
$$X_1 \geqslant 0, X_2 \geqslant 0$$

解得:$X_1 = 166.667$ 公斤,$X_2 = 750$ 公斤

$$\mathrm{Max}\, Z = 250 \times 166.667 + 480 \times 750 = 401\,666.75(\text{元})$$

通过单纯法求解,即当生产甲产品 166.667 公斤、乙产品 750 公斤时企业获得的利润最大为 401 666.75 元。更多变量也可用单纯法求解,现已有相关运筹学方面的优化求解软件。

2. 量本利分析法

量本利分析法又称盈亏平衡分析法,它是根据对业务量(产销量)、成本、利润三者之间相互制约关系的综合分析来预测利润、控制成本的一种数学分析方法,其核心是盈亏平衡点的分析。也就是说,通过盈亏平衡点的分析,可以预先判定产销量达到什么水平才能保证企

业不亏损，为企业经营决策提供科学的依据。

企业从事生产经营活动要消耗大量的人力、物力和财力，他们构成了企业的生产成本。生产成本可划分为固定成本和变动成本。固定成本是指在一定产量范围内，不随产量变动而变动的成本，即使产量为零也要照常支出的总费用。如厂房、设备租金、折旧费、水电费等。从每单位产品的分摊额来看，产量增加，则单位固定成本降低；产量减少，则单位固定成本增加。变动成本是指随产量变动而变动的成本，如原料、燃料、直接人工费用等。但是，从单位产品来看，这类成本基本不变。固定成本与变动成本构成产品的总成本。

(1) 单一品种的量本利

在不考虑销售税金的情况下，量本利三者之间的关系表现为

$$L = S - C = P \cdot Q - (F + V) = P \cdot Q - (F + b \cdot Q) = (P - b) \cdot Q - F \quad (7\text{-}1)$$

式中：L——利润；

C——总成本；

S——销售额；

P——销售单价；

F——固定成本；

V——总变动成本；

b——单位变动成本；

Q——产销量(业务量)。

从式中可以看出，企业销售收入与销售数量成正比，在销售价格一定的情况下，销售数量越多则企业销售收入越大；企业的利润随着销售数量的增减而增减，要达到预期的利润目标必须以一定的销售数量为基础。但销售数量不仅受企业自身生产能力的影响，而且还受到市场销售状况的制约。企业生产多少产品最能体现其生产能力和市场需求、什么样的产量水平才能保证不亏损、价格维持在什么水平最好等问题，构成了量本利分析的主要内容。

盈亏平衡点又称保本点，或盈亏临界点(Q_0)，是指在一定产销量下，企业的销售收入等于总成本，即利润为零。

由式(7-1)得知，当$L=0$，即$(P-b) \cdot Q-F=0$

所以：$Q_0 = \dfrac{F}{P-b}$ (7-2)

此时的产销量 Q_0 即为保本点产销量或盈亏平衡点产销量。

如果要实现目标利润 L，则要达到的产销量规模为 Q_L，即 Q_L 为保利点产销量。

$$Q_L = \frac{F + L}{P - b} \quad (7\text{-}3)$$

盈亏平衡点还可用图 7.5 表示。

从公式和图中可以看出，销售额减去变动总成本后的余额，补偿了固定成本后剩余的部分即为利润。这个余额为边际贡献。可见，边际贡献是对固定成本和利润的贡献。当总的边际贡献与固定成本相当时，恰好盈亏平衡，这时再增加一个单位的产品，就会增加一个单位的边际贡献利润。

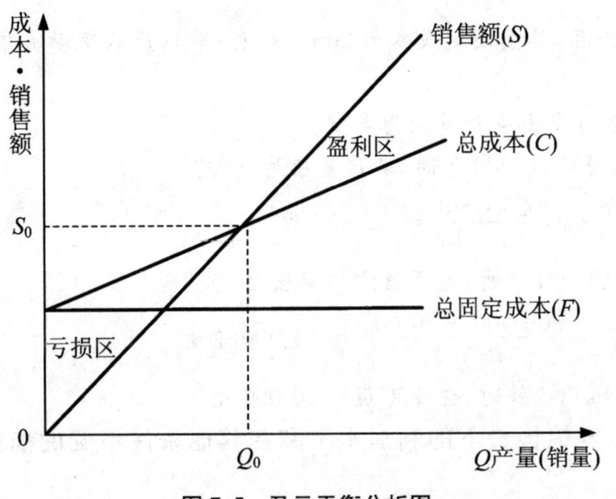

图 7.5　盈亏平衡分析图

在此说明几个概念：① 单位边际贡献。单位产品售价与单位产品变动成本之差称为单位边际贡献。它表示在不考虑固定成本分摊额时，每生产一件产品可望创造的毛利润。② 边际贡献率。单位边际贡献与单件产品售价之比称为边际贡献率。它表示在不考虑固定成本的条件下，再生产一件产品所创造的毛利率。③ 边际贡献总额。单位边际贡献与产销量的乘积称为边际贡献总额。它表示在不考虑固定成本的条件下，企业所获得的毛利润总量。用公式表示如下

$$m = P - b \tag{7-4}$$

$$u = \frac{m}{P} = \frac{P-b}{P} = 1 - \frac{b}{P} = 1 - r \tag{7-5}$$

$$M = Q \cdot m = Q(P - b) \tag{7-6}$$

式中：m——单位边际贡献；

r——变动成本率；

u——边际贡献率；

M——边际贡献总额。

用边际贡献率表示盈亏平衡点，即

$$Q_0 = \frac{F}{m} \tag{7-7}$$

$$S_0 = Q_0 \cdot P = \frac{FP}{m} = \frac{FP}{P-b} = \frac{F}{1-\frac{b}{P}} = \frac{F}{1-r} = \frac{F}{u} \tag{7-8}$$

生产多品种时

$$S_0 = \frac{F}{U_0} \tag{7-9}$$

式中：S_0——盈亏平衡销售额；

U_0——表示加权平均边际贡献率。

(2) 量本利分析法的应用

应用一：判断企业现时产品的产销量在盈利区还是在亏损区。如果现实产量低于盈亏平衡点的产量，则方案不可取；凡高于盈亏平衡点产量的方案是可取方案。

【例 7-2】

某厂生产一种产品，其总固定成本为 200 000 元；单位产品变动成本为 10 元；产品销价为 15 元。

求：① 该厂的盈亏平衡点产量应为多少？

② 如果要实现利润 20 000 元时，其产量应为多少？

解：① $Q_0 = \dfrac{F}{P-b} = \dfrac{200\ 000}{15-10} = 40\ 000$(件)

即当生产量为 40 000 件时，处于盈亏平衡点上。

② $Q_L = \dfrac{F+L}{P-b} = \dfrac{200\ 000+20\ 000}{15-10} = 44\ 000$(件)

即当生产量为 44 000 件时，企业可获利 20 000 元。

应用二：预测一定销售量下的利润水平和在其他条件不变的前提下进行影响因素分析。

【例 7-3】

某出版社拟出版《管理学》教材，经成本估算，已知每本的单位变动成本(b)为 24 元，固定成本总额(F)为 6 万元，每本售价(P)为 30 元，试求盈亏平衡点的销售量、销售额？

解：$Q_0 = \dfrac{F}{P-b} = \dfrac{60\ 000}{30-24} = 10\ 000$(本)

$S_0 = Q_0 \cdot P = 10\ 000 \times 30 = 300\ 000$(元)

【例 7-4】

仍以例 7-3 为例，通过预测未来 5 年《管理学》教材销售量为(Q)80 000 本。试问：

① 可获利润 L 为多少？

② 若希望利润为 45 万元，售价应提高到多少？

③ 若利润实现 45 万元，售价不变，固定成本应减少为多少？

④ 若利润实现 45 万元，其他不变，销售量应为多少？

⑤ 若利润实现 45 万元，其他不变，单位变动成本应减少为多少？

解：① $L = S - C = P \cdot Q - (F+V) = P \cdot Q - (F + b \cdot Q) = (P-b) \cdot Q - F$

$= (30-24) \times 80\ 000 - 60\ 000 = 420\ 000$(元)

② 根据 $L = (P-b) \cdot Q - F$

即 $P = \dfrac{L+F}{Q} + b = \dfrac{450\ 000+60\ 000}{80\ 000} + 24 = 30.375$(元)

③ $F=(P-b) \cdot Q-L=(30-24)\times 80\ 000-45\ 000=30\ 000$(元)

④ $Q=\dfrac{F+L}{P-b}=\dfrac{60\ 000+45\ 000}{30-24}=85\ 000$(本)

⑤ $b=P-\dfrac{L+F}{Q}=30-\dfrac{450\ 000+60\ 000}{80\ 000}=23.625$(元)

应用三：分析判断企业经营安全状况。

首先：计算盈亏平衡点的产销量为 Q_0；其次，预测现实产销量为 Q_1，若 $Q_1 < Q_0$，企业亏损；若 $Q_1 > Q_0$，企业盈利；经营状况是衡量企业经营是否稳定的重要参数，通常通过计算经营安全率来判定。经营状况的好坏通过经营安全率 W 来衡量，其公式为

$$W = \frac{Q_1 - Q_0}{Q_1} \times 100\% \qquad (7\text{-}10)$$

式中 Q_1-Q_0 为安全余额，即实际产销量减去盈亏平衡点的销量。安全余额越大，说明企业的盈利水平越高。可根据表 7.2 中数值判断企业经营安全状态。

表 7.2　企业经营安全状态

经营安全率	>30%	25%～30%	15%～25%	10%～15%	<10%
经营状态	安全	较好	不太好	要警惕	危险

【例 7-5】

仍以例 7-3 为例，预计现实销售量 $Q_1=20\ 000$ 册，则经营安全率 W

$$W=\frac{Q_1-Q_0}{Q_1}\times 100\%=\frac{20\ 000-10\ 000}{20\ 000}\times 100\%=50\%$$

根据表 7.2 可知企业安全状态较好。

反过来，若要安全，销售量 Q_1 必须达到

$$\frac{Q_1-10\ 000}{Q_1}\times 100\%=30\%$$

$$Q_1=14\ 286(\text{册})$$

企业可针对一定时期内经营安全率反映的经营状况，采取相应的决策，如调整产品结构，降低单位变动成本，压缩固定成本等来提高经营安全率，改善经营状况。

(3) 多品种生产的量本利分析

如果企业同时生产几种产品，应如何确定每一种产品的盈亏平衡点的销售额呢？资源有限，即如何确定每种产品的生产比例，才能使整个企业不亏本？

首先计算各产品加权平均边际贡献率，再求综合盈亏平衡点销售额，然后再求综合产品盈亏平衡点销售额。步骤如下：

① 预计全部产品的总销售额

全部产品的总销售额(S)＝Σ各产品销售单价(P_i)*各产品预计销售量(Q_i)

② 计算各产品的销售比重

各产品的销售比重(D_i)＝各产品销售额(S_i)/全部产品的总销售额(S)*100%

③ 计算各产品加权平均边际贡献率

各产品加权平均边际贡献率 U＝Σ各产品的边际贡献率(U_i)*各产品的销售比重(D_i)

④ 计算综合盈亏平衡销售额

综合盈亏平衡销售额(S_0)＝固定成本总额(F)/各产品加权平均边际贡献率(U)

⑤ 计算各种产品的盈亏平衡销售额

各种产品的盈亏平衡销售额(S_{0i})＝综合盈亏平衡销售额(S_0)*各产品的销售比重(D_i)

【例 7-6】

假定崇明公司在计划期拟生产和销售 A、B、C 三种产品，其固定成本总额为 19 992 元，三种产品的产销量、销售单价、单位变动成本等见表 7.3。

表 7.3　崇明公司在计划期拟生产和销售资料

项目	A产品	B产品	C产品	合计
①产销量 Q(台)	20	40	60	120
②销售单价 P(元)	1 000	1 250	300	—
③单位变动成本 b(元)	600	700	2 100	—
④销售额 S(元)=①*②	20 000	50 000	180 000	250 000
⑤各产品销售比重 D_i=④/Σ④	8%	20%	72%	—
⑥各产品单位边际贡献 m_i=②-③	400	550	900	—
⑦各产品边际贡献率 U=⑥/②	40%	44%	30%	—

试求:综合盈亏平衡销售额?各产品盈亏平衡销售额及销售量?

解:总销售额=250 000(元),各产品加权平均边际贡献率

$$U = U_i \cdot D_i = 40\% \times 8\% + 44\% \times 20\% + 30\% \times 72\% = 33.6\%$$

综合盈亏平衡销售额:$S_0 = \frac{F}{U} = \frac{19\ 992}{33.6\%} = 59\ 500$(元)

各产品盈亏平衡销售额

A 品盈平衡售额 $S_{0A}=59\ 500\times 8\%=4\ 760$(元)

B 品盈平衡售额 $S_{0B}=59\ 500\times 20\%=11\ 900$(元)

C 品盈平衡售额 $S_{0C}=59\ 500\times 72\%=42\ 840$(元)

各产品盈亏平衡销售量

A 品盈平衡售量 $Q_{0A}=\frac{S_A}{P_A}=\frac{4\ 760}{1\ 000}=5$(台)

B 品盈平衡售量 $Q_{0B}=\frac{S_B}{P_B}=\frac{11\ 900}{1\ 250}=10$(台)

C 品盈平衡售量 $Q_{0C}=\frac{S_C}{P_C}=\frac{42\ 840}{3\ 000}=15$(台)

(二) 风险型决策方法

风险型决策是指客观存在的、不以人的意志为转移的两种以上的自然状态,虽然未来事件可能出现的自然状态是不确定的,但各种自然状态可能发生的概率却是可以预测的,在这种条件下所做的决策即为风险型决策。风险型决策所依据的主要是期望值,所谓期望值(EMV)就是在不同自然状态下决策者所期望达到的数值,其计算公式为

$$EMV_j = \sum_{i}^{n} X_i P_i \quad (j = 1,2,3,\cdots,m; i = 1,2,3,\cdots,n) \tag{7-11}$$

式中:X_i——第 j 方案在 i 种自然状态下的损益值;

P_i——第 j 方案在 i 种自然状态下的概率。

1. 决策收益表法

决策收益表又称决策损益矩阵。运用决策收益表决策的步骤如下:① 确定决策目标。② 根据经营环境对企业的影响,预测自然状态,并估计发生的概率。③ 根据自然状态的情况,充分考察企业的实力,拟定可行方案。④ 根据不同可行方案在不同自然状态下的资源条件、生产经营状况,计算出损益值。⑤ 列出决策收益表。⑥ 计算各可行方案的期望值。

⑦ 比较各方案的期望值，选择最优可行方案。

【例 7-7】

某个体经营者销售一种新产品，每箱成本 80 元，销售单价 100 元，如果商品当天卖不出去，就会因变质而失去其使用价值。目前对这种新产品的市场需求情况不十分了解，但有去年同期类似产品的日销量资料可供参考(见表 7.4)。个体经营者要决策获利最大的日进货量的决策方案，应如何决策。

表 7.4　某产品日销售量统计

日销售量(箱)	完成时间(天)	概率
25	20	0.1
26	66	0.3
27	100	0.5
28	20	0.1
总计	200	1.0

解：决策目标是安排一个获利润最大的日进货方案。

(1) 根据去年同期类似产品销售资料的分析，可确定今年产品的市场自然状态情况，并计算出各种状态下的概率，绘制出决策收益表(见表 7.5)。

(2) 根据去年的销售情况，经过分析，拟定出新产品销售的可行方案。

表 7.5　某产品销售决策收益表

自然状态 / 概率 / 进货方案		市场日销售量				期望值 (*EMV*)(元)
		25 箱	26 箱	27 箱	28 箱	
		0.1	0.3	0.5	0.1	
日进货量	25 箱	500	500	500	500	500
	26 箱	420	520	520	520	510
	27 箱	340	440	540	540	490
	28 箱	260	360	460	560	420

(3) 计算出各种方案在各种状态下的损益值(见表 7.5)。

期望值计算方法如下：

日进货 25 箱的期望值

$$EMV_{25} = \sum X_i \cdot P_i$$

$$= 500 \times 0.1 + 500 \times 0.3 + 500 \times 0.3 + 500 \times 0.5 + 500 \times 0.1 = 500(\text{元})$$

同样可计算得：$EMV_{26}=510$(元)，$EMV_{27}=490$(元)，$EMV_{28}=420$(元)

根据决策目标选择期望值最大(510 元)所对应的计划方案，即每天进货 26 箱为最优方案。

2. 决策树法

在风险型决策中，除了可以用决策收益表来进行决策外，还可以用决策树来进行决策。决策树分析法的主要特点是使用了决策树图，因而整个决策分析过程具有直观、简要、清晰等优点。决策树分析既可用于单阶段的决策,也可用于多阶段的复杂决策。

(1) 决策树的构成

决策树是以决策结点"□"为出发点,从其引出若干方案枝,每个方案枝代表一个可行方案。在各方案枝的末端有一个状态结点"○",从状态结点引出若干概率枝,每个概率枝表示一种自然状态。在各概率枝的末梢注有损益值。决策树的一般结构如图 7.6 所示。

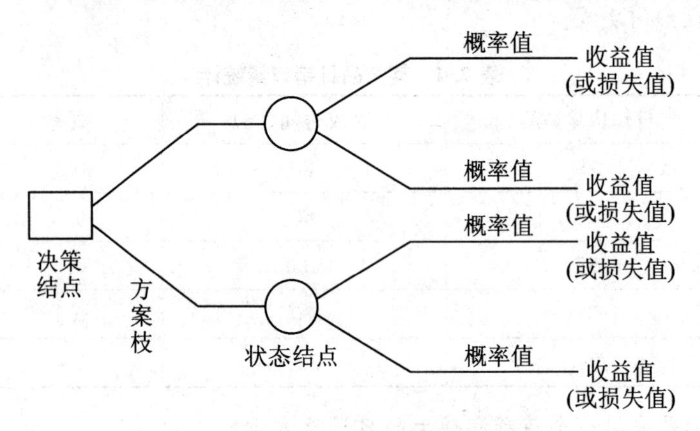

图 7.6　决策树结构图

(2) 决策树法决策的步骤

① 绘制决策树图。决策树图是人们对某个决策问题未来可能发生的情况与方案可能结果在图纸上的表示。因此,画决策树图的过程就是拟定各种方案的过程,也是进行状态分析和估算方案条件结果的过程。所以,我们要对决策问题的发展动向步步深入地进行分析,并按决策树图的结构规范由左向右来推画出决策树图。

② 计算期望值。将各自然状态的损益值分别乘以概率枝上的概率,并将这些值相加,求出状态结点和决策结点的期望值。期望值的计算方法,从图的右边向左边逐步进行。一般把计算结果标示在相应的状态节点的上方。

③ 修枝选定方案。根据不同方案期望值的大小,从右向左(逆推法)进行修枝优选。舍去期望收益值小的方案,留下期望收益值最大的方案。修枝时要把修枝符号画在图上,最后便可得出最优方案,并写出结论。

(3) 单阶段决策

在整个决策中只决策一次,就能选择出决策的行动方案的过程,称为单阶段决策。

【例 7-8】

某企业为增加销售,拟定开发一个新产品。有两个方案可供选择。

方案一:投资 400 万,建大车间。建成后,如果销路好,每年获利 75 万;如果销路差,每年将亏损 10 万。使用年限 10 年。

方案二:投资 150 万,建小车间。建成后,如果销路好,每年获利 30 万;如果销路差,每年将获利 5 万。使用年限 10 年。

据市场调查预测,新产品在案今后 10 年内,销路好概率是 0.7,销路差概率是 0.3。请决策哪个方案好?

解:第一步,依据题意,画出决策树图(如图 7.7 所示)

第二步,从右到左,计算各结点期望值

结点①期望值:0.7×75×10+0.3×(−10)×10−400=95(万元)

结点②期望值:0.7×30×10+0.3×(−5)×10−150=45(万元)

第三步,比较结点①、②,舍去点②,决策结果:选择建大车间的方案。

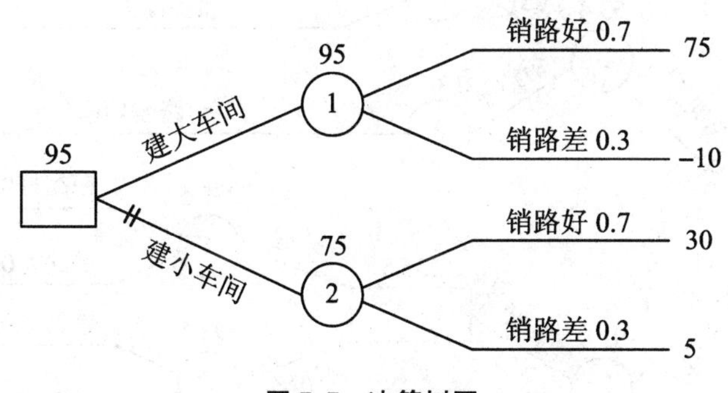

图 7.7　决策树图

(4) 多阶段决策

如果决策问题较复杂,在决策中,一次决策不能解决问题,需要进行多次决策才能确定决策的行动方案,称为多阶段决策。

【例 7-9】

某企业为增加销售,拟定开发一个新产品,提出 3 个备选方案:

方案一:投资 400 万,建大车间。建成后,如果销路好,每年获利 75 万;如果销路差,每年将亏损 10 万。使用年限 10 年。

方案二:投资 150 万,建小车间。建成后,如果销路好,每年获利 30 万;如果销路差,每年将获利 5 万。使用年限 10 年。

方案三:投资 150 万先建小车间。试销 3 年,如果销路好,再投资 230 万扩建为大车间其效率与方案一相同。扩建后使用年限 7 年。

根据市场预测,这种新产品在今后 10 年内销路好的概率是 0.7,销路差概率是 0.3。又预计如果前 3 年销路好,后 7 年销路好的概率是 0.9,如前 3 年的销路差,后 7 年销路肯定差。请决策应选择哪个方案?

解:本例题实际上是例 7-8 的进一步扩展。这一问题属于多阶段决策,其步骤与单阶段决策一样。

首先,画出决策树图(如图 7.8 所示)。

结点①期望值:0.9×75×7+0.1×(−10)×7=465.5(万元)

结点②期望值:1×(−10)×7=−70(万元)

结点③期望值:0.7×75×3+0.7×465.5+0.3×(−10)×3+0.3×(−70)−400=53.4(万元)

结点④期望值:0.9×75×7+0.1×(−10)×7−230=235.5(万元)

结点⑤期望值:0.9×30×7+0.1×5×7=192.5(万元)

比较结点④和结点⑤,舍弃结点⑤,选择结点④。

结点⑥期望值:1×5×7=35(万元)

结点⑦期望值:0.7×30×3+0.7×235+0.3×5)×3+0.3×35−120=92.9(万元)

比较结点③和结点⑦,舍弃结点③,选择结点⑦,决策结果:选择方案三,先建小车间,若前3年销路好，再扩建大车间。

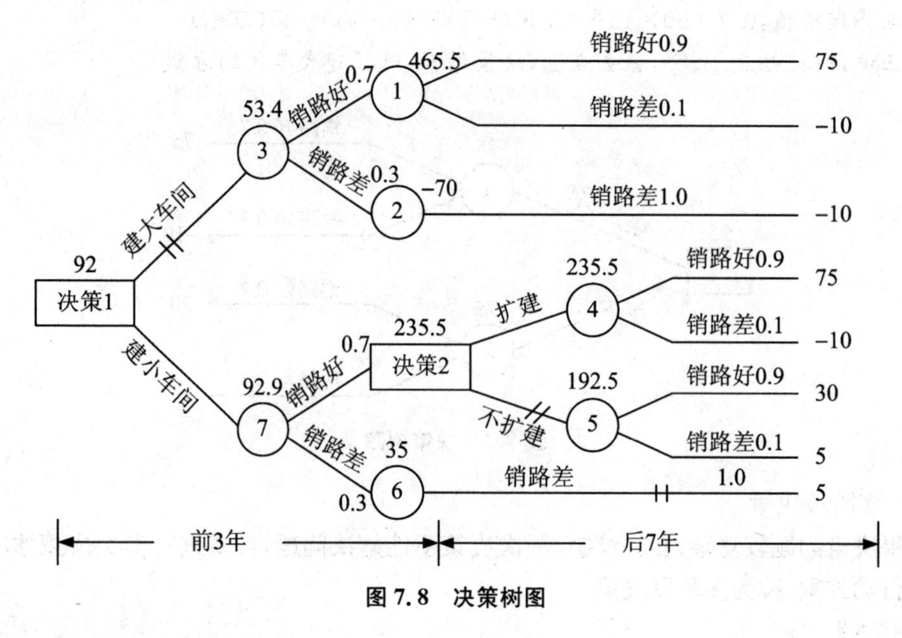

图7.8 决策树图

（三）非确定型决策方法

非确定型决策是指在决策所面临的自然状态难以确定，而且各种自然状态发生的概率也无法预测的条件下所做出的决策。由于自然状态下决策结果的不可预知，因此具有极大的风险性和主观随意性。非确定型决策常遵循以下几种思考原则：

1. 悲观原则(小中取大法)

持这种原则的决策者，都是对未来事件结果估计比较保守的。它是力求从不利的情况下寻求较好的方案，即从坏处着眼向好处努力。

这种方法也称小中取大法，即先找出各方案中的最小收益值，然后从最小收益值中选择最大收益值的方案为最优方案。

【例7-10】

某公司拟生产一种新产品，由于缺乏市场销售方面的资料，公司对这种产品的市场需求量只能大致估计为4种情况：较高、一般、较低、很低。对这4种自然状态下发生的概率无法预测。此新产品公司考虑有4个可行方案。各方案的损益情况如表7.6所示。

表7.6 新产品各方案损益情况

方案	在各种自然状态下的企业年收益值(万元)				最小收益值(万元)
	较高	一般	较低	很低	
A	600	200	－100	－350	－350
B	850	420	－150	－400	－400
C	300	200	50	－100	－100
D	400	250	90	50	50*

先从每个方案中选出最小值{－350，－400，－100，50}，然后从各方案的最小值中选择最大值(表中*标出的)所对应的方案max{－350，－400，－100，50}＝50(万元)。最优方案

应选择D方案。

2. 乐观原则(大中取大法)

持这种决策原则的决策者,都是对未来前景比较乐观,并有较大成功把握的。它们愿意承担一定风险去争取最大的收益。

这种方法与悲观原则正好相反,也称为大中取大法。选择过程是:首先从每个方案中选择一个最大收益值,然后从这些最大收益值中选择一个最大值(表7.7中*标出的),这个最大值所对应的方案就为最优方案。仍以例7-10为例。

表7.7　新产品各方案损益情况

方案	在各种自然状态下企业的年收益值(万元)				最大收益值(万元)
	较高	一般	较低	很低	
A	600	400	−100	−350	600
B	850	420	−150	−400	850*
C	300	200	50	−100	300
D	400	250	90	50	400

这种方法期待今后出现的情况是最有利的,但往往过分乐观,容易引起冒进,或出现极不合理的现象。

3. 折中原则

这种方法的指导思想是:稳中求发展,既不过于乐观也不过于悲观,寻求一个较稳定的方案。

选择过程是:首先考虑每一个方案的最大收益和最小收益值,然后应用一个系数对最大收益值和最小收益值进行折中调整,算出它们的调整收益值,最后选择调整收益值(EMV)最大的方案作为最优方案。

$$调整收益值(EMV)=\alpha\times最大收益值+(1-\alpha)\times最小收益值$$

α为调整系数,是在0～1之间的数值。通常由决策者根据对获得的最大收益值的可能性的估计,自己主观选定。

【例7-11】

仍以例7-10为例,若$\alpha=0.7$,则$(1-\alpha)=0.3$,计算各方案调整收益值如下:

$EMV_A=0.7\times600+0.3\times(-350)=315$(万元)

$EMV_B=0.7\times850+0.3\times(-400)=475$(万元)

$EMV_C=0.7\times300+0.3(-100)=180$(万元)

$EMV_D=0.7\times400+0.3\times50=295$(万元)

比较计算结果,B方案的收益值最大,为最佳方案。

不难看出,当$\alpha=1$时,这种方法就变成乐观原则决策方法。当$\alpha=0$时,这种方法就变成悲观原则决策方法。

4. 最小后悔值原则

当某一种自然状态出现时,将会明确哪个方案最优,即收益值最大。如果决策者当初并未选择这一方案,而选择了其他方案,这时定会感到后悔。后悔结果的大小通过后悔值来表示。每种自然状态下的最大收益值与各方案的收益值之差,称为后悔值,也称机会损失。

后悔值原则的决策过程是:先确定各方案的最大后悔值,然后从这些最大后悔值中选择最小后悔值所对应的方案,即最优方案。

【例 17-12】

仍以例 7-10 为例,首先找出对应于各种自然状态的最大收益值,在表 7.8 中用 * 标出。

表 7.8 各方案收益情况

方案	在各种自然状态下的企业收益值和最大收益值(万元)			
	较高	一般	较低	很低
A	600	400	−100	−350
B	850 *	420 *	−150	−400
C	300	200	50	−100
D	400	250	90 *	50 *

其次,将对应于每种自然状态的各项收益值从相应的最大值中减去,求出后悔值(见表 7.9)。

表 7.9 各方案后悔值

方案	在各种自然状态下的后悔值(万元)				最大后悔值(万元)
	较高	一般	较低	很低	
A	250	20	190	400	400*
B	0	0	240	450	450
C	550	220	40	150	550
D	450	170	0	0	450

再次,找出各个方案的最大后悔值,{400,450,550,450}。

最后,从最大后悔值中选择最小值。其所对应的方案为最优方案。min{400,450,550,450}=400(万元),A 方案是最优的决策方案.

对于上述 4 种决策方法,在理论上还不能证明哪一种是最合理的。因此,在实际经营决策中,要因事、因人而异。

本 章 小 结

1. 决策是管理者为了实现组织目标和解决组织面临的问题,在科学搜集并详细分析相关信息的基础上,提出实现目标和解决问题的各种可行方案,依据评价准则和标准,选定方案并加以实施和控制的过程。

2. 决策一般由以下 6 个基本要素构成:决策主体、决策目标、决策准则、决策对象、决策工具和决策结果。

3. 决策的类型:根据决策问题的性质和重要程度将决策划分为战略决策、管理决策和业务决策;根据决策的主体构成将决策划分为个人决策和群体决策;根据决策环境的控制程度将决策划分为确定型决策、风险型决策和不确定型决策;根据决策问题的重复程度将决策划分为程序化决策和非程序化决策;根据决策影响时间的长短将决策划分为长期决策、中期决策和短期决策。

4. 管理者在决策中都会受到个性、态度和行为、伦理和价值以及文化等诸多因素的影响。如决策的一般环境、组织自身的因素、组织过去的决策、决策问题的性质、决策者对风险的态度、决策主体的因素、市场等。

5. 决策在管理活动中具有重要地位,它贯穿于管理过程始终,它的正确与否直接关系到组织的生存与发展,决策能力是衡量管理者水平高低的重要标志。

6. 一个科学的决策应通过以下几个步骤来完成:识别机会或发现问题;确定目标;拟定备选方案;评估备选方案;选择决策方案。

7. 决策方法分为定性研究和定量研究两大类方法。定性研究法是决策者根据已知的情况和现有资料,利用个人知识、经验和业务决策的方法。定性研究主要有头脑风暴法、德尔菲法、教育交流法、集体磋商法和电子会议法。

8. 定量研究法是借助数学理论的应用模型,运用现代计算工具,找出决策各影响因素之间的定量关系,并通过最优化方法去解析、评价、优化决策方案的方法。定量研究法分为确定型决策方法(线性规划法和量本利分析法)、风险型决策方法(决策收益表法和决策树法)、非确定型决策方法(悲观原则、乐观原则、折中原则和最小后悔值原则)。

◆思考题:

1. 什么是决策? 决策包含哪些要素? 决策的意义何在?

2. 决策有哪些分类? 确定型决策、非确定型决策和风险型决策的主要区别是什么?

3. 简述德尔菲法的概念、特点和步骤?

4. 试述决策的基本过程。

5. 某企业生产销售一种产品,单位变动成本50元,年固定成本30 000元,销售单价200元,据市场预测,年度销售量为300件。

计算:

(1) 企业可获利润为多少?

(2) 企业的盈亏平衡点销售量? 销售额分别为多少?

(3) 若希望利润为20 000元,问售价应提高到多少?

(4) 若利润实现20 000元,售价不变,固定成本应减少为多少?

(5) 若利润实现20 000元,其他不变,销售量应增加多少?

(6) 若利润实现20 000元,其他不变,单位变动成本应降至多少?

6. 某水产养殖场每天向市场提供新鲜活虾,每箱成本200元,销售单价300元,若活虾当天卖不完,亏损200元,根据以往市场需求活虾的统计资料如下:

市场日销售量(箱)	1 000	1 500	2 000	2 500
概率(P)	0.2	0.3	0.4	0.1

该养殖场拟定日打捞活虾1 000箱,1 500箱,2 000箱和2 500箱,提供市场的4种决策方案,试用决策收益表法和决策树法使该养殖场获利最大的日打捞活虾方案?

7. 某企业对产品更新换代做出决策,现拟定3个可行方案:

方案一:上新产品A,需追加投资500万元,经营期5年,若产品销路好,每年可获利润300万元,若销路不好,每年将亏损30万元。据预测销路好的概率为0.7,不好的概率为

0.3。

方案二：上新产品 B，需追加投资 300 万元，经营期 5 年，若产品销路好，每年可获利润 120 万元，若销路不好，每年将亏损 20 万元。据预测销路好的概率为 0.8，不好的概率为 0.2。

方案三：继续维持老产品生产，若销路好，今后 5 年内仍可维持现状，每年获利 60 万元，若销路差，每年获利 20 万元，据预测销路好或差的概率分别是 0.9 和 0.1。

试用决策树法对该企业是否对产品更新换代做出决策？选取哪个方案好？

8. 某企业拟生产一种新产品，市场需求量难以估计，只能大致分为较高、一般、较低和很低 4 种水平，且 4 种水平的概率亦无从确定。生产此产品有 4 个可行方案：A 改建原生产线；B 新建一条生产线；C 利用原有条件生产部分零件，其余的搞外协加工；D 与有关企业搞横向联合。

各方案损益值表

方案	各种自然状态下的年损益值(万元)			
	较高	一般	较低	很低
A	600	400	—100	—350
B	850	420	—150	—400
C	300	200	50	—100
D	400	250	90	50

试用悲观原则、乐观原则、折中原则和最小后悔值原则确定最好的决策方案(假设调整系数为 0.7)？

思考案例

美国跨国公司的战略调整

20 世纪 90 年代以来，世界经济格局发生了重大变化，全球化与信息化改变了企业竞争的环境，也改变了企业竞争的规则。人们发现，一般制造业呈现利润递减趋势，知识密集型服务业则呈现利润递增趋势；硬件产品利润越来越薄，软件产品特别是系统产品利润越来越丰厚。企业竞争的重点从产品制造正在转向客户服务，从硬件产品转向软件产品和系统产品。在这种形势下，世界上一些大的跨国公司在不同的行业和国家、地区经营状况出现相当大的差距。其中一个重要原因是是否进行了适应世界经济全球化和信息化的战略调整、业务重组和管理改革。一批美国大公司最先领悟到国际竞争环境和竞争规则的变化，率先进行了战略调整与管理改革。

通用电气(GE)公司进行了全面的战略调整，从制造类公司向服务性公司转变，从以产品为中心向以服务为中心转变。总裁韦尔奇为使公司具有长期的核心竞争力，大刀阔斧地进行公司改革，制定了“数一数二”原则(产品的市场占有率需名列前茅，否则兼并或关闭)，对销售收益率、资产收益率指标也提出了一定要求。

国际商用机器(IBM)公司进行了经营重点转移，使公司成为一家为客户解决问题的企业。根据网络世界的发展进程，电脑软件系统以及客户服务体系将会扮演日益重要的角色，面对这种情况，IBM 认为必须改变过去没有独立的软件部门或从属于硬件部门的状况，于是，将公司的战略调整重点确定为使公司从电脑硬件系统的生产厂家，转化成一家集硬件系统、软件系统、客户服务为一体的为客户提供系统的解决方案的公司。与此同时，改革管理结构，精简人员。从1993年到1997年，IBM公司精简员工近20万人，公司雇员人数从40余万人减少到22万人。

1992年以前，惠普(HP)公司的目标是："设计、制造、销售和支持高精密电子产品和系统，以收集、计算、分析资料，提供信息作为决策的依据，帮助全球用户提高其个人和企业的效能。"在战略调整后，惠普公司的目标改变为："创造信息产品以便加速人类知识的进步，并且从本质上改善个人及组织的效能。"

1992～1995年期间，杜邦(DUPONT)公司注重于"通过降低成本创造价值"，并为此而减少员工，高层减少40%～80%，一般员工减少25%；同时减少层级，加快反应，如取消化纤部，加强该部独立业务部门，贴近消费者。1995年以来，公司注重"创造价值来实现赢利性增长"，股东与员工利益结合；组织机构更加以独立业务部门为核心；核心管理体系变得更小、更简单；业务决策基于从长期为股东创造价值；经营战略着眼于全球性的盈利性增长。

资料来源：根据百度文库相关资料整理。

思考：美国跨国公司为何要进行战略调整？其业务重组和机构改革的原则是什么？对我国有哪些启示？

第八章 组　织

了解组织工作的基本内容和程序；掌握几种主要组织结构类型及其特点；了解集权、分权与授权的相关内容。

CMP 公司组织结构的演变

利兹夫妇在 1971 年建立了 CMP 出版公司。到 1987 年，他们公司出版的 10 种商业报纸和杂志都在各自的市场上占据了领先地位。更令人兴奋的是，它们所服务的市场（计算机、通信技术、商务旅行和健康保健）提供了公司成长的充足机会。但是，假如利兹夫妇继续使用他们所采用的组织结构，这种成长的潜力就不会得到充分的利用。

他们最初为 CMP 设立的组织，将所有重大的决策都集中在他们手中。这样的安排在早些年头运作得相当好，但到 1987 年后它已经不再有效。利兹夫妇越来越难照看好公司。比如，想要约见他们的人得早上 8 点就在他们办公室外排队等候。员工们越来越难得到对日常问题的答复，而要求快速反应的重要决策经常被耽误。对于当初设计的组织结构来说，CMP 已经成长得太大了。

利兹夫妇认识到了这个问题，着手重组组织。首先，他们将公司分解为可管理的几个单位（实质上是在公司内建立半自主的公司），并分别配备一名独立的经理掌管各个单位。这些经理都被授予足够的权力去经营和扩展他们各自的分部。其次，利兹夫妇设立了一个出版委员会负责监管这些分部。利兹夫妇和每个分部的经理都是该委员会的成员。分部经理向出版委员会汇报工作，出版委员会则负责确保所有的分部都能按 CMP 的总战略运作。

这些结构上的变革带来了明显的效果。CMP 现在总共出版 14 种刊物，年销售额达到近 2 亿美元。公司的收益持续地按管理当局设定的 30%的年增长率目标不断地增加。

资料来源：根据网络资料整理。

讨论：CMP 出版公司组织结构的变化说明了什么？

在计划职能为我们制订了良好的计划之后，实际的运作过程中，常常因为管理人员没有适当的组织结构予以支持而落空。CMP 出版公司的例子说明，在某一时期是合适的组织结构，可能过了一两年以后就不再合适。选择合适的组织结构在组织演进过程中起着至关重要的作用。本章我们将对组织的基本问题如组织的含义、组织结构的设计、组织中的权利分配等问题进行探讨。

第一节　组 织 职 能

一、组织的概念

组织的存在源于人们活动的社会性。社会的发展使人们的需求日趋复杂化、多样化，要不断满足这种需求，单靠个人的努力是无法实现的，因此便产生了组织。在组织当中统筹安排人力、物力和财力，力求用尽可能小的消耗取得尽可能大的结果。组织存在本身足以说明，它对人类的生存起着重要作用。管理人员的主要任务之一就是要使组织不断发展、完善，使之更加富有成效。

组织理论是管理科学的一个重要组成部分，现在已经成为管理科学中的一个独立的研究领域。组织理论实际上就是研究如何合理、有效地进行分工，这里的分工包括业务工作的分工、工作量的分配、职责和权限的划分，分工之后为每一个职位配备合适的人员及相互之间的配合与协作等。

古典管理学派认为组织是为了达到某些特定目标经由分工与合作及不同层次的权力和责任制度，而构成的人的集合。组织包含 3 个要素：一是组织必须具有目标。正式组织如此，非正式组织也如此。二是组织当中必须有分工合作，且分工合作受目标的限制。三是组织要有不同层次的权力与责任、制度，不同部门、不同的人有不同的责任和权力。权力和责任是达成组织目标的必要保证。此概念适用于描述初创期的组织。

社会系统学派的巴纳德认为组织是两人或两人以上有意识加以协调的活动或效力系统。该理论观点适用于组织的运行分析。“系统论”认为组织是开放的社会系统，具有许多相互影响、共同工作的子系统，当一个子系统发生变化时，必然影响其他子系统和整个系统的工作。组织变革即源于“系统论”的观点。

我们认为，组织是指为了实现既定的目标，按一定规则和程序而设置的多层次岗位及其有相应人员隶属关系的权责角色结构系统。

组织主要包含以下 4 个重要要素：① 目标。因为任何组织都是为目标而存在的，不管这种目标是明确的还是模糊的，目标总是组织存在的前提。没有目标，也就没有组织存在的必要性。② 人员与职务。人既是组织中的管理人员，又是组织中的被管理人员，建立良好的人际关系，是建立组织系统的基本条件和要求。明确每个人在系统中所处的位置及相应的职务，便可形成一定的职务结构。③ 职责与职权。职责是指某个职位应该完成某项任务的责任，这反映出上下级之间的一种关系。下级有向上级报告自己工作绩效的义务或责任，上级有对下级的工作进行必要指导的责任。职权是指经由一定的正式程序所赋予某项职位的一种权利。居其位者，可以承担指挥、监督、控制及惩罚、裁决等工作。这种权力是一种职位的权力，而不是某特定个人的权力。④ 信息。组织内部以及内部与外部的联系，主要是信息联系。只有信息沟通，才能保证组织有效运作。

二、组织职能的概念

管理的组织职能是指设计、维护并不断改进组织的结构框架，为组织的成员创造一种适合的工作环境，使组织成员能在其中分工协作地进行有效工作的一种管理活动。可以从以下几方面理解组织职能的概念。

(一) 合理分工与有效合作

管理的组织职能的两大主题即合理的分工与有效的合作。

亚当·斯密阐述过劳动分工的观点,并讨论了劳动分工、劳动技能与劳动生产率的关系。企业中的劳动分工是指将一项完整的工作分解成若干较简单的步骤,每个人只专门从事其中某一个步骤的活动,所有相关步骤的专门活动整合起来就完成了全部工作。在生产流水线上,工人们分别承担某一固定工序的标准化操作,是劳动分工的典型例子。

对于一个组织来说,分工能带来明显的经济效益。其表现的第一个好处是个人不断重复做一项相同工作,可以较容易地掌握特定技能,从而提高生产效率和工作质量。其次,分工可以为不同员工各自所具备的特点与专长得到有效的运用创造条件。每个人都在最能发挥他技能优势的岗位上从事同类工作,显然比每一个员工都要从头到尾地完成全部工作任务的每一步骤,同时掌握所需的多种技能更有利于组织整体效率的提高。此外,劳动分工有助于推广标准化操作与工具,为大规模生产和降低成本提供了可能。分工的最后一个好处是组织只需要在少数要求掌握复杂技术的关键岗位上雇用高技能的熟练员工,而在大多数工作任务较为简单的岗位上只要聘用工资水平较低的一般员工即能完成,从而使组织内部资源配置更为合理,节约工资成本和培训费用。

劳动分工的思想促进了工作专门化在岗位设计中的普遍应用,成为提高员工职业能力和生产效率的有效方法,为众多的组织尤其是制造类企业带来了经济效益。但是劳动分工的过度细化也产生了很多问题,如工作本身变得单调、枯燥,长期只承担一个简单工序并不断重复的员工不了解自己工作的最终价值与意义,缺乏进一步学习和提高的空间,从而产生厌倦、烦闷的情绪,以至于产生生产率下降、质量降低、旷工和离职率提高等现象。

(二) 管理幅度与管理层次

对于一个拥有较多数量员工的组织而言,由于受到时间和精力的限制,管理人员无法直接领导和监督每一个员工的工作,于是需要委派其他的管理人员来协助自己做不同性质的管理工作。一名主管人员直接领导、指挥并监督其工作的下属的数量被称为管理幅度,幅度是一个组织横向结构扩展的表现。当一名主管人员的下属数量超过了他能够有效管辖的限度时,为了保证组织的正常运转与协调有序,他会委托一些人来分担其工作,从而增加一个新的管理层次,层次是一个组织纵向结构扩展的表现。

一个组织管理层次多少受组织规模与管理幅度的影响。当管理幅度确定时,管理层次与组织规模成正比,组织规模越大,组织成员越多,管理层次相应越多。在组织规模一定的条件下,管理层次与管理幅度成反比,一个主管直接领导和控制的下属越多,组织的管理层次越少。人们一般将管理幅度宽、管理层次少的组织称为扁平结构,而将管理幅度窄、管理层次多的组织称为锥形结构。如图 8.1 所示,假设有两个组织,它们的作业人员约为 4 100 人,如果一个组织的管理幅度为 4;另一个组织的幅度为 8。幅度大的组织就可减少两个管理层次,大约精简 800 名管理人员。假如管理人员的平均年薪为 5 万元,则加宽管理幅度后将使组织在管理人员工资上每年节省 400 万元。

两种组织结构各有优缺点:

扁平结构有利于缩短上下级距离,密切上下级关系,信息纵向流动快,管理费用低,而且由于管理幅度较大,被管理者有较大的自主性、积极性、满足感,同时也有利于更好地选择和培训下层人员;但由于不能严密监督下级,上下级协调较差,管理宽度的加大,也增加了同级间相互沟通的困难。

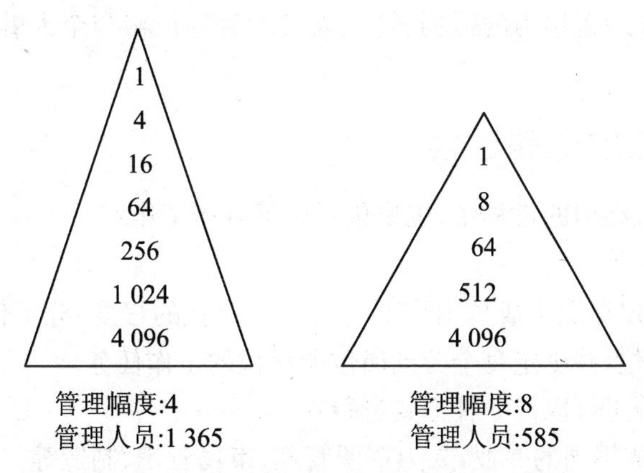

图 8.1 组织管理幅度与管理层次关系图

锥式结构具有管理严密、分工明确、上下级易于协调的特点。但层次增多,带来的问题也越多。这是因为层次越多,需要从事管理的人员迅速增加,彼此之间的协调工作也急剧增加,互相扯皮的事会层出不穷。管理层次增多之后,在管理层次上所花费的设备和开支,所浪费的精力和时间也必然增加。管理层次的增加,会使上下的意见沟通和交流受阻,最高层主管人员所要求实现的目标,所制定的政策和计划,不是下层会不完全了解,就是上层传达到基层之后变了样。管理层次增多后,上层管理者对下层的控制变困难,易造成一个单位整体性的破裂;同时由于管理严密,而影响下级人员的主动性和创造性。

当然,管理幅度的扩大并非随心所欲的。管理学者格拉丘纳斯推导出来的数学公式 $C=n[2^{n-1}+(n-1)]$,使我们可以根据下属的数量 n 计算出可能存在的人际关系数目 C。随着下属人数 n 的增加,相应的人际关系数目 C 将按几何级数增长,管理工作的复杂程度亦大大增加。因此,过宽的管理幅度会使主管人员在管理活动中产生失控的危险,降低管理的效率。事实上,人们已经认识到合适的管理幅度并没有一个统一的数量标准,从早期的 4～6 人到现代的 10～15 人甚至数十人。

有效的管理幅度受到多种因素的影响,主要的影响因素有:

(1) 组织层级。位于不同层级的管理者,其工作任务与性质有所不同。高层主管人员需要解决很多非常规的问题,需要大量时间和精力处理外部事务,规划事关组织长远发展的大政方针,面临较强的不确定性和风险性,其管理幅度一般较中低层次管理人员小。基层管理者主要掌握内部信息,处理简单、明确、程序化的例行问题,不确定性较低,其管理幅度一般要大些。

(2) 工作能力。管理人员自身的综合素质是扩大管理幅度的必要条件;而接受过系统教育和培训,并且经验丰富的下属可以使主管人员既能扩展管理幅度,又能保证工作的质量。

(3) 工作条件。如主管人员配有精干的助手,组织拥有先进的管理信息系统和高效的办公自动化设施,管理幅度则可以得到扩展。此外,组织的计划周密、规则合理、权责范围明确、下属的工作任务相似性高、复杂性低、适合运用标准化方法等都可以促进管理幅度扩大。

(4) 组织环境。组织所处的外部环境越稳定,内部运作越规范,越有助于扩大组织的管理幅度;反之,在一个多变的环境中,管理人员经常要面临新问题,需要他用更多的时间和精力去关注环境的变化，掌握外部信息，思考如何去应变，则会限制他的管理幅度。

除上述因素外，组织凝聚力的强弱、管理人员的管理风格与个人魅力、集权化程度等都会影响管理幅度。

三、组织职能的逻辑过程

在设计、维护组织结构的过程中，主要包括以下具体工作：

（一）工作分工

工作分工是指确定组织中成员工作专门化或专业化的程度，分工任务是把组织中的工作分解成小的工作单位，并确定每个劳动岗位所承担的工作任务。

在组织中，工作分工可以以3种方式进行：

（1）把工作分解成不同的专业：人力资源管理、市场营销、制造等。

（2）把工作分解成不同的活动：采矿、萃取、焙烧、冶炼等。

（3）在纵向上进行分解：高层管理、中层管理、基层管理、业务工作者。

（二）部门划分

部门划分是指按照一定的方法把组织中的人和事划分成可管理单位的过程，是寻找统一性的过程。对组织活动的分类和组合方式不同，就形成了各种不同的组织结构类型。合理的组织结构的划分，明确了组织中每个成员所承担的责任和义务，使每个成员各司其职，为有效达成组织目标奠定了基础。

（三）管理幅度和管理层次设计

由于每个管理者的时间、能力和精力都有限，就产生了领导者能有效管辖多少下属的问题，这也就相应产生了管理幅度和管理层次的设计问题，这两个内容的设计直接影响到组织的基本架构。

（四）职权配置

权力是组织正常运行的保证，包括组织当中的权力如何分配，是否能保证各部门、各成员的职权能够被有效授予这些主要关系职权配置的问题。

（五）人员配备

在组织建立起了合适的组织结构，对职权进行合理的配置之后，接下来一个重要的工作就是要人来填充每一个职位，从而使整个组织真正运作起来，这就是管理中的人力资源管理工作，本书第九章将对之进行详细讲解。

（六）协调整合

如果说前面几个步骤的工作都是在不断地对组织的工作进行分工的话，接下来就是要在分工的基础上对组织结构进行协调和整合。即分工的最终目的还是为了使组织形成有机的整体。组织各部门、各层级和各种要素在运作的过程中都要有大局意识，都要以组织的目标作为自己工作的最终目标。

（七）组织变革

组织活动是一个动态的过程。任何组织结构的建立都不是一成不变的，都是随着组织内外部因素的变化而变化的。依据系统论的观点，组织作为社会系统中的一个子系统，在和外界环境进行信息交换的过程中，外界环境的变化必然会引起组织目标的变化，组织目标发生了变化，组织结构也要相应进行调整来适应这种变化。

第二节　组织结构的类型

一、组织结构的含义及特征

组织结构通常可以用组织结构图来表示，它可以直接地反映组织中的各种职位及排列顺序，展示了组织的职权结构，是组织内部在职务范围、责任权力等方面形成的关系体系。是否具备良好的组织结构对于组织而言具有非比寻常的意义。因此，恰当的认识和设计组织结构，对于更好地实现组织目标十分重要。组织结构制约着组织内部的人员、资金、物资、信息的流程，影响着组织目标的实现。

组织结构可以用复杂性、正规化和集权化 3 个基本特性来描述。

(1) 复杂性。复杂性是指组织内部结构的分化程度。一个组织分工越细、组织层级越多、管理幅度越大，组织的复杂性就越高；组织的部门越多，组织单位的地理分布越是分散，协调人员及其活动也就越困难。此时我们用组织结构的复杂性来描述。

(2) 正规化。正规化是指组织依靠制定的工作程序、规章制度、规则引导员工行为的程度。有些组织很少用规范准则运作；而另一些组织，尽管规模较小，却具有各种规定，指示员工可以做什么和不可以做什么。一个组织使用的规章条例越多，其组织结构就越正规化。

(3) 集权化。集权化是指组织在决策时正式权力在组织层次集中的程度。决策高度集中在组织的上层，问题由下而上传递给高级管理人员，由他们选择合适的行动方案，这时组织的集权化程度就较高；反之，一些组织授予下层人员更多决策权力时，组织的集权化程度就较低，这时被称为分权化。

二、影响组织结构的主要因素

组织内外的各种因素都会对其内部设计产生重大影响。这些影响因素包括：

(一) 环境因素

外部环境是影响组织结构的一个非常重要的外部因素，环境的不确定性与不断变化给组织带来了机会和威胁。因而组织对环境因素及其发展变化的确认识别和理解把握，以及对之做出适当反应的能力，是影响组织的关键性因素。在构成组织环境的诸多因素中，经济、科技、政治、法律等对组织运作的影响更为深远。一般来讲，机械式组织与简单、稳定的环境更为适应，有机式组织与复杂、动态的环境最为匹配，这就要求组织更具灵活性和适应性。

(二) 战略因素

组织战略是制约组织结构的一个重要因素。组织战略在两个层次上影响着组织结构：一是不同的战略要求开展不同的管理活动，由此影响到部门和管理职务的设计；二是组织战略重点的改变会引起组织业务活动中心的转移和核心职能的改变，从而要求对各部门及各管理职务间的关系作出调整。

随着组织的成长，它开始实行纵向集成战略，合并供应商或直接向顾客销售产品，把活动范围不断扩大。纵向集成战略使组织间的相互依赖性增强，需要组织间更加复杂的协调手段。

当组织进一步成长，进入产品多样化经营阶段，组织结构需要再次调整，以便更有效地配置资源、控制工作绩效和保持各单位间的协调。

钱德勒得出结论：公司战略的变化先行于并且导致了组织结构的变化。他建议随着公司战略从单一产品向纵向集成、再向多样化经营转变，管理者会将组织从有机式向更加机械式转变。

（三）规模因素

组织规模对组织结构有着重要影响。通常规模越大，工作专业化程度越高，组织的复杂性和正规化程度也就越高。伴随着组织的发展，组织活动的内容日趋复杂，组织活动的规模和范围日趋扩大，组织成员日益增多，组织结构也必须随之调整，才能适应成长后的情况。但是，这种影响不是线性关系，而是组织规模对结构的影响随着规模的增大在逐渐减弱。也就是说，当组织发展到一定程度之后，随着组织规模的再扩大，规模的影响显得不重要了。例如，已经有 5 000 名员工的组织，再增加 500 名员工，对组织结构不会产生多大影响；而只有 500 名员工的组织，若再增加 500 名，就有可能会使它的组织结构向机械式方向转变。

在组织成长的早期，组织结构通常是简单、零活而集权的；随着组织规模的扩大和员工人数的增多，组织结构由松散转为正规。

（四）技术因素

组织的技术类型与组织结构具有一定相关性。组织要使用设备、材料、知识和经验丰富的员工来帮助组织实现既定目标。琼·伍德沃德(Joar Woodward)曾对英国南部近 100 家制造业企业进行了调查，结果发现技术类型和组织结构之间存在着明显的相关性，组织的绩效与技术和结构之间的适应度密切相关。她将这些企业的生产类型分为 3 类：单件生产、大批量生产和连续生产。同时发现单件生产和连续生产企业采用有机结构最有效，大批量生产企业与机械式结构最匹配。

（五）管理因素

管理因素在一定程度上也影响着组织结构的基本形态。影响组织结构的管理因素主要包括管理幅度和管理层次。在组织规模一定的条件下，管理幅度与管理层次成反比。管理层次与管理幅度的反比关系决定了两种基本管理组织结构形态：一种是扁平结构形态，是指在组织规模已定、管理幅度较大、管理层次较少的一种组织结构形态；另一种是锥形结构，是形态指在组织规模已定、管理幅度较小、管理层次较多的高、尖、细的金字塔形态。

三、常见的组织结构类型

（一）直线制组织结构

直线制组织结构在小型企业中最常见，如图 8.2 所示。

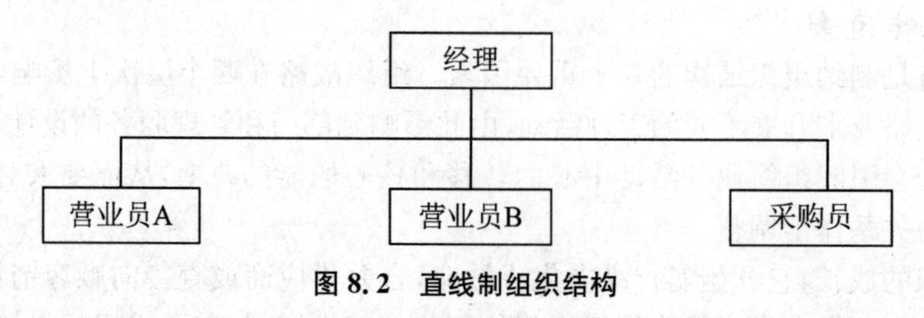

图 8.2　直线制组织结构

直线制组织结构反应快速、灵活，运营成本低，责任明确。缺点是随着组织的成长，它就显得日益不适合了。这种组织形式，由于较低的正规化和高度集权导致信息滞积于高层，决策缓慢。当组织规模扩大的时候，如果经营者还试图独揽大权，包揽所有决策，势必影响企业的发展。

（二）职能制组织结构

职能制组织结构是一种以职能为导向的组织结构形式，如图 8.3 所示。

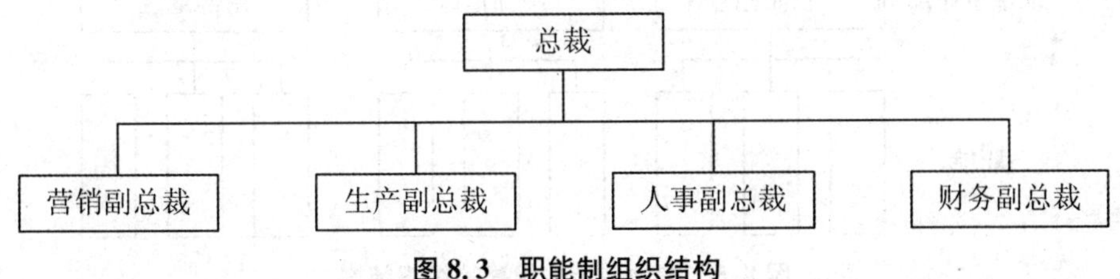

图 8.3　职能制组织结构

职能制结构的特点是将技能相似的专业人员集合在各自专门的职能机构内，并在各自的业务范围内分工合作，组织任务集中明确，上行下达。

这种组织结构的优点是适应了大生产分工合作的要求，提高了专业化管理水平，降低了设备和职能人员的重复性，减轻了高层管理者的责任压力，使其能专心致力于最主要的决策工作。其缺点是组织中常常因为片面追求职能目标而看不到全局的最佳利益，没有一项职能对最终结果负全部责任。管理人员拥有职能专业知识，却对其他职能领域缺乏了解；他们能成为专家，但不是通才。在不同职能之间，摩擦加剧，沟通和协调难以实现。因此，这种结构不能给管理者带来关于整个组织活动的广阔视野。

（三）事业部制组织结构

事业部制组织结构也称分部型结构。它指组织面对不确定的环境，按照产品类型、顾客类型、地域等设计，建立若干自我包容的不同的业务单位，并由这些事业部进行独立业务经营和分权管理的一种分权式的组织结构形式。每个事业部都是多种职能或多个部门的一种组合，这些职能或部门共同运作产品的生产。事业部结构的目的是在组织内部创建一个更小、更有效管理的单位。当管理者按照他们所提供的产品或服务的类型组织事业部时，他们采取的是一种产品结构，如图 8.4 所示；当管理者按照经营运作所在国家或全世界的区域来组织事业部时，他们采取的是地域结构，如图 8.5 所示；当针对顾客的类型组织事业部时采取的是市场结构，如图 8.6 所示。

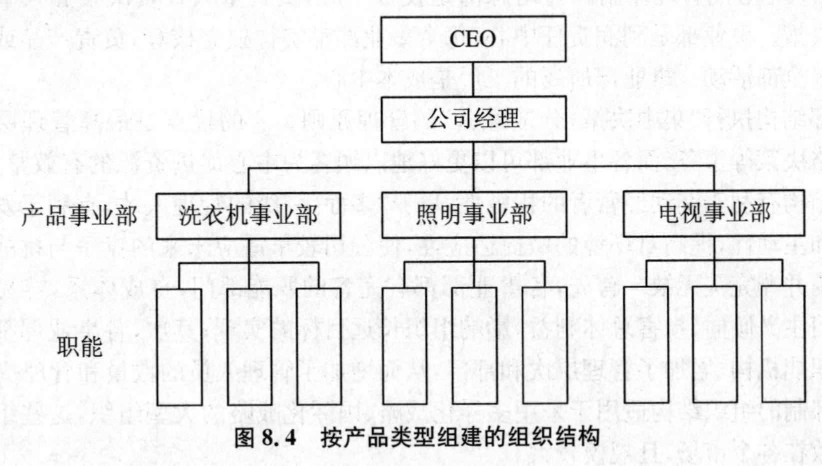

图 8.4　按产品类型组建的组织结构

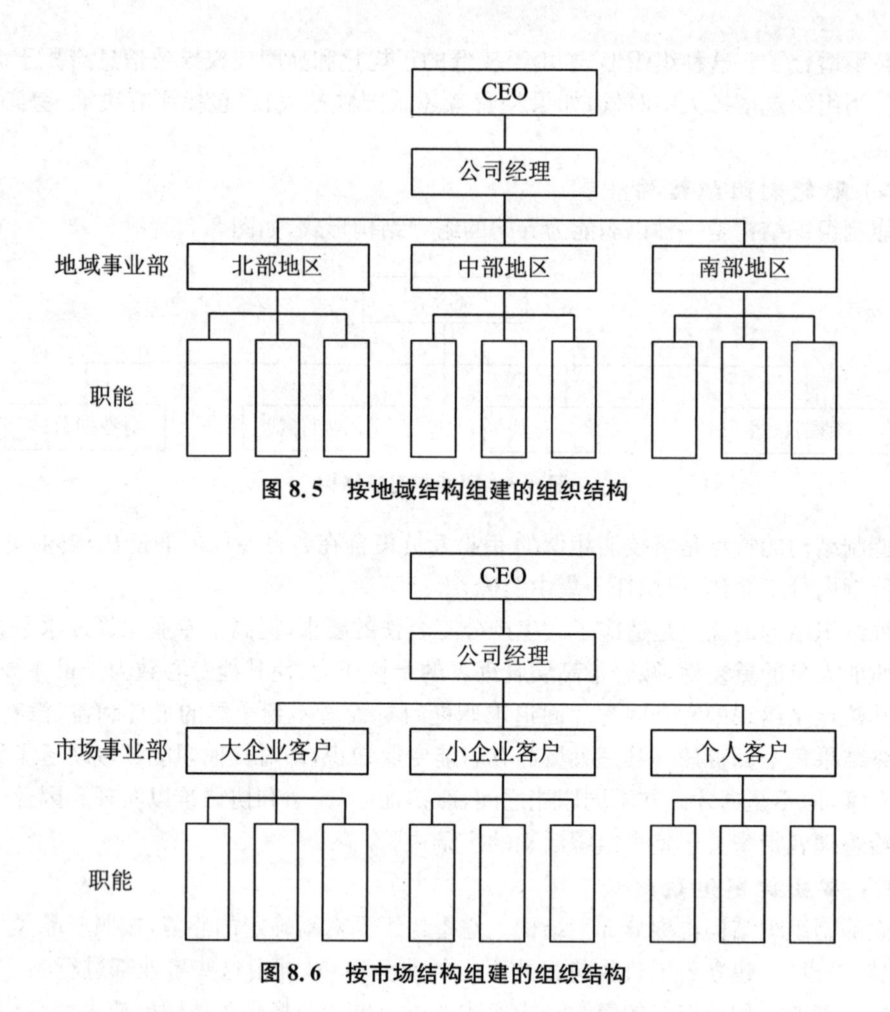

图 8.5　按地域结构组建的组织结构

图 8.6　按市场结构组建的组织结构

事业部制组织结构的特点是：

(1) 在总公司的领导下，按产品、地区和顾客类型划分成具有独立责任和利益的部门。事业部内按职能设置管理部门。

(2) 事业部实行独立核算，自负盈亏。事业部之间的业务遵循等价交换的原则，按市场价格或内部结算价格结算。

(3) 三大中心的管理体制。公司总部是投资中心，负责重大投资决策和人事任免等重大问题的决策。事业部是利润责任中心，每个事业部都实行独立核算，负责产品或市场的生产和销售等全部活动。事业部所属的工厂是成本中心。

事业部结构执行“集中决策，分散经营”的管理原则。它的优点是最高管理层可专注于公司的战略决策等事务，而各事业部可以更好地以顾客为中心促进资源的有效整合。同时，这种组织结构有利于调动经营者的积极性，培养“多面手”级的管理人才，有利于发挥经营者的灵活性和主动性，提高对环境的敏捷适应性，使公司较早适应未来的竞争与挑战。事业部制组织结构并非完美无缺。首先，各事业部都有完备的职能部门，自成体系，容易出现各自为政的部门主义倾向，损害总体利益，影响组织长远目标的实现；其次，各事业部都要设置自己的一套职能机构，增加了管理层次和部门，从而增加了管理人员的数量和管理费用。

事业部制的组织结构适用于采用多样化战略、国际化战略的大型组织，这些组织的产品或服务分散在各个市场，且规模较大。

（四）矩阵制组织结构

在矩阵制组织结构中，管理者把人员和资源同时以两种方式组织起来，即以职能方式和产品/项目方式形成纵横两套管理系统：一套是纵向的职能管理系统；另一套是为完成某一任务而组成的横向的产品或项目系统。也就是说，矩阵制组织结构中既有按职能划分的垂直领导系统，又有按产品或项目划分的横向领导系统。当企业同时有几个产品或项目需要完成时，每个项目都要配备不同专长的技术人员或其他资源。因此，在职能结构的纵向领导系统的基础上，又出现了一种横向产品或项目系统，形成纵横交错的矩阵结构。产品或项目小组，一般根据需要从不同职能部门调集具有不同背景、不同技能、不同知识的人员组成，由产品或项目经理指挥完成某一特定的产品或项目。它打破了统一指挥的传统原则，创造了双重指挥链。使用职能部门化获得专业化经济优势，在这些职能部门之上，配置了一些对组织中的具体产品、项目和规划负责的经理人员，使职能部门化和产品部门化交织在一起，小组成员被称为具有两个上司的员工。表 8.1 展现了某公司的矩阵制组织结构，职能部门与特定项目相交叉。这样，矩阵组织中的成员受到双重领导。

表 8.1　某公司的矩阵制组织结构

职能 项目	设计	制造	人力资源管理	财务	合同管理
项目 A	设计	制造	人力资源管理	财务	合同管理
项目 B	设计	制造	人力资源管理	财务	合同管理
项目 C	设计	制造	人力资源管理	财务	合同管理
项目 D	设计	制造	人力资源管理	财务	合同管理
项目 E	设计	制造	人力资源管理	财务	合同管理

在矩阵结构中，员工有两个上级——职能部门的经理和产品或项目组的经理。这将如何运作呢？以采购部为例，从事项目采购的专业人员既对采购部经理负责，又对项目经理负责，两位经理共同享有职权。项目经理对项目小组成员行使有关实现项目目标的权力，而诸如晋升、工资、个人评价和报酬等事宜的职权留给职能经理。为使矩阵结构有效运作，项目经理和职能经理必须经常保持沟通，并协调他们对所属共同员工的指挥。

矩阵制组织的优点是促进专业资源在各项目中共享，便于一系列复杂而独立的项目取得协调，同时又保留将职能专家组合在一起所具有的经济性。它的最大缺点是放弃了统一指挥，向两个上司汇报会造成一定程度的混乱，又隐藏着有共同下属的管理者的权力斗争。在是否采用矩阵结构时，需要考虑优缺点两方面的因素。

矩阵制组织中的关键管理人员，如果懂得在矩阵结构中需要的行为技能，很多问题是可以避免的。领导矩阵制组织的高层管理者必须学会在产品或项目和职能两个方向上平衡权力和重心。产品或项目管理者必须学会与职能部门管理者的合作和建设性地处理与他们之间的冲突。受两个上司管理的雇员必须学会怎样对两个上级负责，这意味着当接到多重命令时要进行优先排序，有时还要协调冲突的命令。

第三节 职权配置

一、职权

职权是指由组织制度正式确定的，与一定的管理职位相连的决策、指挥、分配资源和进行奖惩的权力。每个管理职位所具有的特定权力与担任该职务的个人没有直接关系，一个人离开了管理职位就不再享有该职位的任何权力。

职责是指由组织制度正式确定的，与职权相应的承担与完成特定工作任务的责任与义务。组织中任何一个职位都必须权责相连。管理者向下属布置工作任务，委授一部分职权时，应同时委派相应的执行职责，但这并不意味管理者放弃了这些责任和权力。

一个组织内部各个职位间的职权关系可以划分为直线职权、参谋职权和职能职权 3 种基本类型。

（一）直线职权

直线职权是指在组织的不同管理层次上任职的主管人员所拥有的指挥、命令和监督下属工作的权力，是一种由上而下的垂直指挥的职权关系。直线职权是一种决策和行动的权力。同时，每一个直线主管也要接受其上级主管的指挥，并向上级主管负责，由此形成有组织的最高层主管到基层员工层层传递的直线指挥链。比如在一个制造企业里，总经理—厂长—车间主任—工段长—班组长—作业员工的链条承担着向社会提供优质产品的主要责任。

（二）参谋职权

参谋职权是指组织内的各级专业管理者所具有的向直线主管人员提供信息、咨询和建议，支持与协助直线主管工作的权力，主要是一种同级之间平行指向的职权关系。拥有参谋职权的管理人员一般不单独做出决策和向下一级管理层次发布指令，参谋职权是进行思考、筹划和建议的权力。对于较大规模的组织而言，当组织任务较为复杂时，参谋职权所提供的信息和建议就成为直线主管有效解决问题、做出决策不可或缺的有力支持。

（三）职能职权

它是指管理人员为了改善和提高管理效率，更好地发挥组织内部各种职能专家的作用，而将本属于直线主管的一部分直线职权授予参谋部门或业务职能部门负责行使的权力。职能职权是由直线职权派生出来的，并通过直线主管授权实现的一种权利。如总经理可以授权财务部门直接向生产部门通报公司资金信息并检查这些部门的财务状况。

需要指出的是尽管直线职权、参谋职权和职能职权有各自的行使领域，但现实生活中也常常发生直线职权与参谋职权、职能职权发生矛盾的情况。因此要求管理者要特别注意各职权之间的相互配合。

二、集权、分权和授权

（一）集权和分权

1. 集权和分权的概念

集权和分权是组织设计中两种相反的权力分配方式。集权就是把较多和较重的权力集中在组织的高层或几个人手中，分权就是把较多和较重的权力分散到组织的中下层去。实际上，集权和分权是相对的概念，很难见到绝对的集权或者绝对的分权。即使是独裁的管理者也要给部下一定的权力，同时，即使是下级参与程度很高的组织，一些重要的权力也要掌握在高层领导人手中。因此，将集权和分权有效地结合起来是组织存在的基本条件，也是组织既保持目标统一性又具有柔性灵活性的基本要求。戴尔(R. Dell)曾提出判断一个组织分权程度的4条标准：

(1) 较低的管理层次做出的决策数量越多，分权程度就越大。

(2) 较低的管理层次做出的决策重要性越大，分权程度就越大。

(3) 较低的管理层次做出的决策影响面越大，分权程度就越大。

(4) 较低的管理层次所做的决策审核越少，分权程度就越大。

2. 影响组织集权和分权程度的因素

在组织设计中，影响组织集权和分权程度的因素主要有以下几个方面：

(1) 组织规模。规模大的组织层次多、部门多，协调、沟通和控制的难度较大，信息的传递速度和准确度就会降低。因此，组织需要及时分权，以减缓决策层的工作压力，使其能够集中精力于最重要的事物上。

(2) 生产技术特点。企业的生产技术特点是影响组织集权和分权程度的基本因素。一般来讲，大批量生产企业中的技术工人比例较低，由于企业组织的复杂性和生产过程的高标准化，其集权程度一般较高；而小规模生产的企业，由于组织层次少，分工简单，宜于分权管理以增加组织的弹性。常规型生产工艺，其管理模式通常是集权式的；非常规型生产技术，宜采用分权的管理方式。

(3) 组织的生命周期。在组织成长的初始阶段，为了有效管理和控制组织的运行，组织往往采取集权的管理方式；随着组织的成长，管理的复杂性逐渐增强，组织分权的压力也就越大，管理者对权力的偏好就会减弱。

(4) 外部环境。如果组织的外部环境复杂、变化大，不确定因素多，靠集权管理就不能及时获得市场信息，也不能及时改变自己的策略，为此，组织就需要扩大分权，以增强组织的应变能力；反之，如果组织所处的外部环境相对稳定，且不确定因素较少，组织则可以提高集权程度。

(5) 领导者的领导方式。组织的高层领导的性格及他们的管理理念对集权和分权的影响很大。有些管理者崇尚独裁的管理方式，而有些管理者则更喜欢民主的管理方式。

(6) 下级管理人员的素质。下属的工作成熟度和心理成熟度也是影响集权和分权程度的一个重要因素。工作成熟度表明下属在相关知识和技能方面的成熟水平；心理成熟度表明下属参与管理的能力和参与管理的意愿和动机。如果下属的工作成熟度和心理成熟度较高，表明下属不仅具有了参与管理的业务能力，还具备了较强的参与管理的能力和愿望，则可以适当分权。反之，应适当集权。

(二) 授权

在组织中由一个人来行使所有的决策权是不可能的，随着组织的发展和管理层次的出现，就必须把职权授予下属。

1. 授权的概念和原因

授权就是委派工作和分配权力的过程。授权包括以下要素：上级分配给下一级任务或职责；授予下级相应的职权去完成所分派的任务；确定下级对上级应承担的责任。

之所以要进行授权,可能是由于以下原因:

(1) 任何组织都不可能一个人独自控制,必须通过权力的分散来控制。

(2) 职权和职责是相辅相成的,没有职权,下级就不能很好地完成任务。

(3) 只有授权,才能缓解压力,赢得时间。一个领导者如果事必躬亲,就会陷入繁琐的日常事务中无法自拔,更不用说考虑组织的全局问题和战略问题。

(4) 有效的授权可以增加下级的满意度和成就感,起到良好的激励作用。

2. 授权的基本原则

有效的授权必须掌握以下原则:

(1) 重要性原则。组织授权必须建立在相互信任的基础上。所授权限不能仅仅是一些无关紧要的部分,要敢于把一些重要的权力或职权放下去,使下级充分认识到上级的信任和管理工作的重要性。

(2) 适度原则。组织授权还必须建立在效率的基础上。授权过少往往造成主管工作量过大,授权过多又会造成工作杂乱无序,甚至失控,所以不能无原则放权。

(3) 权责一致原则。组织在授权的同时,必须向被委托人明确授权任务的目标、责任及权力范围,权责必须一致,否则被委托人要么可能会滥用职权导致形式主义,要么会对任务无所适从造成工作失误。

(4) 级差授权原则。组织只能在工作关系紧密的层级上进行级差授权。越级授权可能会造成中间层次在工作上的混乱和被动,伤害他们的负责精神,并导致管理机构的失衡,进而破坏管理的秩序。

第四节 组 织 变 革

一、组织变革的概念

组织变革是管理者对新思想或新行为准则的采纳,为了应对内外部环境的变化,对组织的人员、结构和技术等某些方面进行的变革。对于组织变革内涵的把握,可以从以下几个方面进行理解:

(1) 组织变革发生的根源是由于环境的变化。任何一个组织都是处在动态开放的系统中,当组织面临的环境发生变化而对组织现行的运作带来挑战时,组织将会考虑变革。

(2) 组织变革是由变革推动者发起的。变革推动者通常是组织内的管理者,但也可能是组织外部的咨询顾问等非管理者。

(3) 组织变革是在组织指导下有计划地展开的。组织需要根据对外部环境的判断和内部情况的分析,围绕组织战略目标和计划,制订涉及组织变革及变革过程中的具体计划,并有意识地安排促进组织目标达成的一些活动。

二、影响组织变革的因素

组织总是存在于一定的环境条件下的,组织面临的环境的不确定性导致了组织变革的客观存在性。影响组织变革的因素主要有外部环境的变化和内部环境的变化两种。

（一）促进组织变革的外部影响因素

（1）顾客因素。组织是为满足顾客需求而存在的，顾客需求的变化会影响组织的生存和发展。例如，音像制品行业，传统的盒装录音磁带销量下降，其原因并不是消费者不喜欢听音乐了，而是他们听音乐的方式由传统的录音机改为MP4、MP5等更先进、更时尚的音乐播放器了。

（2）竞争因素。在竞争日趋激烈的今天，所有组织都面临着竞争对手的威胁，竞争对手在产品开发、价格制定、渠道选择、广告促销等方面的策略变化都会对组织产生重要影响。

（3）科技因素。当今社会，科学技术正以前所未有的速度向前发展，它对人类的生产和生活产生了全方位的深刻影响。现代科技的发展以计算机和网络技术最为典型。科技的发展要求组织必须进行相应变革。

（4）经济因素。随着全球经济一体化的发展，国际经济形势的变化会对组织的运营发展产生重大影响。尤其是中国加入WTO后，机遇与挑战并存，国内企业不仅要在国际市场上与外国同行展开竞争，在国内市场上也面临着国内外竞争者的威胁，尤其是汽车制造、信息通信、金融服务等产业，要求进行组织变革。

（5）政治因素。这一因素的变化对于从事跨国经营的组织尤其重要。一方面，东道主国家的政局是否稳定将直接影响跨国公司的日常经营；另一方面，国家、地区之间在军事、外交、外贸等方面政策的调整，也会对从事跨国经营的组织产生深远影响。

（二）促进组织变革的内部影响因素

（1）目标因素。每个组织都有自己的运营目标。组织结构是为组织目标服务的，当组织的运行目标发生调整时，组织结构也要随之进行变革。

（2）规模因素。通常情况下，组织在发展的初期，规模小且产品单一，往往实行集权式的直线式的组织结构。随着组织规模的扩大，产品种类不断增多，批量生产急剧扩大，必须建立分权式组织结构。

（3）技术因素。组织的技术因素包括技术设备、工作方法、新技术、新材料和管理手段等等。技术因素的变化，可以促进组织技术条件与制造方法的改进，从而影响到组织人员与组织结构。

（4）管理因素。生产技术的飞速发展和信息技术的广泛应用，使得组织的管理水平大为提高，要求更多地采用授权和团队工作方式，组织结构越来越呈现扁平化趋势。这种变化要求组织精简管理机构和管理人员，重新设置组织机构，重新划分职权范围，重新进行专业化分工。

上述外部和内部因素中的任何一种发生变化，都将在不同程度上影响组织的内部结构及运行方式。

三、组织变革的动力和阻力

（一）组织变革时面临两种力量的对比

组织变革时常常面临着动力和阻力两种力量的比较。对待组织变革所表现出来的推动和阻止这两种不同的态度，以及由此产生的方向相反的作用力量及其强弱程度的对比，会从根本上决定组织变革的进程、代价，甚至直接影响组织变革的成功和失败。

组织变革中的动力，指的是发动、赞成和支持变革并努力去实施变革的驱动力。比如，企业内外各方面条件的变化，组织本身存在的缺陷和问题，各管理层次（尤其是高层管理者）

居安思危的忧患意识和开拓进取的创新意识，变革可能带来的权力和利益的有利变化，以及能鼓励革新、接受风险、赞赏失败并容忍变化、模糊和冲突的开放型组织文化等，这些都可能形成变革的推动力量。

组织变革中的阻力则是指人们反对变革、阻挠变革甚至对抗变革的制约力。阻力的存在意味着组织变革不可能一帆风顺。成功的组织变革管理者，既应该注意到所面临的变革阻力可能会对变革成败和进程产生消极的、不利的影响，为此要采取措施减弱和转化这种阻力；同时变革管理者还应该看到人们对待某项变革的阻力并不完全都是破坏性的。比如，阻力的存在至少能引起变革管理者对所拟定变革的方案和思路予以更理智、更全面的思考，并在必要时作出修改，从而取得更好的变革效果。

（二）组织变革中的阻力来源

（1）个体和群体方面的阻力。个体对待组织变革的阻力，主要是因为其固有的工作和行为习惯难以改变，对就业安全需要、经济收入变化和未知状态的恐惧以及对变革的认识存有偏差等而引起。群体对变革的阻力，可能来自于群体规范的束缚，群体中原有的人际关系可能因变革而受到改变和破坏，组织利益相关者对变革可能不符合组织或该团体自身的最佳利益的顾虑等。

（2）组织层次对组织变革的阻力。它包括现行组织结构的束缚、组织运行的惯性、变革对现有责权关系和资源分配格局所造成的破坏与威胁，以及追求稳定、安逸和确定性甚于革新和变化的保守型组织文化等，这些都是可能影响和制约组织变革的因素。此外，对任何组织系统来说，其内部各个部门之间以及系统与外部之间都存在着强弱程度不等的相互依赖和相互牵制的关系，这种联系是组织作为系统固有的特征。这些制约因素的存在需要变革管理者在设计组织变革方案时就要先予以周密的考虑，以便安排合适的变革广度、深度和进度。

（3）外部环境的阻力。组织的外部环境条件也往往是形成组织变革力量的一个不可忽视的来源。比如，与充分竞争的产品市场会推动组织变革相对比，缺乏竞争的市场往往造成组织成员的安逸心态，束缚组织变革的进程；对经理人员经营企业之业绩的考评重视不足或者考评方式不正确，会导致组织变革压力和驱动力的弱化；全社会对变革发动者、推进者的期待和支持态度及相关的舆论和行动，以及企业特定组织文化在形成和发展中所根植的整个社会或民族的文化特征，这些都是重要的影响组织变革成败的力量。

四、组织变革的过程

组织变革是一个过程。心理学家库尔特·勒温从变革的一般特征出发，总结出组织变革过程的 3 个基本阶段，得到广泛的承认。

（一）第一阶段：解冻

解冻意味着人们认识到，组织的某些状态是不适合的，因而有变革的需要。一般来说，如果没有特殊的情况，组织的原有状态是很难被改变的。只有当组织面临某种危机或紧张状况时，才有可能出现变革的要求。例如，一个企业销售额急剧下降，这时，组织成员感觉到了危机形势，有了紧张感。人们开始认识到，组织目前的状况与应达到的状况之间存在较大差距，而且这种差距已严重影响到组织利益。这时，在组织中就会形成一种要求变革的呼声，人们开始认识到，按照原样继续下去已不可能，过去的规则和模式因而不再神圣不可侵犯。原有的状态被打破，人们从之前的行为模式、思想观念和制度中解脱出来，准备进行变革。

因此，组织变革需要一个阶段作为实施变革的前奏。解冻阶段的主要任务是发现组织变革的动力，营造危机感，塑造出改革是大势所趋的气氛，并在采取措施克服变革阻力的同时，具体描绘出组织变革的蓝图，明确组织变革的方向和目标，以形成可实施的比较完善的组织变革方案。这是任何变革的首要一步。

（二）第二阶段：变革

在认识到变革需要的基础上，改变是新的方案和措施的实施。这个阶段是以行动为特征的，即将新的观念、行为和制度模式在组织内推行，这种实施很可能是强制性的。其实施过程应该包括这样几个方面：① 判定组织成员对新方式的赞成或反对情况，以及不同情况力量大小；② 分析哪些力量可以变化，在什么程度上改变，哪些力量必须要改变；③ 制定变革的策略，决定通过什么方式、在什么时间实施变革；④ 评估变革的结果，总结经验教训。

（三）第三阶段：再冻结

在实施变革之后，再冻结是指将新的观念、行为和制度模式固定下来，使它们稳定在新的水平上，成为组织系统中一个较为固定的部分。尽管不存在绝对固定的东西，但相对稳定对于组织来说是绝对必要的，否则组织的持续活动将无法得到保证。

再冻结的过程，除了组织在制度上采取措施外，另外一个重要的机制是"内在化"。所谓"内在化"，是指将一些行为模式转变为职工个人的观念或信念的过程。组织变革的措施一般是由领导人推行的，对于职工来说，它们是外在的规定。当职工认为这些规定会给他们带来好处，并愿意自觉遵守时，这些外在规则就内化为自觉的行动。只有这时，某种变革才成为不可逆转的，才算告一段落。

勒温的变革过程模型是最早的关于组织变革的研究。从 20 世纪 40 年代开始，他就在美国开始了组织变革与组织发展的研究。这个模型后来成为人们讨论变革过程的基础。在此基础上，美国行为学家戴尔顿总结了变革过程中的 4 个阶段模型：

(1) 制定目标。包括变革的总目标和具体目标，特别是具体目标。

(2) 改变人际关系。逐渐消除适应旧状况的陈旧的人际关系，建立新的人际关系模式。不破除旧的人际关系，变革就无法进行。

(3) 树立自我尊重意识，即树立职工的自我发展意识。如果职工的自我发展意识得以确立，他们就愿意参与组织变革之中，而组织中的每项变革都征求他们的意见，变革就成为全体组织成员努力的事情，变革就具有了广泛的支持基础。

(4) 变革动机内在化，即将变革的措施转化为职工自觉的行动，转化为职工的思想观念和自觉信念。

不论变革过程是分为 3 个阶段还是 4 个阶段，都不是一个简单的变化过程。变革是充满矛盾、冲突的过程。

本 章 小 结

1. 组织是指为了实现既定的目标，按一定规则和程序而设置的多层次岗位及其有相应人员隶属关系的权责角色结构系统。管理的组织职能是指设计、维护并不断改进组织的结构框架，为组织的成员创造一种适合的工作环境，使组织成员能在其中分工协作地进行有效的工作的一种管理活动。

2. 组织结构是组织内关于职务及权力关系的一套形式化系统。组织结构图可以直观反映组织中各种职位及排列顺序，展示组织的职权结构。常见的几种组织结构类型是：简单结构、职能型结构、事业部制结构、矩阵型组织结构。每种组织结构都有其优缺点。

3. 职权是指由组织制度正式确定的，与一定的管理职位相连的决策、指挥、分配资源和进行奖惩的权力。

4. 组织变革是组织为了更好地适应内外部环境的变化而对组织人员、结构、技术、文化等方面进行的变革。

◆思考题

1. 组织职能的概念是什么？如何理解组织职能的概念？

2. 何谓管理幅度？如何确定管理幅度？

3. 什么是职权？集权与分权有什么样的关系？

4. 试分析组织变革的内涵及必要性。

思考案例

惠普的组织结构挑战

惠普公司以生产销售印刷机、照相机、计算机和电脑而闻名，但是这些年，公司遇到了组织方面的挑战。1999 年，卡莉·费奥里纳被任命为惠普的 CEO，她延续了公司通过兼并其他公司增长的战略。这个事件上了新闻的头版头条，因为在美国的大型企业中，卡莉是第一位女性领导。她进行的最受争议的兼并活动是出资 250 亿美元对其竞争对手康柏电脑的收购。这个决策也是卡莉终结的开始。合并后的公司存在很多问题，包括财务、文化和结构等方面，这也导致了不良绩效。她与董事会在惠普发展方向上的分歧最终导致她于 2005 年 2 月初被解雇了。2005 年 3 月底，NCR 的 CEO 马克·赫德被惠普公司的董事会挑选为新任的 CEO。

加入惠普数周后，赫德开始听到对公司销售人员的抱怨。在休息室中，赫德与公司前 25 位重要客户进行了交谈，他们告诉赫德，由于惠普公司混乱的管理层级，他们不知道打电话给谁。他也在组织内部听到了同样的抱怨。公司技术负责人告诉赫德，“他曾花了 3 个月的时间批准雇用 100 名销售专员。”另一名管理员说，“他的 700 名销售人员的团队一般要在顾客身上花费工作时间的 33%～36%，而其他时间则用来与惠普的内部官僚进行谈判。”甚至销售代表也说，他们没有多少时间与顾客交流，因为他们担负着许多管理的任务。至此，为顾客提供报价和样品也成了一项费时的工作。不久后，赫德就意识到了他必须解决的“基本问题”。

研究了惠普的销售结构之后，赫德发现在他和顾客之间有 11 个管理层级，他觉得这太多了。而且，公司的销售结构极其缺乏效率。例如，在欧洲，来自公司不同部门的 4 个员工能完成一笔销售业务，但是，竞争对手一般 3 个人就能完成。这意味着惠普完成的速度较慢，它因此也失去了许多投标机会。赫德发现的最后一个问题是：在公司的 17 000 名销售人员中，不到 60%的人员直接把产品出售给顾客，余下的都是提供技术支持的员工和管理人员。如果组织想重新成为行业领导者，赫德很清楚，必须要改变这种状况。

首先，赫德解雇了表现不佳的员工销售管理的三个层级。然后，他撤销了一个销售团队，把这些人员并入其他销售团队中。现在，许多销售代表都只为一个高级顾客服务，这样顾客就知道要联系谁了。惠普的高层管理者现在说，由于新的销售结构，他们能更快地制定决策。而且，与一年前的30%相比，现在销售人员花费在顾客身上的时间超过了40%。

思考：

1. 请描述一下惠普存在的组织结构问题。
2. 赫德决定如何解决公司的组织结构问题？如何评价他的改革？
3. 你认为公司的顾客对这些变化会做出怎样的反应？

第九章　人力资源管理

掌握人力资源管理的核心内容；掌握人员招聘的途径、方式与影响因素；了解员工培训与发展；掌握绩效考核。

王大路的烦恼

王大路是一个开朗、乐观、眼光犀利、思维敏捷的年轻人，他喜欢交友、旅游和体育活动。2001 年从某大学会计系毕业后在一家电视台的财务部工作，遗憾的是王大路不喜欢会计工作。在电视台工作期间，他对新闻采访部的新闻记者工作产生了浓厚的兴趣，只要有空或单位需要，他就帮着新闻记者现场摄像。后来他就有了调换工作岗位的想法，还把这个想法告诉了他的直接领导——财务部经理。财务部经理没有发表意见，但对他的态度明显冷淡了，而且还加强了对他的工作控制。王大路并没有放弃，他又把想法告诉了主管财务工作的副台长，但是副台长说："当初招你进来时就是做会计的，现在既然你不想做了，只有一条路，走人。"由于不想离开电视台，王大路只好作罢。但是王大路因此受到了很大的打击，工作提不起劲，还总是跟部门经理闹别扭。

讨论：王大路的烦恼是什么原因导致的？"王大路的烦恼"一类问题可以避免吗？组织应当怎样做？王大路的烦恼应当怎样解决？

进入 21 世纪以来，人类社会发生了巨大变化，开始由工业经济时代向知识经济时代转变。经济全球化和全球竞争水平的提高使组织不得不充分利用它们的一切资源以确保其生存和发展。作为组织重要资源的人力资源也引起了组织越来越高的重视。有效的人力资源管理已经成为组织发展与成功的关键。有研究表明，人力资源管理实践的重大改善能同时带来个人绩效和组织绩效的提升，并使公司价值提升 30%之多。相对于传统人事管理，现代人力资源管理的核心理念可以用"战略性激励"五个字来概括，其主要特性表现在"战略性"层面上。首先，在战略指导思想上，现代人力资源管理是"以人为本"的人本管理；其次，在战略目标上，现代人力资源管理是为了"获取竞争优势"的目标管理；再次，在战略范围上，现代人力资源管理是"全员参与"的民主管理；最后，在战略措施上，现代人力资源管理是运用"系统化科学方法和人文艺术"的权变管理。在新经济时代，任何企业人力资源战略管理所面临一个基本任务，就是通过人力资源管理应对高绩效工作系统、满足利益相关群体需要以及全球性等三大挑战，来获取和保持企业在市场竞争环境中的战略优势。

不论组织是否决定应对高绩效工作系统、满足利益相关群体需要以及全球性等三大挑战，为了确保组织有合格的人员完成需履行的基本工作任务，某些人力资源管理活动必须得到有效落实。这些活动涵盖人力资源管理的全过程。

第一节　人力资源管理过程与规划

一、人力资源管理概述

（一）人力资源管理的概念

人力资源的概念有广义与狭义之分：广义的人力资源是指一个社会具有智力劳动能力和体力劳动能力的人的总和，包括数量和质量两个方面；狭义的人力资源是指组织所拥有的用以制造产品和提供服务的人力。人力资源的构成内容包含体质、智质、心理、道德、能力与素养、情商等方面。

人力资源管理就是组织通过各种政策、制度和管理实践，对人力资源进行合理配置、有效开发和科学管理，从而影响员工的态度、行为和绩效，借以实现组织目标的过程。

（二）人力资源管理的内容与目标

通俗地讲，人力资源管理的内容包含 4 个方面，即选人——招聘、面试、测评、选拔；用人——绩效考核、薪酬管理；育人——培训、职业管理；留人——激励、职业管理。国内大多数学者则把其概括为 6 大板块，即人力资源规划、招聘与配置、培训与开发、绩效管理、薪酬管理和劳动关系管理。

从具体的工作而言，人力资源管理包含硬功能和软功能两个方面。硬功能包括：人事编制、人事档案、招聘、引导上岗、培训、考核、薪酬、转岗、奖惩、纪律、辞退、劳动保护等；软功能包括：协调、沟通、对矛盾和不满的处理、激励、职业规划与指导、培训与指导、弹性工作时间、企业文化、团队建设、轮岗、个性化管理、事业辅导、心理咨询与辅导、退休生活指导、家庭关怀、社会保险辅导、法律咨询与指导等。

人力资源管理涉及组织的各个部门、各级领导、员工个人等几个方面，不仅仅是人力资源管理部门的事。它的目标可以概括为以下几点：

(1) 帮助组织实现目标。满足组织为实现战略目标所产生的对人力资源的类型、数量、质量的需求；制定符合国家法律、法规，且与组织战略相适应的人力资源管理政策，并通过人力资源管理实践为组织赢得竞争优势。

(2) 使员工满意并得到发展。建立完整的人员招聘、开发、绩效管理、薪酬管理、职业安全与健康等制度体系，创造使员工全面发展、实现自我价值的人力资源管理环境。

(3) 对社会有益。人力资源管理应该尽可能地考虑社会利益，承担更多社会责任，而不是增加社会成本。

二、人力资源管理的过程

图 9.1 介绍了一个组织人力资源管理过程的主要构成要素。该过程所包含的 6 项活动或步骤是组织选配到合格员工并使之保持高绩效水平所不可或缺的。其中，编制人力资源计划、招聘员工和甄选员工等前 3 项活动可确保组织识别和选聘到有能力的员工；职前引导

与培训、薪酬与福利管理和职业生涯发展等后3项活动能使得员工的技能和知识不断得到更新,并保证组织能保有高绩效水平的能干、杰出的员工。

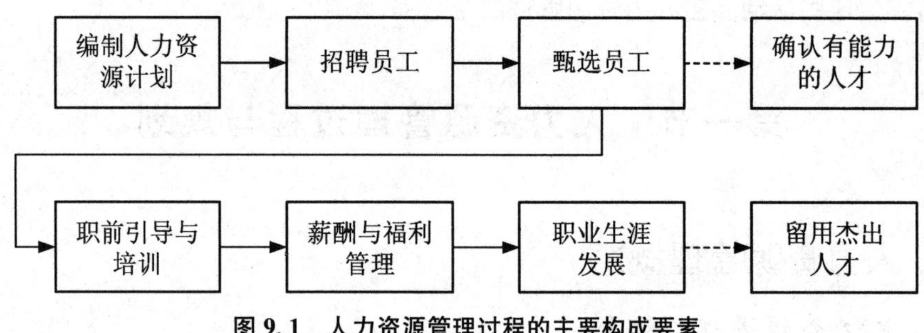

图9.1 人力资源管理过程的主要构成要素

三、人力资源规划

人力资源规划是管理者为了确保在适当的时候,为适当的职位配备适当数量和类型的工作人员,并使他们能够有效地完成所分派任务的一个过程。人力资源规划过程可以归纳为3个具体的步骤:评估现有人力资源;评估未来所需的人力资源;制订一套相适应的方案计划,以确保未来的人力资源供需的匹配。

(一)评估现有人力资源

管理者在开展人力资源规划工作时,首先要对组织的现有人力资源状况进行考察。这通常是通过人力资源调查的方式进行的。通过调查,可以获取员工的最高学历、所受培训、以前就业、外国语水平、能力和特长等重要信息。

管理者接下来要展开的工作是职务分析。它定义了组织中的职务以及履行职务所需的行为。例如,在家乐福从事生鲜采购工作的专业采购人员,其职责是什么?其工作要取得合乎要求的绩效,至少需要具备什么样的知识、技术和能力?

在职务分析的基础上,管理者就可着手拟定或修订职务说明书和职务规范。职务说明书是对任职者需做些什么、怎么做和为什么做的书面说明。它通常反映职务的内容、环境和从业条件。职务规范指明任职者要成功地开展某项工作必须拥有何种最低限度可以接受的资格标准,具体包括知识、技能和态度等方面,为有效地承担职务所必须具备的起码条件。

(二)评估未来所需的人力资源

企业的目标与战略决定了人力资源的未来需求。要使战略规划转化成具体的、操作性较强的人力资源计划,企业就必须根据组织内外资源的情况对未来的人力资源状况进行预测,找出各时期各类人员的余缺分布。

(三)制订一套相适应的人力资源计划

对现状和未来人力资源需求做出评估之后,管理者就可以确定人员需求的数量、时间和种类,制订出一套与组织战略和环境相适应的人力资源计划,以确保未来的人力资源供需的匹配。这些计划包括总的人力资源计划,以及根据总计划制订的各项具体的业务性人力资源计划(如招聘计划、培训计划等)和相应的人事政策。

四、人力资源规划中人员配备的原则

人员配备是一项复杂的系统工程,组织内部由于分工细密,各个环节、职务和岗位的工作性质复杂，对人员素质要求具有多样性。同时，组织在现代已是开放状态，人员流动性大，加上外部环境的复杂多变性对组织内部的影响日益深刻。为了使人员配备科学合理，适应组织发展的需要，求得人与事的优化组合，必须遵循以下基本原则：

（一）因事择人原则

遵循这个原则，就是根据部门、职务、岗位的要求，选择具备相应的知识和能力的人员。即配备人员的数量和结构要与部门、职位、岗位的多寡及类型相适应，人员的素质和能力要与其所担负职责的需要相吻合。

（二）选贤任能原则

在配备什么样人员时，特别要坚持这个原则。按照这个原则，就应当务求任人唯贤，而不唯亲、不唯派、不唯顺，用客观的、科学的标准和方法准确地考察与选配。即要以思贤若渴的责任感，按照人员的能力水平及特长配备到适当的岗位上，使之既能胜任现有职务，又能充分发挥内在潜力。

（三）因材使用原则

这个原则要求人数配备过程，不仅要根据现有每个人员具备的不同素质、能力、特点等有针对性地进行安排，而且要知人所长、用人所长，人尽其才、才尽其用，坚持人、事两宜，既要知人善任，也要知人善免，增强合理配备人员的影响力。

（四）群体相容原则

组织中的群体相容度，对人员的士气、人际关系、群体行为和部门风气以及工作效率都有直接的影响。在人员配备中，按照这个原则，不仅要强调人员与工作的相互匹配，而且要注重群体成员之间的结构合理和心态相容。

（五）动态平衡原则

动态是现代科学管理的一大特点。由于人的能力和工作对人的要求都是发展变化的，因此，人员配备要按这个原则，用发展的眼光看待人与事的配合关系，不断根据变化的情况，适时进行调整，力求达到人与工作的动态平衡和最佳组合，实现人与事的协调发展。

第二节　员工招聘与解聘

管理者一旦了解了现有的人力资源状况和未来的需要，就可以着手针对现状与未来需要的偏差展开相关人力资源工作。如果组织中存在一个或多个空缺，管理者可以根据职务分析得到的信息来指导招聘工作。所谓招聘，就是安置、确定和吸引有能力的申请者的活动过程。另外，如果人力资源规划工作中发现超员，管理当局则要减少组织所配备的员工，这种变动称作解聘。

一、招聘

（一）员工招聘的标准

员工招聘是落实人力资源规划的关键步骤，必须依据一定的标准慎重决策，因为员工一旦被聘用，即使能力和业绩平平，组织也很难迅速予以解聘。因此，在招聘初始，就应在对不同层次上、不同员工的具体要求中总结出一些基本的相同点，以供决策时参考。

1. 强烈的职业愿望

强烈的职业愿望是有效开展工作的基本前提。职业愿望薄弱、自信心不足或者对工作不感兴趣的人，自然也就不会负责任地、有效地使用职位赋予的权力，也就难以达到理想而积极的工作效果。

2. 良好的品德

良好的品德是每个组织成员都应具备的基本素质。对管理人员来说，担任管理职务意味着拥有一定的职权，而组织对权力的运用不可能随时进行严密、细致、有效的监督，所以权力能否正确运用在很大程度上只能取决于管理人员的自觉、自律行为。因此，管理人员必须是值得信赖的，并且要具有正直而高尚的道德品质。良好的品德应该成为选聘员工的基本要求，特别是在学习型的团队组织中，如若员工缺乏这种品质，就可能会使团队人心涣散，从而使团队合作无法进行。当然，只有正直的品质而无工作能力的人也不可能成为一名合格的技术或管理人才，组织在选聘人员时要予以充分的考察，慎重取舍。

3. 勇于创新的精神

对于现代企业来说，管理的任务绝不仅仅是执行上级的命令、维持系统的运转，而是要能在组织系统或部门的工作中不断创新。只有不断创新，组织才能充满生机和活力，才能持续发展。创新意味着要打破传统机制的束缚，做以前没有做过的事，而这一切都没有现成的程序或规律可循。

4. 善于决策的能力

管理人员不仅要计划和安排好自己的工作，而且更重要的是要通过一系列的决策组织和协调部署的工作。如本部门在未来时期内要从事何种活动？这种活动需达到怎样的工作效果？谁去从事这些活动？如何授权？利用何种条件、在何时完成这些活动？等等。

（二）员工招聘的渠道和方法

管理者可通过多种渠道找到拟聘用的潜在候选人。表 9.1 具体说明了这些招聘渠道。使用何种招聘渠道，受到 3 个方面因素的影响：① 当地劳动力市场。一般来说，在大规模的劳动力市场上招聘要比小规模市场容易。② 所配工作的类型或层级。可以说，一个职位所要求的技能或在组织中的地位越高，搜寻潜在候选人的努力就越需要扩大到地区或国家范围。③ 组织的规模和声誉。一般地，组织的规模越大，声誉越好，就越容易聘到优秀人员。

表 9.1　职务潜在候选人的主要来源

来源渠道	优　点	缺　点
内部搜寻	花费少；有利于提高员工士气；候选人了解组织情况	供应有限
广告应征	辐射广；可以有目的地针对某一特定群体	有许多不合格的应聘者
员工推荐	可通过现有员工提供对组织的认识；基于推荐者的认真推荐可能产生高素质的候选人	可能不会增加员工的类别和结构
公共就业机构	正常费用或免费	通常为非熟练或受过很少训练的候选人；花费大
私人就业机构	广泛接触；仔细甄别；通常给予短期的担保	费用高
学校分配	大量、集中的候选人	仅限于初入者级别的职位
互联网广告	可触及大量的人，并立即反馈	产生很多不合格的应聘者

员工招聘渠道通常有内部渠道和外部渠道两种。

1. 内部渠道

内部渠道就是从组织内部选拔合适的人才来补充空缺或新增的职位。在进行人员招聘录用工作时，组织内部调整应先于组织外部招聘，尤其对于高级职位或重要职位的人员选聘工作更应如此。

(1) 内部渠道的特点

通过内部渠道选拔合适的人才，可以发挥组织中现有人员的工作积极性，同时也加速人员的岗位适应性，简化程序，减少了招聘、录用时人力、财力等资源支出，也减少了培训期和培训费用。但是，内部渠道本身存在着明显的不足，具体表现在：内部员工竞争的结果必然是有胜有败，可能会影响组织的内部团结；容易形成"近亲繁殖""群体思维""长官意志"现象，不利于成员创新；可能因领导好恶而导致优秀人才外流或被埋没，也可能出现"裙带关系"，滋生组织中的"小帮派""小团体"，进而削弱组织效能。

(2) 内部招聘的方法

当一个组织注重从内部招聘和提升人员时，其员工就有了为取得更好的工作机会而努力的动力。内部招聘和提升的有效手段包括：内部晋升或岗位轮换；工作告示和工作投标；内部推荐；转正等。

2. 外部渠道

外部渠道是通过外部获得组织所需的人员，如果没有适宜的内部应聘者，或者内部人力不能满足招聘人数，需向组织外部招聘。通过向外部招聘，组织可以补充初级岗位，获得现有员工不具备的技术，获得能够提供新思想的并具有不同背景的员工。

(1) 外部招聘的特点

通过外部渠道招聘可以为组织带来不同的价值观和新观点、新思路、新方法，同时也可为组织注入新的活力。此外，外部渠道广阔，挑选的余地大，可以获得足够数量的候选人。而且外部招聘也是一种很有效的信息交流方式，组织可以借此树立积极进取、锐意改革的良好形象。但是，外部招聘也不可避免地存在着不足，具体表现在：由于信息不对称，往往造成筛选难度大，成本高，甚至出现"逆向选择"；外聘员工需要花费较长时间来进行培训和定位；可能挫伤有上进心、有事业心的内部员工的积极性和自信心，或者引发内外部人才之间的冲突；"外部人员"有可能出现"水土不服"的现象，无法融入组织文化之中；可能使组织沦为外聘员工的"跳板"等。

(2) 外部招聘的渠道

外部渠道可以委托各种劳动就业机构，如各类学校的毕业生分配部门推荐，利用各种职业介绍所招聘，利用各种人才市场、劳务市场招聘，委托猎头公司招聘等；外部渠道也可以自行招聘录用，如利用同事、亲属关系介绍，利用广告招聘(包括报纸广告、杂志广告、电视广告、电台广告、网络广告、广告传单)等。

组织应根据各种招聘方法的优缺点全面权衡，同时要充分考虑到自身条件，如知名度、经营规模、业务内容、员工规模等。另外，还必须考虑到可能的应聘者的价值观念、职业观、就业观等。在对上述这些方面进行全面分析比较的基础上来选择适合本组织的招聘方法是比较稳妥的。

(3) 外部招聘的方法

当组织迅速发展、严重依赖外部提供重要人才时，有效利用外部劳动力市场、吸引外部人才就成为组织招聘的工作重点。外部招聘的方法包括以下几种：

① 媒体广告。媒体广告是最广泛适用的招聘方式，不同的广告媒体具有不同的特点。具体包括：报纸、杂志、广播、电视、印刷品等。

② 举办或参加人才招聘会。人才招聘会是一种比较传统的招聘方式。招聘会分为两类：一类是专场招聘会，专场招聘会是组织面向特定群体或者需要招聘大量人员而举办的；另一类是非专场招聘会，往往是由某些中介机构组织（如人才交流中心等）及用人单位参加的招聘会。

③ 利用职业中介。组织通过就业服务机构联系，告知对应聘者的具体要求，由职业中介机构承担寻找和筛选应聘者的工作，并向组织推荐合适的应聘者以备组织做进一步的筛选。职业中介的作用简化了组织的面试工作，节省了招聘的时间成本，但职业中介的筛选质量可能不高。

④ 利用猎头公司。猎头公司常被用来搜寻理想的高级管理人员，猎头公司掌握着大量的有经验和特殊才能的人才的信息，一般都拥有自己的人才数据库。猎头公司在接受客户委托以后，不通过广告吸引潜在的求职者，也不向个人收取服务费。猎头公司主动接触候选人，对候选人进行面谈或其他方式的测评，并通过各种途径对候选人进行背景调查，向客户提供候选人的评价报告。猎头公司主要是为企业服务的，无论企业最终是否聘用猎头公司所提供的候选人，企业均需支付相应的费用，一般相当于所招聘职位年薪的30%～40%，再加上搜寻过程中所发生的费用。

⑤ 网络招聘。互联网不仅仅是一个在网上发布招聘广告的媒体，而且是一个具有多种功能的招聘服务系统。通过互联网招聘的途径有：专业招聘网站、直接发布招聘信息、搜索网上简历库、利用组织自己的网站等。

⑥ 校园招聘。高等院校和各类职业学校日益成为用人单位招聘足够数量的高素质人才的广阔市场。各类学校为组织提供了大量受过良好正规教育但实际经验较少的年轻求职者，他们的学习愿望和学习能力较强，与具有多年工作经验的候选人相比较，新毕业学生的薪酬也比较低。

⑦ 其他途径。除了上述各种外部招聘的方法和途径外，面向外部招聘的方法还有应聘者的直接申请、员工的引荐等。

【资料链接9-1】　　员工推荐

某些招聘渠道是否会产生更优秀的人选？回答通常是肯定的。大多数研究发现，员工推荐一般会产生更好的候选人。对这一发现的解释是合乎直观逻辑的。首先，现职员工推荐的候选人已事先经过这些员工的筛选，因为推荐者对于职务和所推荐的候选人都较为了解，他们自然倾向于推荐更合适该职务的候选人；其次，现有员工通常觉得他们在组织中的声望和所作的推荐质量不无关系，因此，只有当他们自信该项推荐不会影响自己的名声时才会主动推荐其他人。

二、解聘

解聘是控制组织员工规模的另一种方法。在宏观经济低迷时，大多数企业，包括大企业和小企业，都会采用紧缩其员工队伍或对其技能构成进行重组的行动。而且，大规模的裁员往往是大企业摆脱困境或增强全球竞争力的重要手段。例如，为了在全球各市场提高对客户要求的响应速度，加强集团的全球竞争地位，并提高运营效率，新联想裁减了1 000多个职位。

解聘员工的常见手段就是直接解雇，即永久性的强制与员工终止劳动合同。但直接解雇员工，无论对被解雇员工，还是对于管理人员来说，都不是件令人愉快的事。作为一个真正关心员工、有社会责任感的组织，应该尽量采用临时解雇、调换岗位等方法来替代直接解雇。

第三节 员工的甄选与录用

人力资源的获取工作是一个完整的流程，甄选和录用是整个招聘系统的组成部分。甄选是一种预测行为，它设法预见聘用哪一位申请者会确保工作成功。为了对应聘者的知识水平、能力、专业兴趣和个性特征等多方面的内容有比较全面和深入的了解，组织应该借助于不同的方式来甄选出合适的人选，甄选已经成为组织招聘工作非常重要的阶段。录用则是组织经过甄选之后的决定，录用作为一种契约将组织与应聘者紧密地联系起来。

一、甄选的程序

甄选过程应该由人力资源部门和用人部门经理共同完成，其步骤如下：

1. 评价求职申请表和简历

评价求职申请表的简历是对应聘者进行的初步筛选。无论是由个人提交的申请表和简历，还是由组织统一设计的登记表都会存在着许多不可靠的成分。初步筛选的目的在于透过申请表和简历的表面现象观察分析其潜在的危险信号，对显示出危险信号的申请者，应该在初步筛选中予以剔除。对于有希望的候选人，可以将发现的疑问记录下来，以备面试时提问。一般来说，有下列情况的，可以视作“危险信号”：① 申请表信息不完全；② 就业经历存在间断；③ 在某职位上短期任职，且没有合乎逻辑的原因；④ 在某一工作岗位上缺乏所期望的成绩；⑤ 缺乏有效的离职原因；⑥ 所描述的职责与原任职岗位不一致；⑦ 过去的经验与申请的职位不一致，⑧ 不合逻辑地提供申请职位所必需的经验或技能。

2. 进行面试、测试和考核

对于初选合格的人选进行面试，必要的话还要进行测试和考核，它的一般步骤如下：

(1) 确定参加面试的人选、发出书面通知。通知书上应该注明面试的时间、地点、联系方式等内容。

(2) 进行面试准备。面试准备包括确定面试主持者和参加人员、选择合适的面试方法、设计评价表和面试提问提纲、面试的场所布置和环境控制。

(3) 面试过程的实施。面试是获取求职者信息最常用的方法，在各个层次的选择中被广泛使用。它依靠面试考官的面试技巧有效地控制面试的实际操作，面试过程的操作质量直接影响着人员招聘与录用工作的质量。

(4) 进行必要的测试和考核。选择性测试被视为最可靠、最准确的选择方法，通过对应聘者施以不同的考核和测试，可以就他们的知识、能力、技能等条件，以及个性品质、职业性向、动机和需求等方面加以评定.从中选出组织所需要的人选。

(5) 分析评价结果。这个阶段的工作主要是针对应聘者在面试、测试和考核中的实际表现作出结论性的评价，为录用取舍提供建议。

二、甄选手段与方法

甄选工作对组织绩效和成本有重要的影响，决定了组织能否最终获取适合工作岗位的理想人选，因此，甄选已经成为招聘过程的一个非常重要的阶段。常用的甄选手段与方法包括：应聘者申请表分析、笔试、绩效模拟测试、面谈、履历调查，以及某些情况下的体格检查等。

1. 申请表

几乎所有的组织都要求应聘者填写一份申请表。这可能只是一份让应聘者填上姓名、地址和联系方式的简表，也可能是一份综合性个人简历表，要求仔细填写个人学历、技能和过去工作活动和工作成绩等。

2. 笔试

典型的笔试包括有关智商、悟性、能力和兴趣等方面的内容。这些测试早就被作为一种甄别手段得到使用，尽管其流行强度也出现过周期性的变化。如今，企业界已相当流行个性、行为和悟性方面的测试。

3. 绩效模拟测试

绩效模拟测试就是测验人的实际工作行为。最有名的绩效模拟测试方法有工作样本试验和评价中心两种。

工作样本试验就是给申请者提供一项职务的缩样复制物，让他们完成该项职务的一种或多种核心任务。申请者通过实际执行这些任务，将展示他们是否拥有必要的技巧和能力。这一方法适用于常规的职务。

评价中心是用以测评职务应聘者管理潜能的另一种方式的绩效模拟测试法发生的场所。在测评中心内，由公司经理人员、监管人员与受过训练的心理学家一起模拟性地设计出实际工作中可能面对的一些现实问题，让应聘者做广泛的测试练习，从中评价其管理能力。练习活动可能包括与人面谈、文件框式问题解决练习、小组讨论和经营决策游戏等。

4. 面谈

面谈与申请表一样，是广泛使用的一种人员甄别手段。管理者要想使面谈成为一种高效的甄选工具，在面谈工作中应做到如下几点：

(1) 对所有应聘者设计一些固定的问题；

(2) 取得对应聘者面谈的工作有关的更详细的信息；

(3) 尽量减少对应聘者履历、经验、兴趣、测试成绩或其他方面问题的先前认识；

(4) 多提问那些要求应聘者对实际做法给予详尽描述的行为问题；

(5) 面谈中多做记录并采用标准的评价格式；

(6) 避免短时间面谈；

(7) 防止过早形成决策。

5. 履历调查

履历调查有两种形式：申请资料的核实和推荐信的查询。前一种形式已经被证明是获取人员甄选有关信息的一个有价值的渠道。后一种形式基本上没有什么价值，因为应聘者的推荐人通常说的都是好话。试想谁会去找一个可能作出不良评语的人写推荐信呢？

6. 体格检查

这一甄选手段只对少量具有特定体力要求的职位有用。在绝大多数情况下，体格检查成为组织为健康保险目的而做的，因为组织都想确保此雇用行为不致带来为员工受雇佣前的受伤或疾病而支付保险或医疗费用。

三、甄选手段的选择

许多甄选手段对管理者做出人员选聘决策只有相对有限价值，因为有研究表明同一种甄选手段对不同层次的职位选聘效果存在较大差别。一般认为评价中心和面谈对选聘高层管理者是非常有效的，而工作样本和申请资料核实对选聘常规的作业职位更为有效。表9.2概况地列示了每一种甄选手段对特定类型工作的效度。管理者应该选用那些对特定工作具有良好预见功能的甄选手段。

表9.2 各种甄选手段作为绩效预测器的功能

甄选手段	职位			
	高层管理	中层管理	复杂的非管理工作	常规的作业
申请表	2	2	2	2
笔试	1	1	2	3
工作样本	—	—	4	4
评价中心	5	5	—	—
面谈	4	3	2	2
申请资料核实	3	3	3	3
推荐信查询	1	1	1	1
体格检查	1	1	1	2

注：表中效度值是按5分制给分的，5表示效度最高，1表示效度最低，—表示无数据。

在聘用过程中，每一个职位申请者都对他接受面谈的公司和工作有一系列的期望。如果申请者所得到的信息被过分粉饰，那就很可能会发生一些对公司不利的事情。首先，因为被粉饰过的信息给了应聘者不切实际的期望，新员工上班后可能很快会产生不满，从而离开公司；其次，新员工容易感到幻想破灭，不会全身心投入到组织中，尤其当他们面临工作中没有预料到的艰难处境时。在很多情况下，这些员工会觉得自己在应聘过程中上当了，往往不能积极地对待工作，从而成为问题员工。

为提高员工的工作满意度、减少离职流动率，管理者可以考虑提供真实工作预览，其中包括关于员工和公司的有利的和不利的两方面信息。譬如，除了在面谈中通常要陈述公司的好的一面外，还要告诉职位应聘者诸如工作比较艰苦、工作时间无规律、提升机会较少、需要经常加班，等等。研究表明，得到真实工作预览的申请者，会对他们要承担的职务产生合乎实际的、更为现实的工作预期，从而比得到那些经过粉饰的公司信息的申请者对工作中可能遇到的挫折有更强的应对能力。最终，新员工的离职率将在预期的水平之内。

课堂讨论

某高新技术企业的售前技术部门急需招聘一批工作人员，向企业人力资源部提出招聘需求。人力资源部接到需求后开始招聘，经过初试后陆续安排了一些人员到售前技术部门的张经理那边，但张经理面试后总是说不合适。经沟通后，张经理说，面试人员的能力不能够胜任目标岗位的要求。一个月过去了，由于一直无法找到合适人选，人力资源部刘经理压力很大，两个部门的关系也很紧张。

讨论：如果你是刘经理，你会怎么做？

第四节　员工的培训与发展

英国管理学家科普认为，培训和开发不是可有可无的选择性事件，而是人力资源管理的重要组成部分，是对人力的投资。作为人力资本内涵式扩张的有效途径，培训与开发已成为现代企业组织获取竞争优势的有力武器。

一、员工培训的含义

人力资源管理在“识人”的基础上，涉及选人、用人、育人、留人，而每个环节都与人力资源开发密切相关，特别是“育人”环节，越来越成为高科技企业留人的基础。企业有竞争力的培训成为吸收人才的重要因素。

员工培训是指企业有计划地组织员工学习本职工作所需的基本知识和技能，或改变员工的价值观，形成与组织目标、文化相一致的工作态度和行为的活动过程。

培训是人力资源管理工作的内在组成部分，也是一种对人的投资。企业中任何一名新员工，不论他具有多高的素质和技能，都不可能与企业的工作要求直接吻合，因此，企业为使新员工掌握必要的知识、技能和应具备的工作态度，一般都要进行相应的培训。当然，培训的目的不仅仅局限在基本技能的开发上，更多的应看成是创造智力资本的途径，以创造出一个有利于人与企业共同发展的学习型组织。

二、员工培训的方法

依据所在职位的不同，可将员工培训分为岗前培训、在岗培训和离岗培训，但主要应用的是前两种。

（一）岗前培训

岗前培训即员工上岗前为了适应工作的需要而进行的各种训练活动，又称新员工培训。岗前培训的目的是提高员工的素质，使之走上工作岗位后能适应岗位的需要，尽快地融合到企业之中并投身到工作中去，从而促进企业的发展。就其本质来讲，岗前培训只是企业培训的开始或初级的培训。

岗前培训的内容可分为两大类，即企业文化教育和岗位业务培训。企业文化教育包括企业规章制度、企业概况、产品知识、行为规范和共同价值观等。其中行为规范和共同价值观同属于企业文化，这是岗前培训的重要内容。通过企业文化培训，使员工形成一种与企业文化相一致的心理素质，使员工个人尽快地适应企业，以便在工作中较快地与企业价值观相协调。

由于新员工进入单位后都带着一些期望，如期望获得应有的尊重、认可、接受和重视，期望获得对环境和新职务的了解，期望获得成功与发展的机会等。因此，作为岗前培训，应特别加入一些表示热情与主动的感情色彩的成分，使新员工感受到自己被重视、受欢迎，在心理上产生亲近感和归属感，这样有利于提高新员工的工作绩效，获取更大的工作满意感。

岗位业务培训包括业务知识、技能和管理实务的培训。业务知识是指除专业知识外，从事某项业务所需要的知识；技能是指从事某项工作应具备的特殊技能；管理实务是指某项管理工作的程序、方法、标准等。通过岗位业务培训要使新员工尽快熟悉和掌握与本职工作有关的理论知识、操作流程、制度规范、工作方法。从总体上了解企业的经营管理的性质和作用，从而把自己的职业发展与企业的发展连为一体。

（二）在岗培训

在岗培训又称在职培训，是为了提高员工的工作技能、工作绩效，或出于员工转岗、晋升、取得岗位资格等需要而进行的培训。在岗培训指员工在工作场所以及在完成工作任务过程中所接受的培训。在岗培训是企业内部培训的方式之一，其特点在于受训员工不离开工作岗位，或以目前担任的工作为媒体而接受训练。按照培训的目的不同。在岗培训可分为转岗培训、晋升培训、岗位资格培训、更新知识和掌握新技能的培训，等等。

对员工的在岗培训是以解决岗位工作所需的知识、技能为主，在内容上比岗前培训更深一层次，是岗前培训的继续和发展，是从低水平或培训的初级阶段迈向中级阶段的重要方法与步骤。岗前培训是为企业新员工做好就业的准备，是每个员工加入企业的必经之路；而在岗培训则是岗前培训的深化过程，持续的时间比岗前培训要长。对一个注重培训的企业来讲，在岗培训贯穿于员工管理的全过程。在岗培训既要考虑组织目标、工作要求等因素，又要考虑个人职业生涯发展规划和职业发展需要，因此必须制订严格的培训计划书，并注意分层次、多方位地对员工进行全面培训，以帮助员工获得进一步发展和提高的条件。

在岗培训一般来说应在知识更新、技能开发、观念转变、思维技巧、心态调整与潜能开发等方面取得成效。当然，培训层次不同在培训内容上会有所区别。对一般员工的培训，主要是针对其从事工作的工艺技术变化和企业经营战略与外部形势变化的需要等进行的业务知识传授和价值观念的重建。对管理人员的培训在达到这方面的要求基础上还要增加领导行为方面的培训内容，因为，优秀的管理者都应善于激励和团结下属，从而形成内部团结、上下协作、奋发向上的局面。对专业技术人员的培训主要是业务方面，而且是深层次的、前沿的，特别是要紧跟科学技术的发展步伐，不断学习和掌握新技术、新方法。

三、员工职业生涯规划与管理

职业生涯是一个人一生的工作经历。一个人的职业生涯可以是某种职业中的一系列职位。比如，在大学中担任助教、讲师、副教授、教授这几种职位；也可以按照个人的工作历程来描述，比如助理工程师逐步升迁至工程师、技术主管、技术部经理、副总经理兼技术总监等。

职业生涯规划是员工个人对自己未来的职业生涯发展进行的总体策划和准备，它包括确立阶段性和长期性的职业目标，确立适合个人的发展路径，明确将要进行的调整和具体的准备工作。职业生涯管理是组织对员工职业生涯规划和实施的支持、指导和管理。组织结合自己的发展目标和对人力资源的需要，鼓励和指导员工进行职业生涯规划，采取一定的措施，创造条件以帮助员工实现职业发展目标。

无论是对组织还是对员工个人,职业生涯的规划和管理都具有重要意义。对于个人而言,职业生涯规划为自己指明了发展方向,避免或减少了职业发展的风险。此外,结合企业的职业生涯管理措施,个人不断加深对自己和环境的了解,不断提升自身素质或修正自己的目标,最终实现事业的成功。对于企业而言,职业生涯管理强化了企业和员工的共同利益,有利于提高员工士气和生产效率,促成企业和员工的长期共同发展。

(一) 影响职业生涯规划的因素

影响员工的职业生涯规划的因素很多,较为突出的因素有职业生涯发展阶段、职业性向、职业锚和环境。

1. 职业生涯发展阶段

职业生涯发展阶段是以年龄为主要参数而划分的职业生涯的发展过程,在不同的职业生涯发展阶段,劳动者表现出不同的职业特征和需要,职业行为和态度也明显不同。通常,个人的职业生涯发展阶段依次划分为探索阶段、立业阶段、维持阶段和接近离职阶段。

(1) 探索阶段。始于人们参加工作,止于人们确定了自己的特点和职业兴趣。从年龄上来说,通常始于16～24岁,止于25～30岁。在职业探索阶段,个人试探性地选择职业和工作组织,他们会考虑自身的兴趣、价值观、工作偏好,并从家庭、朋友、业务伙伴、企业、媒体那里收集关于职业的信息。在这个阶段,个人调换工作愿望强烈,可能会频繁跳槽。职业探索阶段对员工职业生涯规划的形成有重要意义,而且此时的职业生涯规划将对员工终身产生重大影响,但此时的职业生涯规划还有很强的不确定性。

(2) 立业阶段。始于人们确定了自己的特点和职业兴趣,并在组织中获得一定的职位,止于人们实现职业目标,或是达到事业发展的顶峰。从年龄上来说,立业阶段通常始于25～30岁,止于40～45岁。在立业阶段,个人积极寻求自己在组织中的价值,逐步独立承担更多的责任,收入改善,重视精神上的满足。立业阶段的职业生涯规划是员工行为的指针,也是员工动力的来源之一。此时的职业生涯规划可能会随着时间推移而有所调整。

(3) 维持阶段。始于人们事业达到顶峰之后,止于人们准备退休,并将生存重心转向非工作事项。从年龄上来说,维持阶段通常始于40～45岁。由于国内男女劳动者退休年龄不统一,女性劳动者一般止于45～53岁,男性劳动者一般止于55～58岁。在维持阶段,人们已经积累了丰富的工作经验和一定的人际关系,对组织也有了深刻的理解。但是,他们通常较为保守,也可能有更新知识和技能的需求,以避免落伍。

(4) 接近离职阶段。始于人们准备退休,并将生存重心转向非工作事项,终于人们正式退休。从年龄上来说,此阶段通常始于退休前2～5年。在这个阶段,人们准备退休,调整时间分配,尝试更多的非工作活动。一部分员工可能会重新进行职业探索,并转向从事顾问咨询等适宜的新工作,但是大部分人将永远离开工作岗位。

2. 职业性向

约翰·赫兰德认为,个性(包括价值观、兴趣、需要等)也是影响职业生涯规划的重要因素之一。他指出,个人在选择职业时,表现出6种不同的个性,称为职业性向。

(1) 实际性向。具有实际性向的人会被那些包含体力活动并需要一定的技巧、力量和协调性才能完成的工作所吸引,比如管理人员、木工、工程师、军官等。

(2) 调研性向。具有调研性向的人会被那些包含较多认知活动(思考、理解等)的工作所吸引,比如生物学家、化学家、数学家、医务人员、学术研究人员等。

(3) 社会性向。具有社会性向的人会被那些包含大量人际交往事务的工作所吸引,比如汽车推销员、学校管理人员、公务员、社会工作者、心理医生等。

(4) 常规性向。具有常规性向的人会被那些包含大量结构性、机械重复事务的工作所吸引，比如会计、银行职员、工商管理教师、行政主管、数学教师、秘书等。

(5) 艺术性向。具有艺术性向的人会被那些包含大量自我表现、艺术创造、情感表达以及个性化活动的工作所吸引，比如广告管理人员、艺术家、英语教师、音乐家、外文人员、新闻发言人等。

(6) 企业性向。具有企业性向的人会被那些包含以影响他人为目的的语言活动的工作所吸引，比如采购员、企业管理人员、律师、保险业务员、售货员等。

3. 职业锚

职业锚是指一个人必须做出选择时，他无论如何都不肯放弃的职业中的一些最重要的事物和价值观。职业锚是人们选择和发展自己的职业时所围绕的中心。随着个人对自己的认识逐步清晰，职业锚也就明晰起来了。艾德加·希因提出了5种职业锚。

(1) 技术型职业锚。这种职业锚与管理型职业锚相对，具有这种职业锚的人们倾向于在特定的专业技术领域不断成长，讨厌一般的管理性事务，不愿成为管理人员。

(2) 管理型职业锚。这种职业锚与技术型职业锚相对，具有这种职业锚的人们倾向于在管理领域不断成长，他们追求承担更高责任的管理岗位。

(3) 创立型职业锚。具有这种职业锚的人有强烈的创立某种完全属于自己的东西的愿望，这种人通常会逐步成为成功的企业家。

(4) 独立自主型职业锚。拥有这种职业锚的人有强烈的自主决定自己命运的愿望，这种人通常会逐步成为自由职业者或小型合伙制企业的合伙人。

(5) 安全型职业锚。持有这种职业锚的人有强烈的追求稳定、避免风险的愿望，这种人通常会选择做公务员或进入大型企业、事业单位。

4. 环境

影响员工职业生涯规划的前3个因素是个人因素，第4个因素是外部环境。虽然人们习惯于用政治、经济、社会、技术等维度来分析环境因素，但是对于员工职业生涯规划来说，某些产业或行业的发展状况、劳动力市场的供需情况、传统文化中的择业观念、现有的工作环境等具体因素的影响特别重要。

（二）职业生涯规划的步骤

职业生涯规划是员工个人对自己未来的职业生涯发展进行的总体策划和准备。职业生涯管理是组织对员工职业生涯规划和实施的支持、指导和管理。在职业生涯规划的步骤中，个人和组织的努力要结合起来。常见的职业生涯规划通过以下几个步骤来进行：

1. 自我评估

这是职业生涯规划的第一步。此时，员工分析和确定自己的知识、能力、职业性向、职业锚及职业生涯发展的目标。员工的自我评估要用到各种信息，员工可以通过较长时期的自我观察、自我体验来获得这些信息，企业也可以提供一些进行自我评估的方法(比如职业性向测试方法)供员工使用。

2. 实际检验

这是职业生涯规划的第二步。此时，员工从企业获得信息，了解企业对自己的评价，明确自己的发展规划应该如何适应企业的发展规划。简单的做法是，可以由员工的直线主管会同企业专门的人力资源管理人员，结合对员工的绩效考核来提供评价信息，指引员工的职业生涯规划；严谨的做法则要求有关人员收集员工从求职面试直到日常工作记录等各方面的信息，使用企业选定的心理测试和技能评定方法，对员工的综合素质和发展潜力做出评估，再结合企业发展规划所提供的职业发展机会，对员工进行指引。

3. 目标设定

这是职业生涯规划的第三步。此时，员工形成职业生涯发展的目标，初步完成职业生涯规划。目标通常表现为在一定时间内提高工作技能、获得理想的工作职位和工作安排。企业通常会鼓励员工和直线主管或人力资源管理者讨论这些目标，尽量保证目标兼具现实性和挑战性。

4. 行动规划

这是职业生涯规划的第四步。此时，员工要制定达到职业生涯发展目标的行动和措施，比如参加各种培训或参加项目团队运作等。制定行动规划同样要得到企业的大力支持，直线主管和专门的人力资源管理人员一方面要对员工的行动规划提出合理化建议，另一方面也要由此考虑安排有关的培训和发展项目，保证落实员工成长的平台。

5. 评估、反馈与调整

由于涉及长期的职业生涯发展目标和行动规划，员工需要不断对实际情况进行评估，以便调整职业生涯规划。在这个过程中，企业要继续将对员工评估所获得的信息反馈给员工。无论员工怎样调整职业生涯规划，企业都要引导他们兼顾个人和组织的要求，追求个人和企业的共同发展。

第五节　员工绩效考核

一、绩效考核的概念和作用

管理者需要知道其员工是否在有效地工作，是否存在改进的必要，考核员工的绩效是管理者管理的重要内容。所谓绩效考核是指收集、分析、评价和传递有关某一个人在其工作岗位上的工作行为表现和工作结果方面信息情况的过程。也就是按照一定的标准，采用科学的方法，检查和评定企业员工对职务所规定的职责的履行程度，以确定其工作成绩的管理方法。

绩效考核在管理活动中承担着两种角色：一种角色是通过绩效评估获得员工工作的真实信息，以对绩效突出、表现优异的员工进行鼓励，或对绩效平平、表现不佳的员工进行惩戒；另一种角色是通过绩效考核获得员工工作的真实信息，有针对性地开发员工的各种潜能，并为组织提供员工在晋升、调动和加薪等方面的参考依据和决策信息。

绩效考核的主要作用在于：通过对员工全面综合的评价，判断他们是否称职，并以此作为企业人力资源开发与管理的基本依据；切实保证员工的报酬、晋升、调动、职业技能开发、解聘等工作的科学性。

二、绩效考核的原则

根据国内外企业管理的实践经验，在绩效考核中应遵循的原则有下列 5 条。

（一）透明公开原则

透明公开原则包括3个方向的要求：一是考核的目标、标准和方法公开；二是考核的过程公开，即在绩效考核的每一个环节上都应接受来自人力资源部门以外的人员的参与监督，防止出现暗箱操作；三是考核的结果公开，即在绩效考核结束之后，人力资源部门应把考核的结果通报给每一位被考核对象，使他们了解自己和其他人的业绩信息。

（二）客观公正考评原则

在制定绩效考核标准时应从客观、公正的角度出发，坚持定量与定性相结合的方法，建立科学适用的绩效考核指标体系。这条原则要求在制定绩效考核标准时多采用可以定量化的指标，尽量减少个人主观臆断的影响，用事实数据说服人，切忌主观武断和长官意志。

（三）多层次、多渠道、全方位考核原则

要做到科学考核员工的绩效其实是一件非常困难的事情，因为员工在不同时间、不同场合往往会有不同的行为表现，因此，人力资源管理部门在进行绩效考核时，应多方收集相关信息，建立起多层次、多渠道、全方位的考核体系。

（四）经常化、制度化原则

企业生产经营活动是一个连续的过程，员工的工作也因此是一种连续不断的行为。因此，企业绩效考核工作也必须作为一项经常化、制度化的工作来抓，如此才能最大限度地发挥出绩效考核的各项功能。此外，经常化、制度化的考核工作有利于调动、保持员工工作的积极性，有利于激发员工改进工作、提高质量的强烈愿望。

（五）与企业文化和管理理念一致原则

考核内容实际上就是对员工的工作行为、态度、业绩等方面的要求与目标，它是员工行为的导向。考核内容是企业文化与管理理念的具体化和形象化，在考核内容中必须明确：企业鼓励什么、反对什么，应给员工以正确的引导。

三、绩效考核的程序和方法

（一）绩效考核的一般程序

设计一套科学、合理的绩效考核方案，清晰、明确的考核程序是绩效考核顺利实施的保证和操作指南。

绩效考核的一般程序分为“横向程序”和“纵向程序”。

1. 横向程序

它是按绩效考核工作的先后顺序进行考核的程序，主要环节有：

(1) 制定考核标准。这是绩效考核的前提，考核标准必须以职务分析所制定的职务说明与规范为依据。

(2) 实施考核。这是对员工的工作绩效进行考核、测定和记录。

(3) 考核结果分析与评定。绩效考核的记录需要与既定的标准进行比较来作分析与评判，从而获得考核的结论。

(4) 结果反馈与实施纠正。绩效考核结论通常应该让被考评的员工知晓，使其了解组织对自己工作的看法与评价，从而发挥优势、克服劣势；另一方面，还需要针对考核中发现的问题采取纠正措施，因为绩效是对员工主观与客观因素的综合结果，所以纠正措施不仅是针对被考核的员工，也需要根据环境条件的变化对考核指标作相应的调整。

2. 纵向程序

它是按组织结构层次逐级进行绩效考核的程序，主要环节有：

(1) 基层部门。以基层为起点，由基层部门的领导对其直属下级进行考核。考核分析的单元包括员工的工作行为、员工的工作效果、影响员工行为的个人特性与品质等。

(2) 中层部门。基层考核之后，上升到中层部门进行考核，内容包括中层干部的个人工作行为与特性、该部门的总体工作绩效等。

(3) 高层部门。中层部门考核完成后逐级上升到公司领导层，再由公司所隶属的上级机构对公司这一最高层次进行考核，主要内容是考核经营效果等方面经营指标的完成情况。

(二) 绩效考核方法

1. 三百六十度反馈法

三百六十度反馈法是利用从上司、员工本人及其同事处得来的反馈意见进行绩效考核的一种方法。它几乎使用了与被考核者有互动关系的所有人员的反馈信息。这种绩效考核方法目前已被杜邦、UPS等国际著名企业广泛采用。

2. 共同确定法

最典型的共同确定法就是各大学、科研部门和各个企业都在采用的评价科学技术人员、教师的工作绩效，特别是评定职称中所采用的方法。这个方法的基本过程是：先由基层考评小组推荐，然后进行学科或专业考核小组初评，再由评定分委员会评议投票，最后由评定总委员会审定。

这种方法的优点是：通过专家来进行评价，保证被考核人的水平、能力、素质等方面确实符合要求，得到比较公允的考核结果。它的缺点在于：考核的结果可能受考核者的主观因素影响过多，但是在类似评定职称这类难以用量化指标或行为因素来进行的考核中，不失为一种可行的方法。

3. 配对比较法

配对比较法是将考核者进行两两逐对比较，比较中认为绩效更好的得1分，绩效不如比较对象的得0分。在进行完所有比较后，将每个人的所得分加总，形成个人的相对绩效，根据这个得分来评价出被考核者的绩效优劣次序。

这种方法的优点是：可以用一定的量化指标来评价被考核者，实施理想的话，准确度较高。它的缺点是：这种方法不适合人数较多的情况，如果被考核者超过20人就会相当费时费力；难以得出绝对评价，只能给出相对的位置；有时会造成得分的循环，无法得出优劣次序。

4. 等差图表法

等差图表法在实际操作中要考虑两个比较主要的问题：一是考核项目，即要从哪些方面对员工的绩效进行考核；二是评定分等，即对每个考核项目分成几个等级。在确定了这两者后，即可由考核者按照评定图表的要求对被考核者给出分数。

这种方法的优点是：考核内容全面，打分档次可以设置较多。恰当地加以辅助要求，比如在某一个档次的人员不能超过或少于一定的比例，可以要求考核者给出具有一定区别性的考核成绩；比较实用且开发成本小。它的缺点在于：受主观因素影响，因为每个考核者给出的被考核者的分数都是个人主管的看法；没有考虑加权，被考核的因素对于考核的总结果都具有同样的重要性；图表不能指导行为，员工并不知道自己该如何做才能得到高分；对于绩效考核面谈中所需提供的信息也不够充分。

这种方法比较适用于考核工人、普通职员等基层的、工作行为和结果都比较容易被了解的员工。表 9.3 是一个举例说明。

表 9.3　等差图表法

姓　名：	职　务：	
考核项目	评级记位	得分
工作质量	5 分　太粗糙 10 分　不精确 15 分　基本精确 20 分　很精确 25 分　最精确	
工作数量	5 分　完成任务情况极差 10 分　完成任务情况较差 15 分　完成任务 20 分　超额完成任务 25 分　超额完成一倍	
工作知识	5 分　缺乏 10 分　不足 15 分　一般 20 分　较好 25 分　很好	
工作协调	5 分　差 10 分　较差 15 分　一般 20 分　较好 25 分　很好	
总　　分		

5. 关键事件法

它的基本方法是：每人都以一定的分数为基本分，然后根据一系列加分和减分项目进行计算得出考核总分。

一般操作程序：由主管人员将每一位下属员工在工作活动中所表现出来的非同寻常的优良行为与非同寻常的不良行为(或事件)记录下来，然后在某一段固定的时间里，根据所记录的特殊事件来决定下属的工作绩效。

这种方法的优点是：确定一个奖惩的分值，以这个分数为依据进行奖惩，排除了主观因素的影响，使绩效考核的结果有确切的事实依据；避免了近因效果，因为它依据的是员工在整个年度或一段时间中的表现，而不是最近一段时间的表现，能为绩效改善提供依据。

这种方法在我国众多组织中应用相当广泛，在具体应用时，可以将它与工作计划、目标和工作规范结合使用。

6. 情景模拟法

情景模拟法是为了适应当前很多管理和执行工作的发展，由美国心理学家茨霍恩等首先提出来。现代企业的工作越来越复杂，每一项任务的执行都需要多方面的素质和能力，而各项不同的任务所需要的素质和能力又不相同。为此，单纯凭借远离工作的考试、测评，无法全面考核出被考核者是否能够适应工作，所以，利用仿真评价技术，通过计算机仿真、模拟现场等技术手段，进行模拟现场考核，或者通过代理职务进行真实现场考核才是更为有效的考核方法。

这种方法的优点是可以使被考核者真实地面对实际工作，表现出自己的实际水平和能力。缺点是成本高、费时费力。这种方法适用于关键岗位、特殊岗位的员工绩效考核。

本 章 小 结

1. 人力资源管理的核心内容可归结为：选人、用人、育人、留人。人力资源管理的过程包括编制人力资源计划、招聘员工、甄选员工、职前引导与培训、薪酬与福利管理和职业生涯发展等。

2. 人力资源规划过程可以归纳为 3 个具体的步骤：评估现有人力资源；评估未来所需的人力资源；制订相适应的方案计划。人力资源规划中人员配备的原则：因事择人原则、选贤任能原则、因材使用原则、群体相容原则、动态平衡原则。

3. 员工招聘渠道通常有内部渠道和外部渠道两种。对招聘的员工要通过一定的方法和程序（申请表、笔试、绩效模拟测试、面谈、履历调查、体格检查）进行甄选，以此来确认适合企业的员工。

4. 员工培训是指企业有计划地组织员工学习与完成本职工作所需的基本知识和技能，或改变员工的价值观，形成与组织目标、文化相一致的工作态度和行为的活动过程。主要有岗前培训和在岗培训两种培训方式。

5. 职业生涯规划是员工个人对自己未来的职业生涯发展进行的总体策划和准备，它包括确立阶段性和长期性的职业目标，确立适合个人的发展路径，明确将要进行的调整和具体的准备工作。影响职业生涯规划的因素主要有：职业生涯发展阶段、职业性向、职业锚、环境。职业生涯规划的步骤包括：自我评估、实际检验、目标设定、行动规划、评估、反馈与调整等。

6. 绩效考核是指收集、分析、评价和传递有关某一个人在其工作岗位上的工作行为表现和工作结果方面信息情况的过程。应按一定的考核原则、程序和方法进行绩效考核。

◆思考题

1. 人力资源管理的过程包含哪些步骤？
2. 人力资源规划中人员配备的原则有哪些？
3. 人员招聘的标准是什么？外部招聘和内部招聘各有什么优缺点？
4. 在人员选聘的途径中，甄选手段与方法有哪些？
5. 影响员工职业生涯规划的因素有哪些？组织如何利用这些因素来帮助员工发展？
6. 员工绩效考核的作用和原则有哪些？
7. 简述绩效考核的方法。

微软——严格选聘聪明人

比尔·盖茨认为，聪明就是迅速地、有创建性地理解并深入研究复杂的问题。具体说：

聪明人一定要反应敏捷、善于接受新事物;他能迅速地进入一个新领域,并对之作出头头是道的解释;他提出的问题往往一针见血,正中要害;他能及时掌握所学的知识并博闻强记;他能把原来认为互不相干的领域联系在一起并使问题得到解决;他富有创新精神和合作精神。而对"聪明人"的追求,微软有一套严格的招聘制度。

在公司成立初期,微软公司采用亲自面试应聘人员的方法。当时,比尔·盖茨、保罗·艾伦以及其他的高级技术人员对每一位候选人进行面试。现在,微软采用同样的办法招聘程序经理、软件开发员、测试工程师、产品经理、客户支持工程师和用户培训人员。

微软公司每年为招聘人才走访多所美国大学,既去名牌大学,同时也留心地方院校(特别是为了招聘客户支持工程师和测试员)以及国外学校。被面试者在一天之内将与4~6位面试者交谈,有希望的候选人还要回微软公司总部进行复试。微软公司总部的面试工作全部由产品组织职能部门的人员承担,开发员承担招收开发员的面试工作,测试员承担招收测试员的面试工作,依此类推。面试交谈的目的在于抽象地判定一个人的智力水平,而不仅仅看候选人知道多少编码或测试的知识或者有没有市场营销的特殊专长(在判断新雇员4种重要素质,即雄心、智商、技术知识和商业判断能力中,智商被列在最重要的位置)。微软面试中有名的一般性问题包括:估计密西西比河河水的流量或美国加油站的数目。被面试者的答案通常不重要,而看重的是他们分析问题的方法。更为具体的讲,总部层次的招聘是通过"让各部门专家自行定义其技术专长并负责人员招聘"的方法来进行。例如程序部门中经验丰富的程序经理用以下两个方面来定义合格的程序经理人选:一方面,他们要完全热衷于制造软件产品,一般应具有设计方面强烈的兴趣以及计算机编程的专业知识或熟悉计算机编程;另一方面,他们能专心致志地自始至终关注产品制造的全过程,他们总是善于从所想到的方面来考虑存在的问题,并且帮助别人从他们没想到的角度来考虑问题。又如对于开发员的招聘,经验丰富的开发员寻找那些熟练的C语言程序员,同时还要求候选人具备一般逻辑能力并在压力之下仍能使工作保持准确性。

微软在对被面试者做出严格要求的同时,还要求每一位面试者准备一份候选人的书面评估报告。由于许多人(包括高级经理们)会阅读这些报告,所以面试者常常感到来自同事间很强的压力,他们必须对每一个候选人做一次彻底的面试,并写出一份详细优质的书面报告。这样,能通过最后筛选的人员相对就比较少。例如在大学招收开发员时,微软通常仅仅选其中的10%~15%去复试,而最后仅雇佣复试人员的10%~15%,即总体上讲,仅雇佣参加面试人员的2%~3%。正是这样一套严格的筛选程序,使得微软集中了比世界上任何地方都要多的聪明人,他们同时也是优秀的高级计算机人才。

资料来源:根据湖南商学院精品课程网资料整理,http://jpkc.hnuc.edu.cn/xiemaoshi/news_viwe.asp?news_id=107.

思考:

1. 微软的招聘程序体现了其怎样的用人原则?这一用人原则又如何在各个程序中得以体现?

2. 微软对应聘人的哪方面素质最为重视?

第十章　领　　导

了解领导的含义与作用；理解领导与管理的区别与联系；掌握领导特质理论、领导行为理论、领导权变理论的主要观点；熟悉领导处事、用人和用权的艺术。

不同的管理风格

日本某工业总公司的创始人和总经理山田，习惯在下班前把办公桌清理一下，把没干完的工作装进包里带回家做。他以对人粗暴而闻名，看见员工做得不对，立刻就会发怒，甚至动手打人。工作中虽没有做错，但没有创新的人，也会遭到责骂。但事后山田会反省，并向员工解释发怒的原因。公司员工并不讨厌山田，因为他们佩服他的表率作用。山田都是自己率先去干棘手的事、艰苦的活儿，并亲自做示范，无声地告诉员工，你们也要这样干。例如：为了谈一宗出口生意，山田在一家餐馆里招待外国商人。外国商人在洗手间不小心弄掉了金牙，山田二话没说，挽起袖子帮助客人捞出金牙，当场嘱咐员工对金牙做消毒处理后还给客人。外国商人被山田的行为深深打动，当场就签订了合同。

美国女企业家玛丽在类似问题上更有自己独到的见解。她认为称职的经理必须以身作则，领导的速度就是众人的速度。例如，所有美容顾问都必须对自己的生产线了如指掌，这项工作并不复杂，它只是一个学习和亲身实践的过程。另外，一个销售主任必须自己是商品专家，这才能说服其他美容顾问成为商品专家，一个不熟知商品知识的销售主任是无法开好销售会议的。

“人们往往模仿经理的工作习惯和修养，不管其工作习惯和修养是好还是坏。假如一个经理常常迟到，吃完午饭后迟迟不回到办公室，打起私人电话没完没了，不时因喝咖啡而中断工作，一天到晚眼睛老盯着墙上的挂钟，那么，他的部下大概也会如法炮制。值得庆幸的是，员工们也会模仿一个经理的好习惯。例如，我喜欢当天事当天了，尽管我从未要求过我的助手们也这样做，但是她们现在每天下班时，也把没有干完的工作带回家做。”

“作为一个经理，你重任在肩。你的职位越高，越应重视给人留下良好的印象。因为经理总是处于众目睽睽之下，所以你在采取行动时务必要考虑到这一点。以身作则吧！过不了多久，你的部下就会照着你的样子去做。”

讨论：

1. 你认为山田是怎样的领导风格，山田以对人粗暴而闻名，但年轻的员工却钦佩他，主要原因是什么？

2. 你认为玛丽又是什么样的领导风格？

第一节　领导概述

一、领导的含义

领导，作为一种社会中普遍存在并与人类群体活动共生相伴的现象，是一种特殊的社会实践。马克思曾经指出："一切规模较大的直接社会劳动，都或多或少地需要指挥，以协调个人的活动，并执行生产总体的运动——不同于这一总体的独立器官的运动——所产生的各种一般职能。一个单独的提琴手是自己指挥自己，但一个乐队就需要一个乐队指挥。"这是马克思主义经典作家对领导活动一般性质的精辟概括，明确地揭示了领导活动在人类社会群体中的特殊地位和作用。这里的解释是作为名词，指领导者(Leader)，即组织中确定组织目标并实现这一目标的首领。

"领导"一词有多重含义，有时指领导活动、领导过程和领导功能，有时指领导者，有时兼而有之。管理学家哈罗德·孔茨和海因茨·韦里克指出，我们把领导定义为影响力，就是一些人们心甘情愿地和满怀热情地为实现群体的目标而努力的艺术或过程。领导者的行动即在于帮助一个群体尽其所能地实现目标。斯蒂芬·罗宾斯指出，我们把领导定义为一种影响一个群体实现目标的能力。我们认为，领导(Leadership)是影响群体或组织成员，使其为确立和实现组织或群体目标而做出努力和贡献的过程。

作为动词，领导(Leading)指的是一项管理职能，是计划、组织、领导、控制四项管理职能之一。通过行使领导职能，领导者能促成被领导者努力地实现既定的组织目标。

二、领导的作用

在实现组织目标的过程中，领导者担负着重要职责，主要包括指挥、激励和协调三个方面的作用。

(一) 指挥作用

在组织活动的过程中，领导者需要有敏锐的眼光，认清组织发展态势，通过引导、指挥、指导或先导活动，指明活动的目标和达到目标的路径，帮助组织成员最大限度地实现组织的目标。在整个活动中，要求领导者作为带头人来引导组织成员前进，鼓舞人们去奋力实现组织的目标。

【资料链接 10-1】　航海家对整个航行心中有数

通用电气前总裁杰克·韦尔奇曾经说过："一个好的领导要专心致志……把握方向比被方向把握要好。"导航者比那些控制航行方向的人做得更多，在他们离岸之前，整个航行就已经成竹在胸了。他们能看到目的地，知道欲到达目的地需要做些什么，他们也清楚要获得成功，需要什么样的人加入团队，而且他们在困难浮出水面之前就能预见困难的存在。

组织越大，领导者就越需要把前路看清楚。这是因为规模越大，在中途改变会更困难，会使更多的人受到影响。1997年詹姆斯·卡梅隆导演的电影《泰坦尼克号》中发生的悲剧就是一个很好的例证。船员眺望的距离不够远，因而无法避开冰山，而当他们看到了冰山，由于船体太大，他们又无法及时将船调整航向。结果，1 000多人葬身大海。

（二）激励作用

领导者通过为下属主动创造能力发展空间和职业发展生涯等行为影响部下的内在需求和动机，从而调动组织中每个组织成员的积极性，使其以高昂的士气自觉、主动地为组织做出贡献，为实现组织的既定目标最大限度地发挥其才能。

（三）协调作用

协调组织成员间的关系和活动，处理在组织中出现的矛盾和冲突，使组织成员步调一致地朝着既定的目标前进。

三、领导与管理

（一）领导与管理的区别

管理从字面上来讲，是指管辖和治理，其实质内容是对各种资源进行组织配置，以取得预期的效果。领导从字面上讲，是指率领、指挥和引导，其实质内容是引导和动员人们的行为和思想的过程。领导和管理的区别表现在以下方面：

1. 领导与管理的性质不同

领导是一种特殊的影响力，它是以被领导者的自愿追随和服从为前提的，而管理则明显地具有强制性特征。

领导的实现首先不仅仅是靠法定权力去强制人们服从，更多的是靠思想威信和形象威信，也就是靠领导者正确的思想引导，靠人格魅力的吸引，靠榜样力量的感召，靠沟通艺术的运用等吸引和影响人们追随。

管理则不同，法定权力、规章制度、纪律规则等机制在管理中起着决定性的作用。就管理活动的本质来说，作为被管理者并不存在自愿服从的问题，而只能无条件地服从管理者，否则，整个管理活动就无法进行。

【资料链接10-2】　　领导者的影响力

1994年，伦敦盛世长城广告公司的集体投资者迫使董事会解雇了该公司的首席执行官莫里斯·萨奇。后来，几位高级主管都跟着他离开了公司，很多大客户都停止了合作，包括英国航空公司和玛氏糖果制造公司。萨奇的影响力如此巨大，他的离开甚至造成了公司股票价格的急剧下跌，从每股8.675美元降到了每股4美元。萨奇失去了头衔与职位，但他仍然是不折不扣的领导者。这就是领导影响力的结果。史丹利·哈夫蒂曾经断言："不是职位造就领导者，而是领导者造就职位。"

2. 领导与管理的对象不同

领导的对象是人，而管理的对象则是人、财、物、时间、信息等要素构成的资源系统。也就是说，管理的要素是一个由多种要素构成的资源系统，而人则是领导的唯一要素。

3. 领导与管理的职能不同

管理主要包括计划、组织、领导和控制等方面的职能，在各种组织环境中，我们以十分相似的手法使用这些管理工具和技术。而领导更多地表现在人的方面，具有鲜明的人文特征。二者相比，管理更规范、更科学，而且更为普遍，是一门科学；而领导则表现出一定程度的多才多艺和灵活性，以适应不断变化和充满矛盾的需求。

4. 领导与管理的作用不同

总的来说，管理是维持秩序，而领导是带来变革，这是二者的一个最根本区别。管理者可以把持方向，但是他们往往不会改变方向。系统和程序只能做到这样。而要把人们带往新的方向，你就要依靠领导了。前克莱斯勒总裁兼首席执行官李·艾科卡曾经自嘲说："有时候，就算是最好的管理者也像牵着大狗的小孩儿一样，是被狗牵着跑的。"

（二）领导与管理的联系

领导与管理在组织的实际运作过程中，并不是泾渭分明的。领导是从管理中分化出来的，领导与管理的区别是相对的。领导与管理的联系体现在以下方面：

1. 主体的共同性

就绝大多数组织来说，都不可能把领导者与管理者的角色绝对分开。领导活动和管理活动在现实的生活中，具有较强的复合性和相容性。一个人在从事管理工作的时候，也在担负领导工作。

2. 目标的互动性

在分析领导与管理的区别时，说领导者注重长远，管理者关注眼前，但事实上，任何组织都既需要设计远景目标，又需要确立近期奋斗目标，而且这两者之间总是密切联系、互为补充和相互作用、相互渗透、相互转化的。

3. 职能的互补性

美国领导学家约翰·科特指出，组织要发展，领导与管理"两者缺一不可"。事实上，对一个组织来说，如果只注重管理，而不注重领导，那么这种社会控制行为就是僵化的、没有活力的，组织注定会走向衰亡；反之，如果领导过分而管理不足，组织就会失去应有的规范和秩序，变得软弱涣散，或者使变革和创新变成狂热，向着不理智的方向发展。

4. 行为的转化性

领导与管理的相互转化，是经常的、大量的，也是有规律的。一般来说，当组织或事业初创的时候，应当是领导与管理并重；而当组织或事业发展到一定阶段，处于相对平稳发展阶段的时候，管理显得突出重要。当组织中的矛盾日积月累，已经无法在旧有的秩序和体制框架中解决的时候，变革的要求就被提到议事日程上来，又需要以领导为主导。

【资料链接 10-3】　　领头羊和牧羊犬

领头羊，本身也是羊，说到底和它所带领的羊是同种动物。羊群跟在领头羊之后，是充满信任地、心甘情愿地跟着它往前走。牧羊犬，本身是狗不是羊，羊群在它的驱动下，以落伍为耻，争先恐后地往前涌。

领头羊发挥它的领导作用主要是靠道德信任和信用。它身先士卒，路上有陷阱，它会第一个掉下去，前面有岔路，它会凭经验做选择，因为它是最危险的，因而它是最有威望的。牧羊犬发挥它的管理作用，主要是靠法律、法规和规矩。它在后面不停地催，前面慢了，它赶到前面催，旁边散了，它追上去赶回来，方向错了，它拦在前面迫使羊群转向。

领头羊是靠“拉动”来带动羊群往前走的，它只管往前，后面的羊是否掉队它是不管的。领头羊跑多快，羊群就跑得多快。牧羊犬是靠“推动”促使羊群往前的，它不仅要管跑得快的，也要管跑得慢的，不能让一只羊掉队，否则无法向主人交代。

领头羊的诞生，是羊群自己优胜劣汰、自我竞争脱颖而出的，因而具有天然的崇高威望，是“权”和“威”二者自然合一的。领头羊一定是其中体格最健壮、跑得最快、眼观六路、耳听八方、最为敏锐的羊。牧羊犬的诞生，是经过培训出来的，它的权威是羊群主人后来赋予的。如果主人不给它机会，它也就没有了机会。因此，牧羊犬一要忠诚，二要老实，三要听话，四要勤勉，五要对羊群凶。如此这般，方胜任之牧羊犬。

第二节　领 导 理 论

一、西方领导理论发展的三个阶段

由于领导总是与特定的领导者联系在一起，因此大多数人对领导的理解首先是从领导者这一核心要素入手的。随着人际关系学派理论的产生，人们开始通过体制性要素，试图从人际关系、感情结构这一视角去理解领导。当菲德勒的领导权变理论产生以后，人们便把环境因素纳入进来，试图从组织和外在环境的互动中来理解领导的含义。这样，就产生了如下三种对领导的不同理解：

(1) 从领导特质的角度去理解领导。由于领导总是首先与领导者联系在一起，因此以领导者为中心，探讨领导者不同于其他人的特质，便成为人们理解领导的历史起点和理论起点。

(2) 从领导者采取怎样的行为会产生更好的领导效果的角度去理解领导。这种观点认为，那些天资聪颖的人不一定会成为领导者，真正决定一个人成为领导者的因素是他的行为。

(3) 从组织所处的环境这一角度去观察领导。持这种观点的人认为，领导是如何使组织有效地适应外在环境以维持存续和发展的一项活动。正如权变理论的创始人菲德勒所说：“‘权变模型’意味着领导科学领域中一个划时代的变革，它使领导科学的研究从无益地寻找最佳的领导风格、最佳的领导行为，或最佳的管理哲学中解脱出来，使人们转而去寻找这样的条件，在这些条件下各种风格、行为和哲学都可能是适宜和有效的。”

与以上对领导的三种理解相联系，西方的领导科学理论，大致经历了“特质论”、“行为论”和“权变论”3个阶段。当然，这3个阶段并非在时间上是截然分开的，我们可称之为3个主要研究方向或3种研究类型。

第一，特质论阶段。其基本假设是领导者是天生的，一个人之所以会成为领导者，有其不可比拟的天赋和个人品质，如思维敏捷、能言善辩、英俊潇洒等。在特质论阶段，注重对于领导特质的研究，故领导性格、领导特质就成为研究者关注的核心内容。

第二，行为论阶段。他主要研究领导者的哪些行为会有助于其进行有效的领导。行为论主要体现在美国的俄亥俄州立大学和密歇根大学的研究成果中，其研究主要是将领导者的行为从关心生产和关心个人两个维度进行划分，研究哪种行为方式会取得更好的领导效果。

第三，权变论阶段。由于“特质论”和“行为论”都忽视了领导者所处情境对领导效果的影响，因此刻意追求最佳领导特质和行为模式的做法并没有把环境因素考虑在内，于是在20世纪60年代之后，进入了第三个阶段，即“权变论”阶段。提出这一理论的菲德勒认为，无论领导者的人格特质或行为风格如何，只有领导者使自己的个人特点与领导情境因素相“匹配”，他才能成为一个优秀的领导者。

二、领导特质理论

领导特质主要研究领导者的个人特性对领导成败的影响。西方研究领导者素质的成果被叫做“领导特质理论”，它集中回答了这样的问题：领导者应该具备哪些素质？

特质理论按其对领导品质和特性来源所作的不同解释，可分为传统特质理论和现代特质理论。传统特质理论认为领导者所具有的特性和品质是天生的，是由遗传性决定的，现在已很少有人赞同这样的观点。现代特质理论认为领导者的特性和品质是在实践中形成的，是可以通过教育训练培养的。

但是，对领导特质的研究在很长一段时期内，并没有给出一些确定性的答案。有的研究成果曾经列出了近80项领导特质，但人们并未找到一些特质因素总能对领导者与下属以及有效领导者与无效领导者进行区分。比如，美国俄亥俄州立大学工商研究所的斯托格蒂尔(R. M. Stogdill)教授把领导特质归纳为6大类：身体特性、社会背景特性、智力特性、个性特征、与工作有关的特性和社交特性。美国普林斯顿大学包莫尔(W. J. Baumol)提出作为一个企业家应具备的10个条件，颇具代表性：合作精神、决策能力、组织能力、精于授权、善于应变、敢于求新、勇于负责、敢担风险、尊重他人、品德高尚。总之，大半个世纪以来的大量研究使我们得出这样的结论：具备某些特质确实能提高领导者成功的可能性，但没有一种特质是成功的保证。

为什么特质理论在解释领导者行为方面并不成功？其原因有以下四点：① 它忽视了下属的需要；② 它没有指明各种特质之间的相对重要性；③ 它没有对因与果进行区分(如到底是领导者的自信导致了成功，还是领导者的成功建立了自信?)；④ 它忽视了情境因素。这些方面的欠缺使研究者的注意力转向了其他方向。因此，虽然在20世纪30年代领导特质理论的优势地位维持了将近10年，但从20世纪40年代开始，领导特质理论就不再占据主导地位了。20世纪40年代至60年代中期，有关领导的研究者着重于对领导者偏爱的行为风格的考察。

【资料链接10-4】　　人格与总统职位

特质是影响人们行为方式的、看不见的个人倾向。它们的存在可以通过一位领导者一贯的行为模式推想出来。探究一位领导者的成就导向特质的一种方法就是探究终其一生的成就和功绩。有较高成就导向的领导者倾向于确定较高的个人目标，并坚持不懈地追求实现这些目标。在考虑以下这位领导者的成就和功绩时，想想这个人的人格特质情况，并试着猜一猜这个人会是谁？

23 岁:丢了工作;
23 岁:在竞选州议员时落败;
24 岁:在一次商业冒险中失败;
25 岁:被选为州议员;
26 岁:心上人死去了;
27 岁:经历了几次感情问题;
29 岁:在竞选州议长时落败;
34 岁:在国会提名时落败;
37 岁:被选为国会议员;
39 岁:在国会议员再提名时落败;
40 岁:在竞选土地管理局长职位时落败;
45 岁:在竞选美国参议员时落败;
47 岁:在副总统提名中落败;
49 岁:第二次在竞选美国参议员时落败;
51 岁:被选为美国总统。
这个人就是亚伯拉罕·林肯。

课堂讨论

谢丁是设在北京中关村电子一条街的一家电脑公司中分管人事工作的副总经理。公司董事会日前做出了"第二次创业"的战略决策,并据此将公司经营业务的重点从组装"杂牌"电脑转到创立自己"品牌"的方向上来。谢丁必须在这周内做出一项人事决定,挑选一个人担任公司新设业务部门的领导。他有 3 个候选人,他们都在公司里工作了一段时间。其中一位是李非。这小伙子年纪不大,但领导手下人挺有一套办法,所以谢丁平时就比较注意他。另一个原因是,李非的领导风格很像谢丁自己。谢丁本人是曾在部队从事过通信系统维护工作的退役军人,多年军队生活的训练使他养成了目前这种因为习惯了而很难改变的领导方式。但谢丁自己心里也明白,公司新设立的业务部门更需要能激发创造性的人。李非是从外埠某大专院校电子计算机专业的专科毕业生,4 年前独自到北京"闯世界",经过面试来到了本公司工作。他的性格与言行让人感到,他很自然地是一个固执地坚持自己主意、说一不二、敢作敢为的人。第二个候选人秦雯则是另一种性格的人。她通过自学获得了文科学士文凭。她为人友善,喜欢听取下属的意见,并通过前一段时间参加工商管理短训班的学习以及自己在实践中的总结、提高,形成了一种独特的领导风格。对于第三个候选人彭英,谢丁没有给予多少考虑,因为彭英似乎总是让他的下属做出所有决策,自己从没有勇气说出自己的主张。

讨论:假如你是在谢丁身边工作多年的一位参谋人员,谢丁想让你从纯理性角度对该项人事决策做一分析。请问你该建议谢丁选择谁担任新设业务部门的领导人?为什么?

三、领导行为理论

由于在领导特质论的研究中,未能取得预期的效果,研究者们开始把目光转向领导者表现出来的行为上,希望通过对领导者行为的研究找出领导者行为与领导效果之间的关系。

如果特质论成功,则提供了一个为组织中的正式领导岗位选拔"正确"人员的基础;如果行为研究找到了领导方面的关键决定因素，则可以通过训练人们成为领导者。特质理论与行为理论在实践意义方面的差异源于两者深层的理论假设不同：如果特质理论有效，领导者从根本上说是天生造就的，你要么是要么不是一个领导者；相反，如果领导者具备一些具体的行为，则我们可以培养领导者，即通过设计一些培训项目把有效的领导者所具备的行为模式植入到个体身上。这种思想显然前景更为光明，它意味着领导者的队伍可以不断壮大，通过培训，我们可以拥有无数有效的领导者。

领导行为理论有多种，我们主要介绍其中的4种：勒温的3种领导方式理论、领导行为连续统一体理论、领导行为四分图理论和管理方格理论。

（一）勒温的3种领导方式理论

关于领导方式的研究最早是由德裔美国心理学家勒温（P. Lewin）进行的，他通过试验研究不同的领导方式对下属群体行为的影响。他认为存在着3种极端的领导工作方式，即专制方式、民主方式和放任自流方式。

1. 专制方式

具有专制方式的领导人，是指以力服人的领导人，即靠权力和强制命令让人服从。独断专行，不给下级任何参与决策的机会，主要依靠行政命令、纪律约束、训斥和惩罚进行领导工作。

2. 民主方式

具有民主方式的领导人，是指那些以理服人、以身作则的领导人。他们使每个人都做出自觉的、有计划的努力，各施所长，各尽其能，分工合作。

3. 放任自流方式

所谓放任自流的领导方式，是指工作事先无布置，事后无检查，权力完全给予个人，一切悉听尊便，毫无规章制度可言。

勒温根据试验得出的结论是：以上3种领导方式中，放任式的领导工作效率最低，只能达到组织成员的社交目标，完不成工作目标；专制式的领导方式虽然通过严格管理能够达到既定的任务目标，但组织成员没有责任感，情绪消极，士气低落；民主式的领导方式工作效率最高，不但能完成工作目标，而且组织成员之间关系融洽，工作积极主动，富有创造性。

（二）领导行为连续统一体理论

美国管理学家坦南鲍姆（R. Tannenbaum）与施密特（W. H. Schmidt）提出了“领导行为连续统一体理论”。他们指出领导行为是包含了各种领导方式的连续统一体，在独裁式的领导行为和民主式的领导行为两种极端的领导方式中间还存在着多种领导方式。他们在其模型中列举了7种有代表性的领导风格，模型如图10.1所示。

图10.1的左端是独裁型的领导行为，右端是民主型的领导行为，这是两个极端。形成两个极端的原因：首先，基于领导者对权力来源和人性的看法不同，独裁型的领导者认为权力来自于职位，人生来懒惰而没有潜力，因而一切决定均应由领导者亲自作出；而民主型的领导则认为，权力来自于群体的授予和承认，人受到激励时能自觉、自治、发挥创造力，因此可以集体决策。其次，独裁型领导比较重视工作，并运用权力，支配影响下级，下属的自由度较小；而民主型领导重视群体关系，给予下属较大的自由度。如图10.1所示，领导行为连续统一体模型中从左至右，领导者运用的职权逐渐减少，下属的自由度逐渐加大，从以工作为重逐渐变为以关系为重，依据领导者把权力授予下属的程度不同、决策方式不同，形成了一系列领导方式。可供选择的领导方式不是仅民主与独裁两种，而是多种。

坦南鲍姆与施密特认为，说不上哪种领导方式是正确的，哪种方式是错误的。领导应当根据具体情况，考虑各种因素选择图中的某种领导行为。成功的经理不一定是专权的人，也不一定是放任的人，而是在具体情况下采取恰当行动的人。

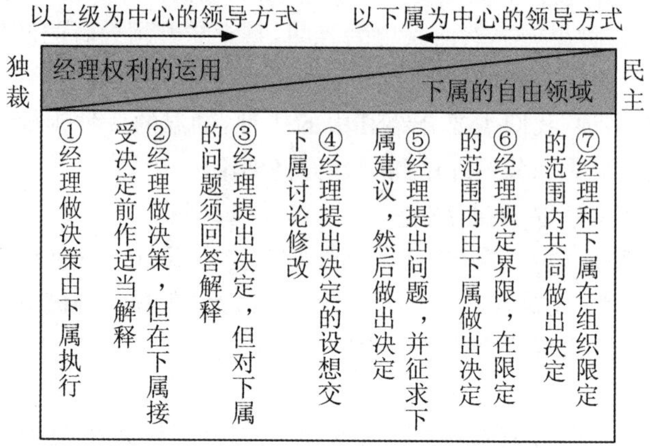

以上级为中心的领导方式
以下属为中心的领导方式
独裁
民主
经理权利的运用
下属的自由领域
①经理做决策由下属执行
②经理做决策，但在下属接受决定前作适当解释
③经理提出决定，但对下属的问题须回答解释
④经理提出决定的设想交下属讨论修改
⑤经理提出问题，并征求下属建议，然后做出决定
⑥经理规定界限，在限定的范围内由下属做出决定
⑦经理和下属在组织限定的范围内共同做出决定

图 10.1　领导行为连续统一体的领导行为

（三）领导行为四分图理论

1945 年，美国俄亥俄州立大学工商研究所在斯托格蒂尔（Ralph M. Stogdill）和沙特尔（Carroll H. Shartle）两位教授的领导下，开展了对领导行为的研究。开始时，研究者列出了 1 000 多种描述领导行为的因素，然后经过反复筛选、归纳，最后概括为“关心组织（定规）”和“关心人（关怀）”两大主要因素。

“关心组织（定规）”是指以工作为中心，指的是为了实现工作目标，领导者界定和构造自己与下属角色的程度，包括进行组织设计、制订计划和程序，明确职责和权力，确定工作目标和要求，制定工作程序、方法和规章制度，给下属分配任务等。

“关心人（关怀）”是以人际关系为中心，指的是领导者在工作中尊重下属的看法与情感，并与下属建立相互信任的程度，包括营造相互信任的气氛，尊重下级的意见，注重下级的感情和问题等。

根据这两类因素，他们设计了“领导行为调查问卷”，每类列举了 15 个问题并分别调查。根据结果发现，两种领导行为在一个领导者身上有时一致，有时并不一致，因此他们认为领导行为是这两种行为的具体组合。领导者的行为可以用两维空间的四分图来表示，如图 10.2 所示。

高
关怀维度
低
高关心和低定规
高定规和高关心
低关心和低定规
高定规和低关心
低
定规维度
高

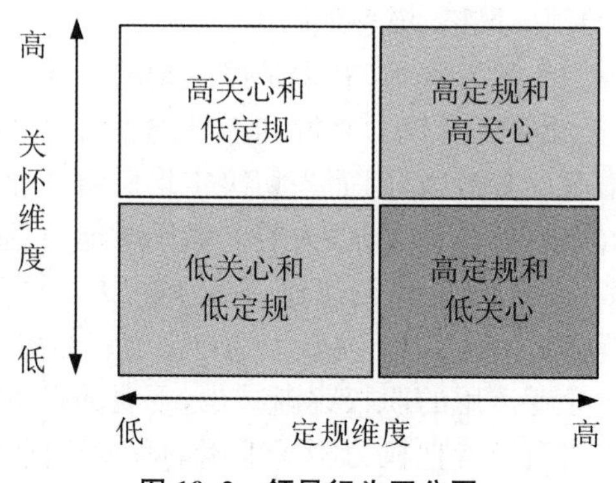

图 10.2　领导行为四分图

从图 10.2 可以看出：

(1) 低定规、低关心的领导既不重视组织，又不关心人。

(2) 高定规、低关心的领导对组织的效率、工作任务和目标的完成都非常重视，但忽视人的感情和需要，是以工作任务为中心的领导方式。

(3) 低定规、高关心的领导对人十分关心、对组织却缺乏关心，是以人为中心的领导方式。

(4) 高定规、高关心的领导把对人的关心和对组织的关心放在同等重要的地位，既能保证任务的完成，又能充分满足人的需要，是最为理想的领导方式。

四分图理论的提出者认为，一位两方面都高的领导人，其工作效率及领导的有效性必然较高。大量的后续研究发现，一个对工作组织和对人的关系均高的领导者(高一高型领导者)常常比其他三种类型的领导更能使下属达到高绩效和高满意度。不过，高一高型风格也并不总是产生积极的效果，研究者也发现了足够的例外情况表明在领导理论中还需加入情境因素。

(四) 管理方格理论

管理方格理论是由美国得克萨斯大学的行为科学家罗伯特·布莱克(Robert R. Blake)和简·莫顿(Jane S. Mouton)提出的，这种理论倡导用方格图表示和研究领导方式，如图 10.3 所示。

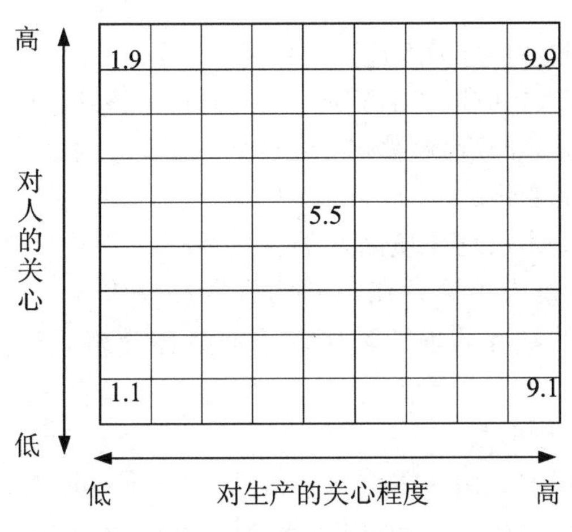

图 10.3 管理方格图

他们认为，在企业管理的领导工作中往往会出现一些极端的方式，或者以生产为中心，或者以人为中心，或者以 X 理论为依据而强调监督，或者以 Y 理论为依据而强调相信人。为避免趋于极端，克服以往各种领导方式理论中的"非此即彼的绝对化观点"，他们指出：在对生产关心的领导方式和对人关心的领导方式之间，可以有使二者在不同程度上互相结合的多种领导方式。为此，他们提出了管理方格法，使用自己设计的一张纵轴和横轴各 9 等分的方格图，横轴代表了对生产的关系程度，纵轴代表了对人的关心程度。第 1 格表示关心程度最小，第 9 格表示关心程度最大。全图共 81 个小方格，每一小方格代表一种领导方式。

在评价领导者时，可根据其对生产的关心程度和对员工的关心程度，在图中寻找交叉点，这个交叉点的方格就是他的领导倾向类型。罗伯特·布莱克和简·莫顿在管理方格中列出了5种典型的领导方式。

（1）1.1型方式（贫乏型）。领导者既不关心人，也不关心生产，用最小的努力来完成任务和维持人际关系。

（2）1.9型方式（乡村俱乐部型）。领导者不关心生产和工作，主要关心人，组织内员工们都轻松地工作、友好地相处，但是组织目标实现却十分困难。

（3）9.1型方式（任务型）。领导者十分关心生产和工作，不关心人，注重有效的组织和安排生产，而将个人因素的干扰减少到最低程度，以求得到效率。

（4）9.9型（团队型）。领导者既十分关心人，也十分关心生产，善于把组织集体的目标和个人目标有机地结合起来，通过相互配合、相互信赖和尊重来达到组织的共同目的，并建立起良好的人际关系。

（5）5.5型（中庸之道型）。这种领导方式对人的关心度和对生产的关心度虽然都不高，但是能保持平衡。领导者能维持足够的生产效率和士气，但是创新不够。

布莱克和莫顿认为9.9型的领导方式是最有效的，领导者应该客观地分析组织内外的各种情况，努力创造条件，将自己的领导方式转化为9.9型，以求得最高的效率。这种管理方格理论对于培养管理者是最有效的工具，它提供了一个衡量管理者所处的领导形态的模式，使管理者比较清楚地认识到自己的领导方式，并指出了改进的方向。

四、领导权变理论

随着领导特质理论和领导行为理论研究的进一步深入，很多研究者开始将关注的焦点转向情境因素的影响方面，相应地产生了领导权变理论。该理论认为，某种领导方式在实际工作中是否有效取决于具体的情境和场合，领导是一种动态的过程，其有效性将随着被领导者的特点及环境的变化而变化。

所谓权变，就是指主体根据环境因素的变化而适当调整自己的行为，以期达到理想效果。领导权变理论就是指领导者在不同的领导环境因素条件下，如何选择相应的领导方式，最终达到理想的领导效果的理论。下面具体介绍3种最有代表性的领导权变理论。

（一）菲德勒的权变模型

第一个综合的领导模型是由弗莱德·菲德勒(Fred Fiedler)提出的。菲德勒开发了一种叫做“最难共事者问卷”(least preferred co-worker questionnaire, LPC)的工具，用以确定个体是任务导向型还是关系导向型。另外，他还分离出3项情境因素：上下级关系、任务结构和职位权力。领导者只有与这3项情境因素相匹配，才能进行有效的领导。这一理论的关键在于首先界定领导风格以及不同的情境类型，然后建立领导风格与情境的恰当组合。他提出的“有效领导的权变模型”主要内容包括以下几点：

1. 通过LPC问卷确定领导风格

菲德勒相信影响领导成功的关键因素之一是个体的基础领导风格，因此他首先试图发现这种基础领导风格是什么。菲德勒设计了一种工具，他称之为最难共事者问卷，以测试领导者个体的基础行为风格（见表10.1）。

表 10.1 菲德勒的 LPC 问卷

快乐	—— 8	7	6	5	4	3	2	1 ——	不快乐
友善	—— 8	7	6	5	4	3	2	1 ——	不友善
拒绝	—— 1	2	3	4	5	6	7	8 ——	接纳
有益	—— 8	7	6	5	4	3	2	1 ——	无益
不热情	—— 1	2	3	4	5	6	7	8 ——	热情
紧张	—— 1	2	3	4	5	6	7	8 ——	轻松
疏远	—— 1	2	3	4	5	6	7	8 ——	亲密
冷漠	—— 1	2	3	4	5	6	7	8 ——	热心
合作	—— 8	7	6	5	4	3	2	1 ——	不合作
助人	—— 8	7	6	5	4	3	2	1 ——	敌意
无聊	—— 1	2	3	4	5	6	7	8 ——	有趣
好争	—— 1	2	3	4	5	6	7	8 ——	融洽
自信	—— 8	7	6	5	4	3	2	1 ——	犹豫
高效	—— 8	7	6	5	4	3	2	1 ——	低效
郁闷	—— 1	2	3	4	5	6	7	8 ——	开朗
开放	—— 8	7	6	5	4	3	2	1 ——	防备

菲德勒让答卷者回想一下自己共事过的所有同事，找出一个最难共事者，用 16 组形容词中的 1～8 等级对他进行评估，从最消极的评价到最积极的评价，得分依次增高。如果以相对积极的词汇描述最难共事者(LPC 得分高)，则说明回答者很乐于与同事形成友好的人际关系。也就是说，如果你用较为积极的词语描述最难共事的同事，菲德勒就称你为关系导向型；相反，如果你用相对不积极的词语描述最难共事的同事(LPC 得分低)，那说明你主要感兴趣的是生产，则为任务取向型。

菲德勒认为一个人的领导风格是固定不变的，个人不可能改变自己的风格去适应变化的环境。

2. 确定情境

用 LPC 问卷对个体的基础领导风格进行评估之后，就要对情境进行评估，并将领导者与情境进行匹配。3 种主要的情境因素是：

(1) 上下级关系：群众对下属乐于追随的程度。

(2) 任务结构：工作任务程序化、明确化程度。

(3) 职位权力：领导者职位权力的强弱，诸如在雇用、解雇、惩罚、晋升、加薪等权力变量上的影响程度。

菲德勒根据这 3 项权变变量来评估环境：上下级关系好或差，任务结构高或低，职位权力强或弱，将这 3 项变量综合起来，便得到 8 种不同的情境或类型，每个领导者都可以从中找到自己的位置。

3. 领导风格与情境的匹配

当领导者的作风与情境相匹配时，会达到最佳的领导效果。菲德勒研究了 1 200 个工作群体，得出结论：任务导向的领导者在非常有利的情境和非常不利的情境下工作更有利；而关系导向的领导者在中等的情境下工作绩效最好(见图 10.4)。当领导风格与情境相适应时，领导活动的效果最佳，如果二者不能相匹配，按菲德勒的观点，要么替换领导以适应情境，要么改变情境适应领导。

	任务中心			人际关系中心			任务中心	
关系导向				4	5	6	7	
任务导向	1	2	3					8
环境的有利程度	有 利			中 等			不利	
上下级关系	好	好	好	好	差	差	差	差
任务结构	明确	明确	不明确	不明确	明确	明确	不明确	不明确
职位权力	强	弱	强	弱	强	弱	强	弱

图 10.4 菲德勒模型

分析菲德勒的理论，个人的领导风格是固定不变的，因此，只有两种途径可以提高领导者的效果。第一，更换领导者以适应情境。例如，如果一个群体的情境非常不利，但现在群体的领导者却是关系导向型的领导，那么，要想提高群体的绩效，只有更换一位任务导向型领导者。第二，改变情境以适应领导者。这可以通过任务重构、加强或削弱领导者对加薪、晋升和惩罚等方面的控制力来实现。

一个任务型的领导，在他所处的情景如图 10.4 中的“4”时，根据费德勒模型我们该怎么改变环境以适应这种领导的领导风格？

(二) 领导生命周期理论

领导生命周期理论是由美国的管理学家科曼于 1966 年首先提出，后经赫塞和布兰查德加以完善形成。该理论指出：“高任务、高关系”类型的领导方式并不是经常有效的，“低任务、低关系”类型的领导方式也并不一定经常无效，关键要看下属的成熟程度。

赫塞和布兰查德认为，领导的有效性取决于工作行为、关系行为和下属的成熟程度。在领导有效性的研究中之所以重视下属，是因为不管领导者做什么，其有效性都取决于下属的行为，是下属觉得接受还是拒绝领导者，而很多领导理论者忽视或低估了这一因素的重要性，从这一点来看，该理论是一个重视下属的权变领导理论。领导生命周期理论包含下面一些内容：

1. 成熟度

赫塞和布兰查德认为，适当的领导风格或行为依据领导的下属的“成熟度”，即个体对自己的直接行为负责的能力和意愿。它包括两项因素：工作成熟度和心理成熟度。前者包括一个人的知识和技能，工作成熟度高的个体拥有足够的知识、能力和经验来完成他们的工作任务，而不需要他人的指导；后者指的是一个人做某事的意愿和动机，心理成熟度高的个体不需要太多的外部鼓励，他们靠内在的动机激励。对于成熟度，赫塞和布兰查德将其定义为：

(1) M1——不成熟。下属对于接受和承担任务既无能力又不情愿。他们既不能胜任工作，又不能被信任。

(2) M2——初步成熟。下属缺乏能力，但却愿意从事必要的工作。他们有积极性，但目前尚缺乏足够的技能。

(3) M3——比较成熟。下属有能力，但却不愿意干领导者希望他们做的工作。

(4) M4——成熟。下属既有能力，又愿意干领导让他们做的工作。

2. 领导方式类型

生命周期理论使用的两个领导维度与菲德勒的划分相同：任务行为和关系行为。任务行为是指领导者和下属为完成任务而形成的交往形式，代表领导者对下属完成任务的关注程度；关系行为是指领导者给下属以帮助和支持的程度。每一个维度有高有低，从而组合成4种具体的领导风格：命令型、说服型、参与型和授权型。

(1) 命令型(高任务—低关系)：领导者对下属进行分工，指点下属应该干什么、如何干、何时干等，强调直接指挥。

(2) 说服型(高任务—高关系)：领导者既给下属以一定的指导，又注意保护和鼓励下属的积极性。

(3) 参与型(低工作—高关系)：领导者与下属共同参与决策，领导者着重给下属以支持，使其搞好内部的协调沟通。

(4) 授权型(低工作—低关系)：领导者几乎不加指点，由下属自己独立地开展工作并完成任务。

3. 领导类型与员工成熟度相匹配

领导生命周期理论认为，领导者应该根据下属的成熟程度相应地采用恰当的领导方式，这样就能达到有效的领导。

命令型领导主要适用于不成熟(M1)的员工。在这种情景下，员工既不能够也不愿意承担工作，此时最有效的领导方式是命令指导。

说服型领导适用于初步成熟(M2)的员工。在这种情景下，员工愿意承担一些工作的责任，但是他们还缺少一些工作的必要技能，领导者以双向沟通的方式使员工真正掌握必要的工作技能。同时，从心理上支持员工承担责任和鼓舞员工努力工作的热情。

参与型领导主要适用于比较成熟(M3)的员工。此时，员工已掌握了工作技能，能够胜任工作，但是不乐意领导者对他们有过多的指示和约束。他们希望参与决策，但是还缺乏自信和安全感，因此，也希望领导者与他们多沟通，聆听他们的想法，相互交流、讨论问题。领导者在领导这部分下属时，要支持他们的参与，经常沟通，保持良好的人际关系，千万不要在工作方面横加干涉，这样就可以使下属保持高昂的士气。

授权型领导主要适用于成熟(M4)的员工。此时，员工已完全掌握了工作技能，而且有高度的工作责任感和自信心，他们或是中层管理人员，或是资深员工。对于他们，领导者不用再过多指导和沟通，而应放开手脚，让他们自己做决定处理事务，领导者只要稍加监督、了解一些反馈信息即可。图10.5揭示了领导方式与员工成熟度的相匹配情况。

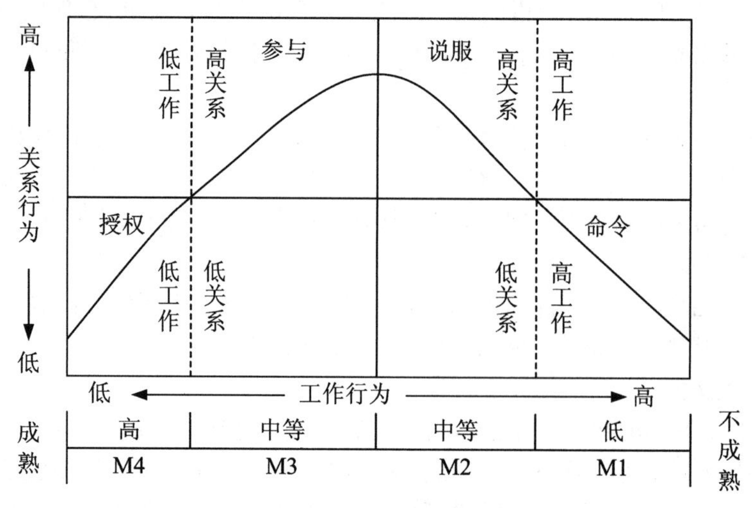

图 10.5　领导生命周期理论

（三）豪斯的路径—目标理论

"路径—目标"模式最早由加拿大多伦多大学教授伊万斯提出，他的同事罗伯特·豪斯作了扩充和发展，形成一种权变理论。豪斯等人认为，领导是一种激励部下的过程，领导方式只有适用于不同的部下和环境时，才是有效的。该模式的要点是要求领导阐明对下属工作任务的要求，并提供必要的指导和支持，以确保下属各自的目标与群体或组织的总体目标相一致，帮助下属排除实现目标的障碍，使之能顺利达到目标，在实现目标的过程中能够满足下属的需要和成长发展的机会。

豪斯确定了 4 种领导行为：指导型、支持型、参与型和成就导向型，如表 10.2 所示。

表 10.2　豪斯的 4 种领导行为

领导行为	指导型领导	支持型领导	参与型领导	成就导向型领导
内容	指定下属完成工作的时间安排，并对如何完成任务给予具体指导，让下属了解他们的期望	友善，表现出对下属需要的关怀	与下属共同磋商，并在决策之前充分考虑他们的建议	设定富有挑战性的目标，并期望下属实现其最佳水平

与菲德勒的领导行为相反，豪斯认为领导者是灵活的。同一领导者可以根据不同的情境表现出任何一种领导风格。这 4 种领导方式在一个领导者身上可能同时存在，可根据不同情况选择使用。选择时主要考虑两个方面的因素：

(1) 下属的个人特点。例如领悟能力、教育程度、对成就的需求、对独立的需求、愿意承担责任的程度等。有的人自视甚高，认为自己的能力和意志能控制事物的发展，能够影响周围的事物，这种人喜欢参与型的领导方式；有的人以为工作的成就是靠命运和机遇，自己无法控制，他就喜欢指导型的领导。

(2) 环境因素。其中包括工作性质、权力结构、工作小组的情况等。工作性质与领导方式的关系是：当工作任务模糊不清、职工无法适从时，他们希望有指导型的领导，帮助自己对工作做出明确规定和安排，反之就不满意。而对例行性工作或者内容已经明确的工作，这时指导型领导就不太适合。

总之，当领导者可以弥补员工或工作环境方面的不足时，会对员工的工作绩效和满意度产生积极的影响;但如果任务本身已经十分明确或员工已经具备能力和经验处理它们,若领导者还要花时间进行解释和说明,则下属会把这种指示性行为视为累赘、多余甚至是侵犯。

第三节　领 导 艺 术

一、领导处事的艺术

常听到不少领导者感叹:现在的事情实在太多,怎样忙也忙不过来。一个会当领导的人,不应该成为做事最多的人,而应该成为做事最"精明"的人。

1. 多做自己该做的事

当前,摆在领导者面前的事情主要有3类:一是领导者想干、擅长干、必须要干的事。比如,用人、决策等。二是领导者想干、必须干,但不擅长干的事,比如,跑路子、挣资金等。三是领导者不想干、不擅长干,也不一定要干的事,比如,一些小应酬、一些可去可不去的会议等。领导者对该自己管的事一定要管好,对不该自己管的事一定不要管。尤其是那些已经明确了是下属分管的工作和只要按有关制度就可办的事,一定不要乱插手。

2. 多做着眼明天的事

领导者应经常去反思昨天,干好今天,谋划明天,多做一些有利于本地方或本单位可持续发展的事。比如,勾画一个明晰且富于自身特点的长、中、短期工作目标,打造一个团结战斗且优势互补的领导班子。

3. 多做最为重要的事

比如,如何寻找到一条能适合本单位经济发展的新路子,如何调动下属的工作积极性。领导者在做事时应先做最重要和最紧要的事,不能主次不分见事就做。

二、领导用人的艺术

所有的资源都要通过人来发挥作用,但是人又是最复杂、最难领导和管理的。人的复杂性表现在他不是理性的,而是感性的;不是静止的,而是变动的。随着经济领域中"智慧经济"的比重不断增加,市场竞争变幻莫测,人的位置越来越重要。因此,怎样艺术性地用人,激发人的创造力,使平凡的人也能干出不平凡的事情就成为领导艺术的关键。

(一) 选拔人才

选拔人才是领导用人的前提,是一项非常重要的工作,关系到领导用人全过程的成败。因此,领导者在选拔人才时,必须坚持以下原则。

1. 德才兼备,以德为先

所谓"德",是指员工的政治素质和道德素质;所谓"才",是指员工做好工作所需要的知识和能力水平。前者是政治标准,后者是业务标准。有德无才,有才无德,都不是真正的人才,德和才应该是统一的、相辅相成的。

2. 公开竞争,优胜劣汰

选拔任用人才必须彻底改变过去那种封闭式的神秘选人方式,应面向全社会选拔人才。只有坚持公开竞争的原则,面向社会公开人才选拔的资格和条件,公开选拔录取程序和方法，让所有人平等地参与竞争，按照优胜劣汰法则择优，才能使真正优秀的人才脱颖而出。

3. 论大功者，不录小过

在使用年轻人的问题上，要任人唯贤，大胆使用。对干部不能求全责备，坚持“金无足赤、人无完人”的观点，放手锻炼，让年轻的干部在实践中自行摸索、自行提高，加速年轻人才的成长过程。

4. 能力重于学历

在人才选拔过程中要注意避免只重学历不重能力的情况发生。实际上，学历只是证明能力的一种工具，它并不是能力的必要条件，只是一种相关条件。领导者必须对人才的能力、品质、性情、学识等作出综合评价，最后将真正有能力的人使用在重要岗位上。

（二）使用人才

选拔人才的目的是为了使用人才，使人才能够人尽其才、才尽其力。实践证明，人才用得好，会事半功倍；使用得不好，不仅浪费人才，而且必然贻误事业。因此，领导者必须掌握用人的方法与艺术，在人才使用过程中首先要遵循以下几项原则。

1. 不拘一格，适时任用

领导者发现人才后，应该及时提拔任用。这是因为人才成长是具有周期性的，一般分为萌芽期、发展期、创造期、成熟期、衰退期。其中最佳年龄区域是30～40岁，如果到一定阶段不及时提拔任用，就会贻误人才的成长。因此，领导者要破除论资排辈、求全责备和平衡照顾等传统观念，树立崭新的用人新观念。

2. 因事设人，量才任职

领导者用人时，要就事论人，而不能就人论事。这条原则要求先有职位后选人才，不能先选人而后设岗。

3. 扬长避短，各尽所能

人的知识和才能由于受天赋、阅历、地位等条件的限制，总是表现出不同的特点，有的长于此，有的短于彼。领导者的任务就是要了解每一个下属的长处和短处、优点和缺点、能和不能，以资备用。

4. 用人不疑，放手使用

用人不疑，疑人不用，是用人的重要原则，这里的核心是信任。只有信任才有力量，才能调动下级的积极性。上级对下级有多少信任，下级就能发挥多少主观能动性。所以，信任是一种无形的力量。用人不信人，这本身就是矛盾的，这种矛盾的存在和发展将会挫伤下级的积极性，导致工作效能的降低。因此，要用人才就要信任这个人才，相信他能把事情干好。

（三）吸引和留住人才

人才争夺战无论在国家之间，还是在企业之间，仍然是愈演愈烈。能够留住人才，是一个单位综合实力的表现。

1. 事业留人

事业是人才追求自我实现的一个价值平台，是留住人才的决定力量。因为人才最可怕的就是“英雄无用武之地”。越优秀的人越渴求发展，越期望拥有更大的发展空间，因此，要留住人才，首先要创造一个有利于人才发展的环境，营造良好的平台，为人才提供发展空间。

2. 感情留人

就是对人才要有爱心和诚心，营造一种积极向上、团结和谐的人际关系和工作环境，使大家心情舒畅地工作，让优秀的人才互相依恋。创造良好的文化氛围，不断加强企业内部的亲和力与凝聚力。

3. 待遇留人

对于大多数人才来说，首先还是要有一个能够享受一般生活水平的收入，能够比较体面地生活。因此，薪金待遇在“三个留人”中，恐怕是最基本的。用适当的待遇留人，就是要在政策法律允许的范围内，尽可能地为人才创造良好的工作和生活条件，使人才无后顾之忧，能够全身心地投入到工作中去。

三、领导用权的艺术

领导权力是发挥领导职能的前提与保证。领导者要发挥领导职能，不仅要有权力，而且要会行使权力，懂得行使权力的方法与艺术。

1. 规范化用权

所谓规范化用权就是要遵守法定权限，不对上越权和向下侵权。由于现代领导活动一般都采取分层的领导原则，故在领导体制中，对于每一层级的权力限度和权力容量都有明确的规定。所以，领导者一定不能违反体制的规定，把自己视为穿透一切规定性的独断力量。因此，领导者首先应该做到规范化用权。

2. 谨慎性用权

所谓谨慎性用权，就是领导者不要轻易动用法定权力，但在必要时敢于果断用权。法定权力一般是引发下属畏惧的重要力量，但是领导活动却不是依靠这种威慑力量得以进行的。在必要的紧急关头，领导者可以果断用权，以起到凝聚性领导所难以达到的效果。

3. 体制外用权

作为体制外用权，就是指领导者要以个人影响力来弥补组织法定权力之不足，依靠个人影响使下级达到自觉服从的效果。依靠个人权力弥补职位权力的不足，可以收到事半功倍的效果，这也更加符合领导的本质。依靠强制性的职权力量进行领导，往往在危机状态和应急状态下才具有特殊的作用，在大多数情况下，强制性领导不具有持之以恒的效力，因此，领导者必须依靠个人权力，通过体制外用权，展示凝聚性领导的魅力与效用。

4. 合理授权

授权是领导者通过与下属和员工共享有关信息，给员工和下属提供更多自主权以提高其绩效的过程。授权有助于增强下属和员工的自我绩效感，可以提高雇员的工作能力，如果能扩张到整个组织，那么就可以提高整个公司的发展能力。

一个领导必须成为掌握权力的高手，既能重权又能藏权，既能强权又能护权，既能集权又能授权，既能争权又能让权，既能谋权又能升权，只有这样才能把难事办得顺当，把不利化为有利，使企业变得章法严明、环节紧凑，效率倍增。

【资料链接 10-5】　　　　　林肯的授权能力

林肯不时展现出他的授权能力，这种能力在内战时期他与将军们之间扮演了很重要的角色。起初，他难以找到可以推心置腹的人，当南部州独立后，最优秀的将军都跑到南方投奔了邦联政府，但林肯没有放弃希望，虽然有几位将军背信弃义，但他仍然给予留下来的将军充分的权利与自由。举例来说，1863 年，林肯把波多马克军队的指挥权交给米德将军，林肯希望米德能带得比前几位将军更好。在与米德会谈之后几小时，林肯差人送信给他，内容大致如下：

就目前局势而言，没有人比你得到过更大的指挥权；我相信你不会辜负联邦政府寄予你的希望。你不会受总部任何时候的指示所干扰。你的军队可以视情况、照你的判断来行事……在你军事行动范围内，所有的军力都听凭你的命令来调度。

结果，米德在宾夕法尼亚小镇葛底斯堡指挥军队时，面临了第一次重大的挑战，他带着林肯授予的权力通过了这项考验。米德将军成功阻截了李将军的部队，并阻止了邦联主力军进攻华盛顿，可以说是一大功臣。

本章小结

1. 领导是影响群体或组织成员，使其为确立和实现组织或群体目标而做出努力和贡献的过程。在实现组织目标的过程中，领导者担负着重要职责，主要包括指挥、激励和协调三个方面的作用。领导与管理是两个既有区别又相互联系的概念。

2. 西方领导理论经历了领导特质理论、领导行为理论、领导权变理论三个阶段的发展。

3. 领导特质理论上指研究领导者的个人特性对领导成败的影响，它集中回答领导者应该具备哪些素质的问题。

4. 领导行为理论是通过对领导者行为的研究找出领导者行为与领导效果之间的关系，主要介绍勒温的 4 种领导方式理论、领导行为连续统一体理论、领导行为四分图理论和管理方格理论。

5. 领导权变理论就是指领导者在不同的领导环境因素条件下，如何选择相应的领导方式，最终达到理想的领导效果的理论，主要有菲德勒的权变模型、领导的生命周期理论和豪斯的路径—目标理论。

6. 领导艺术包括处事的艺术、用人的艺术和用权的艺术。

◆思考题

1. 你是如何理解领导的内涵的？

2. 领导的作用有哪些？

3. 请根据你的体会，分析领导和管理究竟有没有区别？有哪些区别？

4. 画图并说明管理方格图中 5 种典型的领导方式。

5. 根据“路径—目标”理论，有哪几种领导方式可供同一领导者在不同环境下选择使用？

6. 简述领导艺术运用的内容。

究竟应该如何当好文印科长

某局机关共有大、小处室28个，人员400多人，在这样庞大的组织中，收发文件的进出量极大，每年印发的文件都有近千份。而全局只有一个文印科，共9人担负着机关的文印文件。局里领导经过挑选，决定派老丁同志任文印科长，负责全局的文字把关工作。

老丁同志今年50多岁，业余大专文化程度，从青年时期便一直担任办公室的秘书工作，熟悉机关，办事稳当，遇事考虑周到。他一上任，首先就制定出了文印科的规章制度，如所有文件都须经文印科核对后，交局领导批阅，分发各处室。在工作中，老丁在文字把关上一字一句从不遗漏，乃至标点符号也丝毫不马虎。但他处理事情不够灵活，与一些同志之间的关系搞得不好。比如，生产科技处每年都要制订出生产计划、科技项目下达到各基层企业，在这些计划的项目中，老丁同志一个数字、一个指标的进行核对，有时带病工作从不休息，但是在核对工作中，有时没有广泛征求具体部门的意见，不时产生一些分歧、矛盾。有一次，组织部门起草了一份“基层组织工作的调查”，没有经过老丁同志的把关，请示了书记，经书记批阅后，送到文印科打印。老丁同志不顾文件急需发出，照旧逐字句核对，然后又重新交给书记审阅。局里不少人对他产生了看法，认为老丁目空一切，自高自大，连书记、局长都不放在眼里，本科同志也有不满，认为科长太“顶真”了。有时，有些文件很长，印数却不多，一般情况下，用复印机复印几份就可以了。可是，丁科长却认为太浪费，非要打印不可，使打字员叫苦不迭，虽然在文字把关上老丁颇有办法，使全局的文件字字句句都很正规，发出去的文件没有出过一次事故。可是，在人与人的关系上却成了众矢之的。

经过两年多的时间，局长最后决定把老丁同志撤换下来，调到另个部门工作。

办公室领导经过酝酿，又委任了小王同志为文印科科长，小王同志刚从大学毕业，分配来机关才3个月，他性格开朗，处事随便，善于搞好人际关系。他一上任，首先总结了以往的经验教训，也规定了一条原则：凡总局长、书记已签发的文件一律不核对，错的由他们自己负责。在文字把关上，只要没有什么重大原则问题，他都采取通过的态度，如碰到有些问题确实没写清楚，他就叫当事人到文印科来进行商讨，直到双方满意为止。

在复印机的使用上，他采取的方法是：简单的、份数少的文件随到随印，便利各处室的急需。在打字员人手少的情况下，尽量采取复印形式，使文件能及时发出。碰到一些棘手的问题，他则主动请示办公室领导。如有一次，局财务处处长写了局财务工作汇报，里面的内容写得使人看不懂，文字也不通顺。小王核对了以后，认为稿子发出去要出笑话，就去和财务处处长商量，希望修改一下，但财务处处长死要面子，坚决不肯修改。在这种情况下，小王没有和他硬顶着干，而是采取迂回的办法，请示了办公室领导，由办公室主任出面去和财务处处长协商，问题终于得到了圆满解决。再如，有一次，科技处有一份科技计划需要马上下达基层，指标数及文字都很繁杂，若再进行仔细核对，时间不允许，科技处直接请局长审阅，局长当即签发后，送文印科打印。小王拿到这份计划后，采取了校看一张，打印一张，直赶到规定时间内完成任务，局长和科技处长都很赞赏这种做法。一年实践下来，全局机关的上上下下对文印科的工作都很满意。

资料来源：根据百度文库相关资料整理。

讨论：

1. 通过小王工作方式的分析，说明领导艺术的关键在于什么？
2. 老丁所作所为主要犯了什么错误？
3. 小王的工作方式属于哪种领导方式？
4. 这个案例对你有什么启示？

第十一章 激　励

了解激励的含义、本质、因素和作用；掌握弗鲁姆的期望理论、亚当斯的公平理论、斯金纳的强化理论、波特和劳勒的综合激励模式的主要观点；熟悉常用的激励艺术与方法。

西安杨森的人性化管理

西安杨森制药有限公司成立于1985年10月。合资中方以陕西省医药工业公司为代表，外方为美国强生公司的成员比利时杨森制药有限公司。总投资1.9亿元人民币，注册资本比例为外方占52%，中方占48%，合资期限50年。

1. 严格管理，注重激励

合资企业的工人和中层管理人员是由几家中方合资单位提供的。起初，他们在管理意识上比较涣散，不适应严格的生产要求。有鉴于此，合资企业在管理上严格遵循杨森公司的标准，制定了严格的劳动纪律，使员工逐步适应新的管理模式。

通过调查研究发现，在中国员工尤其是较高层次的员工中，价值取向表现为对高报酬和工作成功的双重追求。优厚的待遇是西安杨森吸引和招聘人才的重要手段，而不断丰富的工作意义，增加工作的挑战性和成功的机会则是公司善于使用人才的关键所在。在创建初期，公司主要依靠销售代表的个人能力，四处撒网孤军奋战，对员工采用的是个人激励。从"人员—职位—组织"匹配原则出发，选用那些具有冒险精神、勇于探索、争强好胜又认同企业哲学对企业负责的人作为企业的销售代表，主要是医药大学应届毕业生和已有若干年工作经验的医药代表。此时，西安杨森大力宣传以"鹰"为代表形象的企业文化，"鹰是强壮的，鹰是果敢的，鹰是敢于向山巅和天空挑战的，他们总是敢于伸出自己的颈项独立作战。在我们的队伍中，鼓励出头鸟，并且不仅要做出头鸟，还要做搏击长空的雄鹰。作为企业，我们要成为全世界优秀公司中的雄鹰。"

2. 注重团队建设

在1996年底的销售会议中，集中学习并讨论了"雁的启示"："……当每只雁展翅高飞时，也为后面的队友提供了'向上之风'。由于组成V字队形，可以增加雁群71%的飞行范围"。

"当某只雁离队时它立即感到孤独飞行的困难和阻力。它会立即飞回队伍，善用前面同伴提供的‘向上之风’继续前进”。

3. 充满人情味的工作环境

每当逢年过节，总裁即使在外出差、休假，也不会忘记邮寄贺卡，捎给员工一份祝福。在员工过生日的时候，总会得到公司领导的问候。员工生病休息，部门负责人甚至总裁都会亲自前去看望，或写信问候。员工结婚或生小孩，公司都会把这视为自己家庭的喜事而给予热烈祝贺，公司还曾举办过集体婚礼。公司的有些活动，还邀请员工家属参加，一起分享大家庭的快乐。主办的内部刊物名字就叫《我们的家》，以此作为沟通信息、联络感情、相互关怀的桥梁。

经过公司的中外方高层领导之间几年的磨合，终于达成共识：职工个人待业、就业、退休保险、人身保险由公司承担，由部门专门负责；员工的医疗费用可以全部报销。在住房上，他们借鉴新加坡的做法，并结合中国房改政策，员工每月按工资支出25%，公司相应支出35%，建立职工购房基金。

4. 加强爱国主义的传统教育

1996年11月22日，西安杨森的90多名高级管理人员和销售骨干，与来自中央和地方新闻单位的记者及中国扶贫基金会的代表一起由江西省宁冈县茅坪镇向井冈山市所在地的茨坪镇挺进，“进行30.8公里的‘96西安杨森领导健康新长征’”活动。他们每走3.08公里，就拿出308元人民币捐献给井冈山地区的人民，除此以外个人也进行了捐赠。公司还向井冈山地区的人民医院赠送了价值10万元的药品。

1996年冬天的早晨，北京天安门广场上出现了一支身穿“我爱中国”红蓝色大衣的30多人的队伍，中国人、外国人都有，连续许多天进行长跑，然后观看庄严肃穆的升国旗仪式，高唱国歌。这是西安杨森爱国主义教育的又一部分。

前任美籍总裁罗健瑞说：“我们重视爱国主义教育，使员工具备吃苦耐劳的精神，使我们企业更有凝聚力。因为很难想象，一个不热爱祖国的人怎能热爱公司？而且我也爱中国！”

资料来源：根据中国人力资源网资料整理，http://www.hr.com.cn/.

讨论：

1. 西安杨森的管理实践中用到了哪些激励方法？
2. 你认为在企业管理中应该如何正确运用教育方法？

第一节 激励概述

一、激励的含义

激励是一个心理学术语，指的是心理上的驱动力，含有激发动机、鼓励行为、形成动力的意思。管理学中的激励指的是组织通过设计适当的奖酬形式和工作环境，以一定的行为规范和惩罚性措施来激发、引导、保持和规范组织成员的行为，以有效地实现组织目标的系统活动。

在实际工作中，组织成员的工作态度是不一样的，今天这一部分人工作缺乏热情，明天那一部分人工作消极；同是一个人，有时积极肯干，有时消极怠工。员工的这种状况显然是不利于组织发展的。为了使员工恢复和保持高昂的工作热情，愿意尽自己的最大努力为实现组织目标贡献聪明才智，就需要设法根据员工的心理需求，激发他们产生热爱本职工作的动机，鼓励他们投入到实现组织目标的工作中去，推动他们去完成组织分配给他们的目标任务。这里的工作就是激励工作，管理者给予员工的就是激励力量。

二、激励的本质

激励的存在是由于人的行为具有一定的活动规律形成的。心理学研究表明，人的行为是由动机推动的，动机是由需要决定的。根据这一规律，我们这样思考：组织的目标是清楚的，为了实现组织的目标需要员工做出什么特定行为也是清楚的，能够推动员工产生这种特定行为的特定动机也就可以分析出来，下一步我们只要寻找到能够促使员工产生特定动机的需要，就可以进行激励了（见图 11.1 上）。

实际进行激励的时候，逆着这一思路进行，首先满足员工的需要，这种需要就会导致员工产生特定动机，特定动机就会推动产生特定行为，有了这特定行为，就可完成组织的目标，激励过程结束，激励就实现了（见图 11.1 下）。

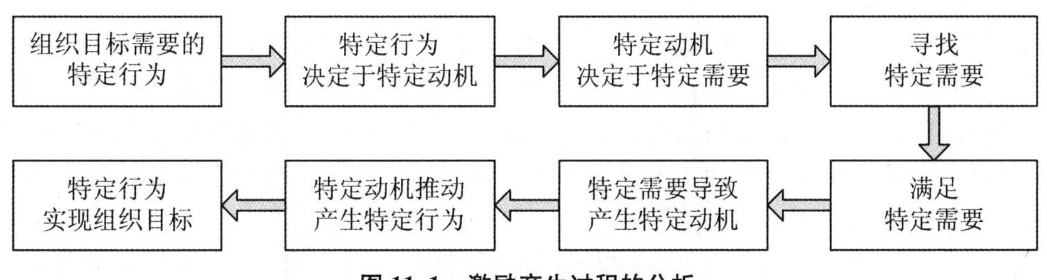

图 11.1　激励产生过程的分析

从图 11.1 可以看出，图中的 8 个方框，有 7 个方框的任务是容易完成的，唯独最难的是右上角的“寻找特定需要”，难就难在这个“特定需要”上，因为要找到有利于实现组织目标的“特定需要”是容易的，但是这个需要是否就是员工的需要呢？因为只有是员工的需要才可能激励员工去行为。

很显然，实现组织目标的特定动机，经过激励工作为员工知晓后，如果与员工的现实动机一致，那就会直接产生所需要的特定行为完成组织的任务。如果与员工的现实动机不一致，员工就不会产生所需要的特定行为，激励就失败了。所以，如何选择这“特定的需要”成为激励能否成功的关键。

如图 11.2 所示，组织目标的特定需要，导致需要特定的动机。员工现实的需要，导致产生员工的现实动机。而组织目标的需要和员工的现实需要虽然不可能完全一致，但总会有一定的重合部分。那么，这重合部分的因素，既是组织目标的需要，也是员工的现实需要。也就是说，用重合部分的因素进行激励，既可以满足实现组织的目标，也可以满足员工个人的现实需要。

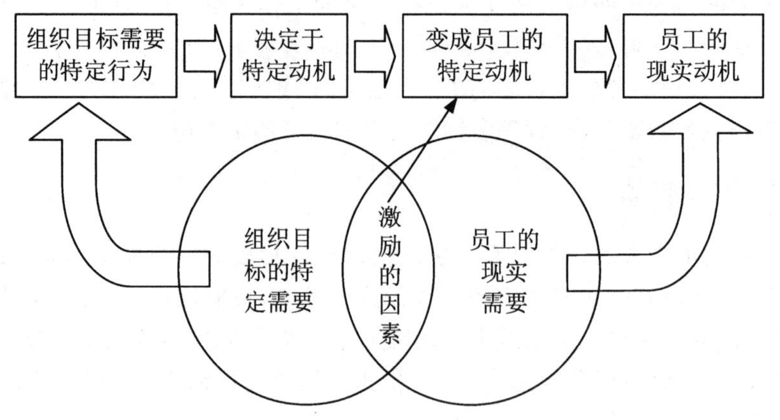

图 11.2　激励本质的分析

三、激励的因素

（一）外部激励因素

这是指人们为了维持自身生存而产生的对外部环境需求的因素。

人生活在世界上，首先要生存。所以，生理的需求是最迫切的。饥饿的时候，食品是最急需的因素，因此有饥不择食的表现。经过失业之后，竞争上岗，才会珍惜重新工作的机会。其次，人类的需求表现出复杂性。由于每个人的年龄、职业、文化程度和所处环境的不同，导致每个人的需求千变万化。对于同一个因素，你非常需求，他一般需求，我可能会无所谓。即使同一个人对于同一个因素，也会随着时间的推移而表现不同，今天如获至宝的因素，明天可能会毫无感觉。

正是基于以上原因，经济上的激励，比如工资、奖金、津贴等；物质上的奖励，比如奖给一台笔记本电脑、一辆豪华的汽车、一栋舒适的别墅等；精神上的激励，比如职位提拔、职称晋升、委以重要的岗位、上级的表扬和信任等。这些都是外部激励因素，可以强烈地驱使人们为满足这些欲望而努力。

不过，外部激励因素虽然具有强烈的推动激励作用，但是有一定的局限性。人们对这类因素一旦满足，需求一旦实现，更高的需求欲望就会产生，因而导致这类激励因素缺乏持久性。所以，管理者在选择外部激励因素时，必须明白：对员工的需求欲望不仅要因人而异，还要对同一个人因时而异，才能达到激励的目的。

（二）个体内在动力

这是指人类个体为了维持内在主观世界生存而产生的需求因素。

通过教育、培养，提高人的素质和修养，使人对世界产生新的认识高度，从而产生强烈的责任感、义务感、事业感，激发起人的内在动力，自觉地从事他认为应该从事的某些工作。他们具有强烈的自我实现的愿望，他们自我尊重，自觉发挥聪明才智潜能。在完成一项工作任务之后，会产生极大的满足感，更加激发他继续进行类似的工作。在工作过程中，他们能自我指导、自我学习、自我控制。

组织的管理者在激励工作中，一方面要充分用好、用足外部激励因素；另一方面，致力于对员工的培训，提高员工的内在动力，以求达到激励的最高境界。

四、激励的作用

激励的作用在于告诉管理者,不要指望组织成员会自动地为实现组织的目标而热情高涨地工作,而要了解他们的需求、动机和期望,设法调动他们潜在的积极性,才能为完成组织目标而自觉自愿地努力工作。一个人的工作绩效,与他的能力大小、所受激励的程度和所处的环境有关。在他能力不变的情况下,工作绩效的大小,决定于在特定环境下的所受到的激励程度。

美国哈佛大学教授威廉·詹姆士曾做过一个实验,他研究发现:在按时计酬的制度下,一个人如果没有受到激励,仅能发挥其能力的20%~30%,如果受到正确而充分的激励,就能发挥其能力的80%~90%,甚至更高。美国的盖洛普集团通过民意测验预测,如果公司能使每位员工的工作增加3.7%,对于每天8小时上班时间,会多工作18分钟,美国的GDP将增加3 550亿美元,这一数字是希腊全年GDP的2倍。

第二节 激 励 理 论

激励理论是关于调动员工积极性的指导思想、原理、方法的概括和总结。西方许多学者对激励内容进行研究,提出了一些成熟的理论,按照研究重点的不同,通常可以分为内容型激励理论、过程型激励理论、综合型激励理论等。

一、内容型激励理论

内容型激励理论是着重研究人们需要的内容、结构特征及其动力作用的理论,主要包括马斯洛的需要层次理论、奥尔德法的ERG理论、麦克利兰的成就激励理论、赫茨伯格的双因素理论。

(一) 马斯洛的需要层次理论

1943年,马斯洛在《心理学评论》中发表著名论文《人类动机论》,并在文中首次提出需要层次理论。马斯洛认为,绝大多数人的需要层次是很复杂的,时时刻刻都存在着多种需要影响着人的行为。由此,他将人的各种需要归纳为5类,由低到高依次为生理需要、安全需要、社会需要、尊重需要和自我实现的需要。这5类需要是互相作用的,按其重要性和产生的先后次序可排成一个需要的等级图。

1. 需要层次理论的内容

在《人类动机论》一文中,马斯洛首先将人类的多种需要分为5个层级,如图11.3所示。

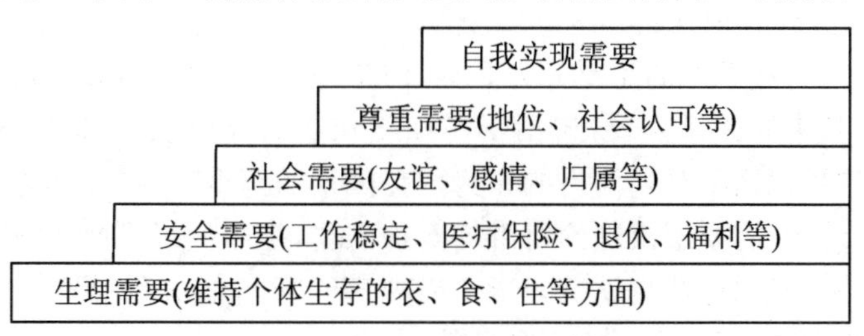

图11.3 马斯诺需要层次理论

第一级:生理需要。包括维持生活和繁衍后代所必需的各种物质上的需要,如衣、食、行等。这些是人类最基本的需要,因而也是推动力最强的需要。在这一需要在没有得到满足前,更高级的需求就不会发挥作用。

第二级:安全需要。这是有关免除危险和威胁的各种需要,如防止工伤事故和有伤害的威胁、资方的无理解雇等。

第三级:社会需要。体现为人们希望自己有所归属,即成为某个集体公认的成员等。包括和家属、朋友、同事、上级等保持良好的关系,给予别人并从别人那里得到友爱和帮助。

第四级:尊重需要。指人们需要得到他人的注意、肯定、欣赏以建立良好的自我形象。在组织中,这一需要体现为希望受到肯定,能够得到别人的承认和尊重。

第五级:自我实现需要。这是最高一级的需要,指一个人需要做他最适宜做的工作,发挥他最大的潜力,实现理想,并能够不断地自我创造和发展。

2. 需要层次理论的假设

马斯洛将其理论建立在3个假设之上:第一,人要生存,他的需要能够影响他的行为。只有未满足的需要能够影响行为,满足了的需要不能充当激励工具。第二,人的需要按重要性和层次性排成一定的次序,从基本的(如食物和住房)到复杂的(如自我实现)。第三,当人的某一级的需要得到最低限度满足后,才会追求高一级的需要,如此逐级上升,成为推动其继续努力的内在动力。马斯洛认为,只有当低层次的需要已经得到满足时,高层次需要才会对人产生激励。需要是一个人努力争取实现的愿望;已经满足的需求不再起促进作用,不再是激励因素,因此,如果希望激励某人,就必须了解此人目前所处的需要层次,然后着重满足这一层次或在此层次之上的需要。

(二) 奥尔德法的ERG理论

1. ERG理论的内容

美国心理学家克莱顿·奥尔德法提出3种基本需要理论:

(1) 生存需要(Existence,简称E),即人们要求基本的物质存在条件。它包括衣食、住、行等方面维持人类生存的物质需要。

(2) 关系需要(Relation,简称R),即人们交往及维持人与人之间和谐关系的需要。它包括社交与社会尊重的需要。

(3) 成长需要(Growth,简称G),即人们要求在事业、前途方面得到发展的内在愿望。它包括自尊需要和成就需要。

奥尔德法的这3种基本需要理论,简称ERG理论。它与马斯洛的需求层次理论相比,有相似点,也有不同点。

2. ERG理论与需要层次理论的异同点

(1) 相似之处主要表现在:

第一,奥尔德法虽然把人的需要分为3类,但是,其中的生存需要,包括了马斯洛讲的生理和安全的需要;其中的关系需要,包括了马斯洛讲的社交需要和作为外部因素的尊重需要;其中的成长需要,包括了马斯洛讲的作为内在因素的尊重需要与成就需要。

第二,马斯洛认为,需要层次理论所讲的5种需要,是由低级到高级,逐步发展、上升,同时又是相互联系的。奥尔德法也认为,ERG需要理论所讲的3种基本需要,一般说来也是由低级到高级逐步发展,同时也是相互联系的。

(2) 不同之处主要表现在:

第一，马斯洛认为，人类的5种需要，是生来就有的、下意识的，即使是孩子也具有；而奥尔德法认为，人类的3种基本需要，并不完全都是生来就有的，有的需要通过后天学习而产生的。

第二，马斯洛认为，人的需要是严格按照由低级到高级逐级上升的；而奥尔德法则认为，人的需要并不一定按照由低级到高级发展的顺序，可以越级。

第三，马斯洛认为，人的5种需要只存在由低级到高级的上升情况，不存在由高级需要后退到低级需要的问题；而奥尔德法则认为，人的3种需要一般是由低级向高级向上发展的，但也存在人一旦遇到挫折后则需要由高级向低级倒退的情况。

（三）麦克利兰的成就激励理论

美国心理学家戴维·麦克利兰认为人的基本需要有3种，即成就需要、权力需要与合群需要。他特别对成就需要作了大量的研究，从而提出成就激励理论。

1. 三种基本需要

（1）成就需要，就是一个人完成自己所设置的目标需要。他认为决定一个人成就需要的主要因素，一是所处环境，二是人的个性，其中又主要指个人的成就欲望，即具有一种不可压抑的取得成就的欲望。他们希望把工作做好，超过前人或同辈；他们喜欢接受挑战性工作，从成就中获得满足。

（2）权力需要，指影响别人和控制别人的愿望。权力欲强的人喜欢追求社会地位，独揽大权，希望别人奉承，强调下属顺从，有时甚至滥用权力以致产生强迫命令。这种人比较追求形式，较少关心实际效果，成就需要相对低一些。

（3）合群需要，指追求人与人之间的友谊和亲密关系的愿望，渴求互相交往、相互支持与尊重。合群需要高的人，喜欢合作环境胜于竞争环境。他们对合群的需要超过对成就和权力需要。

2. 成就激励的方法

基于对上述3种需要进行分析的基础上，麦克利兰提出了下述成就激励的4种方法。

（1）对员工的工作进行及时反馈。这样做主要是为了让其了解自己的成功之处，刺激其对于取得更大成就的需求。

（2）树立取得成就的楷模。这样做是为了刺激所有员工对于取得成功的愿望和动机。

（3）肯定员工的成就。这样做可以在组织中形成这样的环境：成就可以获得承认，成果可以得到鼓励。这样，有高度事业心的人就会乐于承担重担。

（4）不去限制员工的创新。创新往往是人们取得成就的关键因素，因此，限制创新实际上就是限制人们取得成就。当然，创新也需要脚踏实地，麦克利兰就十分欣赏脚踏实地的创新。

（四）赫茨伯格的双因素理论

美国心理学家利德瑞克·赫茨伯格与大量受到工作激励的员工和对工作感到失望的员工交谈，结果表明，与对工作不满相连的工作特性和与工作满意相连的工作特性截然不同，于是将其提炼为影响激励的双因素理论。

赫茨伯格认为两种完全不同的因素影响着员工的工作行为。

第一类因素是“保健因素”。如公司的政策、行政管理与监督系统、人际关系、工作条件、薪金水平、个人生活、地位与安全等问题，这些问题改善了，只能消除职工的不满，使其安心工作，但还不能使职工变得非常满意，也不能激发职工的积极性，促进劳动生产率的提高。

相反，如果这些因素得不到改善，则会引起职工非常不满，而挫伤其积极性。这些因素如讲卫生一样，只能防病，不能治病。所以，他把这类因素称为“保健因素”。

第二类因素是“激励因素”。赫茨伯格从1 753人次的调查中发现，使职工非常满意的因素有：工作表现机会和工作带来的乐趣，工作富有成就感，良好工作成绩得到奖励或认可，工作本身具有较大的挑战性，负有较大的责任，在职位上得到晋升，发展成长等。这些方面的改善，能够激发职工的积极性，从而提高劳动生产率。所以，他把这类因素称为“激励因素”。

赫茨伯格认为传统的“满意—不满意”的观点，即把满意的对立面视为不满意，这是不正确的。满意的对立面应该是没有满意，不满意的对立面应该是没有不满意。有了激励因素，感到满意；没有它，就感到没有满意。有了保健因素，就感到没有不满意；没有它，就会感到不满意。因此，他认为，只有靠激励因素，才能真正调动职工的积极性，提高生产效率。

赫茨伯格的双因素理论，在西方是公认的富有代表性的激励理论。其理论意义在于把保健因素与激励因素区别开来，而突出强调激励因素，以期充分发挥激励因素的功能，最大限度地调动人的积极性。

二、过程型激励理论

过程型激励理论是以人的心理过程和行为过程相互作用的动态系统为研究对象的激励理论。这种理论以系统和动态的目光来看待激励，主要包括弗鲁姆的期望理论、亚当斯的公平理论、洛克的目标设置理论和斯金纳的强化理论。

（一）弗鲁姆的期望理论

期望理论最初由美国心理学家维克托·弗鲁姆(Victor Vroom)提出，是西方非常有影响的过程型激励理论。期望理论认为，一种行为倾向的强度取决于个体对于这种行为可能带来的结果的期望强度，以及这种结果对行为者的吸引力。用一个简单关系式表示为

激励强度(M)＝期望值(E)×效价(V)

其中，激励强度(Motivation)，是指激励作用的大小。

期望值(Expectancy)，是指个体根据自己的经验对所采取的行动将达到某一目标或结果的可能性或概率的估计。换句话说，期望值实际上是个体对自己努力与绩效之间关系的相信程度，这种相信程度的差别可以很大：从相信努力与绩效之间毫无关系，一直到相信努力与绩效之间存在必然的因果关系。期望值越高，表明人们对努力与绩效之间的关系的相信程度越大，人们越容易做出努力的决断；期望值越低，说明人们对努力与绩效之间关系的相信程度越小，这样，人们就越容易做出不努力的决定。

效价(Valence)，是个体对于特定后果的感觉的量度，也可通俗地理解为个体对于某一目标或结果的重视程度和评价高低。效价可以是积极的，也可以是消极的。同一后果既会出现积极效价，也会出现消极效价。比如，某一员工处于这样的环境中：如果他努力工作，那么就可能得到工资的增加和职位的晋升(积极的)，但会受到来自群体的冷遇和责难(消极的)；如果他不努力工作，那么就会得到群体的认同(积极的)，但会受到来自领导的责备(消极的)。这时，如果他看重工资增加和职位晋升，不在乎群体的接纳与否，从而选择了努力工作，那么，对于他来说，工资的增加和职位晋升的效价就高于为群体所接纳的效价。

从上述公式中可以看出，激励强度是期望值与效价的乘积：期望值与效价越高，激励强度越大；相反，期望值与效价越低，激励强度越小；当然，如果期望值或效价为零，那么，激励

强度也为零。

在上述 3 个变量的基础上,期望理论提出了自己的一个基本模型,如图 11.4 所示。

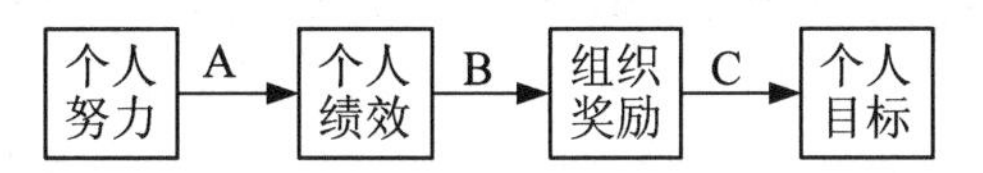

A. 努力—绩效关系

B. 绩效—奖励关系

C. 奖励—个人目标关系

图 11.4 期望理论基本模型

A. 努力—绩效关系:个体认为通过一定努力会带来一定绩效的可能性。

B. 绩效—奖励关系:个人相信一定水平的绩效会带来所希望的奖励结果的程度。

C. 奖励—个人目标关系:组织奖励满足个人目标需要的程度以及这些潜在的奖励对个人的吸引力。

这一模型反映了激励是如何影响个体努力的。该模型从左到右的逻辑关系是这样的:只有个体相信自己的努力会导致出色的绩效,即期望值高,他才会付出较大的努力;与此同时,只有个体认为绩效会受到组织的奖励,并且这种奖励是其所想要的结果(也就是我们所说的积极效价),他向这种绩效努力的可能性才越大。

课堂讨论

父亲为了鼓励孩子努力学习,向孩子提出:如果下学期每门功课都考 90 分以上,就给他买一台笔记本电脑。此时,孩子是否会因此而努力学习?

期望理论对管理者的启示是:一定要选择员工感兴趣、评价高,即认为效价大的项目或手段;凡是想起广泛激励作用的工作项目,都应是大多数人经过努力能实现的。

(二) 亚当斯的公平理论

课堂讨论

感到公平吗?

如果你大学毕业后就有单位给你提供一份月薪 5 000 元的工作,这一薪水对一个刚毕业的大学生来说已经很高了,你可能会感到很满意,并且努力为组织工作。但是,如果你一两个月之后发现另一个和你同时毕业、与你的年龄、学历相当的同事的月薪是 50 000 元的时候,你有何反应?

公平理论是由美国学者亚当斯(J. Stacy Adams)在综合有关分配的公平概念与认知失调理论的基础上,于 20 世纪 60 年代提出的一种激励理论,注重公平在激励过程中的作用。这一理论认为,个人不仅关心自己经过努力所获得的报酬的绝对数量,也关心自己的报酬的公平性。人们将通过两个方面的比较来判断其所获报酬的公平性,即横向比较和纵向比较。

1. 横向比较

横向比较就是将自己与别人比较来判断自己所获报酬的公平性,用以下公式表示为

$$\frac{Q_p}{I_p}:\frac{Q_x}{I_x}$$

其中,Q_p 代表自己对所获报酬的感觉;Q_x 代表自己比别人所获报酬的感觉;I_p 表示自己对投入量的感觉;I_x 表示自己对别人投入量的感觉。

员工自己与他人比较,就会出现 3 种可能的结果:

(1) $\frac{Q_p}{I_p}=\frac{Q_x}{I_x}$，员工认为自己的报酬是公平、合理的，这时就会产生满足感。这样的报酬所产生的激励理论最大，员工的积极性就会被调动起来；组织也不需要改变自己的报酬分配制度。

(2) $\frac{Q_p}{I_p}<\frac{Q_x}{I_x}$，员工感到自己的报酬偏低，产生不公平感。这种情况下，报酬的激励力量就小，员工的积极性就无法被调动起来。

(3) $\frac{Q_p}{I_p}>\frac{Q_x}{I_x}$，员工觉得自己的报酬偏高，从而产生不安心理。这种情况下，员工可能会采取努力工作的方式来消除不平衡的心态；与此同时，组织也可以采取减少输入的方式来消除这种不平衡的心态。

2. 纵向比较

纵向比较就是自己的目前与过去的比较，用公式表示如下

$$\frac{Q_{pp}}{I_{pp}}:\frac{Q_{pl}}{I_{pl}}$$

其中，Q_{pp} 代表自己目前所获报酬；Q_{pl} 代表自己过去所获报酬；I_{pp} 代表自己目前的投入量；I_{pl} 代表自己过去的投入量。则比较的结果也有 3 种：

(1) $\frac{Q_{pp}}{I_{pp}}=\frac{Q_{pl}}{I_{pl}}$，员工认为激励措施基本公平，工作积极性和努力程度可能会保持不变。

(2) $\frac{Q_{pp}}{I_{pp}}<\frac{Q_{pl}}{I_{pl}}$，员工认为很不公平，工作积极性会下降，除非管理者给他增加报酬。

(3) $\frac{Q_{pp}}{I_{pp}}>\frac{Q_{pl}}{I_{pl}}$，一般来讲此人不会觉得所获报酬过高，因为他可能会认为自己的能力和经验有了进一步的提高，其工作积极性因而不会提高多少。

通过横向和纵向比较，会出现两种结果，即：要么公平，要么不公平。不公平包括“吃亏”和“占便宜”两种情况。人们在感到不公平时，可能对如下 6 种行为加以选择并付诸行动：① 改变自己的投入(如，不再那么努力)；② 改变自己的产出(如，实行计件工资制的员工通过增加产量、降低质量来增加自己的工资)；③ 改变自我认知(如，夸大自己的贡献)；④ 改变对他人的看法；⑤ 选择另一个不同的比较对象；⑥ 抱怨甚至离职。

公平理论对管理者的启示是：应该在组织中做到合理分配、公平对待，以求得组织中每一位员工输入—输出关系的平等待遇，从而调动每一位员工的工作积极性，实现组织的目标。首先，确立组织的价值观念，统一对公平的认识；其次，建立合理的绩效评价体系，制定衡量贡献的尺度和标准；最后，坚持公开、公正的原则，使分配的程序公平。

（三）洛克的目标设置理论

目标设置理论也是一种过程型激励理论。目标设置理论主要探讨目标的具体性、挑战性以及绩效反馈对于提高员工工作绩效的重要意义。

目标设置理论认为，指向工作目标的工作意向是工作激励的主要源泉，而目标的明确性、困难性和反馈性则是提高工作绩效的重要力量。

1. 目标的明确性

所谓目标的明确性，就是指目标的具体性、可操作性。明确、具体的目标相对于空洞的目标而言，不仅执行效果较好，而且本身就是一种内部的激励因素。比如，对于一个销售人

员而言，一年完成100万元的销售额这样明确、具体的目标，远比“尽最大努力”这类空洞目标执行效果要好，并能起到激励销售人员的作用。

2. 目标的困难性

所谓目标的困难性，就是指目标的完成并不是那么特别容易，当然，也不是不能完成，或者说，这样的目标具有一定的挑战性。显然，在一个人能力和相应条件一定的情况下，困难的、富有挑战性的目标会激励员工取得更大、更好的工作绩效。

3. 及时反馈

所谓及时反馈，就是指员工在完成工作目标的过程中，要不断被给予达成目标或工作绩效的说明和提醒；给予员工及时反馈，可以在一定程度上提高员工的工作绩效。

（四）斯金纳的强化理论

强化理论是由美国心理学家斯金纳(B. F. Skinner)首先提出的，其基本观点是：人或动物为了达到某种目的，会采取一定行为，行为作用于环境产生一定的结果。当行为受到奖赏表扬时，这种行为就会重复出现；反之，当行为受到惩罚时，这种行为就会减弱或消退。这就是对行为强化的结果。根据强化的性质和目的，可以分为两大类型。

1. 正强化

正强化又称积极强化。当人们采取某种行为时，能从他人那里得到某种令其感到愉快的结果，这种结果反过来又成为推进人们趋向或重复此种行为的力量。正强化的方法包括奖金、对成绩的认可、表扬、改善工作条件和人际关系、提升、安排担任挑战性的工作、给予学习和成长的机会等。例如，企业用某种具有吸引力的结果（如奖金、休假、晋级、认可、表扬等），以表示对职工努力进行安全生产的行为的肯定，从而增强职工进一步遵守安全规程进行安全生产的行为。通用电气公司的总裁杰克·韦尔奇就成功地应用了正强化的理论来激励他的员工不断取得好的成绩，他当上主管销售代理的经理时，每当得知哪个代理获得了价格让步或取得了其他突破时，他就会立刻以电话或书面的形式来祝贺那个代理。

2. 负强化

负强化又称消极强化，它是指通过某种不符合要求的行为所引起的不愉快的后果，对该行为予以否定。负强化的方法包括批评、处分、降级等，有时不给予奖励或少给奖励也是一种负强化。惩罚是负强化的一种典型方式，即在消极行为发生后，以某种带有强制性、威慑性的手段（如批评、行政处分、经济处罚等）给人带来不愉快的结果，或者取消现有的令人愉快和满意的条件，以表示对某种不符合要求的行为的否定。不进行正强化也是一种负强化，比如对原先可接受的某种行为强化的撤销。由于在一定时间内不予强化，此行为将自然下降并逐渐消退。例如，企业曾对职工加班加点完成生产定额给予奖酬，后经研究认为这样不利于职工的身体健康和企业的长远利益，因此不再发给奖酬，从而使加班加点的职工逐渐减少。

强化的主要功能就是按照人的心理过程和行为的规律，对人的行为予以导向，并加以规范、修正、限制和改造。它对人的行为的影响，是通过行为的后果反馈给行为主体这种间接方式来实现的。人们可根据反馈的信息，主动适应环境刺激，不断地调整自己的行为。

强化理论对管理者的启示是：对于那些组织上需要的行为，要进行正强化，从而加强这种行为；对于那些与组织不相容的行为，要进行负强化，从而削弱这种行为。

【资料链接 11-1】　　　　渔夫、蛇和青蛙

一天，渔夫看见一条蛇咬着一只青蛙，渔夫为青蛙感到难过，便决定救这只青蛙。他靠近了蛇，轻轻地将青蛙从蛇口中拽了出来，青蛙得救了。但渔夫又为蛇感到难过：蛇失去了食物。于是渔夫取出一瓶威士忌，向蛇口中倒了几滴。蛇愉快地游走了。青蛙也显得很快乐。渔夫满意地笑了。可几分钟以后，那条蛇又咬着两只青蛙回到了渔夫的面前……

三、综合型激励理论

综合型激励理论是由罗伯特·豪斯提出的，主要是将上述几类激励理论综合起来，把内外激励因素都考虑进去。内在的激励因素包括：对任务本身所提供的报酬效价，对任务能否完成的期望值等；外在的激励因素包括：完成任务所带来的外在报酬的效价，如加薪、提级的可能性。

（一）波特和劳勒的综合激励模式

1968 年，美国学者波特(L. W. Porter)和劳勒(E. E. Lawler)在期望理论、公平理论和强化理论的基础上，形成了综合激励模式。该理论可用一个模式图表示，如图 11.5 所示。

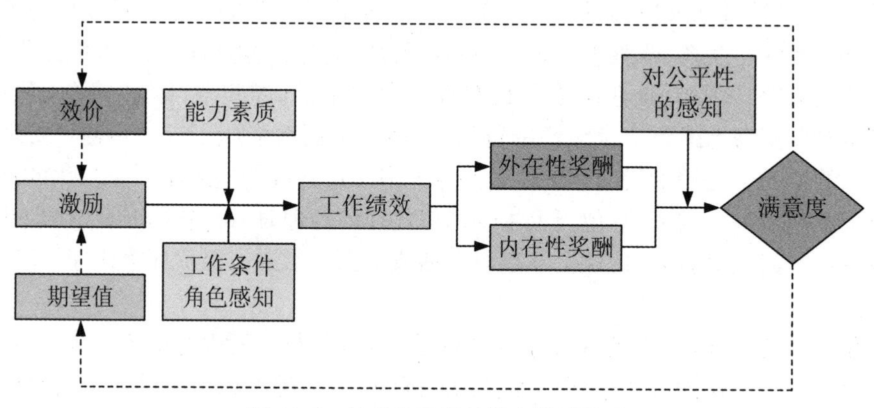

图 11.5　波特和劳勒的综合激励模式

波特和劳勒将激励分为内激励和外激励两种。内激励的内容包括劳动报酬、工作条件、企业政策等。外激励包括社会、心理特征的因素，如认可、人际关系等。

在上述模型中，波特和劳勒将激励过程看为外部刺激、个体内部条件、行为表现、行业结果的相互作用的统一过程。这一模型也说明了个人工作定式与行为结果之间的相互联系。

这一理论有如下要点：

(1) “激励”导致一个人是否努力及其努力的程度。

(2) 工作的实际绩效取决于能力的大小、努力程度以及对所需完成任务理解的深度。具体地讲，“角色感知”就是一个人对自己扮演的角色认识是否明确，是否将自己的努力指向正确的方向，抓住了自己的主要职责或任务。

(3) 奖励要以绩效为前提，不是先有奖励后有绩效，而是必须先完成组织任务才能有精神的、物质的奖励。当职工看到他们的奖励与成绩关联性很差时，奖励将不能成为提高绩效的刺激物。

(4) 奖惩措施是否会产生满意，取决于被激励者认为获得的报偿是否公正。如果他认为符合公平原则，当然会感到满意，否则就会感到不满。众所周知的事实是，满意将导致进一步的努力。

综合激励模式对管理者的启示是：激励和绩效之间并不是简单的因果关系，要使激励能产生预期的效果，就必须考虑到奖励内容、奖励制度、组织分工、目标设置、公平考核等一系列的综合性因素，并注意个人满意程度在努力中的反馈。

（二）罗宾斯的综合激励模式

另一位美国管理学家罗宾斯在 1984 年出版的《管理学》一书中，提出了一个更全面的综合激励模式，如图 11.6 所示。

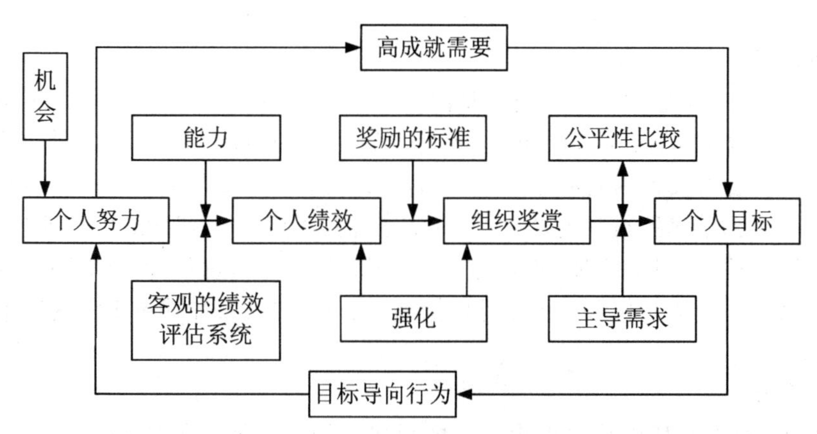

图 11.6　罗宾斯的综合激励模式

罗宾斯的综合激励模式是以期望理论的模式为主线条的。期望理论认为如果个体感到努力与绩效之间、绩效与奖赏之间、奖赏与个人目标的满足之间存在密切联系，那么，他就会付出高度的努力；反过来，每一种联系又受到一种因素的影响。对于努力与绩效直接的关系而言，个人还必须具备必要的能力，对个体进行评估的绩效评估系统也必须公正、客观。对于绩效与奖赏之间的关系来说，如果个人感知到自己因绩效因素而非其他因素受到奖励时，这种关系最为密切。期望理论的最后一种联系是奖赏与目标之间的关系。在这一方面，需要理论起重要作用。当个人由于其绩效而获得的奖赏满足了与其目标一致的主导需要时，他的工作积极性会非常高。

这个模式也包含有成就需要理论、强化理论和公平理论。高成就需要不会因为组织对他的绩效评估以及组织奖赏而受到激励，对他们来说，努力与个体目标之间是一种直接关系。实际上，对高成就需要者而言，只要他们所从事的工作能使他们产生个人责任感、有信息反馈并提供中等程度的风险，他们就会产生内部的驱动力。这些人并不关心“努力—绩效”“绩效—奖赏”以及“奖赏—目标”之间的关系。

在罗宾斯提出的模式中，还包括强化理论，它通过组织的奖励强化了个人的绩效而体现出来。如果管理层次设计的奖励系统在职工看来是被用于奖励卓越的工作绩效的，那么，奖励将进一步强化和激励这种良好绩效。

最后，报酬也体现了公平理论的重要作用。个人经常会将自己的付出与所得比率同他们的比率进行对比，若感到二者之间不公平，将会影响到个体的努力程度。

第三节　激励方法与过程

美国前总统里根曾说过这样一句话:“对下属给予适时的表扬和激励,会帮助他们成为一个特殊的人。”一个聪明的领导者要善于激励下属,使他们能发挥出更高的积极性。

一、激励方法

在实践中,领导者可以采用以下方式与手段灵活运用进行激励。

1. 目标激励

西方行为科学强调通过目标的设置来激发动机、指导行为。(1) 目标必须与需要和动机挂钩;既是鼓舞人心的奋斗方向,又是满足人们需要的目的物。心理学将其称之为“诱因”。(2) 参与程度与义务感成正比。(3) 目标实现受阻时,引发两种行为:一是制定更为合理的目标,二是导致非理智行为的产生,领导应该通过“连续激励”杜绝后一种行为的产生。通过在企业中全面推行目标管理,加强员工对组织管理的参与意识,使员工围绕企业的总目标行动,制定和落实个人目标和达成目标的措施,从而可以大大加强员工实现组织目标的责任感和积极性。

2. 评判激励

评判激励是对人的某种行动做出一定的反应,或肯定的奖励、表扬,或否定的惩罚、批评,以及什么都不做的“沉默”。运用评判激励要注意求实、及时、中肯,要根据正确的标准和价值观念,以及人的需要不同层次和不同阶段,给予不同类别的评判。

课堂讨论

表扬引出的麻烦

有个司机,是个慢性子,开车挺认真,但就是快不起来。他所在的工厂,每天都要有几辆车拉原料,别人跑三趟,他最多跑两趟。但有一条,他的车不出事,很安全。这在每年的生产月里,他都成为领导表扬的对象。

这引起其他司机的不快,心想,他是不出事故,可都像他那么干,厂里的锅炉、车间就等“食儿”吃吧!这样,也就是在这个安全月里,便发生了这样的一幕。只要集体出车,司机们都让那个慢性子司机走在前面,他们一个个跟在后面,原来那些开快车的,现在也不紧不慢地跟着跑。这回队长可急了,原来一天跑三趟,现在只跑两趟,原料拉不进来,没两天,生产就时断时续。队长先是开会讲道理,别人没理他;后来一个个做工作,总算给了面子,不再跟着那个慢性子司机后面跑了。这事一时间成了该厂的热门话题。

讨论:请讨论本案例中队长激励方法的运用。

3. 榜样激励

榜样是人的行动的参展系。作为领导者如果能够建立起科学、合理的“参展系”,就会把人们的行为导向有助于组织目标实现的轨道上来。榜样激励的核心是在组织中树立正面典型和标兵,以他们良好的行为鼓舞员工,创造业绩。从心理学的观点看,任何人都有强烈的模仿心理,榜样的力量是无穷的。但“榜样”的树立应当坚持实事求是,不要“虚构”和“夸张”,以免引起员工的逆反心理。

4. 荣誉激励

荣誉激励属于典型的内在激励，因为荣誉属于一个人的社会存在价值，它在人的精神生活中占有重要地位。拿破仑非常重视激发军人的荣誉感，他主张对军队“不用皮鞭而用荣誉来进行管理”，来培养和激发官兵的荣誉感。拿破仑对于立了战功的官兵，在加官晋爵、授予勋章时，总要在全军广泛地进行通报，激发所有官兵为荣誉而勇敢战斗。

5. 逆反激励

这种方法并不是直接正面鼓动人们去实现某项目标，而是向他们提示或暗示与此目标相反的另一结果，而这一结果则是下属无法接受的，从而使他们义无反顾地向着既定目标前进。逆反激励是一种更具有艺术性的激励方法。

6. 许诺激励

领导者的许诺激励是通过满足下属的心理需要和心理预期，以激发起积极性的激励方法。许诺激励要注意以下原则：一是准确性原则。准确性体现为许诺的内容要准确，不能乱加许诺；许诺的范围要准确，不能无边无沿。二是适度性原则。就是主观的许诺要符合客观事物本身的度，即掌握分寸，恰到好处。三是公平性原则。领导者许诺时，一定要有一个公平的尺度，不能乱开口、乱许诺。四是针对性原则。“盲人不会因为你送给他一面镜子而感谢你”，每个人都有其特定的需要，领导者应该根据下属不同的需要进行许诺。

7. 物质激励

每个人都有自己的物质追求和经济利益。物质激励就是通过满足个人物质利益的需求，来调动其完成任务的积极性。要分清物质激励与单纯物质激励的界限，要寓物质激励于精神激励之中，善于把下属个人的眼前经济利益和组织长远的经济利益融为一体，只有这样，才能更好地发挥物质激励的积极作用，达到激励人们积极性的目的。

8. 感情激励

任何一个组织都是由人所构成的。人是有感情的，影响其行为的心理是复杂的。人们都希望有一个和谐、融洽的工作环境，希望自己被重视。作为一个领导者就要以自己的言行去激励下属努力工作，特别是要重视感情激励的方法。

9. 晋升激励

晋升激励是一种适合于现代领导体制的激励方法。它在很大程度上有效地弥补了物质激励、精神激励的不足，使下属在更高的层面上体验了价值实现的感觉。领导者如何在有限的职位资源中，将下属的潜力充分开发出来，使其职位提升的需要能够得到满足，就成为一门极为重要的用人艺术。

10. 危机激励

危机激励的实质是树立全体员工的忧患意识，做到居安思危，无论是在企业顺利还是困难的情况下，都永不松懈、永不满足、永不放松对竞争对手的警惕。日本学者小山秋义把这种激励方法称为“怀抱炸弹经营”“致之死地而后生”。它可唤醒全体员工的危机意识，确保企业立于不败之地。《孟子》中说：“生于忧患，死于安乐。”孟子把忧患意识和立国安邦的关系，讲得十分深刻。美国前总统里根 1988 年 4 月 2 日发表讲话：“美国若不加强科学技术的研究，增加科研经费的开支，美国很可能沦为二流国家。”这样一种逆向思维的方式，应用到领导学的用人过程中，就成为危机激励。危机激励是一种典型的逆向激励，即它不是通过满足人们的具体需求来激发其积极性，而是通过危机意识的唤醒，促发人们的斗志。

【资料连接 11-2】　　软件设计公司的激励方案

激励方案包括:弹性工作制;设置共同的目标;加强彼此之间的合作和沟通;开发新的科研空间,有业务拓展的机会;鼓励员工创新;股票股权激励;长期奖励激励;物质和精神激励结合;经济的激励因素,按业绩定薪;建立完善的福利制度;差异化和多样化结合;减轻员工的压力;实施末位淘汰。

资料来源:根据网络资料整理。

二、有效激励的过程

有效的激励,一般包括 6 个步骤:① 深入实际,洞悉员工需求;② 发现问题,及时判断是否属于激励问题;③ 根据组织和员工的需求,选择激励因素;④ 坚持物质利益为主、按劳分配、公平合理的原则;⑤ 采取适当的沟通组合进行激励;⑥ 要创造一个宽松的环境。如图 11.7 所示。

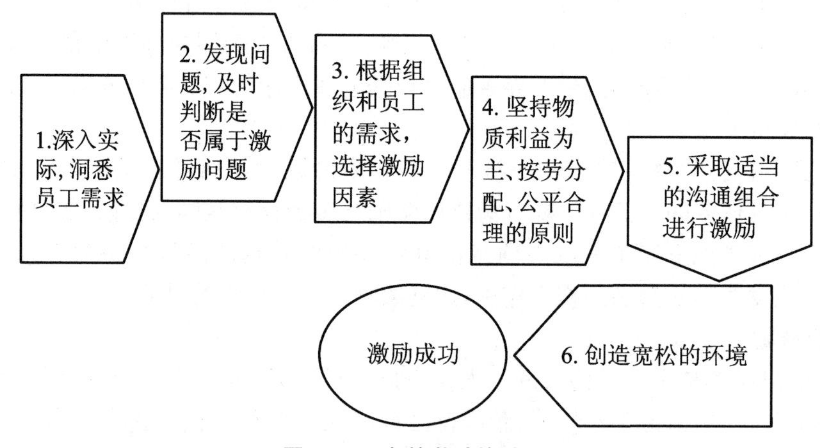

图 11.7　有效激励的过程

虽然每一个管理者都在做激励工作,但是他们也都体会到真正有效的激励又是很困难的。上面所述的有效激励的步骤,是指一个有效激励必须经过的步骤,并不等于说照着这几步去做激励就一定会有效。因为你认为是重要的报酬,可以用来激励,可是别人认为不重要,就不起激励作用。对某个人重要的报酬,曾经产生过很好的激励作用,可是并不是始终对他有激励作用。有的人对报酬要求高,报酬可以起激励作用。有的人对报酬要求不高,报酬就对他不产生激励作用。你认为是一个人成功的机遇,可以产生很大的激励作用,可是有的人并不认为是机会,也就产生不了激励作用。

所以,激励工作一定要因人而异、因时而异、因事而异。

三、有效激励的要求

1. 知人善任

这属于工作激励,通过分配恰当的工作来激发员工的积极性。工作的分配一定要考虑员工的专长和爱好,这样可以激发员工的内在工作热情。

2. 报酬公平

这属于成果激励,通过正确地评估工作成果,给职工以合理、公平的报酬。要做到报酬公平，首先要正确地评估工作成果，评估公平了，报酬才可能公平。

3. 批评适当

这属于批评激励，通过正当的批评来激发员工改正错误行为的信心和决心。批评时，要对事不对人，要注意方法，要选择适当的场合、时机和语言。为了批评能起作用，一定要事先核实错误事实。

如果所批评的错误事实有出入，不仅不能起到激励作用，相反会大大降低管理者的威信，影响今后工作。

4. 教育培训

这属于教育激励，通过提高员工素质来激发员工的工作热情。根据组织的实际情况，有重点、有针对性地制订员工培训计划，提高员工的思想觉悟和业务技能，激发员工的工作热情。

本章小结

1. 激励指的是管理者通过一系列的措施，激发被管理者产生管理者所需要的特定动机，并鼓励进一步转化为管理者所需要的特定行为，形成推动被管理者的动力，去完成组织目标的过程。

2. 激励的因素包括外部激励因素(人们为了维持自身生存而产生的对外部环境需求的因素)和个体内在动力(人类个体为了维持内在主观世界生存而产生的需求因素)。

3. 激励理论是关于调动员工积极性的指导思想、原理、方法的概括和总结。主要有内容型激励理论、过程型激励理论、综合型激励理论等。

4. 内容型激励理论是着重研究人们需要的内容、结构特征及其动力作用的理论，主要包括马斯洛的需要层次理论、奥尔德法的ERG理论、麦克利兰的成就激励理论、赫茨伯格的双因素理论。

5. 过程激励理论是以人的心理过程和行为过程相互作用的动态系统为研究对象的激励理论。主要包括弗鲁姆的期望理论、亚当斯的公平理论、洛克的目标设置理论和斯金纳的强化理论。

6. 综合型激励理论主要是将内容型和过程激励理论综合起来，把内外激励因素都考虑进去，主要有波特和劳勒的综合激励模式、罗宾斯的综合激励模式。

7. 领导者应按一定的激励要求和激励手段，以达到有效的激励，主要有目标激励、评判激励、榜样激励、荣誉激励、逆反激励、许诺激励、感情激励、晋升激励危机激励等方式。

◆思考题

1. 什么叫激励？联系实际谈谈你对激励的理解。

2. 描述激励的过程。

3. 根据期望理论，激励作用的大小取决于哪些因素？

4. 谈谈最近你花费了很大努力从事的一项工作，用本章所学激励理论来解释你的行为。

5. 什么是正强化和负强化？

6. 常用的激励方法有哪些？

沃尔玛在激励员工方面遇到问题

世界上最大的零售商沃尔玛公司，目前正面临着如何激励员工的问题。多年来，这家公司都使用一种相对宽松和直接的方式来激励员工，以保持他们的忠诚度。公司主要是通过给员工股权来激励他们，而员工的正常薪水并不高。为了说明沃尔玛公司历史上股权激励制度曾经起过的作用，我们来举个例子。比如，一名员工在1970年公司股票上市时，用1 650美元买了100股，到1993年时，他拥有股票的价值就是350万美元。

20世纪70年代后期到80年代这段时间里，沃尔玛的股票每年都上涨不少。公司通过利润分享计划建立了养老基金，基金中大部分的钱投资于购买公司的股票。这样，养老基金也会随着公司股票价格上涨而有效地激励，对公司保持忠诚。山姆·沃尔顿是公司的创立者，他本人也促使了这种忠诚度和工作动机的形成。他平易近人的处事方式和公司的良好运作，使公司拥有了零售业界最忠诚最积极献身的员工。公司一直被员工和业界认为具有非常优越的工作环境。

然而到了20世纪90年代，情况开始发生变化。首先，虽然公司利润仍然相当高，但公司的发展减缓，收入和利润已经没有太大的增长，从而导致了沃尔玛公司股票价格的下跌。1993年，公司股票每股的价格是30多美元，到1995年底，就只有20美元左右了。股票的下跌大大削减了养老基金和员工的个人股票价值。结果，公司长期拥有的员工忠诚度开始下降，工作动机开始减弱。

1992年山姆·沃尔顿去世以后，公司文化也开始发生一些微妙的变化，这使得问题更加严重。公司新的管理层试图保持原有的经营方式以及与员工之间的关系，但不少主管人员缺乏领导魅力，也不能坚持山姆·沃尔顿过去倡导的与员工个人接触的管理方式。另外，新来的员工当然不可能有机会见到公司的创立者山姆·沃尔顿本人，因而也无法从老一辈公司领导那里受到教育和感染。

除了忠诚度和工作动机方面的问题以外，沃尔玛还面临因经济危机引发的其他问题。比如说，在避免工会组织不利于公司的集会方面，以前沃尔玛做得很好。但现在由于对养老金和其他激励越来越不满，工会组织各种集会并取得胜利的机会越来越多。自1991年至1993年，整个公司只出现过3次工人集会，而1994年一年就出现过4次。

等待着沃尔玛的将是什么呢？每个人都在猜测。虽然沃尔玛作为一个雇主的形象受到了负面的影响，但大多数专家从一个雇员的角度来看，仍然认为它是该行业最好的公司之一。而且，公司现在还是在赢利，管理层也坚信股票价格会再次上升。因此，他们相信员工还是会对公司满意的，也会为公司继续做贡献。但也有人认为，出现的问题对公司已经造成损害，沃尔玛将不会再度拥有它曾代表过的优越工作环境的形象。

资料来源：根据百度文库相关资料整理。

思考：

1. 用什么激励理论能最恰当地解释沃尔玛发生的问题？

2. 如果在当前的困难情况下，由你来管理沃尔玛，你将如何来激励员工？

3. 对一个组织来说，提供太多的奖励和正强化可能吗？如果可能的话，它会对组织产生什么样的影响？

第十二章　沟　　通

掌握沟通的类型、过程及其要素；了解管理和沟通的关系；熟悉有效管理沟通的策略；掌握组织冲突管理的方法。

摩托罗拉的“Open Door”

在摩托罗拉公司，每一个管理者都被要求与普通员工形成介乎于同事与家人之间的关系。“对人保持不变的尊重”是公司的个性。最能体现其个性的是它的“Open Door”。“我们所有管理者办公室的门都是绝对敞开的，任何职工在任何时候都可以直接推门进来，可与任何级别的上司平等交流。”

摩托罗拉的管理者们为每位员工准备了以下9种“Open Door”式表达意见的途径：

1. 我建议：书面形式提出对公司各方面的意见和建议。

2. 畅所欲言：如果员工要对问题进行评论和投诉，应诉人必须在3天内对隐去姓名的投诉信给予答复，整理完毕后由第三者按投诉人要求的方式反馈给本人，全过程必须在9天内完成。

3. 总经理座谈会：每周四召开座谈会，7日内对有关问题的处理结果予以反馈。

4. 每日简报及墙报：方便快捷地了解公司和部门的重要事情和通知。

5. 员工大会：由经理直接传达公司的重要信息，有问必答。

6. 教育日：每年重温公司文化、历史、理念和有关规定。

7. 热线电话：当你遇到问题时可以向这个电话反映，昼夜均有人值守。

8. 职工委员会：职工委员会是员工与管理层直接沟通的另一个桥梁。

9. 589信箱：当员工的意见尝试以上渠道后仍无法得到充分、及时和公正解决时，可以直接写信给589信箱，此信箱钥匙由HR亲自掌握。

摩托罗拉公司通过采取这些沟通方式，取得了惊人的业绩。

资料来源：根据百度文库相关资料整理。

讨论：试分析此种沟通环境的特点以及对员工工作效率的影响。

第一节　沟通概述

一、沟通的内涵

（一）沟通的定义

沟通是指在工作和生活中，个人或群体之间，借助一定的手段，将信息、思想和情感进行传递和交流，并达成共同协议的过程。要正确理解沟通的定义，需掌握以下3个方面内容：

（1）沟通是双方的行为，必须有信息的沟通主体和沟通客体。沟通主体和沟通客体既可以是个体，也可以是群体或组织。

（2）沟通是一个传递和理解的过程。如果信息没有传递给对方，则意味着沟通没有发生。信息在被传递之后还应该被理解，一般来说，信息经过传递之后，接受者感知到的信息与发送者发出的信息完全一致时，才是一个有效的沟通过程。

（3）沟通要有信息内容。在沟通过程中，信息的传递是通过一些符号来实现的，例如语言、身体动作和表情等，这些符号经过传递，往往都附加了沟通主体和沟通客体一定的态度、思想和情感。由于沟通主体的主观因素及外在环境的客观因素等的影响，沟通的方式、效果、内容等都会有很多不同之处。

课堂讨论

秀才买柴

有一个秀才去买柴，他对卖柴的人说："荷薪者过来！"卖材的人听不懂"荷薪者"（担柴的人）三个字，但是听得懂"过来"两个字，于是把柴担到秀才前面。秀才问他"其价如何?"卖柴的人听不太懂这句话，但是听得懂"价"这个字，于是就告诉秀才价钱。秀才接着说"外实而内虚，烟多而焰少，请损之。（你的木柴外表是干的，里头却是湿的，燃烧起来，会浓烟多而火焰小，请减些价钱吧）"卖柴的人因为听不懂秀才的话，于是担着柴就走了。

讨论：是什么原因造成秀才买柴未能成功？请从沟通视角进行分析。

（二）沟通的作用

1. 促进信息流动

沟通就是信息从发送者到接受者、从沟通主体到沟通客体的传递和理解过程。在沟通过程中，沟通主体把信息传递给沟通客体，沟通客体收到信息后，立即将信息加以破解，然后再采取行动，如果他的行动符合信息沟通主体的原意，就可以说沟通成功了，从而促进了信息的流动。

2. 改善人际关系

人际关系与沟通，可以简称为人际沟通。在我们日常生活当中，人际沟通是不可或缺的活动，必须勤加练习，多加磨炼，养成小心应对、用心体会、虚心检讨的良好习惯。一方面使自己的沟通能力不断提高，另一方面促使自己的人际关系获得改善。与其讨好别人，不如用心保持和谐、互动、互助的良好状态，通过好好沟通来互相感应。若能心意相通，大家都愉快，那就是我们的人际关系得到了改善。

【资料链接 12-1】　　网络诗词《当他离开的时候》

朋友,当心爱的人离你而去的时候;当上司冷落你的时候;当朋友疏远你的时候;当家人误解你的时候;当欲望走向失落的时候;当幸福变成痛苦的时候;当顺境遭遇挫折的时候。

朋友,你可曾想过?

正是恋人的离去让你懂得爱是一种付出;正是上司的冷落让你明白自己缺少什么;其实正是你自己疏远了朋友;也正是你自己让家人伤心透。没有失落,你怎明白欲望常常是一种奢求;没有痛苦,你怎懂得痛苦才是真正的快乐;没有挫折,你怎么理解挫折是成熟的必修课。

朋友,停下来坐坐,仔细来想想,你可能会明白,问题也许在于——你不懂他,他也不懂你!

资料来源:根据网络资料整理。

(三)沟通的特点

1. 即时性

沟通是一个信息传递和理解的过程,这就要求在较短时间内进行交流,在随着没有影响到事件发生的结果之前就能有效地理解信息,这才是沟通。如果沟通是发生在事件的结果之后,并且无法对事件进行有效的改变,就表明沟通不够及时,便也没有沟通的必要了。所以说,即时性是沟通的第一大特点。

2. 双向性

沟通对象和内容的选择必须以双向性为目的,以有助于实现双方的经济效益和社会效益为目的,不能只是一厢情愿、有来无往,应该是互通有无、互助互利的,双方的交流和理解才是沟通的真实意义。

3. 选择性

沟通的目的是有主客体之间选择的,并不是没有任何方向,或者说沟通具有目的性。无限制的社会沟通,主观上条件不许可,客观上也无此必要。沟通选择的对象一般是与组织或个人的生存、发展有密切关系的主体。沟通方式和内容的选择也要根据对象和环境的不同而不同。因此,选择性也是沟通的重要属性之一。

4. 社会性

沟通具有社会性、普遍性和广泛性,既有与合作伙伴或潜在合作伙伴的沟通,又有寻求理解和支持的沟通;既有以收集信息为主的沟通,又有以听取意见乃至批评为目的的沟通;既有与新闻媒体的沟通,又有与普通民众的沟通;既有官方的正式沟通,又有民间的非正式沟通;既有国内的沟通,又有国际的沟通等。这是沟通最为基本的属性。

(四)管理与沟通的辩证关系

管理与沟通密切相关,管理的各项职能中充满了沟通活动,良好的沟通会促进有效的管理,成功的管理必定依赖有效的沟通。管理与沟通既有区别又有联系。

1. 管理与沟通的区别

(1) 管理和沟通是两个不同的专业概念。管理侧重于人和人、人和物等多种组织资源的组合,强调的是管理者、管理对象和管理的全过程。沟通则侧重于管理活动中必不可少和核心的信息交流行为,这是管理活动中最重要的一部分内容。

(2) 如果从现代组织管理的角度来看，管理的领域和对象包括了物流、人流、资金流和信息流，而沟通主要还是以信息流的正确处理为主要内容。

(3) 两者的目的和结果并不完全相同。管理的目的和结果是要扩大组织的产出，提高效率，而沟通的目的和结果则是互相正确理解，但理解之后并不一定会达成共识。

(4) 两者在内涵和外延上存在着重叠和区别。管理与沟通有相当一大部分重叠，即某些活动既是管理又是沟通。管理与沟通也有不相重叠的部分，存在着是管理但不是沟通或者是沟通但不是管理的活动。

2. 管理与沟通的联系

(1) 沟通是管理的实质，也是管理得以实施的主要方法。管理职能中的计划必须有信息收集、整理、分析作基础，而信息收集处理的过程就是沟通的过程。所有管理功能与活动，无一不是沟通行为。

(2) 管理行为要通过沟通来实现。从组织行为学的角度看，大部分沟通行为实质上是管理行为。在组织中，领导与员工的交流显然不是单纯地为了沟通而沟通的简单沟通行为，而应该看成是围绕组织目标而进行的管理行为之一。

(3) 沟通行为是管理过程中的重要组成部分。经济和市场全球化促使现代组织成为人数、机构、业务众多的大型跨区、跨国、跨洲实体，在这样空前巨大和复杂的组织中，管理沟通的难度在客观上成倍增加，沟通成为许多大集团经营管理的关键和瓶颈，这种境况更凸显了沟通在管理中的地位和作用。

(4) 管理者同时扮演沟通者的角色。当代管理学界著名大师亨利·明茨伯格从管理者扮演的角色入手，考察了各项管理工作。他认为管理者扮演了10种类型的管理角色，而每种角色对如何进行沟通也提出了不同的要求。

由此可见，管理者无论履行什么管理职能都离不开沟通，实质都是在扮演沟通者的角色。为了提升管理效率，管理者必须不断与公司内外的人员(如上司、同事、下属、政府官员、供应商、经销商、顾客等)进行持续而有效的沟通。

二、管理沟通

管理沟通，是指一定组织中的人(包括管理者和被管理者)为达成组织目标而进行的组织内部或者组织外部的信息发送、接受与反馈的交流全过程。管理的各项职能都必须以有效的沟通作为前提。沟通就好像是组织中的生命线，贯穿于组织的每一个部门、每一个环节，促进信息循环，使组织形成生命的有机体。

由于组织目标最终靠人来实现，所以从本质上讲，组织中的人际沟通是管理沟通的基础。然而，管理沟通虽然具备沟通的一般特征，但它与一般意义上的人际沟通不同，它是存在于组织范围中的沟通，是一种特殊的人际沟通。

(一) 管理沟通与沟通的区别

1. 管理沟通的目的更为明确

管理沟通是围绕着特定的管理活动进行的沟通，目的性十分明确。上情下达、下情上传、横向交流都是出于一定管理目的的考虑，而不仅仅是为沟通而沟通。

2. 管理沟通的渠道更加健全

任何组织内部都设有正式的信息沟通渠道，沟通网络纵横交错，非常正规、健全。

3. 管理沟通活动更有计划性

因为管理沟通的目的明确，活动富有计划性，一般都有周密的考虑和精心的准备。从其发展方向来看，它将越来越趋向于制度化。

（二）管理沟通的作用

沟通是管理工作十分重要的组成部分，管理沟通是企业内部联系的主要手段。随着管理层次的递增，管理者用于沟通上的时间就越多。有效的管理沟通有助于激励员工完成任务。沟通对于促进组织成员之间的彼此了解，增强组织的团结力量，最终实现组织的目标具有十分重要的意义。沟通在管理中的作用是多方面的，具体地说，包括以下几个方面。

1. 管理沟通是实现组织目标的重要手段

在竞争日益激烈的现代社会，一个组织要想顺利地开展工作，实现组织的目标，就要求组织中的个体、群体为了实现一定的目标，在完成各种具体工作的时候都需要相互交流、统一思想，自觉地协调。信息沟通使组织成员团结起来，把抽象的组织目标转化为组织中每个成员的具体行动。

2. 管理沟通使管理决策更加合理、有效

对信息的收集、处理、传递和使用是科学决策的前提。组织在决策之前，必须获得各种有关的环境变化的信息，因此必然要和顾客、政府、公众、原材料供应商、竞争者等进行各种各样的沟通，如按照顾客的要求调整产品结构，遵守政府的法规法令，担负自己应尽的责任等，这样才能使组织确定科学的战略决策，以求得在不断变化的环境中得以生存和发展。组织内部的沟通为各个部门和各级人员进行决策提供了信息，增强了判断能力，因而可以使决策更加合理有效。

3. 管理沟通是组织中各成员密切配合与协调的重要途径

无论在日常生活中，还是在实际工作中，人们互相沟通思想与交流感情都是一种重要的心理需求。只有通过有效的沟通，使组织内部分工合作更为协调一致，保证整个组织体系的统一指挥、统一行动，才能实现高效率的管理。

4. 管理沟通是有效激励的基本途径

管理沟通能最大限度地调动员工积极性，管理者与员工的定期沟通会提高员工的满意度，从而激励员工努力工作，提高工作效果和组织绩效。

5. 管理沟通是组织与外部环境联系的桥梁

任何一个组织只有通过信息沟通才能成为一个与其外部环境发生相互作用的开放系统。首先，作为一个开放的系统，组织必须与外界进行各种信息的沟通；其次，组织要了解供应团体，如原材料、零部件、技术、资金供应商的供应能力，组织所需要的原材料、零部件、技术、资金等越稳定，组织的经营就越顺利；再次，组织还需要与政府、社区、公众进行沟通，以获得他们的理解、合作与支持。由于组织的外部环境总处于不断地变化之中，为了生存，组织就必须适应这种变化，这就要求组织不断地与外界保持密切、持久的沟通，以把握一切成功的机会。

【资料链接 12-2】　　　客户为什么弃你而去

有人调查客户移情别恋的原因，结果表明：

◇ 他们因为供应商态度冷漠、缺乏沟通和诚意不足而不满 …………………… 68%

◇ 他们对产品不满意 ……………………………………………………………… 15%

◇ 他们找到另一种价格更便宜的产品 ……………………………………………… 9%

◇ 客户与另一家建立良好关系 ……………………………………………………… 5%

◇ 客户搬迁 …………………………………………………………………………… 3%

结论：超过 2/3 的客户是因为不满意供应商的态度或缺乏沟通而中断业务的。

资料来源：根据创业网资料整理，http://www.biz.bc360.

三、沟通过程

沟通过程是指沟通主体对沟通客体进行有目的、有计划、有组织的信息交流，是沟通方式双向互动的过程。一般的沟通过程如图 12.1 所示。

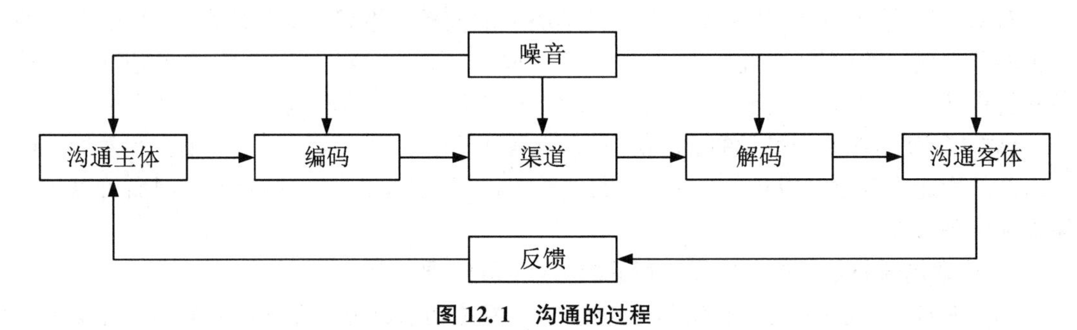

图 12.1　沟通的过程

（一）信息

这里所说的信息包括概念、思想、观点或资料等。主要是指沟通主体向沟通客体进行传递的信息。它贯穿于整个沟通的始终。

（二）沟通主体

信息的发送者就是沟通主体，是沟通的发起人，他把信息进行编码，向沟通客体传送。

（三）沟通客体

信息的接收者就是沟通客体，是沟通的结束人，他把信息进行解码，并且进行理解和消化。

（四）编码

所谓编码就是沟通主体把信息转变成沟通客体能懂的符号。沟通主体把信息编译成适当的传输符号，如言语、文字、图片、身体姿势、表情动作等。被编码的信息受到沟通主体的技能、态度、知识以及社会文化的影响。

（五）解码

沟通客体会将信息进行解码。所谓解码就是沟通客体把符号转译成为具有特定含义的信息。与编码者相同，沟通客体要首先理解沟通主体传递的信息，才能根据得到的信息有所行动、有所反应。沟通客体对信息的理解同样受到自身的技能、态度、知识和社会文化的限制。因此，沟通主体很难要求沟通客体完全按照他的本意准确地理解信息。在绝大多数情况下，只要能做到接近沟通主体的本意就算是成功的沟通。

（六）渠道

沟通主体通过适当的渠道和方式将信息传递给沟通客体。传递的渠道主要有 4 种：口头的、非语言的、书面的和电子媒介的传递方式。沟通主体选择的符号不同，传递的渠道也就不同。在沟通过程中，无论使用什么渠道来传递信息，信息本身都会出现失真现象。

（七）反馈

当沟通客体接受信息解码并利用后，就会决定是否应该有反馈、回应或者传送新信息的必要。沟通主体也常常通过反馈来了解他想传递的信息是否被对方准确无误地接受。实际上，在沟通过程中沟通主体和沟通客体的角色是可以互换的。

（八）噪音

噪音是影响沟通的一切消极、负面因素。它存在于沟通过程的各个环节，并可能造成资讯损耗或失真。沟通客体是信息指向的个体，信息最终将为他所接受。沟通客体根据信息符号传递的方式，选择相对应的接受方式。例如，这些符号是口头传递的，接受者就必须仔细倾听。如果发送者传递的信息没人接受或接受者不能尽职，信息就会丢失。所以，沟通主体在传递时要千方百计地引起沟通客体的注意，避免在传递和交流过程中被噪音所干扰。

四、沟通的模式

美国心理学家莱维特以 5 人小组为研究对象，通过实验，提出了 5 种不同的沟通模式，即链式、轮式、圆周式、“Y”式和全通道式，如图 12.2 所示。

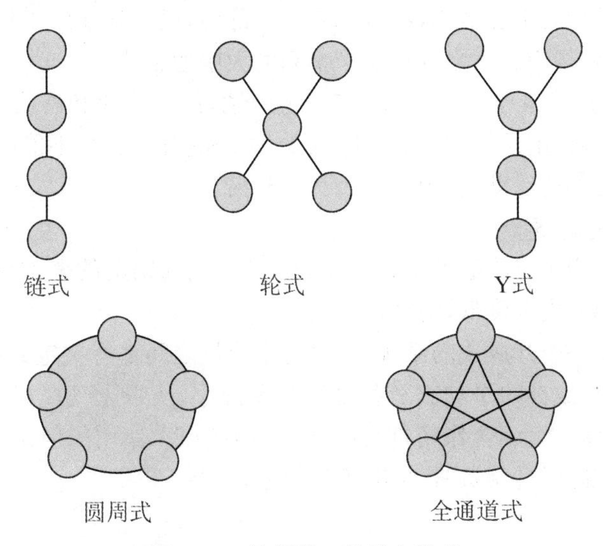

图 12.2 沟通的 5 种基本模式

（一）链式沟通

链式沟通又称为直线型沟通，是指若干沟通参与者，从最初的发信者到最终的受信者，环环衔接，形成信息沟通的链条。链式沟通的优点是传递信息的速度快，解决简单问题的时效高。其缺点在于信息经过层层筛选，容易出现失真的现象，使上级不能直接了解下级的真实情况，下级不能了解上级的真实意图。

（二）轮式沟通

轮式沟通是指最初发信者直接将信息同步辐射式地发送到最终受信者。轮式沟通过程中有一个明显的主导者，凡信息的传送与反馈均需经过此主导者，且沟通成员也通过此主导者才能相互沟通。

轮式沟通的优点表现为集中化程度高，解决问题的速度快、精确度高，有利于处于中心地位的领导人了解、掌握、汇总全面情况并迅速把自己的意见反馈回去。其缺点则表现为沟通渠道少，其他成员之间互不通气，横向沟通不足，不利于提高士气，将这种沟通模式引入组织机构中，容易滋生专制型领导风气。

（三）圆周式沟通

圆周式沟通也称环式沟通，类似链式沟通，但信息链首尾相连形成封闭的信息沟通环。这种组织内部的信息沟通是指不同成员之间依次联络沟通。这种模式结构可能产生于一个多层次的组织系统之中。

圆周式沟通的优点是组织内民主气氛较浓，团体的成员具有一定的满意度，其缺点是组织的集中化程度较低，沟通速度较慢，信息易于分散，往往难以形成中心。如果在组织中需要创造出一种高昂的士气来实现组织目标，同时追求创新和协作，加强组织中的决策机构、咨询机构、科研开发机构以及小规模独立工作群体，采用圆周式沟通是一种行之有效的措施。

（四）“Y”式沟通

“Y”式沟通是链式沟通与圆周式沟通的结合。其速度、满意度、失真度等也介于链式沟通与圆周式沟通之间，适用于主管人员的工作任务十分繁重，需要有人选择信息、提供决策依据从而节省时间，同时又要对组织实行有效的控制的情况。在组织中，这一沟通模式大体相当于从企业上层领导到中层机构，再到基层主管部门，最后到基层工作单位之间的四级纵向系统，它适用于企业规模较大而管理水平不高的大中型企业。

“Y”式沟通的优点是集中化程度高，较有组织性，信息传递和解决问题的速度较快，组织控制比较严格。但是，由于组织成员之间缺少直接和横向沟通，不能越级沟通，除节点外，其他成员的满意程度都比较低，组织气氛大都不和谐。

（五）全通道式沟通

全通道式沟通是指所有沟通参与者之间利用所有沟通渠道的全方位沟通。这是一种非等级式沟通，满意度高、失真度低，但规模受限、速度低。

全通道式沟通是一个开放式的系统，其中每个成员之间都有一定的联系，彼此了解。由于沟通渠道很多，组织成员的平均满意程度高且差异小，所以士气高昂，合作气氛浓厚。这对于解决复杂问题，增强组织合作精神，提高士气均有很大作用。但是，由于这种模式的沟通渠道太多，易造成混乱，且又费时，影响工作效率。

【资料链接 12-3】　如何解决调速器漏油问题

调速器是机车柴油机的指挥系统，它的质量会直接影响柴油机的整车质量。天津机车车辆机械厂为适应铁路工业的形势，将调速器产品定为部级创优产品。为此铁道部召开了鉴定会，参会人员认为该厂产品的加工质量和配机性能良好，但是有几处漏油，故未能批准成为银牌产品。于是，部局要求限期解决漏油问题。事不宜迟，厂领导决定马上组织攻克这一技术难关。

组织形式：智力激励会议。

参会成员：调速器组装工人2名，设计人员2名，工艺师2名，检查工人1名，生产调度1名。

会议纪律：

(1) 提倡大胆设想，自由思考。

(2) 任何人不能批评、打断或限制他人的发言。

(3) 设想越多越好，不局限数量和范围。

(4) 发言要围绕主题。

(5) 参会人员在发表设想方面一律平等，没有工人、工程师之分。

会议过程：纪律宣布之后，大家各自谈自己的意见和设想，并可以进行自由交流。结果共提出了解决漏油问题的方案多达41条。

会议成果：经过再次讨论交流，大家对41条方案进行提炼，最后共形成10条解决调速器漏油的方案。

会议效果：会议只用了1小时15分钟，大家体会到：与会者心情舒畅，充分发表了自己的意见，效果比以往任何一次会议都好。

第二节　沟通方式

一、沟通方式的分类

(一) 按照沟通介体的不同划分

1. 口头沟通

人们之间最常见的沟通方式是交谈，也就是口头沟通。常见的口头沟通包括演说，正式的一对一的讨论或小组讨论，非正式的讨论以及传闻或小道消息的传播。口头沟通的优点是快速传递和快速反馈。在这种方式下，信息可以在最短的时间里被传送，信息发送者可以在最短的时间里得到对方的回复。但是，当信息经过多人传送时，口头沟通的主要缺点便会暴露出来，在此过程中卷入的人越多，信息失真的潜在可能性就越大。每个人都以自己的方式解释信息，当信息到达终点时，其内容常常与最初的大相径庭。

2. 书面沟通

书面沟通包括备忘录、信件、组织内发行的期刊、布告栏及其他任何传递书面文字或符号的沟通。书面沟通的特点在于持久、有形、便于核实。书面沟通比口头沟通显得更为周密，逻辑性更强，条理更清楚。但是书面沟通也有自己的缺陷。首先是耗时，同是一个小时的测验，通过口试学生们向老师传递的信息远比笔试的要多。书面沟通的另一个缺点是缺乏反馈，口头沟通能使接受者对其所听到的东西提出自己的看法，而书面沟通则不具备这种内在的反馈机制，这使得书面沟通无法确保所发出的信息能被接收到，即使被接收到，也无法保证接受者对信息的解释正好符合发送者的本意。

3. 非语言沟通

非语言沟通是指不通过口头或语言文字而发送许多有意义的信息的传递方式。最常见的非语言沟通是体态语言和语调。体态语言包括手势、面部表情和其他的身体动作。语调中含有个体对词汇或短语的强调，声调和重音的不同可能产生完全不同的意义。非语言沟通较其他沟通方式而言好处在于它能比较好地表达信息意义，而且内涵丰富，含义隐含、灵活。但非语言沟通也存在传送信息距离受限制，以及只能意会不能言传等不足。值得注意的是，任何口头的沟通都包含有非语言信息。研究发现，在口头交流中，信息的55%来自于面部表情和身体姿态，38%来自于语调，而仅有7%来自于口头语言。

4. 电子媒介沟通

随着科学技术的不断进步与发展，沟通技术发生了日新月异的变化，电子媒介沟通正在成为主要而且高效的沟通类型。电子媒介沟通显著改变了沟通模式、降低了信息传递和共享的成本，提高了沟通的灵活性。与此同时，电子媒介沟通也带来了新的研究课题：一是电子媒介沟通使人际交往、神态传递和感情交流显著减弱，从而影响了人际关系模式；二是电子媒介沟通改变了信息分享模式和群体工作方式，对群体管理和群体成员提出了全新的沟通技能要求。此外，电子沟通也提出了信息传递和信息管理方面的伦理问题等。

通过对比，可以看出4种沟通方式的特点，如表12.1所示。

表12.1 口头沟通、书面沟通、非语言沟通和电子媒介沟通的比较

沟通方式	实例	优点	缺点
口头沟通	交谈、讲座、讨论、电话	快速传递、快速反馈、信息量大	失真严重、核实困难
书面沟通	报告、文件、通知、信件、内部期刊等	持久、有形、可以复核	效率低、缺乏反馈
非语言沟通	声、光信号、表情、语调、体态等	信息意义明确，内涵丰富、灵活	传递距离有限，界限模糊，依赖于接受者的理解
电子媒介	传真、网络、闭路电视等	快速传递、信息量大、一份信息可以同时传递给多人、廉价	单向传递

（二）按信息传递方向不同划分

1. 上行沟通

上行沟通是指自下而上、点面结合的沟通，如下级向上级反映意见、汇报工作情况、提出意见和要求等。上行沟通是领导了解基层情况和一般员工意见、想法的重要途径。上行沟通畅通无阻，领导才能及时掌握工作进展的真实情况，了解员工的需要和要求，体察员工的不满和怨言，明确工作中存在的问题，从而有针对性地做出相应的决策，不断改善各项工作。

2. 平行沟通

平行沟通也叫横向沟通，是指组织内部平行机构之间或同一层级人员之间的信息交流。如组织内部各职能部门之间、班组之间、员工之间的信息交流。横向沟通是加强各部门之间、员工之间的联系、了解与协作，减少各部门之间、员工之间的矛盾和冲突，改善人际关系和群际关系的重要手段。

3. 下行沟通

下行沟通是指信息自上而下的沟通，如上级把组织战略目标、管理制度、政策、工作命令、有关决定、工作程序及要求等传递给下级。下行沟通顺畅可以帮助下级明确工作任务、目标及要求，增强其责任感和归属感，协调组织各层次的活动，增强上下级之间的联系，便于下级主动开展工作。

（三）按沟通形式不同划分

1. 正式沟通

正式沟通是指以正式组织系统为渠道进行的信息传递和交流。例如，组织规定的汇报制度，定期或不定期的会议制度，上级的批示按组织系统逐级下达或下级的情况逐级向上反映等都属于正式沟通。正式沟通的优点是正规、权威性强、沟通效果好，参与沟通的人员普遍具有较强的责任心和义务感，从而易保持所沟通信息的准确性及保密性。正式沟通的缺点在于对组织机构依赖性较强而造成速度迟缓，沟通形式刻板，如果组织管理层次多、沟通渠道长，还容易形成信息损失。

2. 非正式沟通

非正式沟通是指以非正式组织系统或个人为渠道进行的信息传递和交流。例如，员工中的人情交流、生日聚会、工会组织的文娱活动、走访、员工私下议论某人某事、传播小道消息等都属于非正式沟通。现代社会很重视对非正式沟通的研究，因为人们真实的思想和动机往往是在非正式沟通中表露出来的。这类沟通主要是通过个人之间的接触来进行，不受组织监督，是由组织成员自行选择途径进行的，比较灵活方便。与正式沟通相比，非正式沟通的缺点在于随意性和主观性强、信息扭曲可能性大，容易传播流言、混淆视听，因而需要慎重对待。

（四）按沟通的反馈情况不同划分

1. 单向沟通

单向沟通是指在沟通过程中，一方主动发送信息，另一方主动接受信息，没有发生反馈的信息传递，如电话通知、书面通知、广播电视信息、报告、演讲、发布指示、下命令等。这种沟通方式速度快，发送者不受接受者的挑战，能保持、维护尊严。因此，当遇到工作性质简单又急需完成或遇到紧急情况不需要或根本不允许商讨时，采用单向沟通方式效果较好。但由于接受者对信息内容的理解没有机会表达，单向沟通中的信息理解有时会出现偏差。

2. 双向沟通

双向沟通是指沟通过程中有反馈的信息传递，是发送者和接受者相互之间反复进行信息交流，直到双方对信息有共同理解为止的沟通，如讨论、面谈、协商、谈判等。双向沟通的优点是沟通信息的准确性高，接受者有反馈意见的机会，双方可以反复交流磋商，增进彼此的了解，加深感情并建立良好的人际关系。其缺点是沟通过程中接受者要反馈意见，有时使沟通受到干扰，影响信息的传递速度。此外，由于要时常面对接受者的提问，发送者会感受到心理压力。

课堂讨论

老板的失败“解雇”

有一天，一位老板去巡视办公室，所有的员工都在拼命干活，除了两人例外。老板发现有两个穿着非常随便的员工正在漫不经心地聊天。老板大怒，当即把HR经理叫过来，当着HR经理的面问这两个偷懒的员工：“你们两个，一个月薪水多少钱？”

其中一个说：“1 500”。老板转头对HR经理说：“给他们一人2 000，让他们马上走人！”

HR经理说：“可是……”话还没有说完，老板更加火大了：“可是什么可是！就是你这种不称职的家伙，这帮员工才会越来越懒！马上去办吧！”

看着生气的老板，HR经理就只好乖乖照办。

两名偷懒员工离开之后老板还不解气，决定找他们的直属上司来好好训一顿。他问HR经理："刚刚那两个家伙是哪个部门的？"

HR经理唯唯诺诺地说道："送外卖的……"

老板更生气了，吼道："你怎么不早说！"

讨论：这个小故事说明了双向沟通中的哪些禁忌？

二、沟通与信息技术

（一）基于信息技术的沟通形式

技术，尤其是信息技术，从根本上改变了组织成员的沟通方式。比如，它不但极大地提高了管理者控制员工和团队绩效的能力，而且使员工获得做出快速决策所需要的更完整的信息，并为员工提供了更多的加强合作和共享信息的机会。此外，信息技术还使组织内的人们能够方便地随时联系，不论对方在什么地方。而且在与组织的其他员工沟通时，人们也不一定非要坐在办公室前，通过电脑进行联系。总的来说，信息技术的发展，对于管理沟通来说具有很重要的作用。下面介绍6种主要的沟通形式。

1. 计算机网络系统

在计算机网络系统中，组织把组织内的电脑连在一起，形成组织范围内的计算机网络。这样，组织的成员，不论是在会议厅，在城里，还是在横跨全球的旅行中，都能进行相互沟通，得到有关的信息。

2. 电子邮件

它是通过联网的计算机发送书面信息的一种瞬时邮件传递方式。信息能够存储于接受者的电脑中，可在方便的时候阅读。电子邮件传递信息快速、便宜，而且可以同时向多人发送信息。对组织成员来说，它是一种快捷、便利的实现信息共享和沟通的渠道。

3. 博客和维客

博客和维客是管理者和员工使用的另外一种网络沟通媒介。博客是Web Log的缩写，它是一种网络杂志，通常是围绕某一特定话题展开。互联网的搜索引擎将数以亿计的博客编入了它的索引中。一些公司员工也会在网上发表与工作者有关的官方或半官方的博客。另一种相对而言较新的网络沟通媒介是维客，它允许任何人登陆，并可以增加、删除或用其他方式编辑其中的内容。作为一种沟通的媒介，维客便于员工进行合作以从事报告、工程和其他创造性的工作。

4. 音频邮件

它是系统对声音信息的数字化处理，使之能够通过网络传递，并储存在电脑中，以方便使用者在需要的时候使用。这种能力是声音信息可以在接收者不在场的情况下得到传递。接收者还可以把信息储存起来以便以后使用，也可以选择删除或转发。

5. 传真

传真机使包含文字和图表信息的文件得以通过普通的电话线传递。发送信息的传真机能够扫描有关资料，并把它们数字化。接收信息的传真机能够读取这些扫描发过来的信息，并把它们复制出来。传真打印出来的信息，能够方便迅速地在有关组织成员中穿越。

6. 电子数据交换

这是通过直接的计算机对计算机网络，使组织之间得以交换标准化的商务交易文件，许多组织常常使用电子数据交换方式与供应商和客户沟通，不仅节约了费用，更节约了时间。过去一对一的当面座谈，或者团队、部门或整个组织范围的会议，总是信息共享的一个常用方式。电话会议使得一群不在一起的参会人员通过电话和电子邮件通信软件在同一时间开会。

（二）基于信息技术的沟通特点

信息技术的广泛应用使得人们能够减少大量的工作时间和费用，不仅提高了工作效率，也给予更多的工作动力。但是凡事都是一把双刃剑，尤其是科技的日新月异，带来更多方便的同时还会隐含着些许不好的地方。信息技术有以下特点。

1. 传递形式多样

多种类的信息技术使得信息技术类行业琳琅满目，形式多种多样，给予了很多不一样的方便和乐趣。通过更多的方法进行信息传递和沟通，加快了世界和更多利益相关的人的联系步伐。

2. 传递速度快

现代意义上的快是时空上的速度，包括了每秒多少次的运转和流通，以及储存量的大小。

3. 传递的范围广

不仅跨越了地域限制和时间限制，还打破了空间上的限制，让世界各个地方的人能够在短时间内进行有效的沟通和联系。加快了世界一体化的进程。

但是也有其不好的地方，科技化的到来给予人类之间的交往机会减少。从以前的人对人的沟通方式向现在的人与机器的对话，所以人与人之间的亲切感顿时降低，不利于人与人之间情感的建立。同样是科技带来的问题，多少会产生安全问题，包括和法律有关的一些文件专利产品，都会给信息沟通造成一定的威胁。

【资料链接 12-4】　阿里巴巴的信息沟通平台

阿里巴巴集团致力为全球人创造便捷的网上交易渠道，提供多元化的互联网业务，包括B2B国际贸易、网上零售和支付平台及以数据为中心的云计算服务。阿里巴巴集团由马云于1999年创立，他希望将互联网发展成为普及使用、安全可靠的工具，现服务于来自超过240个国家和地区的互联网用户，在大中华地区、日本、韩国、英国及美国超过50个城市有员工17 000多人。企业员工之间的紧密协作，为客户提供最优质的服务，这些都离不开企业统一的沟通和协作平台。之前，阿里巴巴集团员工的业务通讯模式相对松散，不仅增加了集团IT部门运维工程师的管理、维护负担，而且也难以执行集团统一的信息安全规则。随着企业规模、经营业务及国际业务的飞速增长，阿里巴巴集团不断寻求各种新途径来降低成本，简化IT管理，为集团员工提供高度可靠的消息传递系统。为此，IT部门需要为整个集团提供一个可靠、稳定、安全、可用的平台支撑整个集团的信息沟通服务。在评估了Microsoft Exchange Server后，阿里巴巴集团IT部门逐步为整个集团超过7 000个邮件用户部署全新的信息传递与沟通平台。Microsoft Exchange Server使其IT环境更加自动化，更易维护和管理，并提供了极高的可用性和性能。同时，通过与业务系统、客户端工具和终端设备的集成，阿里巴巴集团员工可随时、随地通过多种方式访问业务信息，极大提高了沟通效率。

“现在,我可以使用Outlook客户端、Web浏览器,甚至手机随时随地处理业务信息,任何一种访问方式都是一致的界面,而且无缝切换,真是方便极了。同时,语音邮件以及语音邮件的文本预览功能也让我和客户之间交流无限畅通。”阿里巴巴的员工如是说。

资料来源:根据网络资料整理。

第三节　沟通技巧与艺术

一、有效沟通概述

(一) 有效沟通的定义

所谓有效沟通,是通过听、说、读、写等思维的载体,以演讲、会见、对话、讨论、信件等方式准确、恰当地表达出来,以促使对方接受。沟通的对方无法理解或者因为种种原因不肯接受,这种沟通就是无效的,也可以说是沟而不通。要进行有效地沟通要做到以下几点:

(1) 要取得谈话者的信任。只有这样谈话者才愿意真诚的讲述问题,否则只是一些表象的东西,根本就不能了解问题的本质。

(2) 明确谈话的主题。明确了主题才能保证谈话有意义,不会谈一些无关的事情。

(3) 以对方能够理解的方式讲述谈话的重点。

(4) 善于倾听。不仅要自己说还要学会倾听对方的意见,这样才能够知道对方是否理解谈话的内容以及他的看法。

(二) 有效沟通的基础

达成有效沟通须具备两个必要条件:首先,信息发送者清晰地表达信息的内涵,以便信息接收者能确切理解;其次,信息发送者重视信息接收者的反应并根据其反应及时修正信息的传递。为免除不必要的误解,两者缺一不可。

有效沟通能否成立,关键在于信息的有效性,信息的有效程度决定了沟通的有效程度。信息的有效程度又主要取决于以下两个方面:

(1) 信息的透明程度。当一则信息应该作为公共信息时就不应该导致信息的不对称性。信息必须是公开的。公开的信息并不意味着简单的信息传递,而要确保信息接收者能理解信息的内涵。如果以一种模棱两可、含糊不清的文字语言传递一种不清晰的、难以使人理解的信息,对于信息接收者而言没有任何意义;另一方面,信息接收者也有权获得与自身利益相关的信息内涵,否则有可能导致信息接收者对信息发送者的行为动机产生怀疑。

(2) 信息的反馈程度。有效沟通是一种动态的双向行为,而双向的沟通对信息发送者来说应得到充分的反馈。只有沟通的主、客体双方都充分表达了对某一问题的看法,才真正具备有效沟通的意义。

(三) 有效沟通的重要性

有效沟通,从其概念上来讲,是为了一个设定的目标,把信息、思想和情感在特定个人或群体间传递,并且达成共同协议的过程。沟通是自然科学和社会科学的混合物,是企业管理的有效工具。沟通还是一种技能,是一个人对本身知识能力、表达能力、行为能力的发挥。无论是企业管理者还是普通的职工,都是企业竞争力的核心要素,做好沟通工作,无疑是企业各项工作顺利进行的前提。有效沟通在企业管理中的重要性主要表现在以下几点。

1. 准确理解公司决策,提高工作效率,化解管理矛盾

公司决策需要一个有效的沟通过程才能施行,沟通的过程就是对决策理解传达的过程。决策表达的准确、清晰、简洁是进行有效沟通的前提,而对决策的正确理解是实施有效沟通的目的。在决策下达时,决策者要和执行者进行必要的沟通,以对决策达成共识,使执行者准确无误的按照决策执行,避免因对决策的曲解而造成的执行失误。

一个企业的群体成员之间进行交流,包括相互在物质上的帮助、支持和感情上的交流、沟通,信息的沟通是联系企业共同目的和企业中有协作的个人之间的桥梁。同样的信息由于接收人的不同会产生不同的效果,信息的过滤、保留、忽略或扭曲是由接收人主观因素决定的,是他所处的环境、位置、年龄、教育程度等相互作用的结果。由于对信息感知存在差异性,就需要进行有效的沟通来弥合这种差异性,以减小由于人的主观因素而造成的时间、金钱上的损失。准确的信息沟通无疑会提高我们的工作效率,使我们舍弃一些不必要的工作,以最简洁、最直接的方式取得理想的工作效果。为了使决策更贴近市场变化,企业内部的信息流程也要分散化,使组织内部的通信向下一直到最底的责任层,向上可到高级管理层,并横向流通于企业的各个部门、各个群体之间。在信息的流动过程中必然会产生各种矛盾和阻碍因素,只有在部门之间、职员之间进行有效的沟通才能化解这些矛盾,使工作顺利进行。

2. 从表象问题过渡到实质问题的手段

企业管理要求实效,只有从问题的实际出发,实事求是才能解决问题。而在沟通中获得的信息是最及时、最前沿、最实际、最能够反映当前工作情况的。在企业的经营管理中出现的各种各样的问题,如果单纯的从事物的表面现象来解决问题,不深入了解情况,接触问题本质,会给企业带来灾难性的损失。

个人与个人之间、个人与群体之间、群体与群体之间开展积极、公开的沟通,从多角度看待一个问题,那么在管理中就能统筹兼顾,未雨绸缪。在许多问题还未发生时,管理者就从表象上看到、听到、感觉到,经过研究分析,把一些不利于企业稳定的因素扼杀掉。企业是在不断解决经营中的问题中前进的,企业中问题的解决是通过企业中有效的沟通实现的。

3. 激励职工,形成健康、积极的企业文化

人具有自然属性和社会属性,在实际的社会生活中,在满足其生理需求时还要满足其精神需求。每个人都希望得到别人的尊重、社会的认可和自我价值的实现。一个优秀的管理者,就要通过有效的沟通影响甚至改变职员对工作的态度、对生活的态度。把那些视工作为负担,对工作三心二意的员工转变为对工作非常投入,工作中积极主动,表现出超群的自发性、创造性的员工。在有效沟通中,企业管理者要对职工按不同的情况划分为不同的群体,从而采取不同的沟通方式。如按年龄阶段划分为年轻职工和老职工,对年轻的、资历比较浅的职工采取鼓励认可的沟通方式,在一定情况下可让他们独立承担重要工作,并与他们经常在工作生活方面沟通,对其工作成绩认可鼓励,激发他们的创造性和工作热情,为企业贡献更大的力量。对于资历深的老职工,企业管理者应重视尊重他们,发挥他们的经验优势,与他们经常接触,相互交流,给予适当的培训,以调动其工作积极性。

【资料链接 12-5】 张磊的苦恼

张磊刚刚从名校管理学硕士毕业，出任某大型企业的制造部门经理。张磊一上任，就对制造部门进行改造。张磊发现生产现场的数据很难及时反馈上来，于是决定从生产报表上开始改造。借鉴跨国公司的生产报表，张磊设计了一份非常完美的生产报表，从报表中可以看出生产中的任何一个细节。

每天早上，所有的生产数据都会及时地放在张磊的桌子上，张磊很高兴，认为他拿到了生产的第一手数据。但没过几天，出现了一次大的品质事故，报表上根本没有反映出来，张磊这才知道，报表的数据都是随意填写上去的。张磊多次开会强调，要求认真填写报表的重要性，但开会成效不大。

张磊的苦恼是很多企业中经理人一个普遍的烦恼。现场的操作工人，很难理解张磊的目的，因为数据分析距离他们太遥远了。大多数工人只知道好好干活，拿工资养家糊口。不同的人，他们所站的角度不一样，单纯的强调，效果是不明显的。站在工人的角度去理解，虽然张磊不断强调认真填写生产报表的益处，但大多数工人认为这和他们没有多少关系。后来，张磊将生产报表与业绩奖金挂钩，并要求干部经常检查，工人们才知道其必要性。在沟通中，对待不同的人，要采取不同的模式，要用听得懂的"语言"与别人沟通！

（四）有效沟通对权力作用的影响

按巴纳德的看法，权力是正式组织的沟通特性，它的效力通过参与行为控制过程的组织成员的认可来体现。以上述对权力的定义，我们可以看出权威的确立主要取决于组织内的信息接收者而非信息发送者。权力不是管理层的所有物，权力的流动不是从上至下的而是从下至上的，要达到这一步除了上述有效信息的透明性和反馈以外，还进一步涉及信息的合理性。只有公正的、适度的有效信息才是合理的。

1. 信息的公正性

人具有多重特性，作为"经济人"，他要追求最大限度地满足。而在人类资源相对稀缺的前提下，人们对各自利益的追求必然产生一定的矛盾，解决矛盾的方法只能是公平、公正原则。公正的信息能让每一个人都能凭着自身的努力获得相对满足的利益。

2. 信息的适度性

适度的信息可以规范组织内个体的行为，更重要的是它能为组织内个体的能力发展和积极性、主动性、创造性的发挥留下广阔的空间。

此外，合理的信息应与组织目标相一致。或者说，与组织目标冲突的信息会令组织内个体左右为难；同时，在冲突目标下的个体的不同行为会发生矛盾，甚至可能相互破坏。

（五）有效沟通的障碍因素分析

内部有效沟通的最大障碍在于管理者高估了自己的管理权，而对权力空隙估计不足。管理者的观念和由此而及的思维方式还固守着旧的习惯。如果管理者仍偏重于以物为中心的管理思想，那么传统管理模式的某些特性必然体现出来，其核心是强调管理者的权力和威严。管理者在权力幻想之下，其所谓的沟通必然出现以下几方面的特征。

1. 以自我为中心，认知模式刚性

思维是沟通的基础，任何一个有目的的沟通皆始于自我。因此，自身的思维是影响有效沟通的重要因素。过于迷信自身思维方法的管理者既主观又武断，缺乏客观、公正、公平之心，既不能正视自我也不愿正视他人，更谈不上设身处地站在对方的角度考虑问题。

因此，如果管理者注重的仅仅是把信息传递出去，忽视了信息接收者的感受，同时对信息接收者是否理解这一信息也不置一顾，显然有效沟通不成立。

以自我为中心，过于迷信自身思维方法的管理者，其认知模式往往具有个性化特征，以静态的思维面对时代的发展和社会的进步，久而久之，管理者非但不了解别人，甚至都不了解自己，不了解自身与现实的差距有多大。另外，面对具有较强等级观念的权威性管理者，下属出于自身前途的利弊考虑，发送的信息可能更倾向于附和管理者的愿望以回避风险，管理者接收了此类信息后在一定程度上更强化了其认知模式的刚性。如此沟通只能陷入一种恶性循环。管理者更固守于传统的思维，被管理者更热衷于传递失实的信息，最终结局只能是组织内部人心涣散，更可悲的是管理者自身甚至还未意识到到底哪个环节出了问题。

2. 沟通呈现静态特征

如前所述，有效沟通是一种动态的双向行为，而双向的沟通应得到充分的反馈，只有沟通的主体、客体双方都充分表达了对某一问题的看法。才具备有效沟通的意义。因为在复杂的社会环境下，组织内部多样化程度越来越高，相互之间的依赖也越来越强，各种对目标、职责、利害关系等认识的分歧也越来越大，同时，也只有在增强主客体上下交流的过程中，才能引导人们从不同的角度看问题，消除一些不必要的误解和偏见。如此才能使组织成为一个相互依赖的合作整体，从而顺利达到组织追求的目标。而以自我为中心的权威型管理者发送信息时漠视信息接收者的反应，从而使沟通仅局限于从上到下的单向沟通。

3. 沟通缺乏真诚之心

真诚是理解他人的感情桥梁，而缺乏诚意的交流难免带有偏见和误解，从而导致交流的信息被扭曲。在管理关系比较简单的传统管理模式下，管理者和被管理者彼此缺乏相互的渗透，缺乏情感的互动效应。实际上，沟通中信息发送者的目的是否能达到，完全取决于信息接收者。因此管理者只有在转变观念，弱化自己的权力，把对方看成合作伙伴的前提下才能与被管理者进行心理沟通。

4. 沟通渠道相对闭塞

自由开放的多种沟通渠道是使有效沟通得以顺利进行的重要保证。从管理的角度考虑，沟通是一个长期积累和长期不懈努力的过程，因此，沟通不仅仅是管理中的技巧和方法，更是一种组织制度。在我国，开会可能是传递、发送信息的一个最常见的方式。一个具有实质内容的、安排妥当的会议将是同时完成意见沟通和管理目的的有效工具。但如果会议的召开只是为了满足权威型领导展示其权威的欲望，或者是没有实质意义的沟通，只会引起人们的反感，显然违背了有效沟通的本意。

（六）如何进行有效沟通

在团队里，要进行有效沟通，必须明确目标。对于团队领导来说，目标管理是进行有效沟通的一种解决办法。在目标管理中，团队领导和团队成员讨论目标、计划、对象、问题和解决方案。由于整个团队都着眼于达成目标，这就使沟通有了一个共同的基础，彼此能够更好地了解对方。即便团队领导不能接受下属成员的建议，他也能理解其观点，下属对上司的要求也会有进一步的了解，沟通的结果自然得以改善。如果绩效评估也采用类似办法的话，同样也能改善沟通。

在团队中身为领导者，善于利用各种机会进行沟通，甚至创造出更多的沟通途径，与成员充分交流等并不是一件难事，难的是创造一种让团队成员在需要时可以无话不谈的环境。

对于个体成员来说，要进行有效沟通，可以从以下几个方面着手：

一是必须知道说什么，就是要明确沟通的目的。如果目的不明确，就意味着你自己也不知道说什么，那不可能让别人明白，自然也就达不到沟通的目的。

二是必须知道什么时候说，就是要掌握好沟通的时间。在沟通对象正大汗淋漓地忙于工作时，你要求他与你商量下次聚会的事情，显然不合时宜。所以，要想很好地达到沟通效果，必须掌握好沟通的时间，把握好沟通的火候。

三是必须知道对谁说，就是要明确沟通的对象。虽然你说得很好，但你选错了对象，自然也达不到沟通的目的。

四是必须知道怎么说，就是要掌握沟通的方法。你知道应该向谁说、说什么，也知道该什么时候说，但你不知道怎么说，仍然难以达到沟通的效果。沟通是要用对方听得懂的语言——包括文字、语调及肢体语言，而你要学的就是透过对这些沟通语言的观察来有效地使用它们进行沟通。

以上 4 个问题，可以用来自我检测，看看你是否能进行有效的沟通。

【资料链接 12-6】　彼得·德鲁克关于有效沟通的四个法则

法则一：沟通是一种感知

禅宗曾提出过一个问题，“若林中树倒时无人听见，人会察觉到树倒下吗？”答曰：“没有。”树倒了，确实会产生声波，但是声波并没有被人耳接受到，对于人来说，他未能体察到他身边发生的这个树倒下的事实。沟通只在有接受者时才会发生。

与他人说话时必须依据对方的经验。如果一个经理人和一个半文盲员工交谈，他必须用对方熟悉的语言，否则结果可想而知。谈话时试图向对方解释自己常用的专门用语并无益处，因为这些用语已超出了他们的感知能力。接受者的认知取决于他的教育背景、过去的经历以及他的情绪。如果沟通者没有意识到这些问题的话，他的沟通将会是无效的。另外，晦涩的语句就意味着杂乱的思路，所以，需要修正的不是语句，而是语句背后想要表达的看法。

有效的沟通取决于接受者如何去理解。例如经理告诉他的助手：“请尽快处理这件事，好吗？”助手会根据老板的语气、表达方式和身体语言来判断，这究竟是命令还是请求。德鲁克说：“人无法只靠一句话来沟通，总是得靠整个人来沟通。”

所以，无论使用什么样的渠道，沟通的第一个问题必须是：这一讯息是否在接受者的接收范围之内？他能否收得到？他如何理解？

法则二：沟通是一种期望

对管理者来说，在进行沟通之前，了解接受者的期待是什么显得尤为重要。只有这样，我们才可以知道是否能利用他的期望来进行沟通，或者是否需要用“孤独感的震撼”与“唤醒”来突破接受者的期望，并迫使他领悟到意料之外的事已经发生。因为我们所察觉到的，都是我们期望察觉到的东西；我们的心智模式会使我们强烈抗拒任何不符合其“期望”的企图，出乎意料的事通常是不会被接收的。

一位经理安排一名主管去管理一个生产车间，但是这位主管认为，管理该车间这样混乱的部门是件费力不讨好的事。经理于是开始了解主管的期望，如果这位主管是一位积极进取的年轻人，经理就应该告诉他，管理生产车间更能锻炼和反映他的能力，今后还可能会得到进一步的提升；相反，如果这位主管只是得过且过，经理就应该告诉他，由于公司精简人员，他必须去车间，否则只有离开公司。

法则三：沟通产生要求

一个人一般不会做不必要的沟通。沟通永远都是一种"宣传"，都是为了达到某种目的，例如发号施令、指导、斥责或款待。沟通总是会产生要求，它总是要求接受者要成为某人、完成某事、相信某种理念，它也经常诉诸激励。换言之，如果沟通能够符合接受者的渴望、价值与目的的话，它就具有说服力，这时沟通会改变一个人的性格、价值、信仰与渴望。假如沟通违背了接受者的渴望、价值与动机时，可能一点也不会被接受，或者最坏的情况是受到抗拒。

宣传的危险在于无人相信，这使得每次沟通的动机都变得可疑。最后，沟通的讯息无法为人接受。全心宣传的结果，不是造就出狂热者，而是讥讽者，这时沟通起到了适得其反的效果。

一家公司员工因为工作压力大、待遇低而产生不满情绪，纷纷怠工或准备另谋高就，这时，公司管理层反而提出口号"今天工作不努力，明天努力找工作"，更加招致员工反感。

法则四：信息不是沟通

公司年度报表中的数字是信息，但在每年一度的股东大会上董事会主席的讲话则是沟通，当然这一沟通是建立在年度报表中的数字之上的。沟通以信息为基础，但和信息不是一回事。

信息与人无涉，不是人际间的关系。它越不涉及诸如情感、价值、期望与认知等人的成分，它就越有效力且越值得信赖。信息可以按逻辑关系排列，技术上也可以储存和复制。信息过多或不相关都会使沟通达不到预期效果，而沟通是在人与人之间进行的，信息是中性的，而沟通的背后都隐藏着目的。沟通由于沟通者和接受者认知和意图不同显得多姿多彩。

尽管信息对于沟通来说必不可少，但信息过多也会阻碍沟通。"越战"期间，美国国防部陷入到了铺天盖地的数据中。信息就像照明灯一样，当灯光过于刺眼时，人眼会瞎。信息过多也会让人无所适从。

资料来源：根据《世界商业评论》相关资料整理。

二、有效沟通的策略

高效的管理者必须是一个很好的沟通者，沟通是管理者的首要职责和基本技能。有效的管理沟通不仅能够促使组织成员对组织愿景达成共识，提升组织管理效能和成员工作效率，还能促使组织成员积极参与管理，从而激发全体成员的潜能和团队精神。为了达到有效管理沟通的目的，组织和管理者应从以下几个方面进行不断的完善和提高。

（一）建立全方位的沟通机制

要将管理沟通落实到执行层面，就必须通过内、外部沟通机制来协助实现。

1. 外部沟通机制的建立

外部沟通机制的建立，一是要通过公共关系手段，利用大众传媒、内部刊物等途径，与客户、政府职能部门、周边社区、金融机构等建立良好关系，争取社会各界的支持，创造好的发展氛围；二是要导入CIS组织形象识别系统，把组织理念系统、行为系统、视觉系统进行有效整合，进行科学合理的传播，树立良好的组织形象，提高组织的知名度、美誉度、资信度，为组织的持续发展提供良好的环境。

2. 内部沟通机制的建立

建立全方位的沟通机制应从健全沟通机制、完善沟通制度入手。首先在组织内部设立管理沟通的专门机构，负责整个组织所有内部沟通行为和内部沟通体系的设计与改进，使组织内部沟通步入制度化、规范化的轨道。然后，要建立管理沟通的监督评估体系，可以以建立意见箱、意见热线等作为收集意见的有效渠道，对内部沟通中存在的问题进行改善。此外，不定期地在非正式或正式场合听取员工对内部沟通机制的反馈，以员工满意度调查为依据进行沟通满意度调查也是不断完善管理沟通机制、评估沟通效果的有效手段。

（二）提高管理者和员工的沟通技能

1. 提高管理者的沟通技能

随着组织竞争力的逐步增强，其管理难度也在不断增加，这对于管理者来说是一项艰巨的挑战。提高自身的沟通技能，关键是组织的高层必须首先转变过去的思维模式、行为模式，不能让所有的员工都围着自己的想法转。管理者必须根据组织总体战略目标的要求担负起责任，各司其职，明确自己的沟通责任，同时灵活运用各种沟通技巧处理组织内部及外部的各种沟通事务。

2. 培养员工的沟通能力

强化内部培训是培养员工沟通能力的主要途径。强化培训是为了在组织的内部构建一种统一的沟通风格和行为模式，减少因沟通形式不一而造成的摩擦。对员工的培训内容，一是专业知识类，其目的是使员工在某一技术领域更专业、更深入，二是针对员工某一事业发展阶段而设计的课程，如高级经理课程、高层管理人员发展课程等。通过这些培训，一方面让未来的管理人员学习必要的管理技能、业务技能、沟通技能等；另一方面也统一了大家的意识和管理理念，为组织内部的有效沟通与执行奠定了良好的基础。

（三）正确对待正式沟通和非正式沟通

组织内部的沟通方式不外乎两种，即正式沟通和非正式沟通。两种沟通方式各有利弊，相互补充，对有效的管理沟通都发挥着不可替代的重要作用。

1. 规范正式沟通

正式沟通的渠道和方式有多种，什么情况下使用何种方式沟通，通过何种渠道沟通，都必须有明确的规定和管理手段。组织中原有的粗放式的沟通管理模式，使正式沟通缺乏管理、随意性大，很多正式的沟通未能起到应有的作用，故必须整顿和规范。

2. 引导非正式沟通

在实际工作中员工往往会通过非正式渠道获取和反馈大量信息，如果能够对组织内部的非正式沟通渠道加以合理利用和引导，就可以帮助管理者获取许多无法从正式渠道得到的信息。对非正式沟通进行引导，包含以下两层含义：

第一，控制非正式沟通的消极作用。非正式沟通往往是由于组织内部缺乏有效的正式沟通才产生的，非正式沟通的不规范性和不严肃性将导致信息在传递过程中容易失真。

第二，充分发挥非正式沟通的积极作用。非正式沟通有利有弊，自发存在于组织内部。既然不能消除，管理者就必须正视它的存在，要因势利导，充分发挥它形式灵活、渠道广泛、及时快速、参与面广的优点，使其成为正式沟通渠道的有益补充。

（四）营造良好的组织氛围

营造和谐的组织氛围是有效管理沟通的基础。组织内部良好人际关系的建立来源于和谐的气氛和密切的沟通。管理者应该重视人际关系，掌握如何与上级、下级、同级、供应商和顾客等进行有效的沟通，以密切上下级和同事间的良好互动关系，拓展扎实的人际网络。管理者尤其要善于与员工沟通，形成良好、和谐的气氛。只有这样，组织才能团结一致，形成有凝聚力的团队。

1. 传播深入人心的组织愿景

组织愿景像一条无形的纽带把组织上下全体员工凝聚起来。传统意义上的组织愿景仅被高层领导掌握，普通员工即使知道愿景是什么，也不了解它的真正含义。这种意义上的愿景形同虚设，并不能发挥它应有的作用。愿景应该广泛分布于组织各个层级，尤其是普通员工中。通过培训，使广大员工不仅熟知组织愿景是什么，而且能深刻领会到其内在的深层含义。

2. 鼓励创新

有效的沟通、良好的管理、充足的资源、把创新作为组织的使命，这些都是创新应具备的要素。“创新是一个民族进步的灵魂”，一个组织要实现成功的创新，需要准确的外部信息、顺畅的内部沟通渠道、充足的资金、优秀员工的支持，才能实现有价值的创新。

3. 建立学习型组织

一个真正的学习型组织需要长期、不间断、与时俱进的学习。具体来说，人员培训的内容、方式须以社会和市场为导向，员工和顾客都能够广泛地参与决策的制定，及时分享组织的信息。

（五）鼓励内部沟通的组织文化

组织文化的熏陶会使员工个体的个性受到某些同化和改造，其目的也是为了更轻松、容易地实现管理沟通。

1. 培育民主开放的观念

要使组织内部的沟通畅通无阻，培育民主开放的观念必不可少。组织可以通过开拓多样化的沟通渠道改善内部沟通，但不能仅仅满足于形式，要在组织内部真正建立起尊重、平等、透明的沟通文化。同时，各级管理人员和员工都应把沟通视为管理工作的一部分。应在“员工升迁、工资调整、住房和奖金分配”等大家密切关注的敏感问题上，公开政策法规，公开办事程序，公开结果，做到全过程公开透明，保证员工的知情权，并接受员工的监督，从而形成民主、开放的良好氛围。

2. 开展丰富的组织文化活动

为了让员工进一步融入组织，应该开展丰富多彩的组织文化活动，创造更多的沟通机会，让员工在活动中与上级沟通、与同级沟通，这对有效管理沟通的实现有很大的促进作用。如在新员工进入组织之初，指定一些对组织文化有深刻体验的积极向上的优秀员工成为他们的领路人，帮助新员工更快地融入这个集体。此外，还可以通过员工竞赛、联谊会、专项文化培训等方式实现沟通。

（六）利用信息技术拓宽沟通渠道

信息技术的革命已经部分地改变了人们的沟通方式，其积极作用表现为快速便利，降低了沟通费用，提高了工作效率，降低了劳动强度，增加了员工的自由度，减少了污染和拥挤等。管理者要充分利用组织的信息化设备等资源拓宽内部和外部的沟通渠道。如通过建立公司网站，对外传播组织信息，主动与外部进行沟通，同时可以在网站上建立内部论坛，开设内部电子邮件服务等，使员工可以通过这样一个平台充分发表个人意见，从而有效促进组织内部的管理沟通。

（七）适时开展危机沟通

成立公关部门，与外界保持良好沟通并适时应对危机突发事件，企业领导人要有强烈的公关意识，把公众和顾客的利益放在第一，为公众和顾客着想是所有对策的出发点。平时与社会各界建立良好的关系，在危机面前不要犹豫，决策要果断，同时要善于从危机中寻找机会。

三、人际风格与沟通技巧

面对各类型人际风格的人，根据其特征，选择一定的沟通技巧。首先你要知道不同种类的人的特征，分辨出他是什么样的人，然后以与之相类似的方法进行沟通。当我们辨别出这些人的类型后，怎么样去了解他的特征和需求？采用什么样的方法沟通效果会更好？下面我们就介绍各类型的人的特征。

（一）分析型人的特征和与其沟通技巧

1. 特征

① 严肃认真；② 语调单一；③ 动作慢；④ 合乎逻辑；⑤ 准确语言，注意细节；⑥ 真实的；⑦ 有计划、有步骤；⑧ 寡言的、缄默的；⑨ 使用挂图；⑩ 面部表情少；⑪ 喜欢有较大的个人空间；⑫ 有条不紊。

2. 与其沟通技巧

我们遇到分析型的人，在和他沟通的时候要注意以下方面：

① 注重细节；② 遵守时间；③ 尽快切入主题；④ 要一边说一边拿纸和笔在记录，认真且一丝不苟；⑤ 不要有太多和他眼神的交流，更避免有太多身体接触，我们的身体不要太多的前倾，应该略微的后仰，因为分析型的人强调安全，尊重他的个人空间；⑥ 同分析型的人在说话的过程中，一定要用很多的准确的专业术语，这是他需求的；⑦ 分析型的人在说话过程中，要多列举一些具体的数据，多做计划，使用图表。

（二）支配型人的特征和与其沟通技巧

1. 特征

① 果断；② 有作为；③ 指挥人；④ 强调效率；⑤ 独立；⑥ 有目光接触；⑦ 有能力；⑧ 说话快且有说服力；⑨ 热情；⑩ 语言直接，有目的性；⑪ 面部表情比较少；⑫ 情感不外露；⑬ 擅长计划；⑭ 为人审慎。

2. 与其沟通技巧

我们遇到支配型的人，在和他沟通的时候要注意以下方面：

① 我们给他的回答一定要非常的准确；② 我们和他沟通的时候，可以问一些封闭式的问题，他会觉得效率会非常高；③ 对于支配型的人，要讲究实际情况，有具体的依据和大量创新的思想；④ 支配型的人非常强调效率，要在最短的时间里给他一个非常准确的答案，而不是一种模棱两可的结果；⑤ 同支配型的人沟通的时候，一定要非常的直接，不要有太多的寒暄，直接说出你的来历，或者直接告诉他你的目的，要节约时间；⑥ 说话的时候声音要洪亮，充满了信心，语速一定要比较快，如果我们在这个支配型的人面前声音很小缺乏信心，他就会产生很大的怀疑；⑦ 在支配型的人沟通时，一定要有计划，并且最终要落到一个结果

上，他看重的是结果；⑧ 在和支配型人的谈话中不要流露太多感情，要直奔结果，从结果的方向说，而不要从感情的方向去说；⑨ 我们在和他沟通的过程中，要有强烈的目光接触，目光的接触是一种信心的表现；⑩ 同支配型的人沟通的时候，身体一定要略微前倾。

（三）表达型人的特征和与其沟通技巧

1. 特征

① 外向；② 合群；③ 直率友好；④ 活泼；⑤ 热情；⑥ 快速的动作和手势；⑦ 不注重细节；⑧ 生动活泼、抑扬顿挫的语调；⑨ 善于使用令人信服、有说服力的语言；⑩ 幽默；⑪ 陈列有说服力的物品。

2. 与其沟通技巧

我们遇到表达型的人，在和他沟通的时候要注意以下方面：

① 在和表达型的人沟通的时候，我们的表达思路一定要清晰。② 要有一些动作和手势，如果我们很死板，没有动作，那么表达型的人的热情很快就消失掉，所以我们要配合着他，当他出现动作的过程中，我们的眼神一定要看着他的动作，否则，他会感到非常的失望。他经常说你看这个方案怎么样，你一定要看着他的手假设这里就有方案。在沟通中我们也要学会伸出手，“你看，我这个方案怎么样?”他会很好奇地看着我们的手，仿佛手里就有一个完整的解决方案。③ 表达型的人特点是只见森林，不见树木。所以在与表达型的人沟通的过程中，我们要多从宏观的角度去说一说：“你看这件事总体上怎么样”、“最后怎么样”。④ 说话要非常直接。⑤ 表达型的人不注重细节，甚至有可能说完就忘了。所以达成协议以后，最好与之进行一个书面的确认，这样可以提醒他。

（四）和蔼型人的特征和与其沟通技巧

1. 特征

① 合作精神强；② 面部表情和蔼可亲 ，态度友好；③ 交谈过程中偏好使用频繁的目光接触；④ 不会当面驳斥你，会表现赞同的态度；⑤ 说话慢条斯理；⑥ 耐心；⑦ 声音轻柔，语调抑扬顿挫；⑧ 谈话氛围轻松，没有压迫感；⑨ 会使用鼓励性的语言；⑩ 办公室里有家人照片。

2. 与其沟通技巧

我们遇到和蔼型的人，在和他沟通的时候，我们要注意以下方面：

① 和蔼型的人看重的是双方良好的关系，相对而言会看轻结果。这一点告诉我们在和他沟通的时候，首先要建立好关系。② 和蔼型的人有一个特征就是在办公室里经常摆放家人的照片，当你看到这个照片的时候，要对和蔼型人的办公室照片及时加以赞赏，千万不要视而不见。③ 同和蔼型的人沟通过程中，要时刻充满微笑。如果我们突然不笑了，和蔼的人就会想：他为什么不笑了？是不是我哪句话说错了？会不会是我得罪他了？是不是以后他就不来找我了？等等，他会想很多。所以你在沟通的过程中，一定要注意始终保持微笑的姿态。④ 说话要比较慢，要注意抑扬顿挫，不要给他压力，要鼓励他，去征求他的意见。所以，遇着和蔼型的人要多提问：“您有什么意见，您有什么看法”。问后你会发现，他能说出很多非常好的意见，如果我们不问的话，他基本上不会主动去说。所以，你看他微笑地点头就要问。⑤ 遇到和蔼型的人一定要时常注意同他要有频繁的目光接触，每次接触的时间不长，但是频率要高，3～5 分钟，他就会目光接触一次，接触以后调离开，过一会儿再去接触一下，但是不要盯着他不放，要接触一下回避一下，沟通效果会非常的好。

课堂讨论

田丰之死

三国时袁绍有一个非常杰出的谋士叫田丰。对于田丰这个人，历史上给他的评价就是四个字——“刚而犯上”。袁绍出兵要跟曹操对仗，田丰进谏说：“你要打，但你不要冒进。你在战场上，把时间拖得长一点，战争的时间拖长一点，我们才有赢的把握。”他共进谏两次。袁绍不高兴，不听他的，也不爱听他说话。后来田丰跪在袁绍跟前磕头，对袁绍说：“你要不听我的话，出师不利。”袁绍这个人心胸很狭窄，说：“我在大军要行动之前，已经下命令要动了，你说我出师不利，给我关起来”，就把田丰关了起来。结果袁绍打了败仗，消息传回，看监狱的人就和田丰说：“田先生，我告诉您一个好消息，这个大将军失败了，和曹操打输了，正往回跑呢，您马上就能出来了，您说对了呀。”田丰说：“如果他打胜仗我还能活，他打了败仗就羞于见我，他一定会把我杀了，我命休矣。”

讨论：请根据所学内容判断袁绍是何种类型的领导？田丰在沟通时犯何禁忌？

本章小结

1. 沟通是指在工作和生活中，人与人或人与组织之间借助一定的手段进行信息传递和交流的过程。沟通能促进信息流动、改善人际关系，具有即时性、双向性、选择性、社会性等特点。

2. 管理沟通是指一定组织中的人(包括管理者和被管理者)为达成组织目标而进行的组织内部或者组织外部的信息发送、接受与反馈的交流全过程。

3. 美国心理学家莱维特以5人小组为研究对象，通过实验，提出了链式沟通、轮式沟通、圆周式沟通、全通道式沟通和“Y”式沟通等5种不同的沟通模式。

4. 沟通方式按照沟通的介体的不同可分为口头沟通、书面沟通、非语言沟通、电子媒介沟通；按信息传递的方向不同可分为上行沟通、平行沟通、下行沟通；按沟通形式不同可分为正式沟通和非正式沟通；按沟通的反馈情况不同可分为单向沟通、双向沟通。

5. 有效的沟通是通过听、说、读、写等思维的载体，以演讲、会见、对话、讨论、信件等方式准确、恰当地表达出来，以促使对方接受。

6. 组织和管理者应从以下几个方面进行不断的完善和提高：建立全方位的沟通机制，提高管理者和员工的沟通技能，规范正式沟通并引导非正式沟通，营造良好的组织氛围，鼓励内部沟通的组织文化，利用信息技术拓宽沟通渠道，适时开展危机沟通。

◆思考题

1. 简述沟通的概念和作用。
2. 简述沟通的过程。
3. 有效沟通的障碍有哪些？
4. 简述沟通中信息的传递过程。
5. 有人认为“非正式组织的沟通往往会造成不良影响的小道消息，因此应该尽量杜绝”，对这种看法你是否同意？请说明理由。
6. 一般人都可以分为“读者”或者“听众”两种类型，有研究表明，对一个“读者”类型的人不停地说，那是徒费口舌，因为他只能在“读”后才可能“听”得进去。同样的，对于一个“听众”类型的人提交一份厚厚的报告书，实在是白费笔墨，因为他只有在“听”过之后才能抓住要点。请论述沟通方式选择的重要性。

7. “在你开口前你已经把什么都说了”？请问这是一种沟通吗？如果是，请问是哪种方式的沟通？如果不是，请说明理由。

8. 英国大作家萧伯纳曾经说过：“你有一个苹果，我有一个苹果，彼此交换后，各人手里仍然还是一个苹果；你有一种思想，我有一种思想，彼此交流思想，那么我们每人便有了两种思想。”这句话给予你的启示是什么？

关系生死的沟通

1990 年 1 月 25 日晚 7 点 40 分，阿维安卡 502 航班飞行在南新泽西州上空，机上的油料能维持两个小时航程，在正常的情况下，到达纽约肯尼迪机场需要不到半小时的时间。晚上 8 点整，肯尼迪机场交通管理员通知航班飞行员：由于严重的交通问题，要他们在机场上空盘旋待命。

晚上 8 点 45 分，航班的机组人员向机场报告他们的燃油快用完了，管理员收到了这一信息，但在 9 点 24 分之前飞机没有被批准降落。此前航行机组人员没有再向机场发送任何危急情况，但机上的工作人员都相互紧张地通知说他们的燃料供应出现了危机。

晚上 9 点 24 分航班第一次试降失败。当机场方面指示航班第二次试降时，机组人员再次提到他们的燃料快要用尽，但飞行员却告诉管理员新分配的飞行跑道可行。晚上 9 点 32 分飞机的两个引擎失灵，1 分钟后另外两个也停了，耗尽燃料的飞机于晚上 9 点 34 分坠落于长岛，机上 73 人全部遇难。

调查人员发现，导致这场事故的原因是沟通的障碍。常说的一句话是，当飞机被延误时，管理者认为每架飞机都存在燃料问题，但是如果飞行员发出燃料紧急的呼声，管理员有义务先为他导航并尽可能安排其迅速着陆。管理员表示说：“如果飞行员表示情况非常危急，那么所有的规则程序都可以不顾，会尽可能以最快的速度安排其降落。”遗憾的是航班人员从未说过情况危急，所以机场的管理员也一直未能理解他们所面对的危险。

其次，航班飞行员的语调也从未向管理员传递出有任何危险的信息。许多航空管理员都是经过专门训练的，可以在这种情况下捕捉到飞行员语调的细微变化。尽管航班的燃料问题存在着极大的危险，但是机组人员在向机场方传达信息的时候，语调却是极其冷静和职业化的，听不出有丝毫的危险。

再次，就是飞行员的文化和传统以及机场的职权使得飞行员不愿意申明紧急情况。正式的紧急报告之后，飞行员需要写出大量的书面汇报。另外，如果发现飞行员在计算飞行需要用油方面疏忽大意，联邦飞行和管理局可能会吊销其飞行驾照。这种消极因素极大地影响了飞行员发出紧急呼救的动机，所以说飞行员在最后关头出于荣誉和技术以及前途发展的考虑而没有明确地申明自己处于危险之中。

这场悲剧是沟通失败的经典案例。它告诉我们一些潜在的障碍对于有效沟通确实有巨大的影响，并且有时这种障碍的危险超出我们的想象。障碍往往是由一些更深层的原因引起的，为了确保有效沟通我们必须未雨绸缪，事先考虑到这些障碍并采取针对性的措施，以避免沟通悲剧的发生。

资料来源：根据网络资源整理而成。

思考：

1. 从沟通要素组成的角度分析案例中悲剧酿成的原因。
2. 针对案例分析如何消除沟通障碍和进行有效沟通。

第十三章　控　　制

掌握控制类型和控制的基本过程;掌握有效控制系统的特征;熟悉企业常用的控制方法。

海尔的经营之道

海尔集团的前身是濒临倒闭的青岛电冰箱总厂,1984年引进德国利勃海尔电冰箱生产线后,改组成立海尔集团公司。海尔基于这种背景,制定了新的营销方案。海尔在全国各地设立店中店和专卖店等销售网点为主的销售渠道,为了加强对各个网点的控制,海尔在各个主要城市设立了营销中心。营销中心负责网点的设立、管理、评价和人员培训工作。海尔集团营销中心通过一系列的专卖店工作队进行指导,从而为各地专卖店在当地扩大网络和销量发挥了极大的作用。为了提高专卖店经销海尔产品的积极性,集团营销中心还特意制定了海尔专卖店激励政策。在指导专卖店工作方面,集团营销中心每月编辑《海尔专卖店月刊》,内容涉及对专卖店的讲评,前期专卖店工作的总结,最重要的是介绍专卖店的先进经验,在全国推广海尔集团;还采取各种措施鼓励所有的专卖店利用自身便利条件向下属的乡镇和农村开拓新的营销网点。为了加强对专卖店的监督和管理,海尔集团每年对专卖店进行一次动态调整,不符合要求的将被取消专卖店资格,这实际上是海尔集团对专卖店这一渠道的定期评价和调整。

讨论:评价海尔集团对专卖店的管理方式有哪些优缺点。

控制是管理工作的最重要职能之一。它是保障企业计划与实际作业动态相适应的管理职能,一个有效的控制系统可以保证组织的各项活动朝着组织目标所指引的方向前进。如何进行科学控制?我们将从控制的内涵、基本原理、控制的类型与要求、控制过程与方法等方面展开讨论。

第一节 控制概述

一、控制的内涵

（一）控制的含义

控制是管理人员为了保证组织目标的实现，根据组织的计划和事先规定的标准，对下属工作人员的实际工作进行测量、衡量和评价，并根据偏差来调整行动或调整计划，使计划和实际相吻合的过程。理解控制的含义，需要掌握以下要点：

1. 控制是组织的一项重要管理活动

组织的管理活动主要是由计划、组织、领导和控制等职能构成，控制是对组织活动进行监控，确保其计划完成的一项必不可少的重要活动。

2. 控制是一个检验计划执行成效和计划正确性的过程

由于管理环境和条件的不断变化，管理活动可能会偏离计划目标，出现各种偏差。对管理者来说，不仅要执行计划，还要对计划执行过程进行监控，以便及时发现问题、分析原因并采取有效措施加以解决。所以说，控制是一个检验计划执行成效的过程；同时，通过对前者的检验，控制也成为检验计划正确性和合理性的过程。

3. 控制要遵循一套科学的程序

控制活动包含 3 个基本步骤，即拟定标准、衡量成效、纠正偏差。没有标准就无法衡量工作成效，无法衡量工作成效也就无法制定纠正偏差的措施，控制也就流于形式而失去意义。因此，控制要遵循一套科学的程序。

4. 控制要具有明确的目标

简而言之，控制的目的是要保证组织目标的实现。具体来说，控制的目标是：防止偏差的产生和扩大，增强组织适应环境的能力，处理组织内部的复杂局面，降低成本，节约资源。

（二）控制的特点

控制职能具有以下特点：

1. 人本性

管理控制的人本性体现在管理控制的执行者的自然属性，而且其行为对象主要也是对人的行为的控制，因此管理控制不能忽视其中人性方面的因素。控制不仅仅是监督，更重要的是指导和帮助，管理控制应该成为提高员工工作能力、工作积极性的工具和重要手段。

2. 目的性

控制的目的性体现在它不是管理者主观任意的行为，而是既定的、明确的目的，没有目的的控制是不存在的，目的不明确的控制也不会取得好的效用。

3. 整体性

管理控制的整体性主要体现在两个方面。一是从控制的主题来看，管理控制是组织全体成员的共同职责和共同任务。二是从控制的对象来看，管理控制覆盖组织的各个方面。管理控制中还需要把整个组织的活动作为一个整体来看，使各方面的控制能协调一致，达到整体的优化。

4. 动态性

管理控制的动态性体现在控制标准和控制方法应随着组织所处的环境的变化相应地调整、变化。管理控制是在有机的社会组织中进行的,组织的外部环境和内部结构都在不断地变化着,为提高管理控制的适应性、有效性与灵活性,管理控制的标准和方法应具有动态的特征。

(三)控制的必要性

无论计划制订得如何周密,由于各种各样的原因,人们在执行计划的活动中总是会或多或少地出现与计划不一致的现象。只有通过控制,既可检验各项工作是否按预定计划进行,又可调整行动或计划,使两者协调一致,才能达到组织的预期目标。管理控制的必要性主要是由以下几个方面决定的:

1. 环境的变化

如果组织面对的是一个完全静态的市场,其中各个影响组织的因素永远不发生变化,那么组织人员便可以年复一年、日复一日地以相同的方式组织活动。那么也就无需进行控制。但是,任何组织的目标和计划都是在特定的时间和特点的环境下制订的。组织内外的相关因素都有可能发生变化。这些变化必然要求企业对原先制订的计划和目标进行及时、有效的调整和修正,以达到组织的预期目标。

2. 工作能力的差异

即使企业组织制订了全面、完善的计划,经营环境在一定时期内也相对稳定,但是对经营活动的控制也依然必不可少。一方面组织成员是在不同的时空进行工作的,他们的认知能力不同,对计划要求的理解可能发生差异:另一方面即使每个员工都能完全正确地理解计划的要求,但由于工作能力的差异,他们的实际工作结果也可能在质和量上与计划要求不符。工作人员由于个人能力的限制以及个人动机、性格的差异性,不可避免地会在执行工作过程中犯各种各样的错误,出现这样或那样的偏差。而控制是发现错误、纠正偏差的有效手段。通过使工作者明确问题之所在,从而采取有效措施纠正偏差。

3. 管理权力的分散

只要企业经营达到一定规模,企业主管就不可能直接地、面对面地组织和指挥全体员工的活动,时间与精力的限制,要求他委托一些助手代理部分管理事务。由于同样的原因,这些助手也会再委托其他人帮助自己工作。这便是企业管理层次形成的原因。为了使助手们有效地完成受托的部分管理事务,高一级的主管必然要授予他们相应的权限。因此,任何企业的管理权限都制度化或非制度化地分散在各个管理部门和层次。企业分权程度越高,控制就越有必要。控制系统可以提供被授予了权力的助手的工作绩效的信息和反馈,以保证授予他们的权力得到正确的利用,促使这些权力组织的业务活动符合计划与企业目的的要求。如果没有控制,没有为此而建立的相应的控制系统,管理人员就不能检查下级的工作情况,即使出现权力不负责任的滥用或活动不符合计划要求等其他情况,管理人员也无法发现,更无法采取及时的纠正行动。

二、有效控制

控制的目的是保证企业活动符合计划的要求,以有效地实现预定目标。为此,有效的控制应具有下述特征:

（一）客观控制

控制工作应该针对企业的实际状况，采取必要的纠偏措施，或促进企业活动沿着原先的轨道继续前进。因此，有效的控制必须是客观的、符合企业实际的。客观的控制源于对企业经营活动状况及其变化的了解和评价。为此，控制过程中采用的检查、测量的技术和手段必须能正确地反映企业经营时空上的变化程度和分布状况，准确地判断和评价企业各部门、各环节的工作与计划要求的相符或相背离程度，这种判断和评价的正确程度还取决于衡量工作成效的标准是否客观和恰当。为此，企业还必须定期检查过去规定的标准和计算规范，使之符合现时的要求。

（二）适度控制

适度控制是指控制的范围、程度和频度要恰到好处。

1. 防止控制过多或控制不足

控制常给被控制者带来某种不愉快，但是如果缺乏控制则可能导致组织活动的混乱。控制程度适当与否，要受到很多因素的影响。判断控制程度或频度是否适当的标准，通常要随活动性质、管理层次以及下属受培训程度等因素而变化。有效的控制应该既能满足对组织活动监督和检查的需要，又要防止与组织成员发生强烈的冲突。

2. 处理好全面控制与重点控制的关系

任何组织都不可能对每一个部门、每一个环节的每一个人在每一个时刻的工作情况进行全面的控制。适度的控制要求企业在建立控制系统时，利用 ABC 分析法和例外原则等工具，找出影响企业经营成果的关键环节和关键因素，并据此在相关环节上设立预警系统或控制点，进行重点控制。

3. 使花费一定费用的控制得到足够的控制收益

任何控制都需要一定费用。衡量工作成绩，分析偏差产生的原因，以及为了纠正偏差而采取的措施，都需支付一定的费用；同时，任何控制由于纠正了组织活动中存在的偏差，都会带来一定的收益。一项控制，只有当它带来的收益超出其所需成本时，才是值得的。控制费用与收益的比较分析，实际上是从经济角度去分析前文考察过的控制程度与控制范围的问题。图 13.1 说明了控制费用与收益是如何随控制程度而变化的。

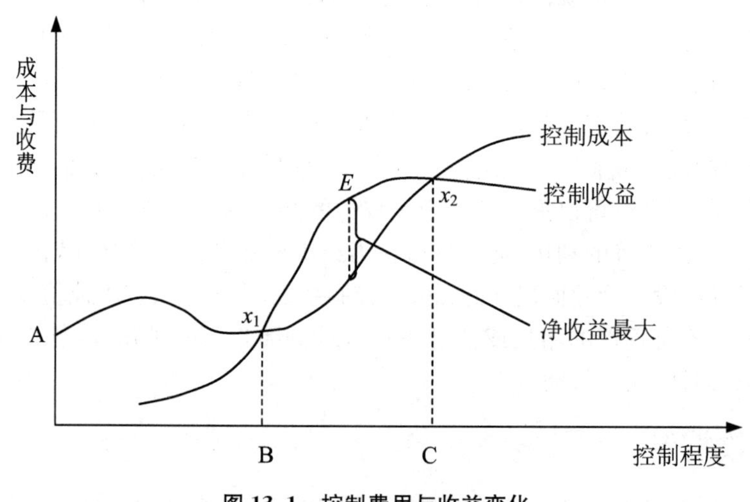

图 13.1　控制费用与收益变化

从图中可以看出，控制费用基本上随着控制程度的提高而增加，控制收益的变化则比较复杂。从理论上来说，控制程度在与 x_1 和 x_2 相对应的 B、C 两点之间为适度控制；低于 B 点，为控制不足；高于 C 点，为控制过剩。虽然在实践中企业很难确定各种控制的费用与收益之比，但这种分析告诉我们，过多的控制并不总能带来较高的收益，企业应根据活动的规模特点和复杂程度来确定控制的范围和频度，建立有效的控制系统。

（三）适时控制

企业经营活动中产生的偏差只有及时采取措施加以纠正，才能避免偏差的扩大，或防止偏差对企业不利影响的扩散。及时纠偏，要求管理人员及时掌握能够反映偏差产生及其严重程度的信息。纠正偏差的最理想方法应该是在偏差未产生以前，就注意到偏差产生的可能性，从而预先采取必要的防范措施，防止偏差的产生；如果等到偏差已经非常明晰，且对企业造成了不可挽回的影响后，反映偏差的信息才姗姗来迟。那么，即使这种信息是非常系统、绝对客观、完全正确的，也不可能对纠正偏差带来任何指导作用。

（四）弹性控制

弹性控制通常与控制的标准有关。有效的预算控制应能反映经营规模的变化，应该考虑到未来的企业经营可能呈现出不同的水平，从而为经营规模的不同参数值规定不同的经营额度，使预算在一定范围内是可以变化的。这样控制就会根据不同的标准而具备了弹性。

弹性控制有时也与控制系统的设计有关。通常组织的目标并不是单一的，而是多重目标的结合，采取多重标准可以防止工作中出现做表面文章的现象，同时也能够更加准确地衡量实际工作和反映组织目标。

三、控制与计划、领导和组织等职能间的关系

控制工作存在于管理活动的全过程中，与其他管理职能紧密地结合在一起，它不仅可以维持其他职能的正常活动，而且在必要时，还可以通过采取纠正偏差的行动来改变其他管理职能的活动，使管理过程形成了一个相对封闭的闭路系统，如图 13.2 所示。

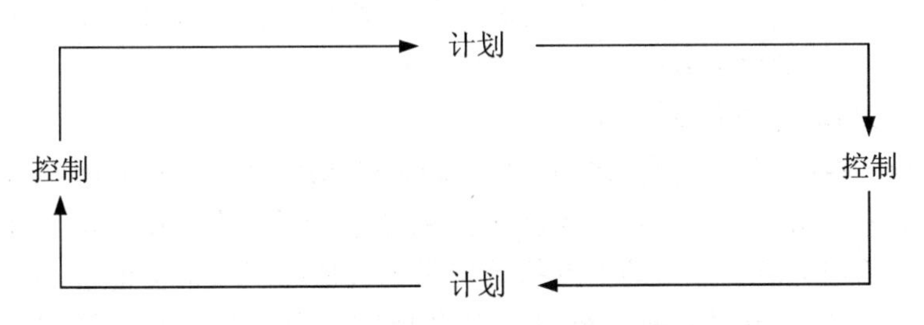

图 13.2　计划和控制形成的闭环系统

（一）控制与计划的关系

控制是对管理系统的计划实施过程进行监测，将监测结果与计划目标相比较，找出偏差，分析其产生的原因，并加以处理。由此可见，控制和计划息息相关，要准确理解控制的含义，必须把它放在与计划工作的联系中加以说明。如果说管理的计划工作是谋求一致、完整而又彼此衔接的计划方案，那么管理控制工作则是使一切管理活动都按计划进行。

计划和控制是一个问题的两个方面。计划产生控制的标准，是控制的前提，而控制是计划目标能够实现的保证。一旦计划付诸实施，控制工作就必须跟随、穿插其中，衡量计划的执行进度，揭示计划执行中的偏差以及指明纠正措施，以保证对工作发展态势的控制。计划

越明确、全面和完整,控制的效果也就越好;反之,控制越是完善,管理者实现组织计划的目标就越容易。两者的关系具体表现在:

(1) 计划给控制提供衡量的标准。没有计划,控制也就成了无源之水、无本之木。

(2) 控制是计划得以实现的必要保证,离开了必要的控制,计划将流于形式。

(3) 计划和控制的效果分别依赖于对方。计划越明确、详细和全面,控制工作就越容易进行,效果也就越好;而控制越准确、合理和有效,就越能保证计划的实现,并能提供更多的反馈信息,从而提高计划的质量。

在一般情况下,控制工作既是一个管理过程的终结,又是一个新的管理过程的开始。控制工作不仅限于衡量计划执行中出现的偏差,更在于通过采取纠偏措施,把那些不符合计划要求的管理活动引回到正常的轨道上来,使组织系统稳步地实现预定目标。纠偏措施有可能很简单,但更多的情况下,纠偏措施可能涉及需要重新拟定目标、修订计划、改变组织结构、调整人员配备,并对指导或领导方式做出重大的改变等。这实际上又是一个新的管理过程的开始。从这个意义上说,控制工作不仅是实现计划的保证,还可以积极地影响计划工作。

课堂讨论

西南航空的崛起

1968年,克莱尔在美国得克萨斯州成立西南航空公司,启动资金56万美元,经营达拉斯、休斯敦和圣安东尼奥的短程航运业务。美国航空界强手如林、竞争残酷,但西南航空的成功有目共睹。到1991年,利润率超过美国四大航空公司(美国航空公司、三角航空公司、联合航空公司和西北航空公司)。1992年美国航空业巨亏80亿美元,诸多同类公司倒闭,西南航空却仍然维持利润率,这得益于低成本战略。克莱尔选择了低成本作为公司的经营战略。克莱尔的一些主要做法是:选择标准机型,公司的141架飞机全是耗油少的波音737;最短的航班轮转时间,每架飞机每天11次起落,航班轮转时间仅为15分钟,是世界航空界的最短纪录,其他航空公司需要1小时;针对短程特点,减少对顾客的服务项目;激励员工超越自我,达到更高水平。西南航空为了降低成本,在服务和舒适性上做了一些牺牲。但是,只要质量、安全和服务不是太差,顾客是欢迎低价格的。

讨论:试分析西南航空公司的计划与控制之间的关系。

(二) 控制与组织的关系

要进行有效的控制,必须要有组织的保证,同时控制还必须反映组织结构的类型。组织职能是通过建立一种组织结构框架,为组织成员提供一种适合默契配合的工作环境。因此,组织职能的发挥不但为组织计划的贯彻执行提供了合适的组织结构框架,为控制职能的发挥提供了人员配备和组织机构,而且组织结构的确定实际上也就规定了组织中信息联系的渠道,为组织的控制提供了信息系统。如果目标的偏差产生于组织上的问题,则控制的措施就要涉及组织结构的调整、组织中的权责关系和工作关系的重新确定等方面。在控制进行过程中,我们必须知道组织在计划实施中发生的偏差情况以及采取纠偏行动的职责应归属于谁。如果各级组织机构职责不明确,承担偏差产生责任的部门和采取纠偏措施的部门就无法确定。因此,组织机构越明确、全面和完整,所设计的控制系统越是符合组织机构中的职责和职务的要求,控制工作就会越有效果。

(三) 控制与领导的关系

控制要有效进行,还必须配备合适的人员,必须给予正确的指导和领导,必须调动广大参与者的积极性。领导职能是通过领导者的影响力来引导组织成员为实现组织的目标而做出积极的努力。这意味着领导职能的发挥影响到组织控制系统的建立和控制工作的质量。反过来，控制职能的发挥又有利于改进领导者的领导工作，提高领导者的工作效率。

一个有效控制系统的形成，还必须依赖于管理者的充分授权。在处理人际关系时，许多管理者认为授权是一件非常困难的事，其主要原因是由于管理者对下属的决策负有最终的责任，他害怕下属犯了错误而由他来承担责任，从而使许多管理者试图靠自己做事来避免授权给他人。但是，如果通过建立反馈机制，形成一种有效的控制系统，就能积极、有效地提供授予了权力的下属工作绩效的信息和反馈，这种不愿授权的思想负担可以大大减轻。

四、控制的作用

控制与管理的其他职能紧密结合在一起，使管理过程形成了一个相对封闭的系统。法约尔指出，控制必须施之于一切的事、人和工作活动。这是因为即使有完善的计划、有效的组织与领导，都不能确保管理系统的目标一定能自动达到，仍需要控制予以督促；工作是由人来完成的，因个人才能、动机和态度的不同，在执行同样工作任务时也往往出现不同的结果；计划是事先制订的，本身因环境变化也需要修正，这些都需要控制这个职能来加以管理。图 13.3 显示了控制的基本作用，良好的控制系统能防止上述各项问题的产生，使管理的各项职能朝着既定的目标前进。

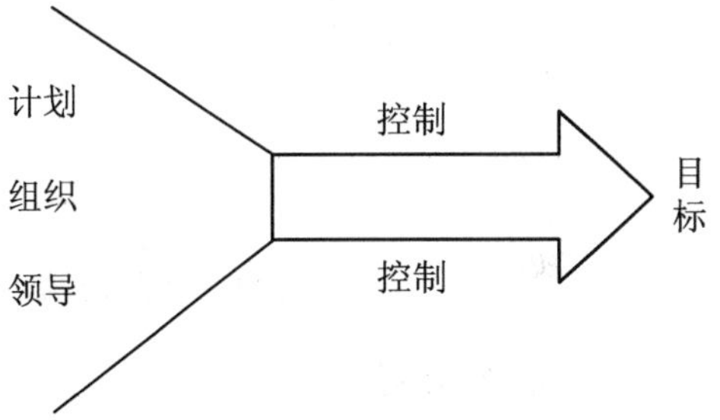

计划
组织
领导
控制
控制
目标

图 13.3　控制的基本作用

在现代的管理活动中，控制要达到的第一个目的(也就是控制的基本目的)是要“维持现状”，即在变化着的内外环境中，通过控制工作，随时将计划的执行结果与标准进行比较，若发现有超过计划容许范围的偏差时，则及时采取必要的纠正措施，以使系统的活动趋于相对稳定，实现组织的既定目标。

控制要达到的第二个目的是要“打破现状”。在某些情况下，变化的内、外部环境会对组织提出新的要求。主管人员对现状不满，要改革创新，开拓新的局面。这时，就势必要打破现状，即修改原定的计划，确定新的现实目标和管理控制标准，使之更加合理，从而符合变化了的新形势。

在一个组织中，往往存在两类问题：一类是经常产生的可迅速地、直接地影响组织日常经营活动的“急性问题”；另一类是长期存在影响组织素质的“慢性问题”。解决急性问题，多是为了维持现状。而打破现状，多需解决慢性问题。在各级组织中，大量存在的是慢性问题，但人们往往只注意解决急性问题而忽视了慢性问题。这是因为慢性问题是在长期的活动中慢慢形成的，产生的原因也复杂多样。人们对这些问题已经习以为常，见惯不怪，不可能发现或者即使是已经发现也不愿意承认和解决由于慢性问题所带来的对组织素质的影响。而急性问题是经常产生的，对多数人的工作和利益会产生显而易见的影响，故容易被人们发现、承认和解决。因此，要使控制工作真正起作用，就要像医生诊治疾病那样，重点解决慢性问题，打破现状，求得螺旋形上升。

尽管在日常管理活动中，控制工作的目的主要是上述两个，但进行控制工作的最佳目的是防止问题的发生。这就要求管理人员应当向前看，把控制系统建立在前馈而不是简单的信息反馈的基础上，在不应发生的偏离计划的情况出现以前就能预测到，并能及时采取措施来加以防止。

第二节　控制的类型

由于对控制的划分标准不同,所以可以将控制的职能划分成不同的类型。了解各种控制类型,并根据实际情况选择合适的控制类型对于组织至关重要。

一、按控制实施的时间划分

管理中采取的控制可以在某项组织活动开始之前、进行之中或结束之后进行,第一种称为预先控制,第二种称为现场控制,第三种称为事后控制。这三种控制如图 13.4 所示。

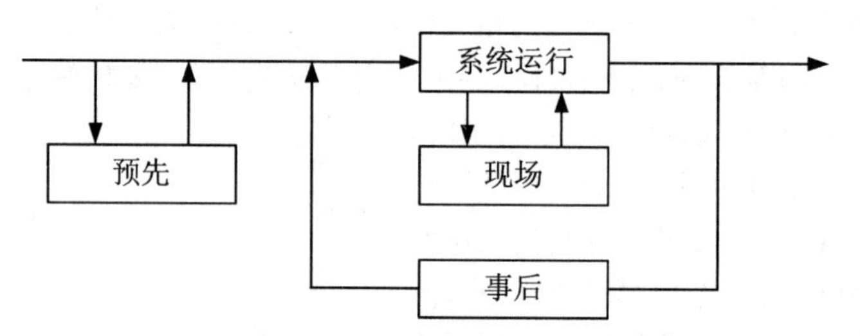

图 13.4　预先控制、现场控制和事后控制关系图

(一) 预先控制

预先控制又称为事前控制或前馈控制,是指组织在一项活动开始之前所进行的控制,它是在做决策、制订计划时的控制。组织通过制定政策、程序、条例、规定组成的持续性计划,来建立预期或预先控制。重点是预防系统过于偏离预先制定的标准,使系统维持在指定的限度之内,防止不符合期望的事情的发生。管理过程理论认为,只有当管理者能够对即将出现的偏差有所察觉并预先提出某些措施时,才能进行有效的控制,因此预先控制具有重要的意义。

预先控制采取的普遍方式是利用所能得到的最新信息,进行认真、反复地预测,把计划所要达到的目标同预测相比较,并采取措施修改计划,以使预测与计划目标相吻合。预先控制主要是对活动的最终产出的确认和对资源投入的控制,其重点是防止组织所使用的资源在质和量上产生偏差。

【资料连接 13-1】　　扁鹊的医术

魏文王问名医扁鹊说:"你们家兄弟三人,都精于医术,到底哪一位最好呢?"

扁鹊回答:"长兄最好,中兄次之,我最差。"

文王再问:"那为什么你最出名呢?"

扁鹊回答:"我长兄治病,是治病于病情发作之前。由于一般人不知道他事先能铲除病因,所以他的名气无法传出去,只有我们家的人才知道。我中兄治病,是治病于病情初起之时。一般人以为他只能治轻微的小病,所以他的名气只及于本乡里。而我扁鹊治病,是治病于病情严重之时。一般人都看到我在经脉上穿针管放血、在皮肤上敷药等大手术,所以以为我的医术高明,名气因此响遍全国。"

（二）现场控制

现场控制又称为同步控制、过程控制、事中控制或跟踪控制，是指管理者对正在进行的活动或行为给予必要的指导、监督，以保证活动和行为按照规定的程序与要求进行的管理活动。现场控制的基本原理可以用狗追兔子的例子来说明。如图 13.5 所示，假定狗在 Y 轴上的 P_1 点，发现了位于 X 轴上 X_1 点的兔子，于是狗急起直追，而兔子则沿 X 轴向前逃窜。追捕中狗跟着兔子的运动随时改变自己的追捕方向，使自己与兔子始终保持最短的距离。这条曲线上的每一点的切线都指向每一瞬间兔子的位置。由于兔子不断跑动，狗也不断地调整前进的方向，以求达到尽快抓到兔子的目的，这条曲线就被称为“追捕曲线”。可见，现场控制的实质是无数反馈控制的综合，不断得到反馈，不断调整和采取新的措施。

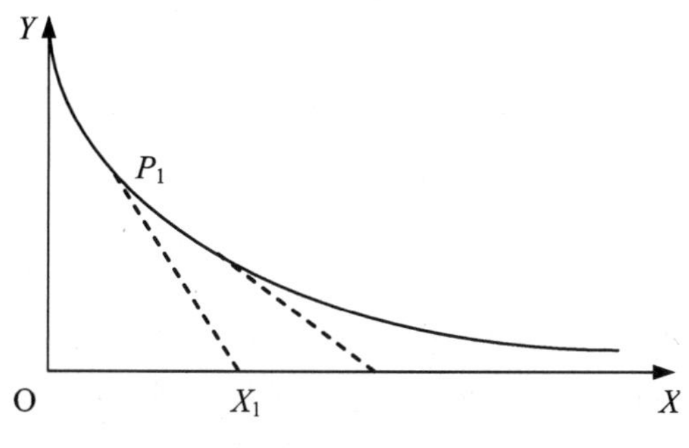

图 13.5　追捕曲线

现场控制的标准来自于计划工作所确定的目标、政策、规范和制度，现场控制的有效性主要取决于基层主管人员的个人素质，因此，基层主管人员的言传身教将发挥很大作用。现场控制是一种主要为基层主管人员所采用的控制方法。

（三）事后控制

事后控制又称为反馈控制或成果控制，是指在一项活动或工作完成以后所进行的控制。事后控制是一种重要而常用的控制形式，其主要特征是运用一定的计划指标对实际工作绩效进行比较、分析和评价，但事后控制的最终目的是在对实际工作绩效评价的基础上，为未来工作的开展和改进提供基础。事后控制主要为下一步计划的实施总结经验，常见的形式有工作总结、产品性能检验、市场信息反馈系统等。

【资料链接 13-2】　某信用卡公司的客户服务质量控制

客户服务不仅影响公司信誉，也和公司利润息息相关。比如，一张信用卡每早到客户手中一天，公司可获得 33 美分的额外销售收入，一年下来，公司将有 140 万美元的净利润，及时地将新办理的和更换的信用卡送到客户手中是客户服务质量的一个重要方面，但这远远不够。

决定对客户服务质量进行控制来反映其重要性的想法，最初是由信用卡分部的一个地区副总裁凯西·帕克提出来的。她说：“一段时间以来，我们对传统的评价客户服务的方法不大满意。向管理部门提交的报告有偏差，因为它们很少包括有问题但没有抱怨的客户，或那些只是勉强满意公司服务的客户。”经过调查得出，持卡者希望准时收到账单、快速处理地址变动、采取行动解决抱怨。

在了解客户期望的基础上，公司质量保证人员开始建立控制客户服务质量的标准。这些标准都基于用户期望，并考虑公司竞争性、能力和一些经济因素。

计划实施效果很好，比如处理信用卡申请的时间由35天降到15天，更换信用卡从15天降到2天，回答用户查询时间从16天降到10天。这些改进给公司带来的潜在利润是巨大的。例如，办理新卡和更换旧卡节省的时间会给公司带来1 750万美元的额外收入。另外，如果用户能及时收到信用卡，他们就不会使用竞争者的卡片了。

二、按控制的手段划分

按控制的手段划分，控制可分为间接控制和直接控制。

（一）间接控制

间接控制是指根据计划和标准考核工作的实际结果，分析出现偏差的原因，然后找到责任者，并追究责任者的个人责任以使其改进未来工作的一种控制方法，多见于上级管理者对下级人员工作过程的控制。

间接控制的优点在于它能够纠正管理人员由于缺乏知识、经验或判断力所造成的管理上的失误和偏差，并能帮助主管人员总结、汲取经验教训，增强他们的知识经验和判断能力，提高他们的管理水平。这种控制方式在管理中简单易行，容易被人们所接受，实际应用效果也不错。

然而在管理实践中，很多管理部门或职位的绩效是很难计量和相互比较的；很多活动的责任是多个部门共同承担的，发生不良后果时，相互推卸责任是很普遍的现象；有时上级主管人员可能不愿意花时间和费用去分析引起偏差的事实真相。此外，即使找到了偏差原因和责任者，但错误一直存在，不良后果已成事实，而且采取的矫正措施是否正确、有效，要等下一轮结果输出时才能证明。由于间接控制存在很多不完善的地方，因此，在实际工作中我们常常采取直接控制的办法。

（二）直接控制

直接控制是相对于间接控制而言的，是指管理者直接检查操作者是否按照规定要求执行的一种控制方式。它着眼于培养更好的主管人员，使他们能熟练地运用管理的概念、技术和原理，以系统的观点来改善他们的管理工作，从而防止出现因管理不善而造成的不良后果。

直接控制的特点是：① 直接对操作者的行为和工作过程加以控制，可以减少偏差的发生；② 可以减少间接控制中用于检测偏差、寻找原因和责任者的时间与费用；③ 直接控制取得的心理效果好，鼓励下属自我约束、自我控制、自觉修正错误。

直接控制的关键是操作要求和规则必须完全科学、正确，否则，它将失去与间接控制方式相比较的全部优点。在实际经济管理活动中，直接控制忽略了企业中人的因素，不利于下级积极性、创造性的发挥，因此，直接控制的应用存在着一定的界限，超过这个界限，对组织的管理会起负作用。

三、按组织控制体系的结构划分

根据控制体系的结构不同可以将控制分为分散控制和集中控制。

（一）分散控制

分散控制是指系统中的控制部分表现为若干个分散的，有一定相对独立性的子控制机构，这些机构在各自的范围内各司其职，各行其是，互不干涉，各自完成自己的目标。当然这些目标是整个系统目标中的分目标。分散控制的特点是由若干分散的控制机构来共同完成组织的总目标。在这种控制方式中，各种决策及控制指令通常是由各局部控制机构分散发出的，各局部控制机构主要是根据自己的实际情况，按照局部最优的原则对各部门进行控制。

分散控制的优点是针对性强，信息传递效率高，系统适应性强。缺点是信息不完整，整体协调困难。分散控制适应系统组织较松散的部门，如城市各交叉路口的交通管理、企业集团的一些外围企业等。

（二）集中控制

集中控制是指在组织中建立一个相对稳定的控制中心，由控制中心对组织内外的各种信息进行统一的加工处理，发现问题并提出问题的解决方案。这种形式的特点是所有的信息（包括内部、外部）都流入中心，由控制中心集中加工处理，且所有的控制指令也全部由控制中心统一下达。

集中控制是一种较低级的控制，只适合于结构简单的系统，如小型企业、家庭作坊等。

四、按组织控制活动的来源划分

根据整个组织控制活动的来源不同，可以将控制分为正式组织控制、群体控制和自我控制 3 种类型。

（一）正式组织控制

正式组织控制是指由管理人员设计和建立起来的一些机构或人员来进行的控制，如监察、规划、质检、纪检、预算和审计部门等都是正式组织控制的典型例子。组织可以通过规划、指导成员的活动，通过审计、监督来检查各部门或各个成员是否按规定进行活动，并提出具体更正措施和建议。

（二）群体控制

群体控制的基础是群体成员们共同的价值观念和行为准则，它是由非正式组织自发发展和维持的。非正式组织有自己的一套行为规范，虽然这些规范往往是不成文的，但对其成员却有很大的约束力和控制力。群体控制可能有利于达成组织目标，也可能给组织带来危害，所以要对其加以正确引导。

（三）自我控制

自我控制即个人有意识地按某一行为规范进行活动。如一个工作人员不愿意收受礼品或回扣，可能是由于他具有诚实、廉洁的品质，而不单单是怕被发现从而受处分。这种控制成本低、效果好，但它要求组织人员有较高的素质，要求上级给下级充分的信任并授权给下级，还要把个人活动与报酬、提升和奖励联系起来。

第三节　控 制 过 程

控制是根据计划的要求设立衡量绩效的标准，然后把实际工作结果与预定标准相比较，以确定组织活动中出现的偏差及其严重程度，在此基础上，采取有针对性的措施，以确保资源的合理使用和组织整体目标的实现。因此，控制的过程包含了确立标准、衡量绩效和纠正偏差 3 个基本环节。图 13.6 描述了控制的全过程。

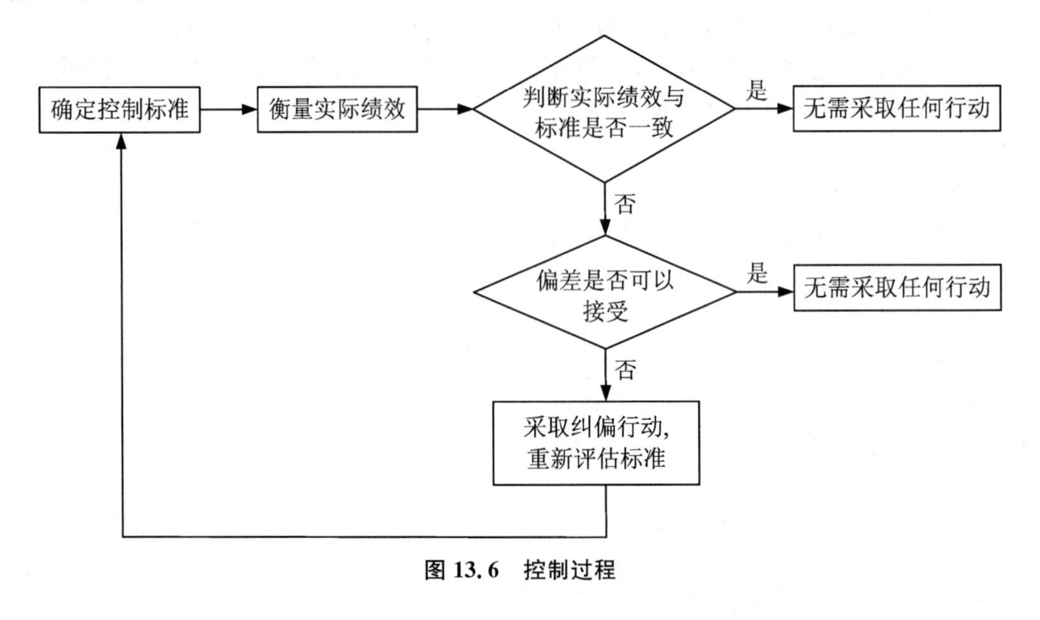

图 13.6 控制过程

一、确立标准

标准是人们检查和衡量工作及其结果的规范。制定标准是控制的基础。没有完整的标准，绩效衡量和纠正偏差就失去了依据。

（一）确立控制标准

控制标准的具体内容涉及要控制的对象。那么，企业经营与管理中哪些事或物需要加以控制呢？这是在建立标准之前首先要加以分析的。经营活动的成果是需要重点控制的对象，控制工作的最初始动机就是要促进企业有效地取得预期的活动结果。要保证企业取得预期的成果，必须在成果最终形成以前进行控制，纠正与预期成果的要求不相符的活动。因此，要分析企业需要什么样的结果。这种分析可以从盈利性、市场占有率等方面来进行。确定了企业活动需要的结果类型后，要对它们加以明确地、尽可能定量地描述，也就是说，要规定需要的结果在正常情况下希望达到的状况和水平。

（二）划分控制标准类型

控制标准一般可分为定量标准和定性标准两大类，定量标准便于度量和比较，但定性标准也是不可缺少的。定量标准主要表现为实物标准、价值标准、时间标准。实物标准有明确的数量，是计划工作的主要表现形式，也是控制的基本标准，如产品数量、废品数量等。价值标准反映了组织的经营状况，包括成本标准、利润标准等。时间标准为工作的展开提供了时间限制，表现为工时定额、交货期、工程周期等一系列的时间指标。定性标准主要是质量标准，可分为工作质量标准和产品质量标准，对这些标准实施控制对于整个组织计划和目标的实现极为重要。

（三）提出控制标准要求

一项好的控制标准应符合 6 个方面的要求。

1. 建立的标准应便于对各部门的工作进行衡量

大多数的计划是相对抽象、概括的，这时需要将计划目标转换为具体的、可测量和考核的标准，以便于对所要求的行为结果加以测评。当出现偏差时，能找到相应的责任单位。

2. 建立的标准应有利于组织目标的实现

对每一项工作的衡量必须有具体的时间跨度、衡量内容和要求，以便准确反映组织活动的状态。

3. 建立的标准应与未来的发展相结合

制定的控制标准应将组织当前运行的需要与组织未来发展的需要有机地结合起来，具有战略性和前瞻性。

4. 建立的标准应尽可能体现一致性

管理工作中制定出来的控制标准实际上就是一种规章制度，它反映了管理人员的愿望，也为人们指明了努力的方向。控制标准应是公平的，不允许个别人搞特殊化。

5. 建立的标准应经过努力后可以达到

建立标准的目的是用它来衡量实际工作，并希望工作达到标准要求。所以，控制标准的建立必须考虑到工作人员的实际情况，包括他们的能力、使用的工具等。

6. 建立的标准应具有一定弹性

标准建立起来后可能在一段时间内保持不变，但环境却在不断改变，所以控制标准应对环境变化有一定的适应性，特殊情况能够做到例外处理。

（四）选择控制标准方法

管理控制中采用控制标准的方法随标准类型的不同而不同。有许多的控制标准是约定俗成的，如窗口行业对员工仪容仪表的规定，制造业企业关于工程制图的规定，国有企业业务招待费的标准等。有些标准直接由组织目标分解而成，如成本费用标准，可由市场预测确定产品价格，减去目标利润，得到目标总成本，再运用价值工程方法分别规定各零部件成本。对于多数定量的技术经济标准，通常采用的方法包括统计方法、工程测量法、经验估计法等。

采用何种方法确立控制标准，要根据组织的具体情况来定。但不论采用哪种方法，确立的标准应该既先进又可行，以便于准确进行工作衡量。

对于多数定量的技术经济标准，通常采用的方法包括利用统计方法来确定预期结果的统计标准，根据经验和判断来估计预期结果的经验标准，在客观的定量分析的基础上建立工程（工作）标准。

1. 统计性标准

统计性标准，也叫历史性标准，是以分析反映企业经营在历史上各个时期状况的数据为基础来为未来活动建立的标准。这些数据可能来自本企业的历史统计，也可能来自其他企业的经验；据此建立的标准，可能是历史数据的平均数，也可能是高于或低于中位数的某个数。

2. 经验标准

实际上，并不是所有工作的质量和成果都能用统计数据来表示，也不是所有的企业活动都保存着历史统计数据。对于新从事的工作，或对于统计资料缺乏的工作，可以根据管理人员的经验、判断和评估来为之建立标准。利用这种方法建立工作标准时，要注意利用各方面的管理人员的知识和经验，综合大家的判断，给出一个相对先进、合理的标准。

3. 工程标准

严格地说，工程标准也是一种用统计方法制定的控制标准，不过它不是对历史性统计资料的分析，而是通过对工作情况进行客观的定量分析来进行的。

二、衡量绩效

衡量绩效的目的是获取与既定控制标准相关的信息，以便判断事物或人们的行为是否符合标准，为下一步行动提供依据。衡量的作用除了获取信息，还可以表达管理者的态度。当管理人员对某项活动认真检测衡量时，表明其对这项活动是重视的。因此对人们的行为的影响而言，衡量考核比规定标准的作用更大，一旦放弃衡量、考评，标准就会逐渐被人遗忘。

对照标准衡量实际工作绩效分为两步：一是测定实际工作绩效；二是将实际与标准进行比较。

（一）测定绩效

组织活动中的偏差如果能在产生之前就被发现，则可帮助管理者预先采取必要的措施加以纠正。这种理想的控制和纠偏方式虽然有效，但其实现可能性不会很大，因为并非所有的管理人员都有卓越的远见，也并非所有的偏差都能在产生之前被预见。在这些限制条件下，最满意的控制方式应是必要的纠偏行为能在偏差产生以后迅速采取。为此，就要求管理者及时掌握能够反映偏差是否产生并能判定其严重程度的信息。这些信息可用预定标准对实际工作的成效和进度进行检查、衡量和比较获得。

在获取有效实际工作绩效方面的信息时，管理者可以通过面对面地口头汇报、正式的书面文字汇报和直接观察等方法了解实际工作的绩效。在用上述方法了解工作时，要特别注意所获取信息的准确性、及时性、可靠性和实用性。随着信息技术的发展，越来越多的组织建立起管理信息系统（MIS），这就使得信息的获取变得方便快捷，大大缩减了了解工作绩效的工作量和时间。

（二）找出偏差

测量到工作实际绩效后，就可以将之与控制标准进行比较，确定有无偏差发生及偏差的大小。比较的结果无非有两种可能：一种是存在偏差，另一种是不存在偏差。需要注意的是，只有实际工作与标准之间的差异超出了一定的范围，才被认为存在偏差。偏差有两种情况：一种是正偏差，即工作绩效优于控制标准；另一种是负偏差，即工作绩效劣于控制标准。出现正偏差，表明实际工作取得了良好的绩效，应及时总结经验，肯定成绩。但正偏差如果太大也应引起注意，这可能是因为控制标准定得太低，只是应对其进行认真分析。出现负偏差，表明实际工作的绩效不理想。

确定差距或偏差就容易发现计划执行中的问题和不足。但并非所有偏离标准的情况均需作为“问题”来处理，这里有个容限的幅度。所谓容限，就是准许偏差存在的上限与下限范围，在这个界限范围内即便实际效果与标准之间存有差距也被认为是正常的。如果计划执行中没有偏差发生或偏差在规定的容限之内，则该控制过程暂告完成；若执行中出现了不能容许的偏差，则控制过程进入纠正偏差的步骤。

（三）及时反馈

负有控制责任的管理人员只有及时掌握了反映实际工作与预期工作绩效之间偏差的信息，才能迅速采取有效的纠正措施。然而，并不是所有的衡量绩效的工作都是由主管直接进行的，有时需要借助专职的检测人员。因此，应该建立有效的信息反馈网络，使反映实际工作情况的信息适时地传递给适当的管理人员，使之能与预定标准相比较，及时发现问题。建立这样的信息反馈系统，不仅更有利于保证预定计划的实施，而且能防止基层工作人员把衡量和控制视作上级检查工作、进行惩罚的手段，从而避免产生抵触情绪。

【资料链接 13-3】　　肯德基的工作质量控制

美国肯德基国际公司的餐厅遍布全球 115 个国家，达 18 000 多家。然而，肯德基国际公司在万里之外，又怎么能相信他的下属能循规蹈矩呢？

一次，上海肯德基有限公司收到了 3 份总公司寄来的鉴定书，上面对他们外滩快餐厅的工作质量分 3 次鉴定评分，分别为 83、85、88 分。公司中外方经理都为之瞠目结舌，这 3 个分数是怎么评定的？原来，肯德基国际公司雇佣、培训一批人，让他们佯装顾客潜入店内进行检查评分。

这些“特殊顾客”来无影，去无踪，这就使快餐厅经理、雇员时时感到某种压力，丝毫不敢疏忽。

三、纠正偏差

利用科学的方法，依据客观的标准，对工作绩效进行衡量，就可以发现计划执行中出现的偏差，并分析产生偏差的原因，制定并实施必要的纠偏措施。这项工作使得控制过程得以完整，并将控制与管理的其他职能相互联结。

（一）分析原因

在采取任何纠正措施之前，必须首先对反映偏差的信息进行评估和分析，以判断偏差的严重程度，是否足以构成对组织活动效率的威胁，是否采取纠正措施；与此同时要探寻导致偏差产生的主要原因。

纠正措施的制定是以偏差原因的分析为依据的，而同一偏差则可能由不同的原因造成：销售利润的下降既可能是因为销售量的降低，也可能是因为生产成本的提高。前者既可能是因为市场上出现了技术更加先进的新产品，也可能是由于竞争对手采取了某种竞争策略；后者既可能是原材料、劳动力消耗和占用数量的增加，也可能是由于购买价格的提高。不同的原因要求采取不同的纠正措施。要通过评估反映偏差的信息和对影响因素的分析，透过表面现象找出造成偏差的深层原因；在众多的深层原因中找出最主要者，为纠偏措施的制定指导方向。

（二）找准对象

需要纠正的可能是企业的实际活动，也可能是组织这些活动的计划或衡量这些活动的标准。大部分员工没有完成劳动定额，可能不是由于全体员工的抵制，而是定额水平太高；承包后企业经理的兑现收入可高达数十万，可能不是由于经营者的努力数倍或数十倍于工人，而是由于承包基数不恰当或确定经营者的收入的挂钩方法不合理等。在这些情况下，首先要改变的是衡量这些工作的标准或指导工作的计划。

预定计划或标准的调整是由两种原因决定的：① 原先的计划或标准制定得不科学，在执行中发现了问题；② 原先正确的标准和计划，由于客观环境发生变化了预料不到的变化，不再适应新形势的需要。

负有控制责任的管理者应该意识到，外界环境发生变化之后，如果不对预先制订的计划和行动准则进行及时的调整，那么，即使内部活动组织的非常完善，企业也不可能实现预定的目标。

（三）选择措施

针对产生偏差的主要原因，就可以制订改进工作或调整计划与标准的纠偏方案。纠偏措施的选择和实施过程中要注意以下几点：

（1）使纠偏方案双重优化。纠正偏差，不仅在实施对象上可以进行选择，而且对同一对象的纠偏也可采取多种不同的措施。

（2）充分考虑原先计划实施的影响。由于对客观环境的认识能力提高，或者由于客观环境本身发生了重要变化而引起的纠偏需要，可能会导致对原先计划与决策的局部甚至全局的否定，从而要求企业活动的方向和内容进行重大的调整。这种调整有时被称为“追踪决策”，追踪决策是相对于初始决策而言的。在制定和选择追逐决策的方案时，要充分考虑到初始决策的实施已经消耗的资源，以及这种消耗对客观环境造成的种种影响。

（3）注意消除人们对纠偏措施的疑虑。任何纠偏措施都会在不同程度上引起组织的结构、关系和活动的调整，从而会涉及某些组织成员的利益。不同的组织人员会因此而对纠偏措施持不同态度，特别是纠偏措施属于对原先决策和活动进行重大调整的追踪决策时。控制人员要充分考虑到组织人员对纠偏措施的不同态度，主要消除执行者的疑虑，争取更多人的理解、赞同和支持，以保证避免在纠偏方案的实施过程中可能出现的人为障碍。

第四节　控 制 方 法

企业管理中运用的控制方法有多种，本节重点介绍预算控制法、审计分析法、比率分析法等常用的理论与方法。

一、预算控制法

（一）预算的概念及特点

预算对有效的组织短期计划和控制是重要的工具。企业未来的几乎所有活动都可以利用预算进行控制。所谓预算就是用财务数字的形式来描述企业未来的活动计划，它预估了企业在未来时期的经营收入和现金流量，同时也为各部门或各项活动规定了在资金、劳动、材料、能源等方面支出的额度。预算控制就是根据预算规定的收入与支出标准来检查和监督各个部门的生产经营活动，以保证各种活动或各个部门在完成既定目标、实现利润的过程中对经营资源的合理利用，从而使费用支出受到严格有效的约束。预算有以下几个特点：

（1）计划性。预算是一种特殊的计划，其主要构成内容是各种数字，包括：数量目标、对目标数字的说明、预算期间等。

（2）预测性。预算从字面上来理解就是预先测算，因而它也属于预测的内容，是关于收入与支出方面的预测，具有相当的特殊性和专业性。所以，预算控制少不了预测方法的运用。

（3）控制性。预算是对组织涉及收入及支出的活动所拟定的数量化标准，用预算作为控制标准，比起其他控制标准更明确、更具体、更具有可控性。

（二）预算的种类

1. 按预算的内容划分

(1) 收入预算。收入预算和下面要介绍的支出预算都提供了关于企业未来某段时期经营状况的一般说明，即从财务角度计划和预测了未来活动的成果以及为取得这些成果所需付出的费用。

企业收入主要来源于产品销售，因此收入预算的主要内容是销售预算。销售预算是在销售预测的基础上编制的，即通过分析企业过去的销售情况、目前和未来的市场需求特点及其发展趋势，比较竞争对手和本企业的经营实力，确定企业在未来时期内为了实现目标利润必须达到的销售水平。为了能为控制未来的活动提供详细的依据，便于检查计划的执行情况，往往需要按产品、区域市场或消费者群体，为各经营单位编制分项销售预算。同时，由于在一年中的不同季度和月度，销售量也往往不稳定，所以通常还需预计不同季度和月度的销售收入。

(2) 支出预算。企业销售的产品是在内部生产过程中加工制作出来的，在这个过程中，企业需要借助一定的劳动力，利用和消耗一定的物质资源。与销售预算相对应，企业必须编制能够保证销售过程中进行的各种支出预算。不同企业，经营支出的具体项目可能不同，但一般都包括直接材料预算、直接人工预算、附加费用预算 3 种。直接材料预算是指根据实现销售收入所需的产品种类和数量，详细分析为了生产这些产品企业必须利用的原材料的种类和数量，它通常以实物单位表示。直接人工预算需要预计企业为了生产一定数量的产品，需要哪些种类的工人，每种类型的工人在什么时候、需要多少数量，以及利用这些人员劳动的直接成本是多少。企业的行政管理、营销宣传、人员推销、销售服务、设备维修、资金筹措以及税金等也要耗费企业的资金，对这些费用进行的预算就是附加费用预算。

收入预算与支出预算是密切相关的。一般原则是：应是以收定支，在收入预算的基础上确定支出预算。

2. 按预算控制的力度划分

(1)弹性预算。弹性预算是指预算指标有一定的调整余地，执行人可灵活性地执行预算。这种预算的控制力稍弱，但有较强的环境适应性，能较好地适应控制的要求，在预算控制中弹性预算比较常见。

(2) 刚性预算。刚性预算是指在执行进程中没有变动余地的预算，执行人在执行中无活动余地。一般来说，刚性预算不利于发挥执行人的积极性和不适应环境变化。刚性预算只能在重点项目上采用。常见的刚性预算是控制上限或控制下限的预算，如严格要求的财政支出预算和财政收入预算。

3. 按预算的范围划分

(1) 总预算。总预算指以组织整体为范围，由组织的最高管理机构批准的预算。

(2) 部门预算。部门预算指各部门在保证总预算的前提下，根据本部门的实际情况安排的预算。

总预算与部门预算不是简单的总体与部分的关系，而是相互支持、相互补充的关系。有的部门预算是全包含在总预算之中的，有的并不全包括在总预算之中。并且，不同的组织对预算的分类也不一样，如企业常常把财务预算称之为总预算。

（三）预算的作用

1. 帮助管理者掌握全局，控制整体情况

对于任何组织而言，资金财务状况都是举足轻重的，预算使人们得以了解资金的状况，从而可通过对资金的运筹来控制组织的整体活动。

2. 有助于管理者合理配置资源和控制组织中各项活动的开展

预算范围内的资金收支活动由于得到人力和物力的支持而得以进行，没有列入预算的活动由于没有资金来源难以开展活动，预算外的收支会使人很快警觉而被纳入控制。因此，管理者可通过预算，合理配置资源，保证重点项目的完成，并控制各项活动的开展。

3. 有助于对管理者和各部门的工作进行评价

由于预算为各项活动确定了投入产出标准，因此只要正确运用，就可根据执行预算的情况来评价各部门的工作成果。同时，由于预算规定了各项资金的运用范围和负责人，因此通过预算还可控制各级管理人员的职权，明确各级管理人员应承担的责任。

4. 有利于形成勤俭节约、精打细算的工作作风

由于预算一般不允许超支，而且常作为考核的依据，因此预算可迫使管理者在收支的考虑上都尽可能的精打细算，从而有助于杜绝铺张浪费的不良现象。严格和严肃的预算可促使成本下降、效益提高。

（四）预算中的注意事项

由于具备了很多积极作用，预算手段在组织管理中得到广泛运用。但在预算的编制和执行中，也暴露了一些缺点需要引起管理者的注意，主要表现在：

（1）企业活动的外部环境是在不断变化的，这些变化会改变企业获得资源的支出或销售产品实现的收入，从而使预算变得不合时宜。因此，缺乏弹性、非常具体、特别是涉及较长时期的预算可能会过度束缚决策者的行动，使企业经营缺乏灵活性和适应性。

（2）预算只能帮助企业控制那些可以计量的，特别是可以用货币单位计量的业务活动，而不能促使企业对那些不能计量的企业文化、企业形象、企业活力的改善予以足够的重视。

（3）预算，特别是项目预算或部门预算，不仅对有关负责人提出了希望他们实现的结果，而且也为他们得到这些成果而能够开支的费用规定了限度，这种规定可能使得主管们在活动中精打细算，小心翼翼地遵守不得超过支出预算的准则，而忽视了部门活动的本来目的。

（4）编制预算时通常参照上期的预算项目和标准，从而会忽视本期活动的实际需要，因此会导致上期有的而本期不需的项目仍然沿用，而本期必需但上期没有的项目会因缺乏先例而不能增设的错误。

（5）在编制费用预算时，通常会参照上期已经发生过的本项目费用，同时，主管人员知道在预算获得批准后，预算申请多半是要被削减的。因此他们的费用预算申报数要多于其实际需要数。所以，费用预算总是具有按先例递增的习惯，如果在预算编制的过程中，没有仔细地复查相应的标准和程序，预算可能成为低效的管理部门的保护伞。

只有充分认识了上述局限性，才能有效地利用预算这种控制方法，并辅之以其他工具。

（五）预算的内容

1. 销售预算

销售预算指的是以市场预测为依据，根据市场要求对企业生产经营年度要实现的销售额，及其所决定的各种产品和服务的销售量所做的预算。在市场经济条件下，销售预算是企业预算的基础和前提，因为企业必须以市场为导向，以销定产。

2. 生产预算

生产预算指在销售预算的基础上，根据企业的现实生产条件和要实现的利润目标，对生产过程中所消耗的各种生产要素，以及产品等进行的预算，又可分为直接材料消耗预算、人工费用预算、制造费用预算。

3. 销售与管理费用预算

销售与管理费用预算指的是根据企业的销售额和利润目标，配合生产预算，对企业销售过程和企业管理活动中费用支出所做的预算。按会计的国际惯例，企业销售费用和管理费用不能摊入产品成本，而要直接计入当期损益，能否控制销售和管理费用支出，对实现预算目标就有相当大的影响。

4. 投资预算

投资预算指企业根据市场需求和企业生产能力，在固定资产投资支出方面的预算。按会计的国际惯例，资本支出与生产支出应当分开，投资预算必须单独列出。

5. 成本预算和现金预算

成本预算主要是指以企业生产预算为基础，对各种产品的成本进行的预算，其目的是要控制每一种产品的成本。现金预算是指对企业在日常经营活动中所需要的现金做出的预算安排。因为现金支付比较难控制，一旦失控，就会影响预算目标，故要单独预算。

上述各种预算共同构成企业的预算体系，它们之间的关系可用图 13.7 加以概括说明。

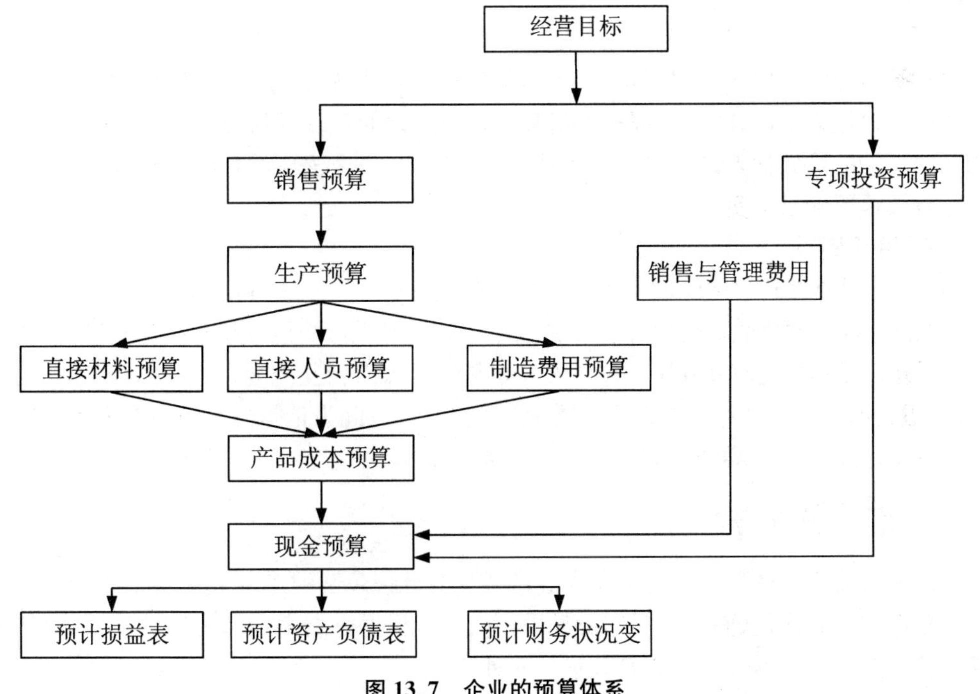

图 13.7　企业的预算体系

（六）预算编制的步骤

预算编制涉及组织中的各个层次和部门，应有一个自上而下和自下而上的循环过程，其一般编制步骤应有以下几个环节：

（1）由组织的高层管理人员向主管预算编制的部门提出组织在一定时期内的发展战略、计划与目标。

（2）主管预算编制的部门在对组织发展战略、计划与目标进行研究的基础上，向组织各部门的主管人员提出有关编制预算的建议和要求，并提供必要的资料。

（3）各部门的主管人员依据组织计划与目标的要求，结合本部门的实际情况，编制本部门的预算,并与其他部门相互协调。在此基础上,将本部门预算上报主管部门。

(4) 主管编制预算的部门将各部门上报的预算进行汇总,在认真协调的基础上,编制出组织的各类预算和总预算。最后,上报组织的高层管理层进行审核批准。

为了有效地从预期收入和费用两个方面对企业经营全面控制,不仅需要对各个部门、各项活动制定分预算,而且要对企业整体编制全面预算。分预算是按照部门和项目编制的,它详细说明了相应部门的收入目标或费用支出的水平,规定了他们在生产活动、销售活动、采购活动、研究开发活动或财务活动中筹措及利用劳力、资金等生产要素的标准。全面预算则是在对所有部门或项目分预算进行综合平衡的基础上编制而成的,它概括了企业相互联系的各个方面在未来时期的总体目标。只有编制了总体预算才能进一步明确组织各部门的任务、目标、制约条件以及各部门在活动中的相互关系,从而为正确评价和控制各部门的工作提供客观的依据。

任何预算都需用数字形式来表述。全面预算必须用统一的货币单位来衡量,而分预算则不一定用货币单位计量。不论以何种方式表述的各部门或项目的分预算,在将它们综合平衡以编制企业的全面预算之前,必须转换成用统一的货币单位来表达的方式。

(七) 现代预算方法

1. 零基预算

传统的预算均是以前期费用水平为基础,通过适度增减的方式制定的。而零基预算的最大特点是以零为基础,即一切预算项目都按重新开始的项目进行审查,不以现有的费用状况为基础。它的最大优点是不受过去预算条框的影响,完全按新的目标的要求来制定预算,从而更有效地保证目标实现。

2. 项目预算

项目预算是针对许多组织制定规划和预算分别进行的传统方式的弊端,将两者有机结合的一种方法。项目预算就是在对各项目的多种可能方案进行费用效果分析的基础上,选取实现目标最佳途径的现代预算方法。它要求规划与预算部门相互配合,对各种规划项目的可能方案,运用数字模型对效果、费用进行量化比较与分析,以此为依据优选项目与安排预算。其选择的标准是:以最少的费用实现一个既定的目标,或以现有的资源追求最大的效果。

二、审计分析法

审计是对反映企业资金运动过程及其结果的会计记录及财务报表进行审核、鉴定,以判断其真实性和可靠性,从而为控制和决策提供依据。根据审查主题和内容的不同,审计分为内部审计、外部审计、财务审计和管理审计 4 种。

(一) 内部审计

内部审计由企业内部的机构或由财务部门的专职人员来独立地进行。内部审计兼有许多外部审计的目的,它不仅要像外部审计那样核实财务报表的真实性和准确性,还要分析企业的财务结构是否合理;不仅要评估财务资源的利用效率,而且要检查和分析企业控制系统的有效性;不仅要检查目前的经营状况,而且要提供这种状况的建议。

内部审计是企业经营控制的一个重要手段,其作用表现在:一是内部审计提供了检查现有控制程序和方法能否有效地保证达成既定目标和执行既定政策的手段。二是对现有控制系统有效性的检查,内部审计人员可以提供有关改进公司政策、工作程序和方法的对策和建议,以促使公司政策符合实际,工作程序更加合理,从而更有效地实现组织目标。三是内部审计有助于推行分权化管理。从表面上来看,内部审计作为一种从财务角度评价各部门工作是否符合既定规则和程序的方法,加强了对下属的控制,似乎更倾向于集权化管理。但实际上,企业的控制系统越完善,控制手段越合理,越有利于分权化管理。内部审计不仅评估了企业财务记录是否健全、正确,而且为检查和改进现有控制系统的效能提供了一种重要的手段,因此有利于促进分权化管理的发展。

虽然内部审计为经营控制提供了大量的有用信息,但在使用中也存在不少局限性,主要表现在:第一,内部审计可能需要很多的费用,特别是在进行深入、详细的审计的时候。第二,内部审计不仅要搜集事实,而且需要解释事实,并指出事实与计划的偏差所在。要能很好地完成这些工作,而又不引起被审计部门的不满,需要对审计人员进行充分的技能训练。第三,即使审计人员具有必要的技能,仍然会有许多员工认为审计是一种"密探"或"查整性"的工作,从而在心理上产生抵触情绪。如果在审计过程中不能进行有效的信息和思想沟通,那么可能会对组织活动带来负激励效应。

(二)外部审计

外部审计是由外部机构(如会计师事务所)选派的审计人员对企业财务报表及其反映的财务状况进行独立的评估。为了检查财务报表及其反映的资产与负债的账面情况与企业的真实情况是否相符,外部审计人员需要抽查企业的基本财务记录,以检验其真实性和准确性,并分析这些记录是否符合公认的会计准则和记账程序。

外部审计的优点是审计人员与管理当局不存在行政上的依附关系,不需要看企业的眼色行事,只需对国家、社会和法律负责,因此可以保证审计的独立性和公正性。但是,由于外来的审计人员不了解内部的组织结构、生产流程和经营特点,在对具体业务的审计过程中可能产生困难。此处处于被审计地位的内部组织成员可能会对审计人员产生抵触情绪,不愿积极配合,这也可能增加审计的难度。

(三)财务审计

财务审计是指审计机关按照《中华人民共和国审计法》及其实施条例和国家企业财务审计准则规定的程序和方法,对国有企业(包括国有控股企业)资产、负债、损益的真实、合法、效益进行审计监督,对被审计企业会计报表反映的会计信息依法做出客观、公正的评价,形成审计报告,出具审计意见和决定。

财务审计的目标是揭露和反映企业资产、负债和盈亏的真实情况,查处企业财务收支中各种违法违规问题,维护国家所有者权益,促进廉政建设,防止国有资产流失,为政府加强宏观调控服务。

(四)管理审计

外部审计主要核对企业财务记录的可靠性和真实性,内部审计在此基础上对企业政策、工作程序与计划的遵循程度进行测定,并提出必要的改进企业控制系统的对策建议,管理审计的对象和范围则更广,它是一种对企业所有管理工作及其绩效进行全面系统地评价和鉴定的方法。管理审计虽然也可由组织内部的有关部门进行,但为了保证某些敏感领域得到客观的评价,企业通常聘请外部的专家来进行。

管理审计的方法是利用公开记录的信息,从反映企业管理绩效及其影响因素的若干方面将企业与同行业其他企业或其他行业的著名企业进行比较,以判断企业经营与管理的健康程度。

反映企业管理绩效及其影响因素主要有:

（1）经济功能。检查企业产品或服务对公众的价值，分析企业对社会和国民经济的贡献。

（2）企业组织结构。分析企业组织结构是否能有效地达到企业经营目标。

（3）收入合理性。根据盈利的数量和质量（指盈利在一定时期内的持续性和稳定性）来判断企业盈利状况。

（4）研究与开发。评价企业研究与开发部门的工作是否为企业的未来发展进行了必要的新技术和新产品的准备，管理当局对这项工作的态度如何。

（5）财务政策。评价企业的财务结构是否健全合理，企业是否有效地运用财务政策和控制来达到短期和长期目标。

（6）生产效率。保证在适当的时候提供符合质量要求的必要数量的产品，这对于维持企业的竞争能力是相当重要的。因此，要对企业生产制造系统在数量和质量的保证程度以及资源利用的有效性等方面进行评估。

（7）销售能力。销售能力影响企业产品能否在市场上顺利实现，这方面的评估包括企业商业信誉、代销网点、服务系统以及销售人员的工作技能和工作态度。

（8）对管理当局的评估。即对企业的主要管理人员的知识、能力、勤奋、正直、诚实等素质进行分析和评价。

管理审计在实践中遭到许多批评，其中比较重要的意见认为，这种审计过多地评价组织过去努力的结果，而不致力于预测和指导未来的工作，以至于有些企业在获得了极好的管理审计评价后不久就遇到了严重的财政困难。

尽管如此，管理审计不是在一两个容易测量的活动领域中进行比较，而是对整个组织的管理绩效进行评价，因此可以为指导企业在未来改进管理系统的结构、工作程序和结果中提供有用的参考。

三、比率分析法

（一）财务比率

企业财务状况综合地反映了其生产经营状况。通常对财务状况的分析，可以迅速、全面的了解一个企业的资金来源和资金使用情况，了解企业资金使用效果以及企业的支付能力和清偿债务的能力。通常的财务比率有销售利润比率、投资收益率、资产负债率、利息收益倍比、流动比率、存货周转率、总资产收益率等8项指标，如表13.1所示。

表13.1　常用财务比率

目　的	比　率	计算方法	控制的实质
流动性检测	流动比例	流动资产/流动负债	偿付短期债务的能力
	速动比例	（流动资产－存货）/流动负债	精确控制短期的偿债能力
财务杠杆监测	资产负债比	全部负债/全部资产	控制组织的财务杠杆作用
	利息收益倍比	纳税付息前利润/全部利息之处	偿付利息支出水平
运营监测	存货周转率	销售收入/存货	存货资产利润率
	总资产周转率	销售收入/总资产	资产运营效率
盈利性检测	销售利润率	税后净利润/销售收入	某产品的利润水平
	投资收益率	税后净利润/总资产	资产创造利润的水平

（二）经营比率

经营比率用来直接说明企业的经营情况，常有的经营比率有市场占有率、相对市场占有率、投入产出比率等三大指标。市场占有率又称市场份额，是指企业的主要产品销售额在该种产品的市场销售总额中所占的比重。相对市场占有率指标有两种，一种是本公司的销售量与该公司所在市场中位列前三的竞争对手销售量总和的百分比，另一种是与最大的公司销售量的百分比。用作控制度量的投入产出比率是投入利用效能的直接测量标准，其中一些比率采用实物计量单位。投入方面的衡量指标包括产品产量、销售量、销售收入、工业产值等。几乎每项投入都能够同产出的任何一项对应成一对比率，以衡量某一方面经营或管理的效果和效率。例如，工业总产值比工时总数（或工作日总数）为时（或日）劳动生产率、能源消耗量与工业总产值之比为产值能耗率等。经营比率通常需要进行不同企业之间的横向比较和同一企业不同时期之间的纵向比较才有实际意义。

（三）人事比率

人事比率是指分析组织内部各种人员的比率，包括管理人员与职工的比率、后勤服务人员与生产工人的比率、临时工与正式职工的比率、人员流动率和旷工缺勤率等。通过分析人事比率是否维持在合理的水平上为采取控制措施提供依据。

四、其他控制方法

（一）人员行为控制法

任何组织活动的开展都有赖于组织成员的努力，其他方面的控制也主要靠人来实施，因此，控制工作从根本上说也是对人的控制，而如何选择员工和让员工的行为更有效地趋向组织目标，涉及对员工行为控制的问题。人员控制分两个步骤：第一步是绩效评价，第二步是惩奖。

1. 绩效评价

这里的绩效评价是指对组织部门或个体行为的效能进行科学的测量和评定。常通过鉴定式评价方法、实地审查方法、对比列等方法、偶然事件评价法等进行对人员的控制。

2. 惩奖

奖惩就是通过为管理对象制定一系列的计划、目标、定额、指标等考核标准，对完成标准的给予奖励，对没有完成的给予惩罚来达到控制的目的。

奖惩是一种积极肯定的方法，可以使用物质奖励，也可以使用精神奖励、能级奖励等，甚至可以通过让管理对象承担更关键的任务、多参与决策等方式给予其心理奖励。惩处是一种警戒的办法，它迫使管理对象改变自己的操作行为，努力去达到组织的预期目标。惩处的意义在于唤醒管理对象的责任心，它具有示警的作用。对特别严厉的惩处要采取十分谨慎的态度。

（二）成本控制法

成本控制就是指以成本作为控制的手段，通过制定成本总水平指标值、可比产品成本降低率以及成本中心控制成本的责任等，达到对经济活动实施有效控制目的的一系列管理活动与过程。

成本控制的起点，或者说成本控制过程的平台就是成本控制的基础工作。成本控制要从制定定额、标准化建设和制度建设几个方面做起。成本控制的内容非常广泛，但是，这并不意味着事无巨细地平均使用力量，成本控制应该有计划有重点地区别对待。各行各业不同企业有不同的控制重点。控制内容一般可以从成本形成过程和成本费用分类两个角度加以考虑,如图 13.8 所示。

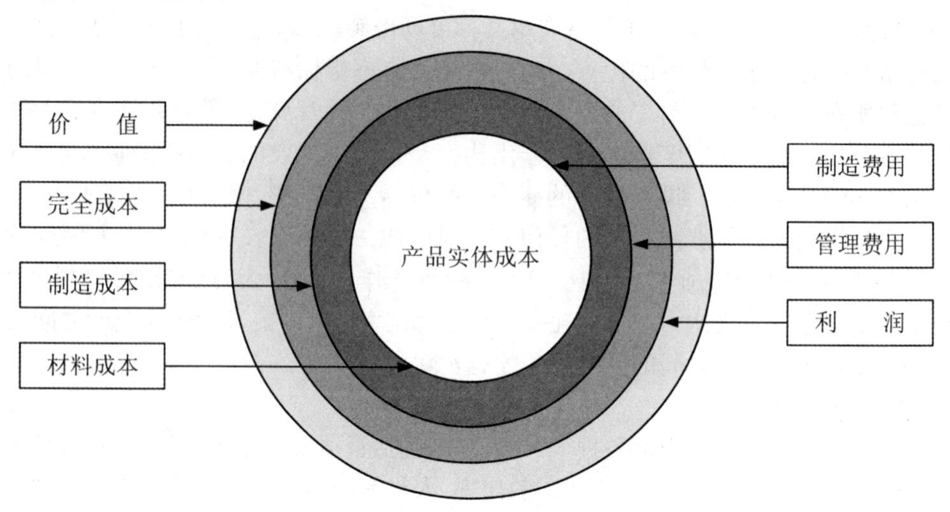

图 13.8　成本控制的内容

在使用成本控制法的过程中要坚持以下几个原则:

1. 全面介入原则

全面介入原则是指成本控制的全部、全员、全过程的控制。全部是对产品生产的全部费用要加以控制,成本控制不仅对变动费用要控制,对固定费用也要进行控制。全员控制是要发动领导干部、管理人员、工程技术人员和广大职工建立成本意识,参与成本的控制,认识到成本控制的重要意义。全过程控制是对产品的设计、制造、销售过程进行控制,并将控制的成果在有关报表上加以反映,借以发现缺点和问题。

2. 例外管理原则

成本控制要将注意力集中在超乎常情的情况。因为实际发生的费用往往与预算有上下浮动,如发生的差异不大,也就没有必要一一查明其原因,而只要把注意力集中在非正常的例外事项上,并及时进行信息反馈。

3. 经济效益原则

提高经济效益不单是依靠降低成本的绝对数,更重要的是实现相对的节约,取得最佳的经济效益。

(三) 平衡计分卡法

1992 年美国哈佛商学院的 R. S. Kaplan 教授等人提出了一种全新企业综合测评体系,称作平衡计分卡(Balanced Score Card,简称 BSC),这是一种全新企业综合测评体系,代表了国际上最前沿的管理思想,它最为突出的特点就是集测评、管理与交流功能于一体。

平衡计分卡是从财务、客户、内部运营、学习与成长 4 个角度,将组织的战略落实为可操作的衡量指标和目标值的一种新型绩效管理体系,如图 13.9 所示。设计平衡计分卡的目的就是要建立"实现战略制导"的绩效管理系统,从而保证企业战略得到有效的执行。因此,人们通常称平衡积分卡是加强企业战略执行力的最有效的战略管理工具。这种方法已被世界上许多企业采用并取得了惊人的效果,其应用领域涉及工厂、银行、政府机构和信息产业等各行各业。据美国 Renaissance 国际公司的调查,世界 1 000 强中有 60%已经使用或正打算使用 BSC，世界最大的 300 家银行中约有 60％正在使用 BSC。

平衡计分卡的作用主要体现在以下几个方面：

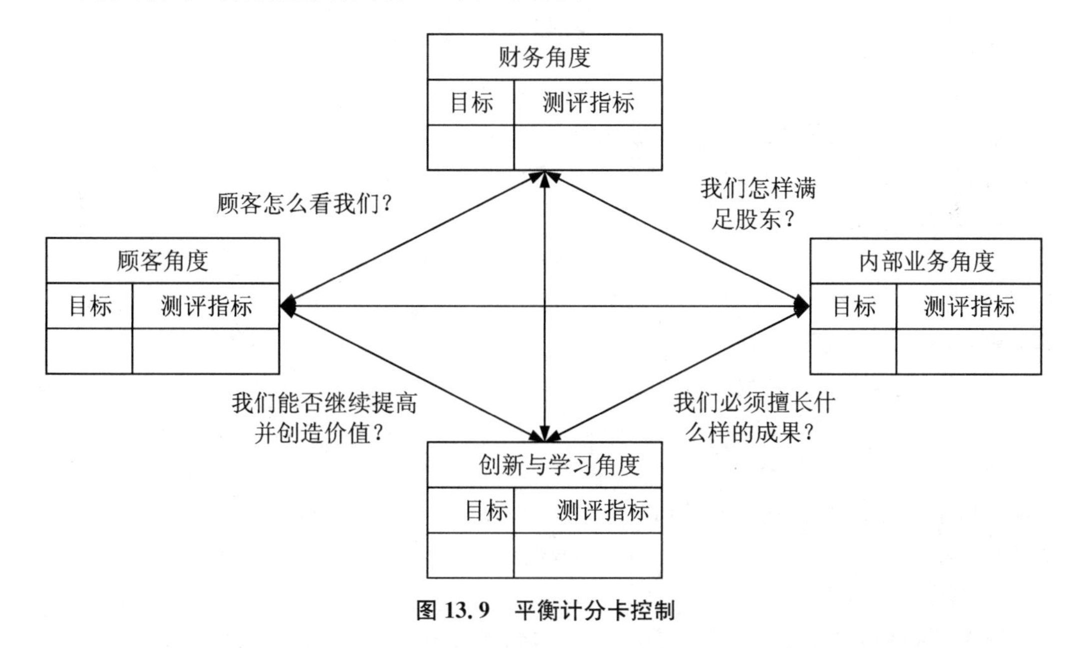

图 13.9　平衡计分卡控制

1. 综合测评

BSC 通过使用大量的超前和滞后指标来评价企业是否向着其战略目标的方向前进。特别是超前指标的运用，对可能引起的财务状况下降的当前活动做出提示。而传统的财务指标从时间上不够及时，当从财务报表或季度报告上发现销售额下降时已为时太晚。

2. 管理控制

BSC 把企业测评与企业战略联系起来，清楚地将企业目标展示给管理者，使管理者注意对未来产生影响的活动，有利于增强企业成功的因素对财务结果的推动作用。

3. 交流

BSC 使员工明白他们的表现会如何影响到企业的成功，也可使管理者了解影响企业进步的日常因素，从而帮助企业从管理集团到一线员工作为一个整体对外界变化做出更快的响应。面对当前变化迅速的市场，这一点尤为重要。

（四）标杆管理法

20 世纪 80 年代初期，美国企业面对日本产品以其高品质、低成本的优势进入市场，而使其丧失自身的竞争力，因此想通过一套完整而有系统的过程，学习日本或世界级公司成功的经验并作为引导企业变革的基础。美国施乐公司即为其中最有代表性的公司。此种有系统而完整的学习卓越公司的过程即为标杆管理的基础。

1985 年，美国生产力与品质中心正式提出标杆管理的定义：标杆管理是一项有系统、持续性的评估过程，通过不断地将企业流程与世界上居领导地位的企业相比较，以获得协助改善营运绩效的资讯。

在进行标杆管理时，其成功的关键因素有：在与他人比较前，先了解自身的流程；尽量使标杆管理集中并简化；掌握良好时机以进行确立法则、训练，并使相关人员多加参与；不论可能与否，让员工、客户与供应商充分参与，可激发其更高的价值；彻底收集内部量化资料，以提供公平合理化的比较基础；与标杆管理者合作伙伴公开分享资讯；确定自己有一些资讯可以和标杆管理伙伴进行交换;为标杆管理合作伙伴及客户人员的实地访查做准备。

【资料链接13-4】　　全球化背景下的控制

随着经济全球化和全球信息化的发展,在全球环境的控制工作的特点和趋势越来越影响着管理者的日常管理工作。这里通过分别讨论和比较美国、日本和中国的控制实践活动,来促使人们认识管理者们所面临的全球性的竞争挑战,具体参见表13.2。

1. 日本的控制工作

如在有关决策的讨论中,大家可以看到的,群体(富有活力和压力)对管理过程有着深刻的影响。在没有隔断的办公室里,大家都能清楚地了解同事的业绩情况,此外,管理人员与其他同事在一起,而不是坐在单独的办公室。个人业绩的衡量不是一些根据具体而又可考核的目标,而是强调集体业绩。再有,日本式的给下属人员"留面子"也同把计划中出现的偏差追究责任到人。控制注重过程而不是数量。日本人以其对质量的关注而闻名,但过去事情也并非如此。20世纪50至60年代时,日本的产品给人的印象也是以次充好。现在,日本产品的形象改变了,良好的质量是同日本产品联系在一起的多个点之一。这要部分归功于成功地实施了质量控制。日本的质量控制要求员工积极参与质量控制小组。

2. 美国的控制工作

在美国,控制常常意味着根据预先制定的精确标准对业绩进行衡量。在美国得以广泛应用的目标管理需要制定可考核的目标并依据这些目标衡量个人业绩。这样,上级人员就可以将偏差追究到某个具体的人,并常常可以由此确定责任在谁。为使个人产生最大业绩,就可能会损失集体业绩。我们大家都能想到那些个人利益高于集体或组织利益的具体事例。

质量控制方案的使用并不是件新事。例如,休斯飞机制造公司很久以来一直在使用称之为"零缺陷和价值工程"的方案。许多质量控制的方法都是美国人创造出来的;但后来被日本人用来提高生产质量和生产率。

3. 中国的控制工作

中国的控制主要是由集体的领导来进行。控制主要针对集体,但也兼顾个体。例如,工厂的管理人员就要完成年度生产配额。因此,中国的控制实践活动混合了美国及日本的控制工作。在确定同标准的偏差行为时,常常会给表现欠佳的人留有面子(这点类似于日本的做法)。虽然在某种程度上也使用了质量控制小组,但却不是普遍的做法。

表13.2　日本、美国和中国的控制实践活动对比

日本的管理	美国的管理	中国的管理
1. 同事控制 2. 控制集中在集体业绩 3. 留有面子 4. 广泛使用质量控制小组	1. 上级控制 2. 控制集中在个人业绩 3. 追究责任到个人 4. 有限地使用质量控制小组	1. 受集体的领导控制(上级) 2. 控制主要是对集体,有时也集中在个人业绩 3. 试图留面子 4. 有限地使用质量控制小组

总之,全球化背景下,如何建立与经济全球化和多元文化模式相适应的管理控制模式越来越受到关注,如何建立全球化信息管理战略,应用信息技术改变企业组织结构和管理控制系统,提高决策能力,改善与顾客及供应商等利益相关者的关系是摆在人们眼前的新课题。

本 章 小 结

1. 控制是管理人员为了保证组织目标的实现，根据组织的计划和事先规定的标准，对下属人员的实际工作进行测量、衡量和评价，并根据偏差来调整行动或调整计划，使计划和实际相吻合的过程。控制职能具有人本性、目的性、整体性、动态性。

2. 控制原理是指对行政管理运作过程及效果进行衡量和校正，以确保行政目标以及为此而拟定的行政计划得以实现所应遵循的规律和原则。应包括反映计划要求原理、适应组织要求原理、控制关键点原理、例外原理、控制趋势原理、控制原理的障碍等内容。

3. 控制的类型按控制实施的时间划分预先控制、现场控制、事后控制；按控制的手段可分为间接控制和直接控制；按控制体系的结构可分为分散控制和集中控制；按控制活动的来源不同可分为正式组织控制、群体控制和自我控制。

4. 有效控制的特征包括客观控制、适度控制、适时控制、弹性控制。控制的过程包含确立标准、衡量成效和纠正偏差3个环节。

5. 企业管理中主要运用的有预算控制法、审计控制法、比率分析法、人员行为控制法、成本控制法、平衡计分卡法、标杆管理法等多种控制的方法。

◆思考题

1. 什么是控制?
2. 计划和控制的关系是什么?
3. 在管理中控制的作用是什么?
4. 有效控制系统应有哪些特征?
5. 控制过程一般有哪些步骤?
6. 你认为控制方法中哪种最重要? 为什么?
7. 什么是预算? 企业预算有哪些类型?
8. 质量控制的内容是什么?
9. 试述程序控制的作用、失灵的原因及其改进。

麦当劳公司的控制系统

麦当劳公司以经营快餐闻名遐迩。1955年，克洛克在美国创办了第一家麦当劳餐厅，其菜单上的品种不多，但食品质量高、价格廉、供应迅速、环境优美。连锁店迅速发展到美国各个州，至1983年，国内分店已超过6 000家。1967年，麦当劳在加拿大开办了首家国外分店，此后国外业务发展很快。到1985年，国外销售额约占其销售总额的1/5。在40多个国家里，每天都有1 800多万人光顾麦当劳。

麦当劳金色的拱门允诺：每个餐厅的菜单基本相同，而且“质量超群，服务优良，清洁卫生，货真价实”。它的产品、加工和烹制程序乃至厨房布置，都是标准化的，严格控制的。它撤销了在法国的第一批特许经营权，因为他们尽管盈利可观，但未能达到在快速服务和清洁方面的标准。

麦当劳的各分店都归当地人所有和经营管理。鉴于在快餐饮食业中维持产品质量和服务水平是其经营成功的关键,因此,麦当劳公司在采取特许连锁经营这种战略开辟分店和实现地域扩张的同时,就特别注意对各连锁店的管理控制。如果管理控制不当,使顾客吃到不对味的汉堡包或受到不友善的接待,其后果就不仅是这家分店将失去这批顾客及其周围顾客光顾的问题,还会波及影响到其他分店的生意,乃至损害整个公司的信誉。为此,麦当劳公司制定了一套全面、周密的控制办法。

麦当劳公司主要是通过授予特许权的方式来开辟连锁分店。其考虑之一,就是使购买特许经营权的人在成为分店经理人员的同时也成为该分店的所有者,从而在直接分享利润的激励机制中形成了对其扩展中的业务的强有力控制。麦当劳公司在出售其特许经营权时非常慎重,总是通过各方面调查了解后挑选那些具有卓越经营管理才能的人作为店主,而且事后如发现其能力不符合要求则撤回这一授权。

麦当劳公司还通过详细的程序、规则和条例规定,使分布在世界各地的所有麦当劳分店的经营者和员工们都遵循一种标准化、规范化的作业。麦当劳公司对制作汉堡包、炸土豆条、招待顾客和清理餐桌等工作都事先进行翔实的动作研究,确定各项工作开展的最好方式,然后再编成书面的规定,用以指导各分店管理人员和一般员工的行为。公司在芝加哥开办了专门的培训中心——汉堡包大学,要求所有的特许经营者在开业之前都接受为期一个月的强化培训。回去之后,他们还被要求对所有的工作人员进行培训,确保公司的规章条例得到准确的理解和贯彻执行。

为了确保所有特许经营分店都能按统一的要求开展活动,麦当劳公司总部的管理人员还经常走访、巡视世界各地的经营店,进行直接的监督和控制。例如,有一次巡视中发现某家分店自作主张,在店厅里摆放电视机和其他物品以吸引顾客,这种做法因与麦当劳的风格不一致,立即得到了纠正。除了直接控制外,麦当劳公司还定期对各分店的经营业绩进行考评。为此,各分店要及时提供有关营业额和经营成本、利润等方面的信息,这样总部管理人员就能把握各分店经营的动态和出现的问题,以便商讨和采取改进的对策。

麦当劳公司的另一个控制手段,就是在所有经营分店中塑造公司独特的组织文化,这就是大家熟知的"质量超群,服务优良,清洁卫生,货真价实"口号所体现的文化价值观。麦当劳公司的共享价值观建设,不仅在世界各地的分店,在上上下下的员工中进行,而且还将公司的一个主要利益团体——顾客也包括进这支建设队伍中。麦当劳的顾客虽然被要求自我服务,但公司特别重视满足顾客的要求,如为他们的孩子开设游戏场所、提供快乐餐和组织生日聚会等,以形成家庭式的氛围,这样既吸引了孩子们,也增强了成年人对公司的忠诚感。

资料来源:王凤彬,朱克强.管理学教学案例精选[M].上海:复旦大学出版社,2005.

思考:

1. 麦当劳公司所创设的管理控制系统,具有哪些基本构成要素?

2. 麦当劳宣传的"质量超群,服务优良,清洁卫生,货真价实"口号如何反映在它的控制过程中?

第十四章　管理创新

了解管理创新和学习型组织的基本概念及意义；熟悉并运用管理创新和文化创新的思维方法；重点掌握企业业务流程再造的主要方法和基本程序。

海尔集团的自主创新策略

海尔久已实行的缝隙战略源自于中国抗日战争的兵法：在总体战略上处劣势、防御、内线作战的部队，可以而且必须力争在局部战役、战斗上造成优势，实施进攻，变为外线作战。今天，海尔冰箱在美国的日益旺销这一案例，正是兵战战法转用商战的一个经典版本。

20世纪末，在国内家电市场已处于恶劣竞争环境和消费者"需求不足"的情势下，海尔开始大力推进国际化战略，直取世界最高端市场，以"缝隙产品"进入美国。时至今日，海尔已成为美国消费者认可的家电品牌，开始树起了中国产品决不再是贴牌产品"质低价廉"的光鲜新形象。一切事物的发展都有它的缘由，并不是一开始就能自然而然产生的。同样，一个企业的成功也必定有它艰难的发展历程，海尔缝隙战略的成功又雄辩地表明了这一点。海尔这种模式的基点可以追溯到20世纪90年代初，当别人都在引进技术一味搞贴牌、做出口的时候，海尔已开始了以自主品牌出口。事实已表明，海尔的创牌发展把整个商业运行模式推进到了一个崭新的阶段。

为什么海尔敢于而且能够从一开始就做自主创牌(OBM)，而非贴牌(OEM)呢？最根本点并不在于资本、实力、技术、研发水平等个别环节的优势，关键在于总体商业模式的颠覆性创新与创造。海尔全新的卓越的商业模式是一种"营消"范式类型的原创。大致说来，它的模式有以下几个特点：

1. 摸准了"营消"单元生态基础，抓准了生活方式演进的大致路径

每个企业同他的客户群是一个鱼水相连——经营者与消费者生死与共的、经"营"与"消"费融合为一的"营消"单元。最初，海尔出口到美国市场时发现，在美国，160升以下的市场需求量不大，像GE、惠尔普这样的国际型大公司都没有投入多少精力去开发市场。海尔在其深入市场调研中发现了这一新的市场商机，这就是：消费客户群的消费方式正在悄悄逆转。由于美国的家庭人口正在变少，小型冰箱日益受到欢迎；同时，小冰箱更受到独身者和留学生的尊崇，可这小型冰箱正是原有世界级品牌打造者们不生产的缝隙产品。海尔摸准了这一窍门，开始集中优势兵力打歼灭战，把火力多集中到160升以下产品，向全局市场开火。海尔的电脑桌冰箱上市后很快风靡美国大学校园，并迅速占到美国市场50%的份额。事实最终证明，海尔冰箱靠这种源于生活、需求本身的市场细分之差异化战略，赢得了美国新生代的认可。直到第一批大学生就业后仍然点名购买海尔冰箱。

2. 扣准了营销“核心用户对象”的需求脉搏，抓准了具体的目标客户群

这就是说，海尔从实实在在的生活底蕴视角上建立起了同美国年轻一代息息相通的企客互动的融合关系。

其一，他们自身生活习惯倾向于用小不用大。在美国社会中，诸多独身者和留学生，从他们的生活习惯来讲，在冰箱的容量上并没有太大的需求。由于是一个人，也就没有太多的食物需要储放；再者对于留学生来讲，他们多半住在学生公寓里，需求更趋向于既方便又适用的小型冰箱，因此对大冰箱并不“感冒”。

其二，尚未形成对大冰箱的观念性依赖。对于年轻一代来讲，他们刚开始拥有自己的第一个公寓或者正在建立自己的第一个家，买自己的第一台电冰箱，对家电还没有形成固化的购买和使用模式，在此时机进入其新型消费理念比较容易。由此，海尔冰箱定位于年轻人的战略不仅顺利地赢得了市场，并进而成为美国新生代的首选品牌。

其三，GE、惠尔普等亦并不重视他们。由于长期受“2∶8定律”惯性思维影响，在美国市场上，主流产品大半盯在160升以上的冰箱，对于GE、惠尔普这样的大牌家电企业来讲，它们看重的是主流产品带来的庞大利润。然而，也正因为在他们并不太在意的情况下，海尔发现并很有效地抓住了他们的要效环节——新的客户群，新的市场，并逐步由此发展成为国际知名度较高的中国自主品牌，打造出了美国年轻消费者的首选品牌。

3. 本土化“营消”价值链形成

在南卡设厂，打造整个完备价值链，形成美国海尔的最彻底本土化“营消”体制。海尔冰箱并不满足于在缝隙中求生存，而是在美国努力开拓出独有市场的同时，科学有效地打造出了“三位一体”的本土化海尔冰箱品牌。其实，海尔冰箱从出口那天开始，就坚持以自有品牌出口的方针。通过在海外与高手过招，不断提升自身素质。1998年，海尔在美国洛杉矶、硅谷设立了自己的设计分部和信息中心。一年后，成立了美国海尔贸易有限公司，接着选定南卡州建厂，完成了登陆北美的“三位一体”战略布局。随后，海尔冰箱在国内一片质疑声中开始了在美国本土的创牌之路。

4. 向高端(产品)“营消”过渡

历经8年的本土化锻造的艰辛与磨炼，8年的拼搏，终于生产出并上市了冰箱业最高端的超级空间法式对开门、美式变温对开门冰箱，成了领航全球的标志性产品，在全美第二大连锁店上市了。产品上市后不仅赢得全美第二大连锁店的主推，同时还被美国主流媒体《USA TODAY》誉为“走进变温时代”的旗帜性产品。超级空间法式对开门、美式变温对开门冰箱的推出，不仅成为领航全球冰箱行业的标志性产品，更标志着海尔在美国本土化商业模式创新的成功。与此同时，南卡州政府专门向美国海尔冰箱厂发来贺电，祝贺海尔冰箱取得的成就。

5. 全面彻底推进“营消”一体化

在美国著名的KBIS展上，海尔独创高端冰箱已极为抢眼地引起了当地主流品牌的极大关注。海尔的自主原创研发能力、海尔直接为美国消费者创造需求的崭新营销模式已开始让欧美老牌家电厂商感到威胁。目前，海尔冰箱已经成为南卡州政府招商引资时的招牌，在南卡政府看来，海尔冰箱已经是美国人自己的优秀品牌了。

资料来源：管益忻．成功的全球化、本土化攻略：海尔营销模式创新[J]．中外企业家，2007(9)．

讨论：请根据资料分析海尔实施自主创新的营销背景，并指出其创新成功的关键点。

第一节 管理创新概述

一、创新概述

（一）创新的概念

创新是以新思维、新发明和新描述为特征的一种概念化过程。它原意有三层含义，第一，更新；第二，创造新的东西；第三，改变。创新是人类特有的认识能力和实践能力，是人类主观能动性的高级表现形式，是推动民族进步和社会发展的不竭动力。一个民族要想走在时代前列，就一刻也不能没有理论思维，一刻也不能停止理论创新。创新在经济、商业、技术、社会学以及建筑学这些领域的研究中有着举足轻重的分量。口语上，经常用“创新”一词表示改革的结果。既然改革被视为经济发展的主要推动力，促进创新的因素也被视为至关重要。

（二）创新概念的分类

“创新”这个概念总体可分为社会学概念和经济学概念两大类：

1. 社会学概念

创新是指人们为了发展的需要，运用已知的信息，不断突破常规，发现或产生某种新颖、独特的有社会价值或个人价值的新事物、新思想的活动。创新的本质是突破，即突破旧的思维定势和旧的常规戒律。创新活动的核心是“新”，它或者是产品的结构、性能和外部特征的变革，或者是造型设计、内容的表现形式和手段的创造，或者是内容的丰富和完善。

2. 经济学概念

在经济学上，创新概念起源于美籍经济学家熊彼特在1912年出版的《经济发展概论》。熊彼特在其著作中提出：创新是指把一种新的生产要素和生产条件的“新结合”引入生产体系。熊彼特的创新概念包含的范围很广，涉及技术性变化的创新及非技术性变化的组织创新。它主要包括以下5个方面：

(1) 引入一种新的产品或者赋予产品一种新的特性。

(2) 引入一种新的生产方法，主要体现为在生产过程中采用新的工艺或新的生产组织方式。

(3) 开辟一个新的市场。

(4) 获得原材料或半成品新的供应来源。

(5) 实现一种新的工业组织。

熊彼特特别强调，创新并不等于发明。一种发明只有应用于经济活动并成功时才能算是创新。熊彼特把创新视为不断地从内部革新经济结构，即不断破坏旧的、创造新的结构。它是来自内部的、创造性的、对经济生活的一种变动，如同生物界的突变一样，可以称为“产业突变”。在静态体系内，资本、人口、技术和生产组织都不变，竞争的结果是价格等于成本，没有利润。这样的社会是停滞的。在动态社会里，企业创新者利用新技术、新方法，提高效率，使成本低于价格而获得利润。创新总是先由个别人进行的，但创新活动所得到的利润鼓励其他人模仿，形成创新浪潮，这时整个社会生产率提高，社会就进步了。

二、管理创新的概念与意义

（一）管理创新的概念

管理创新是指组织形成一种创造性思想并将其转换为有用的产品、服务或作业方法的过程，也可理解为：富有创造力的组织能够不断地将创造性思想转变为某种有用的结果。当管理者说到要将组织变革成更富有创造性的时候，他们通常指的就是要激发创新。在现代企业中，管理创新要求企业把新的管理要素（如新的管理方法、新的管理手段、新的管理模式等）或要素组合引入企业管理系统，以更有效地实现组织目标的活动。

有三类因素将有利于组织的管理创新，它们是组织的结构、文化和人力资源实践。

（1）从组织结构因素的角度来看，有机式结构对创新有正面影响；拥有富足的资源能为创新提供重要保证；单位间密切的沟通有利于克服创新的潜在障碍。

（2）从文化因素的角度来看，充满创新精神的组织文化通常有如下特征：接受模棱两可，容忍不切实际，外部控制少，接受风险，容忍冲突，注重结果甚于手段，强调开放系统。

（3）从人力资源因素的角度来看，有创造力的组织积极地对其员工开展培训和发展，以使其保持知识的更新；同时，它们还给员工提供高工作保障，以减少他们担心因犯错误而遭解雇的顾虑；组织也鼓励员工成为革新能手；一旦产生新思想，革新能手们会主动而热情地将思想予以深化，提供支持并克服阻力。

（二）管理创新的意义

创新是一种理念，更是企业生存发展的内在要求。只有通过管理创新才能使企业的管理体制和运行机制更加规范合理，实现人、财、物等资源的有效配置。

管理创新是企业生命的源泉，是企业竞争实力的加油站和发动机，创新在企业发展中的意义可以归纳为以下 4 点：

1. 创新有助于提高企业的生存能力

在知识经济时代，随着市场竞争日趋激烈，企业的生存与活力是一个根本问题。研究表明，一段时期内新建立的企业 5 年后可能只剩一半，10 年后剩 10%，20 年后就所剩无几了，50 年后就更少。美国著名管理学大师彼得・德鲁克说过："企业管理不是一种官僚的行政工作，它必须是创新性的，而不是适应性的工作。""不创新就死亡。"企业只有不断地进行创新才能够有实力面对竞争，才能跟上时代发展的步伐。如果不进行创新很可能遭到淘汰。

2. 创新有助于提高企业经济效益

管理创新的目标是提高企业有限资源的配置效率。这一效率虽然可以在众多指标上得到反映，如资金周转速度加快，资源消耗系数减小，劳动生产率提高等，但最终还要在经济效益指标上有所体现，即提高了企业的经济效益。从经济学角度讲，产品创新或市场创新可能形成暂时的卖方市场，而通过技术创新和体制创新则有可能形成暂时的质量优势或成本优势，这两种途径最终都会使企业在一段时间内获得超额利润。例如，针对我国居民的收入水平和中国城镇的交通现状，率先开发电动自行车并将这种适合中国国情的交通工具推向市场的企业，无疑通过产品创新这种方式在短时间内形成了卖方市场，进而争取到了超额利润。邯郸钢铁集团公司通过"模拟市场核算，实行成本倒推"的管理体制创新，在市场不利的境遇下，争得了生存发展的更大空间，获得了竞争的主动权，进而提高了企业的经济效益。

3. 创新有助于提高企业的发展能力

常有人说管理与技术是企业发展的两个轮子，倘若管理是如此的话，那么管理创新自然更是如此，因为管理创新的结果是为企业提供更有效的管理方式、方法和手段。管理创新为企业不断注入新的活力，使企业不断焕发勃勃的生机。总之，管理创新是企业发展的动力。

4. 创新有助于提高企业的环境适应能力

企业是一个开放系统，每时每刻都要与外界环境之间保持能量、信息和物质的交换，才能在动态发展中求得平衡，保持有序性。随着我国改革开放进程的深入，国内市场的进一步开放，企业与外界的联系更加密切，企业每时每刻都要受到各种外界力量的制衡。企业唯有在生存过程中不断创新与外界交互作用的方式，才能寻找到一个有利于自己的均衡点，赢得一个良好的外部环境。

以上几个方面只是管理创新对企业发展的诸多具体作用的一部分，但足以证明管理创新在企业生存与发展中的地位。

三、管理创新的特点

管理创新不同于一般的"创新"，其特点来自于创新和管理两个方面。管理创新具有创造性、长期性、风险性、效益性和艰巨性等特点。

（一）创造性

以原有的管理思想、方法和理论为基础，充分结合实际工作环境与特点，积极地吸取外界的各种思想、知识和观念，在汲取合理内涵的同时，创造出新的管理思想、方法和理论。其重点在于突破原有的思维定式和框架，创造具有新属性的、增值的东西。

（二）长期性

管理创新是一项长期的、持续的、动态的工作过程。没有管理创新，就没有企业的核心竞争力。通过创新管理方式，激发内在潜力，实现资源整合，从而建立起企业效益增长、质量提升的长效机制。例如海尔工厂内部长期把由员工创造的有利于节约成本和提高生产效率的小发明、小方法用照片图文的形式贴在操作台旁边，并以发明人的名字命名这种发明方法，大大增强了员工的荣誉感。海尔集团董事局主席兼 CEO 张瑞敏曾说过："我们海尔平均 3 天有一个发明成果，7 天有一个新专利诞生。"

在人们长期的实践过程中，创新引导实践，实践支持创新。实践和创新缺一不可，这就好比只懂得力学原理的人和只知道铺砖叠瓦的人都无法独立建起一座摩天大厦一样。同样，在新的世纪里，也只有那些善于将创新和实践结合起来的人才有可能获得最大的成功。

（三）风险性

风险是无形的，对管理进行创新具有挑战性。管理创新并不总能获得成功。创新作为一种具有创造性的过程，包含着许多可变因素、不可知因素和不可控因素，这种不确定性使得创新必然存在着许多风险。这也就是创新的代价之所在。但是存在风险并不意味着要一味地冒险，去做无谓的牺牲，要理性地看待风险，要充分认识不确定因素，尽可能地规避风险，使成本付出最小化，成功概率最大化。

（四）效益性

创新并不是为了创新而创新，而是为了更好地实现组织的目标，要取得效益和效率。通过技术创新提高产品技术含量，使其具有技术竞争优势，获取更高利润。通过管理创新，建立新的管理制度，形成新的组织模式，实现新的资源整合，从而建立起企业效益增长的长效机制。

（五）艰巨性

管理创新因其综合性、前瞻性和深层性而颇为艰巨。管理创新涉及人们观念、知识、经验等方面以及组织目标、组织结构、组织制度，关系到人的意识、权力、地位、管理方式和资源的重新配置，这必然会牵涉到各个层面的利益，使得管理创新在设计与实施中遇到诸多“麻烦”。

四、管理创新的方法

（一）头脑风暴法

“头脑风暴法”作为决策的一种方法在前文中已经作了详细的介绍。在进行管理创新时，我们可以通过一种别开生面的小组畅谈会，按照“头脑风暴法”的规则，在较短的时间内充分发挥群体的创造力，从而获得较多的创新设想。当一个与会者提出一个新的设想时，这种设想就会激发小组内其他成员的联想。当人们卷入“头脑风暴”的洪流之后，各种各样的构想就像燃放鞭炮一样，点燃一个，引爆一串。此方法更适用于管理创新。

这种方法的目的在于创造一种自由奔放的思考环境，诱发创造性思维的共振和连锁反应，产生更多的创造性思维。讨论一小时能产生数十个乃至几百个创造性设想，适用于问题比较单纯、目标较明确的决策。这种方法在应用中又发展出“反头脑风暴法”，做法与头脑风暴法一样，对一种方案不提肯定意见，而是专门挑毛病、找矛盾。它与头脑风暴法一反一正，正好可以相互补充。

剥核桃——头脑风暴法

某食品厂生产科为了提高剥除核桃仁的效率，召开了一次头脑风暴会议，会议纪要如下：

组长：我们的任务是砸核桃，要求多、快、好，大家有什么办法？

甲：平常在家里用牙嗑，用手或榔头砸，用钳子夹，用门掩。

组长：几个核桃用这种办法行，但核桃多怎么办？

乙：应该把核桃按大小分类，各类核桃分别放在压力机上砸。

丙：可以把核桃沾上粉末一类的东西，使它们成为一般大的圆球，在压力机上砸，用不着分类。（发展了上一个观念）

丁：沾上粉末可能带磁性，在压力机上砸压后，或者在粉碎机上粉碎后，由于磁场作用，核桃壳可能脱掉，只剩下核桃仁。（发展了上一个观念，并应用了物理效应）

组长：很好！大家再想想用什么样的力才能把核桃砸开，用什么办法才能得到这些力。

甲：应该加一个集中的挤压力。用某种东西冲击核桃，就能产生这种力，或者相反，用核桃冲击某种东西。

乙：可以用气枪往墙壁上射核桃，比如说可以用射软木塞的儿童气枪射。

丙：当核桃落地时，可以利用地球引力产生力。

丁：核桃壳很硬，应该先用溶剂加工，使它软化、溶解……或者使它们变得很脆。经过冷冻就可以变脆。

组长：动物是怎么解决这一任务的，比如鸟儿？

甲:鸟儿用嘴啄……或者飞得高高的,把核桃扔在硬地上。我们应该把核桃装在容器里,从高处往硬的地方扔,比如说在气球上、直升机上、电梯上往水泥板上扔,然后把摔碎的核桃拾起来。(类比)

乙:可以把核桃放在液体容器里,借助水力冲击把核桃破开。(物理效应)

组长:是否可用发现法如认同、反向……解决问题呢?

丙:应该从里面把核桃破开,把核桃钻个小孔,往里面打气加压。(反向)

丁:可以把核桃放在空气室里,往里打气加压,然后使空气室里压力锐减,内部压力就会使核桃破裂,因为内部压力不可能很快减少。(发展了上一个观念)或者可以急剧增加和减少空气室压力,这时核桃壳会承受交变负荷。

戊:我是核桃,是核桃仁。从核桃壳内部,我用手脚对它施加压力,外壳就会破裂。(认同)应该不让外壳长,只让核桃仁长,就会把外壳顶破。(理想结果)为此,例如可以照射……外壳。

乙:我也是核桃。我用手抓住树枝,当成熟时就撒手掉在硬地上摔破。应该把核桃种在悬崖峭壁上,或种在陡坡上,它们掉下来就掉破。

甲:应该掘口深井,井底放一块钢板,在核桃树与深井之间开几道钢槽。核桃从树上掉下来,顺着钢槽滚到井里,摔在钢板上就会摔破……结果,仅用10分钟就收集了40个想法,经专家组评价,从中得出参考解决方案。

资料来源:根据中华心理教育网信息整理。

讨论:

1. 概括头脑风暴法的会议特点。
2. 你认为头脑风暴法对于企业管理有哪些利弊?

(二)综摄法

综摄法是由美国麻省理工学院戈登教授在1952年发明的一种开发潜在创造力的方法。它是以已知的东西为媒介,把毫不相关、互不相同的知识要素结合起来创造出新的设想。综摄法可理解为吸取各种产品和知识精华,综合在一起创造出新产品或知识。这样可以帮助人们发挥潜在的创造力,打开未知世界的窗口。

综摄法有两个基本原则:① 异质同化,即"变陌生为熟悉"。这实际上是综摄法的准备阶段,是指对待不熟悉的事物要以熟悉的事物、方法、原理和已有的知识去分析对待它,从而提出新设想。② 同质异化,即"变熟悉为陌生"。这是综摄法的核心,是对熟悉的事物、方法、原理和知识去观察分析,从而启发出新的创造性设想。

(三)逆向思维法

逆向思维是顺向思维的对立面。逆向思维是一种反常规、反传统的思维。顺向思维的常规性、传统性,往往导致人们形成思维定式,是一种从众心理的反映,因而往往使人形成一种思维"框框",阻碍着人们创造力的发挥。这时如果转换一下思路,用逆向法来考虑,就可能突破这些"框框",取得出乎意料的成功。逆向思维法由于是反常规、反传统的,因而它具有与一般思维不同的特点。

(1) 突破性。这种方法的成果往往冲破传统观念和常规,常带有质变或部分质变的性质,因而往往能取得突破性的成就。

(2) 新奇性。由于思维的逆向性,改革的幅度较大,因而必然是新奇、新颖的。

(3) 普遍性。逆向思维法适用的范围很广,几乎适用于一切领域。

（四）检核表法

检核表法几乎适用于任何类型与场合的创造活动，因此又被称做“创造方法之母”。它是用一张一览表对需要解决的问题逐项进行核对，从各个角度诱发多种创造性设想，以促进创造发明、革新或解决工作中的问题。实践证明，这是一种能够大量开发创造性设想的方法。检核表法是一种多渠道的思考方法，包括以下一些创造技法：迁移法、引入法、改变法、添加法、替代法、缩减法、扩大法、组合法和颠倒法。它启发人们缜密地、多渠道地思考和解决问题，并广泛运用于创造、发明、革新和企业管理上。它的要害是一个“变”字，而不把视线凝聚在某一点或某一方向上。

（五）信息交合法

信息交合法是通过若干类信息在一定方向上的扩展和交合，来激发创造性思维，提出创新性设想。信息是思维的原材料，大脑是信息的加工厂，通过不同信息的撞击、再造、叠加、综合、扩散、转换，可以诱发创新性设想。要正确运用信息交合法，必须注意抓好以下 3 个环节：

（1）搜集信息。不少企业已设立专门机构来搜集信息。网络化已成为当今企业搜集信息的发展趋势。如日本三菱会社，在全世界设置了 115 个海外办事处，约 900 名日本人和 2 000多名当地职员从事信息搜集工作。搜集信息的重点放在搜集新的信息，只有新的信息才能反映科技、经济活动中的最新动态、最新成果，这些往往对企业有着直接的利害关系。

（2）拣选信息。包含着核对信息、整理信息、积累信息等内容。

（3）运用信息。搜集、整理信息的目的都是为了运用信息。运用信息，一要快，快才能抓住时机；二要交汇，即这个信息与那个信息进行交汇，这个领域的信息与那个领域的信息进行交汇，把信息和所要实现目标联系起来进行思考，以创造性地实现目标。信息交汇可以通过本体交汇、功能拓展、杂交、立体动态四个方式进行。总之，信息交汇法就像一个“魔方”，通过各种信息的引入和各个层次的交换会引出许多系列的新信息组合，为创新对象提供了千万种的可能性。

（六）模仿创新法

人类的发明创造大多是由模仿开始的，然后再进入独创。勤于思考就能通过模仿做出创造发明，当今有许多物品模仿了生物的一些特征，以致形成了仿生学。模仿不仅被用于工程技术、艺术，也被应用于管理方面。

五、管理创新的策略

根据创新的程度不同，可以分为首创性创新策略、改创型创新策略和仿创性创新策略。

（一）首创型创新策略

首创型的创新是指观念上和结果上有根本突破的创新，通常是首次推出但对经济和社会发展产生重大影响的全新的产品、技术、管理方法和理论。这类创新本身要求全新的技术、工艺以及全新的组织结构和管理方法。

（二）改创型创新策略

改创型创新是指在自己现有的特色管理或在别人先进的管理思想、方式、方法上进行顺应式或逆向式的进一步改进，现在的特色管理是自己所独有但尚未系统化或完全成型的管理方式。日本是采用这种管理创新策略的典型国家。日本的企业管理水平在第二次世界大战后是很落后的，20 世纪 50 年代，日本派了大批人去美国学习企业管理技术，邀请许多美国的专家到日本讲学，并结合日本的传统文化和国民气质，创造出了全新的日本企业管理模式，最终使美国反过来向日本学习其某些管理方法。

（三）仿创型创新策略

仿创型创新策略是创新度最低的一种创新活动，其基本特征在于模仿性。在创新理论的创始人熊彼特看来，模仿不能算是创新，但是模仿是创新传播的重要方式，对于推动创新的扩散具有十分重要的意义，没有模仿的创新的传播可能十分缓慢，创新对社会经济发展和人类进步的影响也将大大地减小。模仿可以分为创造性的模仿和简单性的模仿，创造性的模仿就是我们上面介绍的改创型创新，而简单性的模仿就是仿创型创新。

六、管理创新的阶段

一般来说，管理创新的过程包含 4 个阶段。

（一）第一阶段：对现状的不满

在几乎所有的案例中，管理创新的动机都源于对公司现状的不满：或是公司遇到危机，或是商业环境变化以及新竞争者出现而形成战略型威胁，或是某些人对操作性问题产生抱怨。

例如，Litton 互联产品公司是一家为计算机组装主板系统的工厂，位于苏格兰的格兰洛斯。1991 年，乔治·布莱克受命负责这家工厂的战略转型。他说："我们曾是一家前途黯淡的公司，与竞争对手相比，我们的组装工作毫无特色。唯一的解决办法就是采取新的工作方式，为客户提供新的服务。这是一种刻意的颠覆，也许有些冒险，但我们别无选择。"很快，布莱克推行了新的业务单元架构方案。每个业务单元中的员工都致力于满足某一个客户的所有需要，他们学习制造、销售、服务等一系列技能。这次创新使得客户反响获得极大改善，员工流动率也大大降低。当然，不论出于哪一种原因，管理创新都在挑战组织的某种形式，它更容易于产生于紧要关头。

（二）第二阶段：从其他来源寻找灵感

管理创新者的灵感可能来自其他社会体系的成功经验，也可能来自那些未经证实却非常有吸引力的新观念。有些灵感源自管理思想家和管理宗师。1987 年，墨里·华莱士出任了惠灵顿保险公司的 CEO。在惠灵顿危机四伏的关键时候，华莱士读到了汤姆·彼得斯的新作《混沌中的繁荣》。他将书中的高度分权原则转化为一个可操作的模式，这就是人们熟知的"惠灵顿革命"。华莱士的新模式令公司的利润率大幅增长。还有些灵感来自无关的组织和社会体系。20 世纪 90 年代初，总部位于丹麦哥本哈根的奥迪康助听器公司推行了一种激进的组织模型：没有正式的层级和汇报关系；资源分配是围绕项目小组展开的；组织是完全开放的。几年后，奥迪康取得了巨大的利润增长。而这个灵感却来源于公司 CEO——拉尔斯·科林曾经参与过的美国童子军运动。科林说："童子军有一种很强的志愿性。当他们集合起来，就能有效合作而不存在任何等级关系。这里也没有钩心斗角、尔虞我诈，大家目标一致。这段经历让我重视为员工设定一个明确的'意义'，这种意义远远超越了养家糊口。同时，建立一个鼓励志愿行为和自我激励的体系。"

管理创新的灵感很难从一个公司的内部产生。很多公司盲目对标或观察竞争者的行为，导致整个产业的竞争高度趋同。只有通过从其他来源获得灵感，公司的管理创新者们才能够开创出真正全新的东西。

（三）第三阶段：创新

管理创新人员将各种不满的要素、灵感以及解决方案组合在一起，组合方式通常并非一蹴而就，而是重复、渐进的，但多数管理创新者都能找到一个清楚的推动事件。

（四）第四阶段：争取内部和外部的认可

与其他创新一样，管理创新也有风险巨大、回报不确定的问题。很多人无法理解创新的潜在收益，或者担心创新失败会对公司产生负面影响，因而会竭力抵制创新。而且，在实施之前，我们很难准确判断创新的收益是否高于成本。因此对于管理创新人员来说，一个关键阶段就是争取他人对新创意的认可。

结合你熟悉的某个企业管理的实际情况，谈谈你对模仿创新和自主创新各自具有的优势和劣势的看法？

第二节　文 化 创 新

一、文化的概念

文化是非常重要的人类现象，是人类社会发展进步的一个重要内容和精神动力，也是这种发展进步在精神领域的一个重要标志。广义的文化概念，即所谓的大文化，是指人类改造客观世界和主观世界的活动及其成果的总和。它包括物质文化和精神文化两大类。物质文化是通过物质活动及其成果来体现的人类文化；精神文化是通过人的精神活动及其成果来体现的人类文化，包括思想道德和科学文化。

二、文化创新的意义

文化在交流的过程中传播，在继承的基础上发展，都包含着文化创新的意义。文化发展的实质，就在于文化创新。文化创新是社会实践发展的必然要求，是文化自身发展的内在动力。实践，作为人们改造客观世界的活动，是一种有目的、有意识的社会性活动，人类在改造自然和社会的实践中，创造出自己特有的文化。社会实践是文化创新的源泉。

文化自身的继承与发展，是一个新陈代谢、不断创新的过程。一方面，社会实践不断出现新情况，提出新问题，需要文化不断创新，以适应新情况，回答新问题；另一方面，社会实践的发展，为文化创新提供了更为丰富的资源，准备了更加充足的条件。所以，社会实践是文化创新的动力和基础。

三、组织文化创新

组织作为一种以人与人的组合为基础的经营活动主体，其经营行为必然最终都要人格化，也就是说，组织是人格化的组织，组织的所有活动最终都要靠人来执行。正是因为如此，组织的制度创新，组织的经营战略的创新，最终都必然会体现在人的价值理念中，也就是以组织文化的形式表现出来。这里所讲的组织文化，就其形式来讲，它是属于人的思想范畴，是指人的价值理念；而就其内容来讲，则是组织制度与组织经营战略等与组织相关的活动在人的理念上的反映。因此,组织文化也是组织高效发展的一个极其重要的问题。

组织文化是组织成员共有的价值和信念体系。这一体系在很大程度上决定了组织成员的行为方式。它代表了组织成员所持有的共同观念。组织文化在组织发展中起到导向、维系和约束的作用,它有很强的维持现有模式的倾向。

组织文化创新是指为了使组织的发展与环境相匹配,根据本身的性质和特点形成体现组织共同价值观的组织文化,并不断创新和发展的活动过程。组织文化创新的实质在于组织文化建设中突破与组织经营管理实际脱节的僵化的文化理念和观点的束缚,实现向贯穿于全部创新过程的新型经营管理方式的转变。面对日益深化、日益激烈的国内外市场竞争环境,越来越多的组织不仅从思想上认识到创新是组织文化建设的灵魂,是不断提高组织竞争力的关键,而且逐步深入地把创新贯彻到组织文化建设的各个层面,落实到组织经营管理的实践中。

四、组织文化创新与管理创新、制度创新的关系

管理的方式与文化总是密切相关的,企业进行管理创新,必须先推行文化创新。企业要进行管理创新,必须变革约束创新的思维、观点,打破现有文化模式,改变管理的观念,进行一场深刻的、彻底地管理变革,建立健全具有自身特色的企业文化。

制度创新的基础就是文化创新,没有文化的创新,制度创新是一句空话。企业在深化改革、完善企业制度的过程中,应切实重视企业文化的建设,把创新与企业文化结合起来,以企业文化创新为载体推动制度创新,真正为企业注入健康持久的文化推动力。制度创新是企业文化创新的主要现实表现,其中两类制度创新比较重要:一是对内部员工的激励导向制度的创新,比如工资制度、福利制度、培训制度、考核制度、干部制度、招聘制度等;二是对业务流程和制度的创新。

五、组织文化创新的思路

以企业组织为例,文化创新要以对传统企业组织文化的批判为前提,对构成企业组织文化的诸多要素包括经营理念、企业宗旨、管理制度、经营流程、仪式、语言等进行全方位系统性的弘扬、重建或重新表述,使之与企业的生产力发展步伐和外部环境变化相适应。

1. 企业领导者应当加强自身修养,担当企业文化创新的领头人

从某种意义上说,企业文化是企业家的文化,是企业家的人格化,是其事业心和责任感、人生追求、价值取向、创新精神等的综合反映。他们必须通过自己的行动向全体成员灌输企业的价值观念。这正如我国著名企业家张瑞敏在海尔公司充当 CEO 的角色时所说的,"第一是设计师,在企业发展中如何使组织结构适应企业发展;第二是牧师,不断地布道,使员工接受企业文化,把员工自身价值的体现和企业目标的实现结合起来。"

企业文化创新的前提是企业经营管理者观念的转变。因此,进行企业文化创新,企业经营管理者必须转变观念、提高素质。

第一,要对企业文化的内涵有更全面更深层次的理解。要彻底从过去那种认为搞企业文化就是组织唱唱歌、跳跳舞,举办书法、摄影比赛等思维定势中走出来,真正将企业文化的概念定位在企业经营理念、企业价值观、企业精神和企业形象上。

第二,要积极进行思想观念的转变。要从原来的自我封闭、行政命令、平均主义和粗放经营中走出来,牢固树立适应市场要求的全新的发展观念、改革观念、市场化经营观念、竞争

观念、效益观念等。

第三，要认真掌握现代化的管理知识和技能，同时要积极吸收国外优秀的管理经验，用于企业发展，并且在文化上要积极融入世界，为企业走国际化道路做好准备。

第四，要有强烈的创新精神，思维活动和心理状态要保持一种非凡的活力，双眼紧盯着国际、国内各种信息，紧盯着市场需求，大脑中要能及时地将外界的信息重新组合，构造出新的创新决策。

2. 企业文化创新与人力资源开发相结合

人力资源开发在企业文化的推广中起到不可替代的作用。全员培训是推动企业文化变革的根本手段。企业文化对于企业的推动作用得以实现，关键在于全体员工的理解认同与身体力行。为此，在企业文化变革的过程中，必须注重培训计划的设计和实施，督促全体员工接受培训、学习。通过专门培训，可以增进员工对企业文化的认识和理解，增强员工的参与积极性，使新的企业文化能够在员工接受的基础上顺利推进。除了正式或非正式的培训活动外，还可以利用会议以及其他各种舆论工具，如企业内部刊物、标语、板报等大力宣传企业的价值观，使员工时刻都处于充满企业价值观的氛围之中。

现代企业间的竞争主要是人才的竞争，也是企业凝聚力的较量。这归根结底又是以人为本的企业文化的竞争。顽强的企业团队精神，是企业获得巨大成功的基础条件。要把企业成千上万名员工凝聚起来，只靠金钱是不够的，企业必须具备共同的价值观、目标和信念。对共同价值的认同会使员工产生稳定的归属感，从而吸引和留住人才。事实证明，企业只有形成了优秀的企业文化，才能打造一支战无不胜的员工队伍。

3. 建立学习型组织

企业间竞争是人才的竞争，实际上应该是学习能力的竞争。如果说企业文化是核心竞争力，那么其中的关键是企业的学习能力。建立学习型组织和业务流程再造，是当今最前沿的管理理念。为了在知识经济条件下增强企业的竞争力，在世界排名前100家企业中，已有40%的企业以“学习型组织”为样本，进行脱胎换骨的改造。知识经济时代，知识资本成为企业成长的关键性资源，企业文化作为企业的核心竞争力的根基将受到前所未有的重视。成功的企业定是学习型组织，学习越来越成为企业生命力的源泉。企业要生存与发展，提高企业的核心竞争力，就必须强化知识管理，从根本上提高企业综合素质。

现代企业的核心竞争力有哪些？你认为企业应该通过什么方式围绕建立核心竞争优势开展人力资源的培训？

第三节　业务流程再造

一、业务流程再造的概念

业务流程再造(Business Process Reengineering,缩写为 BPR),也被译为"企业流程再造",是 20 世纪 90 年代由美国麻省理工学院(MIT)的计算机教授迈克尔·哈默(Michael Hammer)和 CSC 管理顾问公司董事长钱皮(James Champy)提出的。1993 年,在他们的《公司再造:企业革命宣言》一书中,哈默和钱皮指出,200 年以来,人们一直遵循亚当·斯密的劳动分工的思想来建立和管理企业,即注重把工作分解为最简单和最基本的步骤;而目前应围绕这样的概念来建立和管理企业,即把工作任务重新组合到首尾一贯的工作流程中去。他们给 BPR 下的定义是:"为了飞跃性地改善成本、质量、服务、速度等现代企业的主要运营基础,必须对工作流程进行根本性的重新思考并彻底改革。"其基本思想就是必须彻底改变传统的工作方式,也就是彻底改变传统的自工业革命以来,按照分工原则把一项完整的工作分成不同部分,由各自相对独立的部门依次进行工作的工作方式。

二、业务流程再造产生的背景与适用范围

(一) 产生背景

业务流程再造理论的产生有深刻的时代背景。20 世纪 60 年代以来,信息技术革命使企业的经营环境和运作方式发生了很大的变化,而西方国家经济的长期低增长又使得市场竞争日益激烈,企业面临着严峻挑战。有些管理专家用"3C"理论阐述了这种全新的挑战。

(1) 顾客(Customer)。买卖双方关系中的主导权转到了顾客一方。竞争使顾客对商品有了更大的选择余地。随着生活水平的不断提高,顾客对各种产品和服务也有了更高的要求。

(2) 竞争(Competition)。技术进步使竞争的方式和手段不断发展,发生了根本性的变化。越来越多的跨国公司越出国界,在逐渐走向一体化的全球市场上展开各种形式的竞争,如美国企业面临日本、欧洲企业的竞争威胁。

(3) 变化(Change)。市场需求日趋多变,产品寿命周期的单位已由"年"趋于"月",技术进步使企业的生产、服务系统经常变化,这种变化已经成为持续不断的事情。因此在大量生产、大量消费的环境下发展起来的企业经营管理模式,已无法适应快速变化的市场。面对这些挑战,企业只有在更高水平上进行一场根本性的改革与创新,才能在低速增长时代增强自身的竞争力。

(二) 适用企业组织的类型

每个企业组织都应判断这些改变是否也适用于其自身。业务流程再造只有在企业需要重新确定一个强化的战略地位时才真正有可能实施。

简而言之,从美国实施业务流程再造的经验看,进行再造的企业大体可分成如下 3 大类:

第一类企业:身陷困境,走投无路,迫于形势,准备背水一战。若能借助"再造",冲出困境,那就能使企业获得新生,柳暗花明又一村。这里所谓"困境",是指成本高出竞争对手几

倍，产品次品率高出别人几倍，或者顾客对他们的产品已怨声载道，到了忍无可忍的地步。“再造”是企业唯一的出路，关系到企业的生死存亡。

第二类企业：当前日子还过得去，暂时看来财政状况是令人满意的。换句话说，公司尚未遇到真正的麻烦，然而公司领导班子似乎有一种感觉，预见到即将有暴风骤雨来临，可能给他们带来严重问题，甚至威胁他们成功的基业。这些公司有远见，未雨绸缪，把决心下在紧要关头，与其走下坡路入逆境，不如着手实施“再造”。

第三类企业：正处于巅峰时期，不要说眼前没有困难，即使是看得着或想得到的将来也不会有什么大问题。这些公司的领导班子不安于现状，雄心勃勃，勇于进取。“再造”被看做提高竞争优势的好机会。把竞争对手甩得更远，把竞争障碍筑得更高，使自身被市场紧随者赶超的可能变得更小。正像一句颇费思量的妙语所说：真正卓有成效的公司，其标志是舍得丢弃长时间有成效的东西。

三、实施业务流程再造的战略因素

业务流程再造只有在企业强化战略地位时才真正有可能实施。因此在业务流程再造之前，明确企业的经营战略就变得异常重要。需要实施业务流程再造的一些战略因素有：

(1) 认识到竞争对手将在成本、速度、灵活性、质量及服务等方面产生优势。

(2) 增加运营能力所需的战略。

(3) 重新评估战略选择的需要：进入新市场或重新定位产品与服务。

(4) 核心运营流程基于过时的商业假设或技术建立。

(5) 企业的战略目标似乎无法实现。

(6) 市场上有了新变化，如市场份额需要扩大，出现新的竞争对手等。当企业出现以上因素时，业务流程再造会更加有效地得以实施。

四、业务流程再造的主要程序

业务流程再造就是重新设计和安排企业的整个生产、服务和经营过程，使之合理化。通过对企业原来生产经营过程的各个方面、每个环节进行全面的调查研究和细致分析，对其中不合理、不必要的环节进行彻底的变革。在具体实施过程中，可以按以下程序进行。

(一) 对原有流程进行全面的功能和效率分析，发现其存在问题

根据企业现行的作业程序，绘制细致、明晰的作业流程图。一般地说，原来的作业程序是与过去的市场需求、技术条件相适应的，并由一定的组织结构、作业规范作为其保证的。当市场需求、技术条件发生的变化使现有作业程序难以适应时，作业效率或组织结构的效能就会降低。因此，必须从以下方面分析现行作业流程的问题：

(1) 功能障碍。随着技术的发展，技术上具有不可分性的团队工作，个人可完成的工作额度就会发生变化，这就会使原来的作业流程或者支离破碎而增加管理成本，或者核算单位太大而造成权责利脱节，并会造成组织机构设计的不合理，形成企业发展的瓶颈。

(2) 重要性。不同的作业流程环节对企业的影响是不同的。随着顾客对产品、服务需求的变化，作业流程中的关键环节以及各环节的重要性也在变化。

(3) 可行性。根据市场、技术变化的特点及企业的现实情况，分清问题的轻重缓急，找出流程再造的切入点。为了对上述问题的认识更具有针对性，还必须深入现场，具体观测、分析现存作业流程的功能、制约因素以及表现的关键问题。

（二）设计新的流程改进方案，并进行评估

为了设计更加科学、合理的作业流程，必须群策群力、集思广益、鼓励创新。在设计新的流程改进方案时，可以考虑以下方面：

(1) 将现在的数项业务或工作组合，合并为一。

(2) 工作流程的各个步骤按其自然顺序进行。

(3) 给予职工参与决策的权力。

(4) 为同一种工作流程设置若干种进行方式。

(5) 工作应当超越组织的界限，在最适当的场所进行。

(6) 尽量减少检查、控制、调整等管理工作。

(7) 设置项目负责人。

对于提出的多个流程改进方案，还要从成本、效益、技术条件和风险程度等方面进行评估，选取可行性强的方案。

（三）形成系统的企业再造方案

制定与流程改进方案相配套的组织结构、人力资源配置和业务规范等方面的改进规划，形成系统的企业再造方案。

企业业务流程的实施是以相应组织结构、人力资源配置方式、业务规范、沟通渠道甚至企业文化作为保证的，所以，只有以流程改进为核心形成系统的企业再造方案，才能达到预期的目的。

（四）组织实施与持续改善

实施企业再造方案，必然会触及原有的利益格局。因此，必须精心组织，谨慎推进。既要态度坚定，克服阻力，又要积极宣传，达成共识，以保证企业再造的顺利进行。

企业再造方案的实施并不意味着企业再造的终结。在社会发展日益加快的时代，企业总是不断面临新的挑战，这就需要对企业再造方案不断地进行改进，以适应新形势的需要。

【资料链接 14-1】　业务流程再造的惊人成效

IBM信用卡公司(IBM Credit Corporation)通过业务流程再造工程，使信用卡发放周期由原来的7天缩减到4个小时，即提高生产能力100倍。柯达公司对新产品开发实施企业业务流程再造后，结果把35毫米焦距一次性照相机从产品概念到产品生产所需要的开发时间一下子缩减了50%，从原来的38周降低到19周。一家美国的矿业公司在实施了业务流程再造后，实现了总收入增长30%，市场份额增长20%，成本压缩12%以及工作周期缩短25天的好成绩。欧洲一个零售组织在实施了业务流程再造后，将工作周期缩短了50%，并使生产率提高了15%。

五、业务流程再造的主要方法

业务流程再造作为一种重新设计工作方式、设计工作流程的思想，是具有普遍意义的，但在具体做法上，必须根据本企业的实际情况来进行。美国的许多大企业都不同程度地进行了BPR，其中一些主要方法有：

（一）合并相关工作或工作组

如果一项工作被分成几个部分，而每一部分再细分，分别由不同的人来完成，那么每一

个人都会出现责任心不强、效率低下等现象。而且，一旦某一环节出现问题，不但不易于查明原因，更不利整体的工作进展。在这种情况下，企业可以把相关工作合并或把整项工作都由一个人来完成，这样，既提高了效率，又使工人有了工作成就感，从而鼓舞了士气。如果合并后的工作仍需几个人共同担当或工作比较复杂，则成立团队，由团队成员共同负责一项从头到尾的工作，还可以建立数据库、信息交换中心，来对工作进行指导。在这种工作流程中，大家共同拥有信息，一起出主意、想办法，能够更快更好地做出正确判断。

（二）工作流程的各个步骤按其自然顺序进行

在传统的组织中，工作在细分化了的组织部门间流动，一个步骤未完成，下一步骤开始不了，这种直线化的工作流程使得工作时间大为加长。如果按照工作本身的自然顺序，是可以同时进行或交叉进行的。这种非直线化工作方式可大大加快工作速度。

（三）根据同一业务在不同工作中的地位设置不同的工作方式

传统的做法是，对某一业务按同一种工作方式处理，因此要对这项业务设计出在最困难、最复杂的工作中所运用的处理方法，把这种工作方法运用到所有适用于这一业务的工作过程中。这样做，存在着很大的"学杂费"，因此，可以根据不同的工作设置出对这一业务的若干处理方式，这样就可以大大提高效率，也使工作变得简捷。

（四）模糊组织界线

在传统的组织中，工作完全按部门划分。为了使各部门工作不发生摩擦，又增加了许多协调工作。因此业务流程再造可以使严格划分的组织界线模糊甚至超越组织界线。如宝洁公司根据超级市场信息网传送的销售和库存情况，决定什么时候生产多少、送货多少，并不一味依靠自己的销售部门进行统计，同样，这也就避免了很多协调工作。

课堂讨论

福特汽车公司的采购流程再造

20 世纪 80 年代初，福特汽车公司跟美国的其他许多公司一样，想方设法紧缩人员，减少行政管理费用。福特汽车公司认为能够减少费用的地方之一是应付账款部门。向福特汽车公司供货的供应厂商提出的账单，由该部门付款。当时，福特汽车公司的北美应付账款部门雇用了 500 多名人员。该公司的管理层认为通过使用电脑使某些职能自动化，能够使该部门工作人员的人数减少到 400 名，即减少 20%。根据我们给"再造"所下的定义，使原有的手工操作实现自动化而取得的改进仍属于渐进，算不上是企业再造。福特汽车公司的管理层认为减少 20%人员的成绩已经很不错，直至他们参观了日本马自达汽车公司。福特汽车公司的管理人员注意到马自达汽车公司的规模虽然较小，但它雇用的办理应付账款事务的人员只有 5 名，而福特汽车公司却雇用了 500 名，两者对比，相差过于悬殊，其原因不是能用规模大小、企业精神、提倡唱公司之歌、做早操等等说明得了的。福持汽车公司通过自动化使其人员减少 20%，但制造汽车的成本显然仍不能同马自达相匹敌。于是，福特汽车公司的主管人员不得不对包括应付账款部门在内的全部工作流程进行反思。

这个决定标志着福特汽车公司的观点发生了重大的变化，因为公司的再造只能从业务流程着手，而不是从与完成这种流程有关的行政组织机构着手。"应付账款"不是一种工作流程，因此，不是再造的问题。它是一个部门，是组织机构上的一种产物，是从某种特定的流程设计所派生出来的。应付账款部门是由一群办事人员组成的，他们坐在办公室内，把有关的凭证传来递去。人员也不是再造的目标，但是他们所做的工作是能够再造的，流程再造后，为了完成新的工作流程，人员终将得到调整。至于怎样调整，则要根据再造后的流程本身的需要而定。

福特汽车公司再造的流程并不是"应付账款"，而是"采购工作"。采购流程是从提出购货订单开始，也就是说，从根据下属工厂所需要的原材料、零部件而提出购货订单开始，一直到购到货后付款，将货供应给下属工厂(该工厂也就是采购流程的客户)为止。采购流程不仅包括应付账款职能，还包括购货和收货。

福特汽车公司原先的原材料、零部件采购流程显然是按常规办事的。流程一开始，由采购部门向供应商发出购货订单，并将一份副本送交应付账款部门。供应商发货，货物运到福特汽车公司的收货点后，点上的办事人员填写一份表格，说明收到货物的情况，并将表格发交给应付账款部门。与此同时，供应商向福特汽车公司的应付账款部门送去发票。

现在，福特汽车公司的应付账款部门处理这批货物的 3 种凭证——购货订单、收货凭证和发票，如果这 3 种凭证上的数据互相吻合，应付账款部门的办事人员就签字同意付款。

福特汽车公司新的应付账款流程一看便知，跟原先的流程大相径庭，迥然不同。主要是由于新的流程完全取消了发票，办理应付账软的办事人员也就不再需要把购货订单、收货凭证同发票进行核对。现在，福特汽车公司雇用办理向卖方付款等事项的人员的人数不再是 500 名，而仅仅是 125 名。

福特汽车公司新的采购流程是：采购部门的一名采购员向供应商发出购货订单，与此同时，将订单上的有关内容输入联机数据库。供应商跟以往一样，将货物发往买方的收货点。货物运到后，收货点的工作人员通过电脑终端机进行核对，看看已经运到的货物同数据库中贮存的已经发出的购货订单的内容记录两者是否相符。只有两种可能性：相符或不相符。如果相符，收货点的工作人员接收这批货物，并按电脑终端的键，告诉数据库，这批货物已经运到。数据库现在已记下收到这批货物，而且，电脑会自动地签发一张支票并在适当时候把它发往供应商。另一方面，如果这批货物同数据库中已经发出的购货订单的内容记录不相符，那么，收货点的工作人员拒绝在运货单上签收，让它退还给供应商。

福特汽车公司这次再造的基本概念是简单明了的。审定支付贷款一事，以往由应付账款部门负责，现在改在收货点上办理。这项工作的原有流程有着迷宫般的复杂性，如查找材料、暂缓执行、记入备忘录等，足以使 500 名办事人员或多或少地为此忙忙碌碌。新的流程却不是这样。实际上，新的流程实施后，整个应付账款部门就几乎没有继续存在的必要。在福特汽车公司的某些部门，例如，在发动机部，办理应付账款的人员减少到只有过去的 5%。原有的人员中只有极少数人留下来，继续做应付账款方面的工作，处理出现的特殊情况。

福特汽车公司应付账款部门的一项规定：只有收到了发票才能付款。尽管这条规定难以明确表达出来，但它已成为一种框架，原先的采购流程就是遵循这种框架形成的。福特汽车公司的管理层在着手调整采购流程时，曾认真地提出问题：是否仍想按照这条规定办事？答案是否定的。破除这项规定的办法就是取消发票。于是，福特汽车公司不再实行"发票收到后才能付款"，改为实行新的规定"货物收到后才能付款"。仅仅改了一个词，就为企业的一项重大的变革奠定了基础。

讨论：谈谈你对福特公司业务流程再造的看法。是否还存在冗余的流程？

第四节　学习型组织

一、学习型组织概述

学习型组织(Learning Organization)是美国学者彼得·圣吉(Peter M. Senge)在其《第五项修炼》(*The Fifth Discipline*)一书中提出的管理观念。企业应建立学习型组织,其含义是为面临剧烈变遭的外在环境,组织应力求精简、扁平化、弹性因应、终生学习、不断自我组织再造,以维持竞争力。知识管理是建设学习型组织最重要的手段之一。

学习型组织不存在单一的模型,它是关于组织的概念和雇员作用的一种态度或理念,是用一种新的思维方式对组织的思考。在学习型组织中,每个人都要参与识别和解决问题,使组织能够进行不断的尝试,改善和提高它的能力。学习型组织的基本价值在于解决问题,与之相对的传统组织设计的着眼点是效率。在学习型组织内,雇员参加问题的识别,这意味着要懂得顾客的需要。雇员还要解决问题,这意味着要以一种独特的方式将一切综合起来考虑以满足顾客的需要。组织因此通过确定新的需要并满足这些需要来提高其价值。它常常是通过新的观念和信息而不是物质的产品来实现价值的提高。

二、学习型组织包括的要素和特点

(一) 学习型组织包括的要素

1. 建立共同愿景(Building Shared Vision)

愿景可以凝聚公司上下的意志力,通过组织共识,大家努力的方向一致,个人也乐于奉献,为组织目标奋斗。

2. 团队学习(Team Learning)

团队智慧应大于个人智慧的平均值,以做出正确的组织决策,透过集体思考和分析,找出个人弱点,强化团队向心力。

3. 改变心智模式(Improve Mental Models)

组织的障碍多来自于个人的旧思维,例如固执己见、本位主义,唯有透过团队学习,以及标杆学习,才能改变心智模式,有所创新。

4. 自我超越(Personal Mastery)

个人有意愿投入工作,专精有工作技巧的专业,个人与愿景之间有种“创造性的张力”,正是自我超越的来源。

5. 系统思考(System Thinking)

应透过资讯搜集,掌握事件的全貌,以避免“见树不见林”,培养综观全局的思考能力,看清楚问题的本质,有助于清楚了解因果关系。

学习是心灵的正向转换,企业如果能够顺利导入学习型组织,不仅能够达到更高的组织绩效,更能够带动组织的生命活力。

(二) 学习型组织的特点

1. 共同的愿景

组织的共同愿景来源于员工个人的愿景而又高于个人的愿景。它是组织中所有员工愿景的景象，是他们的共同理想。它能使不同个性的人凝聚在一起，朝着组织共同的目标前进。

2. 创造性

企业的工作有两类，一类是反映性的，一类是创造性的。反映就是上级来检查了下级反映一下，出了事故反映一下，反映有什么作用？最多能维持现状，绝大多数人、绝大部分精力都用于反映，而没有用于创造。企业的发展是创造性的工作，没有创造企业就会被淘汰。

3. 不断学习

这是学习型组织的特征。所谓“善于不断学习”，主要有4点含义：

(1) 强调“终身学习”。即组织中的成员均应养成终身学习的习惯，这样才能形成组织良好的学习气氛，促使其成员在工作中不断学习。

(2) 强调“全员学习”。即企业组织的决策层、管理层、操作层都要全心投入学习，尤其是决策层，他们是决定企业发展方向和命运的重要阶层，因而更需要学习。

(3) 强调“全过程学习”。即学习必须贯彻于组织系统运行的整个过程之中。约翰·瑞定提出了一种被称为“第四种模型”的学习型组织理论。他认为，任何企业的运行都包括准备、计划、推行3个阶段，而学习型企业不应该是先学习然后进行准备、计划、推行，不要把学习和工作分割开，应强调边学习边准备、边学习边计划、边学习边推行。

(4) 强调“团队学习”。即不但重视个人学习和个人智力的开发，更强调组织成员的合作学习和群体智力（组织智力）的开发。在学习型组织中，团队是最基本的学习单位，团队本身应理解为彼此需要他人配合的一群人。组织的所有目标都是直接或间接地通过团队的努力来达到的。

学习型组织通过保持学习的能力，及时清除发展道路上的障碍，不断突破组织成长的极限，从而保持持续发展的状态。

三、学习型组织的领导模式

学习型组织是从组织领导人的头脑中开始的。学习型组织需要有头脑的领导，他要能理解学习型组织，并能够帮助其他人获得成功。学习型组织的领导具有3个明显的作用。

（一）设计社会建筑

社会建筑是组织中看不见的行为和态度。组织设计的第一个任务就是培养组织目的、使命和核心价值观的治理思想，它将用来指导员工。有头脑的领导要确定目标和核心价值观的基础。第二个任务是设计支持学习型组织的新政策、战略和结构，并进行安排。这些结构将促进新的行为。第三个任务是领导并设计有效的学习程序。创造学习程序并且保证它们得到改进和理解需要领导的创造力。

（二）创造共同的愿景

共同的愿景是对组织理想未来的设想。这种设想可以由领导和雇员讨论提出，公司的愿景必须得到广泛的理解并被深深铭刻在组织之中。这个愿景体现了组织与其雇员所希望的长期结果，雇员可以自己自由地识别和解决眼前的问题，这一问题的解决将会帮助实现组织的愿景。但是，如果没有提出协调一致的共同愿景，雇员就不会为组织整体提高效益而行动。

（三）服务型的领导

学习型组织是由那些为他人和组织的愿景而奉献自己的领导建立的。作为靠自己一人建立组织的领导人形象不适合学习型组织，领导应将权力、观念、信息分给大家。学习型组织的领导要将自己奉献给组织。

学习型组织废弃了使管理者和员工之间产生距离的纵向结构，同样也废弃了使个人与个人、部门与部门相互争斗的支付和预算制度。团队是横向组织的基本结构，伴随着生产的全过程，人们一起为顾客创造产品。在学习型组织里，实际上已经排除了老板，团队成员负责培训、安全、安排休假、采购，以及对工作和支付的决策。

学习型组织横向部门之间的界限被减少或消除，而且组织之间的界限也变得更加模糊。公司之间以前所未有的方式进行合作，如新兴的网络组织和虚拟组织是由若干个公司组成的，它们就是为了达到某种目的而联合起来，这些新的结构提供了适应迅速变化着的竞争条件所需的灵活性。

【资料链接 14-2】　江淮汽车之独门蹊径——创建学习型组织

说起学习型组织，康易成清晰地记得13年前第一次接触《第五项修炼》这本书时，自己感到颇为苦恼。作为江淮汽车公司(JAC)培训中心主任，她当时正领导着一个课题小组，任务是将这本大家普遍认为很深奥的书消化吸收，然后开发成员工都能接受的、通俗易懂的教材。

彼时，为JAC赢得赫赫声名的瑞风商务车还没有问世，但JAC早已摆脱了20世纪90年代初濒临倒闭的小厂形象，其推出的新款100p轻卡在市场上风头正劲。在逐步摸索的过程中，JAC管理层也总结出了一些较好的管理思想和管理方法，并运用于实践。“但是大家都觉得还需要更好的理论来支撑，才能让企业更有序地发展，永葆青春的魅力。”康易成回忆道。

直到董事长左延安在《经济日报》上看到《第五项修炼》的连载时，才觉得自己找到了公司所需要的这种理论。这本书的作者彼得·圣吉(Peter Senge)通过深入研究发现，人类总是习惯于将问题加以分解，把世界拆成片断来理解，而组织也很容易缺乏一种系统思考的能力。这对组织来说是致命的，许许多多的企业因此走向衰落。故而，要使企业茁壮成长，必须将企业变成一种学习型的组织，以此来克服组织智障。

康易成带领课题组5位成员花费8个月的业余时间来解读《第五项修炼》，然后结合企业实际开发出JAC版的教材，又进行了两年的中层干部轮训、一年的全体员工培训。目前已经是JAC大学校长的康易成认为，通过创建学习型组织，JAC最大的收获体现在两个方面：一是学会了系统思考，二是培养了习惯性的反思能力。这种收获也体现在了JAC的业绩上。在2008年金融危机到来之前，JAC连续保持了17年的高速增长，位列国内汽车企业前10位。通用电气原CEO韦尔奇曾说：“一个组织的学习能力，是其竞争优势的核心。”JAC的成长，是对这句话的最好证明。

在圣吉看来，学习型组织的一个最大特征是“有一个人人赞同的共同构想”，也即企业的愿景。在1996年，JAC便确立了“制造更好的产品，创造更美好的社会”的愿景。这一愿景推动着JAC一路高速行驶，成为国内汽车行业的一支重要生力军，每年都创造一项历史之最。

然而，越来越忙碌的员工开始无暇参与学习型组织的创建工作，甚至将其当成一种负担。康易成开始感到JAC多年来学习型组织的创建工作不过是搭了一个外围的框架，并没有真正深入。这实际上是所有企业在创建学习型组织的过程中都会遇到的一个挑战——如何将员工个人的学习与企业的发展统一起来,即让愿景落地。

2002年,正当康易成感到学习型组织的创建工作遇到瓶颈的时候,JAC迎来了圣吉。在与这位世界级管理大师进行有效的交流之后,康易成开始意识到,企业的愿景必须层层分解,让每一位员工都能理解并变成个人的愿景。"只有当个人的愿景与企业的愿景相一致时,才会产生最大的作用力,推动企业更快发展。"

于是,公司开始把企业的共同愿景及每年的经营管理目标进行层层分解,从子公司到部门,再到班组,一直分解到个人。公司还召开了多次会议,让员工根据企业的大方向和总体愿景勾画出自己的愿景,并相互分享。

愿景分解工作的影响是巨大的。"当每位员工都畅谈自己的愿景时,你会发现他们不是为了应付差事而工作,而是在积极认真地工作,真正地在实现自己的梦想。这让他们更多了一份工作热情,更多了一份主观能动性。"

JAC则将企业愿景通过《JAC宪章》中的"JAC之道"固化下来。《JAC宪章》是指导JAC未来各项事业健康持续发展的纲领性文件,内容包括JAC的愿景、使命、核心价值观、核心竞争力以及长期路线等。它让员工更清晰认识公司的价值观体系,更有方向感了。由于领导层在不同场合对二者的反复强调,这使得JAC的愿景越来越深入人心。在热火朝天的生产线上,如果问员工是否知道"JAC之道",你会得到一个惊讶的表情。因为在他们看来,这是个根本不需要问的问题。

资料来源:根据《世界经理人》杂志相关资料整理。

四、学习型组织的学习模式

(一)掌握跨部门技能

组织中的成员不仅要掌握本岗位上的工作技能,而且要学习了解其他岗位工作能力。只有这样,工作才能顾全大局、相互协作、高效、做到组织精简。例如,宝钢电厂与一般电厂一样,由机、电、炉三部分组成,宝钢电厂硬是花了3年半时间分批让这三部分工人都分别学会另外两种技术,也就是说,一个人可以做3种不同的事情,经考核合格者才可以上岗,通过学习,原有机、电、炉三组,每班只剩下13人,比日本某世界先进水平的电厂还少1人。宝钢电厂的做法在宝钢集团也得到了应用,宝钢成立时,年产量670万吨,工人4万多人;而采用这种方式后,年产量882万吨,提高三分之一,工人减少到1万人。

(二)扁平式组织结构

学习型组织结构是扁平的,即从最上面的决策层到最下面的操作层,中间相隔层次极少。它尽最大可能将决策权向组织结构的下层移动,让最下层单位拥有充分的自主权,并对产生的结果负责。例如:美国通用电器公司管理层次已由9层减少为4层,只有这样的体制,才能保证上下级的不断沟通,下层才能直接体会到上层的决策思想和智慧光辉,上层也能亲自了解到下层的动态,汲取第一线的营养。只有这样,企业内部才能形成互相理解、互相学习、整体互动思考、协调合作的群体,才能产生巨大的、持久的创造力。

(三)无边界行为

无边界行为是由通用电气公司第8任总裁杰克·韦尔奇提出的。韦尔奇反对通用旧有的"不是土生土长的"观念,提倡员工之间、部门之间、地域之间进行广泛的相互学习,汲取新思想,他说:“你从越多的人中获取智慧,那么你得到的智慧就越多,水准被提升得越高。”这种“无边界”的推广,使得通用公司将注意力集中在发现更好的方法和思想上,促使公司发展不断升级。“无边界”成为通向学习型文化和自我实现的关键一步。为了真正达到“无边界”的理想状态,韦尔奇坚决执行减少管理层次的决定,加强公司硬件建设;大力提倡全球化思维;创立“听证会”制度。“听证会”制度不仅使普通员工参与公司的管理,而且成为领导者和员工相互沟通、学习的场所,大大提高了工作效率。

(四)自主管理

按照学习型组织理论,现在的企业管理方式有两类:一类是权力型的,另一类是学习型的。权力型的基本管理模式是等级式的,一级级管下来,问题要一级级上报。这种方法的一个致命弱点就是任何问题都是权力大的人在做主,虽然大多数是正确的,但不可否认也有下级正确的时候,有许多工作在基层的员工有好的想法和经验,要充分发挥员工的管理积极性,实行“自主管理”。自主管理是使组织成员能边工作边学习使工作和学习紧密结合的方法。通过自主管理,可由组织成员自己发现工作中的问题,自己选择伙伴组成团队,自己选定改革进取的目标,自己进行现状调查、分析原因、制定对策、组织实施,自己检查效果、自己评定总结。团队成员在“自主管理”的过程中,能形成共同愿景,能以开放求实的心态互相切磋,不断学习新知识,不断进行创新,从而增加组织快速应变、创造未来的能量。例如:日韩企业几乎都实行自主管理,不定期地召开会议,气氛很活跃,领导们都坐在后面以示支持。一个聪明的领导不仅要让员工的手动起来,还要让他们的脑动起来,给他们自主管理的机会,肯定他们的工作成果,让他们体会到人生价值,这样他们就乐于奉献,领导也就成功了,企业自然而然也成功了。

【资料链接 14-3】　创建学习型组织的5个误区

误区之一:神秘化思想

创建学习型企业组织理论是由美国麻省理工学院教授彼得·圣吉首先提出来的,目前国内创建学习型组织理论都借鉴了彼得·圣吉的基本理论。许多人认为,这个理论中的许多名词晦涩难懂,内容博大精深,我们又不是科研机构,自然掌握不了这么高深的学问,这其实是一种误解。学习型组织理论由外文翻译而来,不太好理解是事实。但它的基本精神和主要内容和我们的观念差距并不是很远,只不过是用一种新的思想把我们已经做的工作加以整合和改造而已。我国许多知名企业的成功实践充分说明了这一点,像海尔、蒙牛等就是典型的例子。

误区之二:一般化认识

有许多人认为,创建学习型企业就是办班讲课、读书看报,没有什么新鲜的。我们说培训是要搞的,专家讲课也是必要的,书报更是必看不可。但这些做法只是从外部支援的角度为企业创建学习型组织提供理论上的解释和操作上的咨询,其本身并不是创建学习型组织的必经环节,更不是创建学习型组织的本质意义。因此,创建学习型组织应当是自己亲手去做的事情。如果一个组织整天“学习”而不创造,那就不是一个真正意义上的学习型组织,只能算是一个形而上学的组织。学习型组织的学习特别强调把学习转化为生产力,有“学”有“习”,而且“习”重于“学”。

误区之三:创建学习型组织等同于以往的思想政治工作

现在,创建学习型组织话题很热。有人认为,只要我们将思想政治工作的标签换一下,跟着喊就行了。这种观点是有偏颇的。创建学习型企业组织固然可以借鉴思想政治工作中的一些做法,但绝不等同于思想政治工作。总体来说,学习型企业所倡导的学习主要有两方面内容:一是工作学习化,即把工作的过程看成是学习的过程,工作跟学习是同步进行的;二是学习工作化,今天的学习型组织理论明确要求,上班不仅仅是工作,而是要把生产、工作、学习和研究这四件事情有机地联系起来。由此可见,创建学习型企业与以往的思想政治工作并不是一回事,不能混为一谈。

误区之四:"等、靠、要"

有人说,既然上级这么重视学习型组织,我们只要按老办法抓就行了。我们说,建立学习型组织的动力来自于企业发展的内在需求,应当是一项自发、自主的工作。因此,要彻底改变那种上级下文件、订计划,基层照方吃药、跟着执行的"等、靠、要"做法。具体说来,应以提高企业的核心竞争力为目的,切实加强自主性、针对性、创造性的学习。

误区之五:"一阵风"

不能把创建学习型组织当做一项应急活动或短期工作,刮"一阵风"就完事。它应当成为伴随我们工作、学习的永久使命,持之以恒地延续下去。纵观国内外成功的学习型企业组织,他们的创建过程多为几年甚至十几年。所谓成功,也只能说是完善了创建学习型企业的形式和机制。所以,有学者提出,这种学习的过程应用"n"来表示,即没有具体数值。因此,我们必须破除急于求成的思维方式,必须破除"一阵风"式的行为模式。

总之,创建学习型企业是一个漫长的、艰苦的过程,必须结合本企业的实际情况,不断探索、不断总结,以期建立起具有自身鲜明特色的学习型组织,真正促进企业的长远发展。

资料来源:根据百度文库相关资料整理。

本 章 小 结

1. 创新是以新思维、新发明和新描述为特征的一种概念化过程,可从社会学和经济学两个角度去理解创新的概念。

2. 管理创新是指组织形成一种创造性思想并将其转换为有用的产品、服务或作业方法的过程。管理创新在企业发展中能有助于提高企业的生存能力、经济效益、发展能力和环境适应能力。管理创新具有创造性、长期性、风险性、效益性和艰巨性等特点。

3. 管理创新的方法主要有:头脑风暴法、综摄法、逆向思维法、检核表法、信息交合法、模仿创新法等。管理创新的策略主要有首创型、改创型、仿创型。

4. 组织文化创新是指为了使组织的发展与环境相匹配,根据本身的性质和特点形成体现组织共同价值观的组织文化,并不断创新和发展的活动过程。

5. 业务流程再造(BPR)就是为了根本地改善成本、质量、服务、速度等现代企业的主要运营基础,对工作流程进行根本性的重新思考并彻底改革。业务流程再造的主要方法有合并相关工作或工作组、工作流程的各个步骤按其自然顺序进行、根据同一业务在不同工作中的地位设置不同工作方式、模糊组织界线。

6. 学习型组织是由美国学者彼得·圣吉在《第五项修炼》一书中提出此管理观念,企业应建立学习型组织,其含义为面临剧烈变遭的外在环境,组织应力求精简、扁平化、弹性化、终身学习、不断自我组织再造,以维持竞争力,包括建立共同愿景、团队学习、改变心智模式、自我超越、系统思考等5项内容。

◆思考题

1. 组织的管理创新受哪三类因素影响?
2. 管理创新的方法和策略各是什么?
3. 组织文化创新的思路是什么?
4. 哪些类型的企业组织适合业务流程再造?
5. 业务流程再造的主要方法有哪些?
6. 学习型组织包括的要素和特点有哪些?

总裁写给员工的公开信

2014年7月22日,"小米4"正式发布后,小米科技创始人、董事长兼CEO雷军第一时间点评了创业4年来的又一款新品,用其话讲,小米4是目前最满意的一款产品。而2014年7月23日凌晨,雷军再向公司全体员工对于小米4发布所作出的努力表示感谢,同时鼓励员工继续为梦想努力。以下为公开信的全部内容。

小米的小伙伴们:

昨天,我们发布了小米手机4,这是一个里程碑式的产品,不仅性能好,而且在工艺、手感上成功地超越了自己。

当初中关村的一家小公司,谁也没有想到,发布手机后,只用了不到3年时间,杀进了中国手机品牌顶尖行列。这就是小米创造的奇迹!仅今年上半年,我们售出了2 611万台手机,营业收入达330亿元。这些充分显示了我们的实力和模式的先进性。

下一步如何走?不少同事有些困惑。比如同行都在学小米,我们还有优势吗?又比如,公司大了,队伍不好带,我们如何保持创业精神?要回答这些问题,一定要深入总结过去4年的创业经验。

我们在成立之初,就提出了"软件、硬件和互联网"的铁人三项模式,坚持三个领域同时做,强调软硬件和互联网结合的体验。我们在这三个方面保持继续巨额的投入,已具备一定的领先优势。现在不少人号称学小米,但大多还只是在模仿某一方面。我们靠硬件搭平台、靠互联网增值服务获取利润的商业模式到目前为止还是独树一帜,我们积累的互联网开发模式的经验和用户参与生态也非同行一朝一夕所能追赶的。

但是,没有不可复制的模式,小米真正的壁垒在哪里?

1. 梦想和使命

我们需要回顾一下过去:小米是一家什么样的公司,当初我们又是为了什么而出发?

我们立志用极客精神做极致的产品。因为极客精神,我们才会对这个世界充满好奇心与爱,我们才会不断追求极致,才能保证做出用户喜欢的产品;也因为极客精神,我们聚集了一大群才华横溢的工程师和设计师。

我们希望用互联网思维省掉行业的中间环节,省掉一切不合理的暴利。无论是成本定价的策略，还是电商直销的渠道特点，小米一直为提升行业效率、降低用户的购买成本而努力。

甚至，我们期待让全球每个人都能享用来自中国的优质科技产品。让中国的科技创新赢得全球的赞誉，这是中国制造业、软件业、互联网业几十年不断追寻的使命，现在已经落在我们肩上。

我们的愿景就是“让每个人都能享受科技的乐趣”。把科技带来的乐趣与幸福感分享给更多的人，做快乐的传递者，这是我们每个小米人的光荣与梦想。

2. 真诚与热爱

我们每个人知道，小米是一家很“变态”的公司。为了代码质量好一点点，为了用户体验好一点点，为了产品品质好一点点，我们每个人都不惜加班加点，一天工作十几个小时，甚至通宵达旦。

为什么要那么拼？还能拼得如此快乐呢？因为热爱！

因为我们每个人内心都喜欢这件事情，我们希望做出能让自己满意的产品！只有自己满意，才能让“米粉”满意，才有机会让同行真心认可！因为热爱，我们每天都在跟自己较劲，一遍一遍打磨每个细节，小米的竞争力来自于热爱！

在研发环节我们强调“极致的产品态度”，在制造环节我们强调“真材实料”，在服务环节我们强调“和用户交朋友”，在定价上我们追求“硬件成本价”，这些都是小米过去成功的关键。其实，就是保持真诚的态度！

所以，小米真正的壁垒和永续的动力是真诚和热爱。真诚，不欺人也不自欺；热爱，全心投入并享受这些。真诚与热爱，我们简称“真爱”。

从平庸到优秀大体可以靠天赋与勤奋，而从优秀走向卓越，“真爱”才是关键一步。如果没有“真爱”，我们撑不过未来漫漫征途，忍不了创业路上的寂寞。“真爱”是面镜子，能照见自己真实的内心。4 年前，一锅小米粥，喝完就开始“小米加步枪闹革命 ”，充满革命浪漫主义情怀。当初创立小米，就是因为我狂热地喜欢手机数码产品，我想做出能给大家带来快乐体验的手机，我想做一家员工和用户都真心热爱的企业！

3. 为梦想和使命而战

过去的成绩归功于每个小米人，大家共同努力，才造就了小米的今天！也归功于小米家属，谢谢大家的理解和支持，才有小米的辉煌！

但无论多么耀眼的成绩单，都已经过去了，一切都需要重新开始。

我们将全力为理想与使命而战，我们的梦想在全球，我们的征途是星辰大海。小米，不是某一个人的小情怀，而是一群人的光荣与梦想，一个时代的机遇和使命。

昨天，我们已经亮出了自己的旗帜，我们要把旗帜插到高高的高岗，让世界看到我们的旗帜在迎风飘扬！

感谢这个伟大的时代，给了我们施展才华和实现梦想的机会！和大家一起并肩作战，共同经历这个伟大时代，真好！

资料来源：根据新浪科技网页信息整理，有删减。http://tech. sina. com. cn/i/2014 - 07 - 23/08269512181. shtml.

思考：

1. 小米公司是学习型组织吗？小米公司的共同愿景是什么？
2. 这封公开信会对小米公司产生哪些方面的影响？

参 考 文 献

[1] 曾旗,雷思友.企业管理学[M].徐州:中国矿业大学出版社,2006.

[2] 冯光明.管理学[M].北京:北京邮电大学出版社,2011.

[3] 周三多,陈传明,鲁明泓.管理学:原理与方法[M].5版.上海:复旦大学出版社,2009.

[4] 王爱民,张素罗.管理学原理[M].成都:西南财经大学出版社,2010.

[5] 周荣辅,王玖河.现代企业管理[M].北京:机械工业出版社,2012.

[6] 曹勇.现代管理学[M].北京:科学出版社,2010.

[7] 朱礼龙.管理学[M].合肥:合肥工业大学出版社,2009.

[8] 覃家君.新编管理学基础[M].北京:北京邮电大学出版社,2012.

[9] 王利平.管理学原理[M].北京:中国人民大学出版社,2000.

[10] 张旭霞.管理学[M].北京:对外经济贸易大学出版社,2008.

[11] 斯蒂芬·P·罗宾斯,玛丽·库尔特.管理学[M].孙健敏,译.北京:中国人民大学出版社,2010.

[12] 李东.管理学:理论、方法、工具[M].北京:科学出版社,2008.

[13] 谭力文,李燕萍.管理学[M].武汉:武汉大学出版社,2009.

[14] 周三多.管理学[M].3版.北京:高等教育出版社,2010.

[15] 麦克斯韦尔.领导力21法则[M].路卫军,译.北京:中国青年出版社,2010.

[16] 汪来杰.中西方视域下的领导理论[M].开封:河南大学出版社,2010.

[17] 钟卫东.领导学原理[M].哈尔滨:哈尔滨工程大学出版社,2010.

[18] 刘建军.领导学原理:科学与艺术[M].上海:复旦大学出版社,2001.

[19] 理查德·哈格斯.领导学:在经验积累中提升领导力[M].北京:清华大学出版社,2004.

[20] 陈荣秋.领导学理论与实践[M].北京:清华大学出版社,2007.

[21] 冯秋婷.西方领导理论研究[M].北京:人民出版社,2008.

[22] 李垣.管理学[M].北京:高等教育出版社,2007.

[23] 雷蒙·J·阿尔达格,巴克·约瑟夫.领导与远景:激励属下的25个诀窍[M].北京:北京大学出版社,2000.

[24] 保罗·B·布朗.领导的艺术[M].北京:国际文化出版公司,2000.

[25] 苏保忠.领导:科学与艺术[M].北京:清华大学出版社,2004.

[26] 王乐夫.领导学:理论、实践与方法[M].广州:中山大学出版社,2002.

[27] 吴维库.领导学[M].北京:高等教育出版社,2006.

[28] 哈罗德·孔茨,海因茨·韦里克.管理学[M].北京:经济科学出版社,2005.

[29] 程忠国,朱友发.管理学基础[M].北京:北京师范大学出版社,2010.

[30] 钱钶,刘春斌,梅艺华.管理学:原理与方法[M].北京:北京理工大学出版社,2010.

[31] W·H·纽曼,C·E·萨默.管理过程:概念、行为和实践[M].北京:中国社会科学出

版社,1995.
[32] 徐国华,张德,赵平.管理学[M].北京:清华大学出版社,1998.
[33] 刘涛,赵蕾.管理学原理[M].北京:清华大学出版社,2009.
[34] 邢以群.管理学[M].北京:高等教育出版社,2007.
[35] 汪洁.管理学基础[M].北京:清华大学出版社,2009.
[36] 李世宗.管理学原理[M].武汉:华中科技大学出版社,2008.
[37] 姚凤云,朱光.创造学与创新管理[M].北京:清华大学出版社,2010.
[38] 胡建宏,刘雪梅.管理学原理与实务[M].2版.北京:清华大学出版社,2013.
[39] 司有和.现代管理概论[M].北京:科学出版社,2006.
[40] 胡宝林.细节决定成败[M].北京:华文出版社,2010.
[41] 李京文.中国在21世纪全新环境下的管理创新[J].管理科学文摘,2002(11).
[42] 常凯.经济全球化与企业社会责任运动[J].中国工运学院学报,2003(4).
[43] 金乐琴.企业社会责任与可持续发展:理论及对策[J].绿色中国,2004(2).
[44] 汤春来.公司正义的制度认证与创新[J].西北政法学院学报,2003(3).
[45] 曹红艳.关于企业管理道德与社会责任的几点思考[J].环渤海经济瞭望,2004(5).

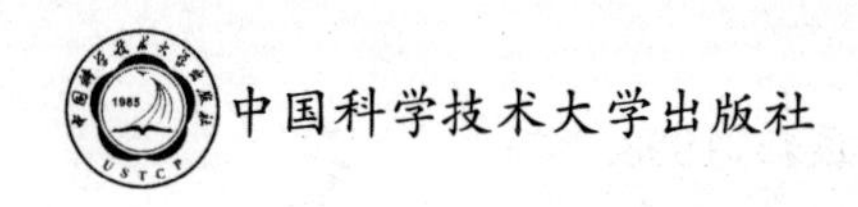

教学资源索取单

尊敬的老师：

您好！

感谢您使用由卓翔芝教授主编的《管理学概论》一书。为了便于教学，本书配有相关的教学课件。如贵校已使用了本教材，您只要把下表中的相关信息以电子邮件或邮寄方式发至我社，经我社确认后，即可免费获取我们提供的教学资源。

我们的联系方式如下：

联系编辑：杨振宁　　电子邮件：yangzhn@ustc.edu.cn
办公电话：(0551)63606086－8216　　qq：2565683988
办公地址：合肥市金寨路70号　　邮政编码：230022

姓名		性别		职务		职称	
学校			院/系			教研室	
研究领域			办公电话			手机	
E-mail						qq	
学校地址						邮编	
使用情况	用于____________专业教学，每学年使用_____册。						

您对本书的使用有什么意见和建议？

您还希望从我社获得哪些服务？

□教师培训　　□教学研讨活动
□寄送样书　　□获得相关图书出版信息
□其他________________________________